BAEDEKER

P

PARIS

W0057800

»

Paris ist die Stadt
der Lichter, der Liebe
und der Literatur,
mit einem Wort: Paris ist
die Stadt des Lebens.

«

Johannes Willms

baedeker.com

TOP 20

Die Top-Sehenswürdigkeiten von Paris

Musée d'Orsay

Der Belle-Époque-Bahnhof ist eine Schatzkammer der Impressionisten.
S. 136

Musée du Quai Branly

Selbst Museumsmuffel begeistert der begrünte Glaspalast mit Großem und Schönem der Urkulturen unseres Planeten.
S. 142

Île de la Cité

Notre-Dame, bunte Ausflugsboote und Pariser Prachtbauten – das Herz der Hauptstadt schlägt auf der kleinen Seineinsel.
S. 89

Musée National Picasso Paris

Malergenie und Macho – wie sich Werk und Künstler im Laufe des Lebens veränderten, verrät die weltgrößte Picasso-Schau im eleganten Hôtel Salé.
S. 145

Louvre

Größtes Kunstmuseum der Welt mit Schätzen aller Kunstepochen und Kulturräume
S. 101

Arc de Triomphe

Napoleons gewaltiger Triumphbogen bietet zum Einstieg einen fantastischen Blick auf Paris.
S. 48

Marais

Alte Stadtpaläste und junge Boutiquen, koschere Küche, Gay-Kultur und eine sensationelle Picasso-Sammlung – erleben Sie eine ganze Weltreise in einem einzigen Quartier.
S. 120

Champs-Élysées

Gehört einfach dazu: ein Bummel über die »schönste Avenue der Welt«
S. 74

Musée Rodin

Rodin spielte mit allen Sparten, unterschiedlichsten Materialien und gewagten Verfremdungen: Der »Kuss«, »Das Höllentor«, »Der Denker« – allein der Park lohnt schon den Besuch.
S. 147

★★ NOTRE-DAME
Seit mehr als 800 Jahren begleitet die Ur-mutter der Kathedralen Frankreichs die Geschicke der Hauptstadt. Die große alte Dame ist ein Meisterwerk der Gotik.
S. 150

★★ PANTHÉON
Auch vier Frauen ruhen in der Ruhmeshalle der Nation, in der Foucault 1851 mit einem Pendel-versuch bewies, dass die Erde sich dreht.
S. 168

★★ PLACE DES VOSGES
Die Arkaden am ältesten und für viele schönsten Platz von Paris nutzen kleine Antiquitätenläden, Galerien und Bistros.
S. 178

★★ PLACE DE LA CONCORDE
Monumentale Pracht-bauten mit Perspektive zieren den größten Platz der Hauptstadt.
S. 174

★★ PLACE VENDÔME
Teure Juweliere, fran-zösischer Chic und das legendäre Hotel Ritz – der königliche Platz steht wie kein anderer für Luxus und Noblesse.
S. 180

★★ SAINTE-CHAPELLE
Blau, gold und rot leuchten mehr als 1000 biblische Szenen in der alten Palastkapelle auf der Seineinsel.
S. 190

★★ SAINT-GERMAIN-DES-PRÉS
Jazzkneipen und junge Neobistros, Lifestyle und Literatencafés: Saint-Ger-main ist ein Kosmos mit vielen kleinen Welten.
S. 192

★★ SEINE
Wer die Hauptstadt auf der Seine durchquert, atmet Paris.
S. 198

★★ TOUR EIFFEL
Eines der höchsten, bizarrsten und schön-sten Bauwerke der Welt
S. 206

★★ VERSAILLES
Mit Prunk und Pracht feiert das Schloss des Sonnenkönigs den Absolutismus.
S. 214

★★ LA VILLETTE
Tricks der Natur und XXL-Kino, freche Kunst, Chansons und eine Runde Boule
S. 225

■ DAS IST PARIS

■ TOUREN

■ ZIELE

LEGENDE

Baedeker Wissen
● Textspecial, Infografik & 3D

- -

Baedeker-Sterneziele
★★ Top-Sehenswürdigkeiten
★ Herausragende Sehenswürdigkeiten

- -

INHALT
INHALTSVERZEICHNIS

■■ HINTERGRUND

■■ ERLEBEN UND GENIESSEN

■■ PRAKTISCHE INFORMATIONEN

■■ ANHANG

PREISKATEGORIEN

Restaurants
Preiskategorien
für ein Hauptgericht

€€€€	über 100 €
€€€	50 – 100 €
€€	30 – 50 €
€	15 – 30 €

Hotels
Preiskategorien
für ein Doppelzimmer

€€€€	über 400 €
€€€	250 bis 400 €
€€	150 bis 250 €
€	bis 150 €

MAGISCHE MOMENTE

ÜBERRASCHENDES

Kunstvolle Wasserspiele zu barocker Musik lassen im Sommer erahnen, wie der Sonnenkönig einst seine glanzvollen Gartenfeste im Schloss von Versailles feierte.

D
DAS IST...

Paris

Die großen Themen
rund um die Metropole an der Seine.
Lassen Sie sich inspirieren!

HIER IST DIE KUNST ZU HAUSE

Ein Schiff mit zwölf Segeln, das die Wellen bricht. Als Kogge aus Glas, Holz und Stahl hat es Frank Gehry in das grüne Meer des Bois du Boulogne gesetzt. Seine Fracht: Jeff Koons, Andy Warhol, Daniel Buren und andere Gegenwartskünstler. Ihre Werke zeigt die Fondation Louis Vuitton auf elf Galerien, die immer neue Ausblicke auf das schönste Sujet der Künstler eröffnen: Paris.

Paris bedient alle Kunstrichtungen, ob mit Niki de Saint Phalles kunterbuntem Feuervogel (LINKS), der rätselhaften Mona Lisa im Louvre (RECHTS) oder dem Spiegelsaal im Schloss Versailles (UNTEN).

Pah, Paris. Im Mittelalter war die Kapitale bei Künstlern nicht angesagt. Italien lockte. Das änderte sich erst im Barock, als französische Könige gezielt begannen, heimische Künstler zu fördern. Doch erst im frühen 19. Jh. wurde die Hauptstadt **Hochburg der Kunst**. Impressionismus, Symbolismus, Fauvismus, Kubismus, Art déco und Abstrakt Art erlebten in Paris ihre Blüte – entdecken Sie die Meisterwerke im Louvre, im Musée d'Orsay, im Centre Pompidou oder in der Fondation Louis Vuitton. Tauchen Sie ein in die Welt der Künstler in Ateliers, die ihre Aura noch spüren lassen. Rodin und Camille Claudel im Hôtel de Biron, Dalí am Montmartre, die kleine Arbeitswohnung von Delacroix in St-Germain-des-Prés ... Zeitreisen, die berühren.

▌ Glanz und Gloria

Ludwig XIV. inszenierte im prachtvollen Schloss Versailles mit Kunst und Kultur seine Macht. Napoleon wollte Paris zur schönsten Metropole der Welt machten, Baron Haussmann eiferte ihm nach mit Prachtboulevards und ... Auch heute holen die Herrscher im Elysee-Palast Stararchitekten und weltberühmte Künstler für Auftragsarbeiten an die Seine. Mit Bildern und Bauten wurde und wird die **Macht des Zentralstaates** dokumentiert.

▌ Staatlich gefördert

Bereits 1667 schuf der Sonnenkönig mit dem »Salon de Peinture, Gravure, Sculpture et Architecture des Artistes Vivants« ein zentrales Instrument der staatlichen Kunstförderung. Für zwei Jahrhunderte legte er den **offiziellen**

Kunstgeschmack fest. Erst 1863 begann mit dem »Salon des Réfusés« als Gegenausstellung der Aufbruch in die Moderne: Die Kunst brach aus dem engen Korsett aus, wurde **bunt, vielfältiger und experimentierfreudig**. 1880 zog sich der Staat aus dem Salon zurück. Doch nicht aus der Kunst. In der Cité Internationale des Arts (C.I.A.) bietet er Künstlern aus aller Welt in 300 Studios die Möglichkeit, in Paris zu wohnen und künstlerisch zu arbeiten.

BÜHNE FÜR KREATIVE

Im 19. Arrondissement ist ein ehemaliges städtisches Bestattungsinstitut als Werkstatt und Schauplatz der Gegenwartskunst revitalisiert worden. Vielseitig, offen und wandlungsfähig lädt das **Centquatre** (104) ein als Ort des Dialogs, der eine monumentale Architektur mit hochmodernen Innenräumen vereint. Ein innovatives kulturelles Abenteuer, das Tuchfühlung mit rund 200 Künstlern erlaubt, die regelmäßig Treffen mit der Öffentlichkeit anbieten. Einen Samstag im Monat wird das Centquatre zum Tanzboden mit Java, Tango und Musette-Walzer, Lampen, Girlanden, ein paar Gläschen Wein und guter Stimmung – und Demokratie verpflichtet, also ist der Eintritt frei (▶S. 71).

VON LIEBE UND LEID

Die Bühne ist in lila Licht getaucht. Dann rennt sie auf die Bühne. Wie einst die Piaf ist sie dunkel gekleidet: Zaz. Sie lacht ins Publikum. Und singt. Rau, satt und tief. »La Vie en Rose«, auferstanden als swingender Pop-Chanson, gefeiert auf der Bühne der berühmtesten Music Hall der Stadt: L'Olympia.

Präzise, federleicht, nuancenreich: Chansons von Eddy Mitchell und Melody Gardot halten ihre Balance und lassen die ganz großen Gefühle leuchten.

Zaz ist Frankreichs Shootingstar des Nouvelle Chanson (▶Abb. S. 13). Einflüsse aus Electro, Jazz und Pop haben das **Revival des Chanson** eingeleitet. Paris singt seine Lebensfreude. In Bahnhöfen, auf Plätzen, in den Gassen von Montmartre, vor dem Centre Pompidou. »Chantez avec moi!« ruft Zaz ihren Zuhörern, zu. »Singt mit!« Und das ganze Olympia ist ihr Chor.

Szenenwechsel

Hinter der roten Fassade des »Limonaire« ist der kleine Gastraum bis auf den letzten Platz besetzt. Große Humpen Bier stehen auf den Tischen, Coq au Vin dampft auf den Tellern. Licht aus, Spot an: Askehoug! »Les Vagues font leur Boulots« (Die Wellen machen ihren Job) singt der französische Dandy mit Hang zur Selbstironie, keine drei Meter vom Publikum entfernt. Seit Jahren ist die **Bar à Chansons** das Sprungbrett für die Stars von morgen.

Lieder nach Herzenslust

Liebe, Weltschmerz, die Misslichkeiten des Alltags, des Alters und der Politik – das Chanson kennt viele Themen. Seine Wurzeln liegen in den Gesangsvereinen der Arbeiterbewegung, in denen mit Inbrunst die Lieder des Freigeistes Pierre-Jean de Béranger geschmettert wurden. Satirische Songs gegen den immer diktatorischer regierenden Napoleon, opportunistische Militärs und neureiche Bourgeoisie. Schluss damit! beschloss 1853 Louis Napoléon und ließ die verhassten Sociétés Chantantes schließen. Doch das Singen konnte er den Parisern nicht verbieten. Sie amüsierten sich fortan bei Café-Concerts. Politisch wurde das Chanson erst wieder mit **Aristide Bruant**, der am Montmartre im Cabaret »Le Chat Noir« von Gaunern und Huren, Alkohol und Elend sang – in schwarzem Mantel, schwarzem Hut, schwarzen Stiefeln und mit rotem Schal. So machte ihn Toulouse-Lautrec mit seinen Plakaten weltberühmt.

Der Spatz von Paris

Schwarz war auch die Farbe von **Edith Piaf**. Ihre ungebrochene Popularität beweist, dass es der kleinen Frau mit der großen Ausstrahlung gelang, sich in die Herzen der Menschen zu singen. Ihr trotziges »Je ne regrette rien« (Ich bereue nichts), eine Ode an den Überlebenswillen und Quintessenz eines viel zu kurzen Lebens, wurde zum unsterblichen Hit und Inbegriff des französischen Chanson schlechthin.

Ganz in Schwarz traten die Sänger der Existenzialisten ihr Erbe an. Georges Brassens, Jacques Brel, Maxime Le Forestier und Renaud machten das Chanson zum Sprachrohr der 68er. Michel Sardou, Gilbert Bécaud, Yves Montand und Georges Moustaki bedienten mit ihren Melodien Momente der Sehnsucht. Mit Thomas Fersen und Dominique A. wurde **La Nouvelle Chanson** populär. Im 21. Jahrhundert bleibt dessen Musik politisch, sozial engagiert. Aber auch: frei, frech, ungebunden. Mal rau, mal ruhig, mal rockig. Ohne Rücksicht auf Traditionen paaren Benjamin Biolay, seine Schwester Coralie Clément, Cali, Emilie Simon und Sébastien Einflüsse aus Rock, Pop und Electro mit Musette und Akkordeon. Das gefiel Carla Bruni, Ehefrau des früheren französischen Staatspräsidenten Nicolas Sarkozy, so gut, dass sie ebenfalls wieder zu singen begann. Leise, mit leicht brüchiger und rauchiger Stimme: »Little French song will take you to Paris ...« Chansons kann man in Paris an vielen Orten erleben, in volkstümlichen Bistros und berühmten Bühnen wie dem Olympia. Und in der Hall de la Chanson von La Villette, die zur Zeitreise auf den Spuren des Chanson lädt.

»VERGESST KARAOKE!«

... ruft Olivier Hussenet, »Hier wird richtig gesungen!« und gibt Didier Ithurssary ein Zeichen. Er legt die Hände auf die Tasten und beginnt zu spielen. Erst sanft, dann immer lauter, füllen die Klänge seines Akkordeons den Saal. Die beiden Männer kennen sie alle, weltberühmte Lieder, die die Pariser im Herzen tragen, Chansons voller Lebenslust. Mitreißende Melodien und Texte, die Emotionen wecken. »J'aime Paris au mois de mai ... « – haben Sie das Chanson von Charles Aznavour erkannt? Dann singen Sie mit beim Café Chantant in der **Hall de la Chanson** von La Villette (www.lehall.com/vivez-participez/spectacles-et-concerts, ▶S. 226).

KULINARISCHE WENDE

Sie heißen Comptoir du Relais, Kult oder Septime, haben hochpreisige Miniportionen und Superfood-Irrsinn aus der Küche verbannt und steifes Leinen gegen Gemütlichkeit mit hellem Holz, warmen Farben und jungem Design vertauscht: die Neobistros von Paris. Sie sind bezahlbar, innovativ und mixen französische Klassiker mit Aromen und Ideen aus aller Welt.

LINKS: Julien Lacaille begeistert mit kreativer Küche. RECHTS: Backen Sie im Atelier des Chefs knusprige Macarons ... UNTEN: ... oder lassen Sie sich im Neobistro Kult verwöhnen.

Am Herd stehen junge Wilde. Sie pochieren Kabeljau in Kokosmilch, kombinieren zarte Entenbrust mit violetten Bio-Möhren, Topinambour und Yuzu-Soße, servieren Sterneküche zum Sparpreis. »Die Haute Cuisine muss demokratischer werden« meinte Yves Camdeborde und verband in seinem »Comptoir du Relais« die Bistrokultur und Feinschmeckerküche. **Bistronomie** nannte Gastrokritiker Sébastien Demorand 2004 den neuen Stil, der in Kürze die gesamte Stadt erobert hat. Was anfangs Antwort auf die Wirtschaftskrise war, ist heute hip. Und brachte auch die Wirtschaft wieder in Schwung. 2009 hatten nach Einführung des Rauchverbots gut 2000 Patrons ihre Lokale dichtgemacht. Inzwischen gibt es wieder mehr als 3500 Bistros in Paris. Hotels und Gaststätten zahlen zudem nur 5,5 % Mehrwertsteuer statt den vollen Satz von 19,6 %.

Comeback der Bistros

»Die **neue Food-Szene** ist Frankreichs stärkste kulturelle Bewegung«, meint Luc Dubanchet, Gründer des internationalen Festivals für junge Köche »Omnivore«. Einer der Ersten, der im einstigen Arbeiterviertel hinter der Bastille Kochkunst im coolen Industrie-Ambiente anbot, war Bertrand Grébaut im »**Septime**«. Seit 2014 schwebt über seinem Bistro ein Stern. Doch Grébaut bleibt sich treu: 65 Euro kosten abends drei kulinarische Träume. Oder man setzt sich in die angeschlossene Weinbar La Cave, wählt für fünf bis acht Euro einen erlesenen Tropfen und genießt ausgefallene Tapas wie gebratene Sardinen an Senfbutter.
Mit nur 22 Jahren übernahm Julien Lacaille 2016 das Neobistro »**Kult**« im

Stil der 1930er-Jahre, das schon wenige Wochen nach Eröffnung seinen Namen mit Inhalt füllte. Dazu tragen nicht nur das bezaubernde Ambiente und die umfangreiche Auswahl an Cocktails bei, sondern auch die Karte, deren Menüs bei 29 Euro beginnen – wahlweise mit Kabeljau, Entenbrust oder Bavette vom Rind. Für Vegetarier komponiert Lacaille leckere marktfrische Gerichte.
Ebenfalls im 7. Arrondissement begeistert Julia Sedefdjian im Neobistro »**Les Fables de la Fontaine**« durch Meeresfrüchte mit Zitrusaromen, grünem Apfel und Curry. Mit gerade mal 21 Jahren bekam sie dafür 2015 den ersten Stern. So jung hatte es bislang noch kein Küchenchef in Frankreich geschafft – unbedingt rechtzeitig reservieren!

KOCHKURSE BEIM KÜCHENCHEF

In Paris gibt es mehr Kochkurse als freie Taxis, doch im **Atelier des Chefs** lernen Sie das Besondere der Bistronomie kennen. In ein- bis zweistündigen Crashkursen können Sie köstliche Gerichte zubereiten, unwiderstehliche Macarons zaubern oder ein Menü, das eine Zutat in den Mittelpunkt stellt – mal Jakobsmuschel, mal Ente oder Rind. 2 Std. ab 76 Euro
16, Rue Guillaume Tell (17. Arr.)
Tel. 01 53 30 29 22
www.atelierdeschefs.fr

SUMMER
IN THE CITY

Im Sommer sind die Seineufer Flaniermeilen. Parks werden zu Picknickwiesen, die Flussufer zum Strandparadies. Und abends? Da wird auf den Caféterrassen die Nacht zum Tag gemacht, wird getanzt und geflirtet, gibt Paris sich ganz dem Zauber der langen, lauen Sommernächte hin.

Sommer an der Seine: Eine leichte Brise mischt sich mit dem Klang eines Akkordeons, dem Lachen der Menschen, dem Eis im Cocktailshaker der mobilen Bar: Bienvenue bei **Paris-Plages**! Von Mitte Juli bis Anfang September wird die Schnellstraße zwischen Louvre und Pont de Sully zum drei Kilometer langen Stadtstrand mit Sonnenschirmen und Liegestühlen, Boule und Beachbars, Palmen und Programm. Seit Sommer 2017 zwar ohne Sandstrand, dafür nicht mehr nur am Rive Droite, sondern auch am linken Ufer der Seine. Vor dem Hôtel de Ville wird Volleyball gespielt. Auch beim Ableger im Pariser Norden geht es sportlich zu. Und das nicht nur am, sondern auch auf dem Wasser: Am Bassin de la Villette werden Kajak, Tret- und Segelboote vermietet, kann man direkt ins kühle Nass springen.

Stadtstrand

Anfang des Jahres 2002 setzte der damalige Bürgermeister Bertrand Delanoë das Strandparadies gegen den heftigen Widerstand der Autofahrer durch, die das rechte Ufer als schnelle Ost-West-Schneise durch die City nutzen. Heute begeistert der Strand jeden Sommer mehr als vier Millionen Besucher.
Am linken Flussufer wurde der Verkehr 2013 komplett von der Wasserkante verbannt. Die Berges de Seine zwischen Eiffelturm und Musée d'Orsay gehören heute **Fußgängern, Skatern und Radfahrern**. Spielplätze und Kletterwände, Beach Clubs, Ökocafés und fünf schwimmende Gärten machen Lust zum Bleiben. Ob Batobus oder ein Ausflugsboot, die Perspektiven auf Eiffelturm, Cité und Notre-Dame sind natürlich auch im Sommer vom Wasser am schönsten.

Paris bekämpft den Smog

Nachfolgerin Anne Hidalgo führt die Vision der **autofreien Seine** am rechten Ufer fort und setzte im Sommer 2016 die Schließung des zentralen Rive Droite für den Verkehr im störrischen Stadtrat durch. Für fast sechs Millionen Euro wird die über drei Kilometer lange Voie Georges Pompidou nun in eine attraktive Flaniermeile verwandelt. Paris gewinnt weiter an Lebensqualität. Und packt dabei auch ein Problem an: den Smog. Wie viele andere europäische Städte leidet die Seinemetropole unter der Luftverschmutzung. Vor allem Feinstaub ist das Problem. Bis zu 60 Prozent der Partikel stammen aus dem Straßenverkehr. Immer häufiger werden die Grenzwerte überschritten. Geschieht dies, sind im täglichen Wechsel nur Fahrzeuge mit geraden oder ungeraden Kennzeichen in der City zugelassen. Métro, Busse und Bahnen fahren dann kostenfrei.

Flanieren statt Fahren

Die Verkehrspolitik der engagierten Sozialdemokratin trägt Früchte. Bevölkerung und Besucher sind begeistert. Jeden ersten Sonntag im Monat flanieren sie über die komplett autofreie Prachtmeile der **Champs-Élysées**, alle Sonntage im Jahr sind die Ufer des **Canal Saint-Martin** Fußgängern und Radfahrern vorbehalten. Auch an der einst verkehrsumtosten **Place de la République** ist jetzt Rasten statt Rasen das Motto. Wo Napoleon Soldaten exerzieren ließ, lädt heute ein fußsohlenflaches Wasserbecken zum Abkühlen der Füße ein, wird rund um die Bronzestatue im Stadtgarten gechillt und geflirtet – Paris atmet auf.

IM WIEGESCHRITT

Das Leben spüren, beim Takt der Musik den Alltag vergessen.
Tango, Salsa oder Sardana tanzen Sie an der Seine! Von Ende Juni
bis Mitte September verwandelt sich die Promenade Tino Rossi auf
der Rückseite des Jardin des Plantes zum **Ballsall unter freiem
Himmel**. Meist kommt die Musik aus Boxen, manchmal spielen aber
auch Bands – jeden Abend von 20.30 Uhr bis Mitternacht. Und
für zertanzte Schuhe gibt es in Paris mehr als genug Ersatz.

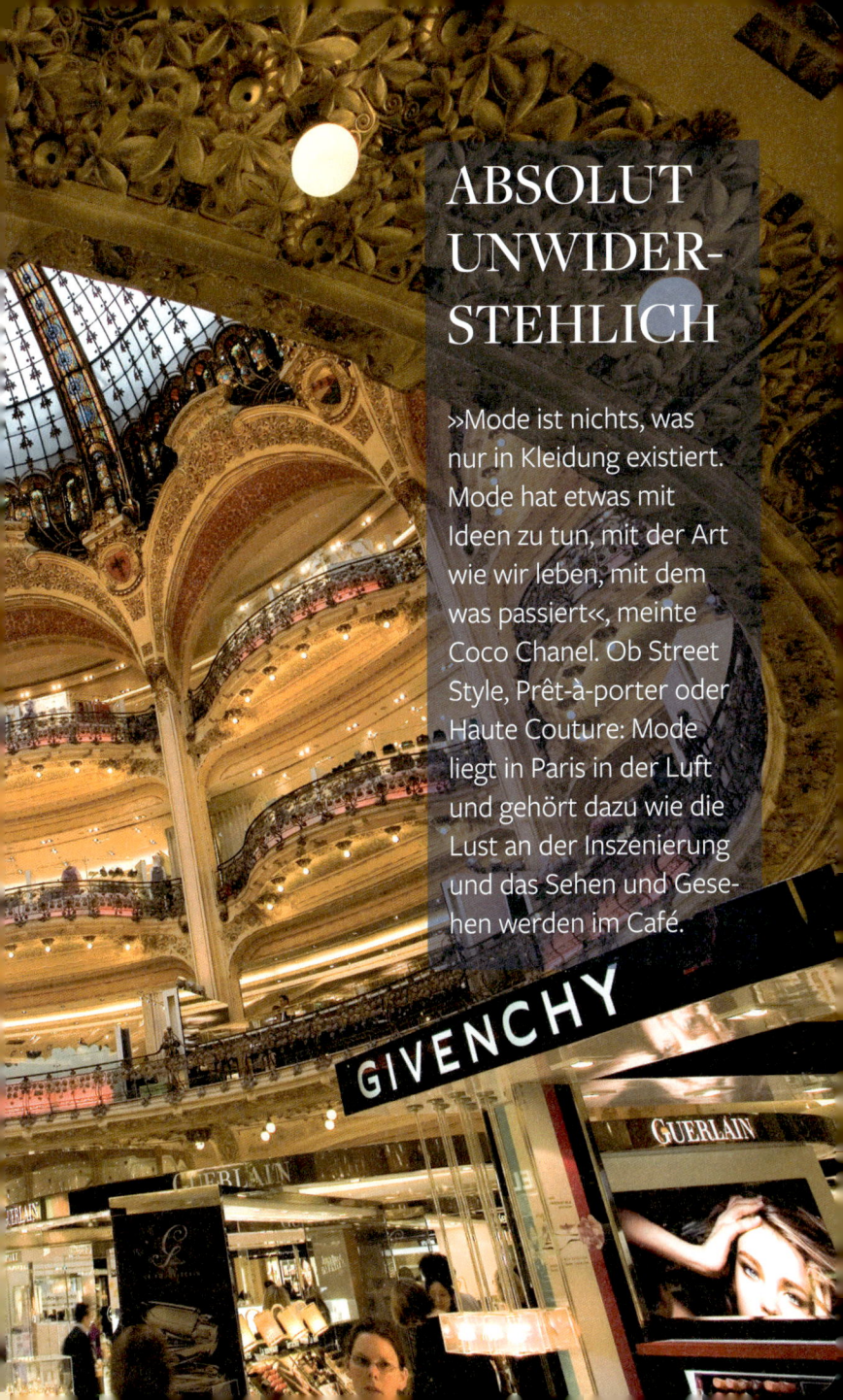

ABSOLUT UNWIDER-STEHLICH

»Mode ist nichts, was nur in Kleidung existiert. Mode hat etwas mit Ideen zu tun, mit der Art wie wir leben, mit dem was passiert«, meinte Coco Chanel. Ob Street Style, Prêt-à-porter oder Haute Couture: Mode liegt in Paris in der Luft und gehört dazu wie die Lust an der Inszenierung und das Sehen und Gesehen werden im Café.

Klassiker oder der neueste Trend:
Pariser Chic hat das gewisse Etwas.

Stilvoll provokant

»Ich habe die Frauen aus dem Korsett befreit« sagte **Coco Chanel** gern von sich selbst. **Yves Saint Laurent** ging noch einen Schritt weiter. Er schenkte den Frauen den Hosenanzug, eröffnete als Erster einen Laden für Prêt-à-porter-Mode und machte französische Fashion erschwinglich. Der begnadete Designer, der sich im Adamskostüm auf einem Samtkissen für sein Parfüm fotografieren ließ, war dennoch überzeugt: »Das schönste Kleidungsstück, das eine Frau tragen kann, ist die Umarmung eines Mannes, der sie liebt.« Bummeln Sie durch das 2017 neu eröffnete Musée Yves Saint Laurent und entdecken Sie, wie der Modeschöpfer für Stars wie Catherine Deneuve und Laetitia Casta teure Traumroben entwarf (▶S. 165).

Höchste Schneiderkunst

Yves Saint Laurent begann seine Karriere bei Dior, wo bis heute die schönsten Looks der **Haute Couture** von Hand genäht werden. Aufregende Schnitte, kunstvolle Faltenwürfe und aufwendig verzierte Glitzerkleider, exklusiv und unerschwinglich. Dior, Chanel und Givenchy – märchenhafte Kollektionen, die seit 150 Jahren bei Haute-Couture-Shows im Januar und Juli mit Prunk und Glamour in Szene gesetzt werden.

Schaufensterbummel

Doch auch ohne exklusive Eintrittskarte lässt sich die Faszination der Pariser Fashion hautnah erleben. Beim Bummel auf der Avenue de Montaigne, über die Champs-Élysées und in der Rue Sainte-Honoré – 365 Tage im Jahr sind sie der Catwalk für Lanvin, Hermès, Givenchy, Louis Vuitton und Chanel, das 2017 an die Ecke zur Rue Cambon zurückgekehrt ist, zurück zur Wiege der Weltmarke. Vom Laufsteg in den Laden wandern die Kollektionen, die Paris bei der **Fashion Week** im März und September zeigt. Dort präsentieren Karl Lagerfeld & Co. neueste Prêt-à-porter und Street-Style-Looks: tragbare Mode, die von den Stardesignern längst auch für H & M oder Otto entworfen wird.

LAUFSTEG FÜR TRENDS ...

ist auch ein Kaufhaus. Popstars, Politiker, selbst gekrönte Häupter pilgern zu den **Galeries Lafayette** am Boulevard Haussmann. Immer freitags, immer Punkt 15 Uhr. Dann zeigt der legendäre Konsumtempel im siebten Stock in seinem Salon Opéra die allerneuesten Must Haves von Luxus- und In-Labels aus aller Welt: Armani, Hermès, Louis Vuitton, Givenchy, Chanel und Calvin Klein ... Schnell online auf http://haussmann.galeries-lafayette.com/en/fashionshow anmelden, dann sind auch Sie dabei – ganz und gar kostenlos! Tolle Schnäppchen bieten die Soldes: Beim Schlussverkauf im Januar und Juli gibt es Preisnachlässe von 50 Prozent und mehr (▶ Abb. S. 26/27).

T
TOUREN

Durchdacht, inspirierend, entspannt

Mit unseren Tourenvorschlägen
lernen Sie die besten Seiten
von Paris kennen.

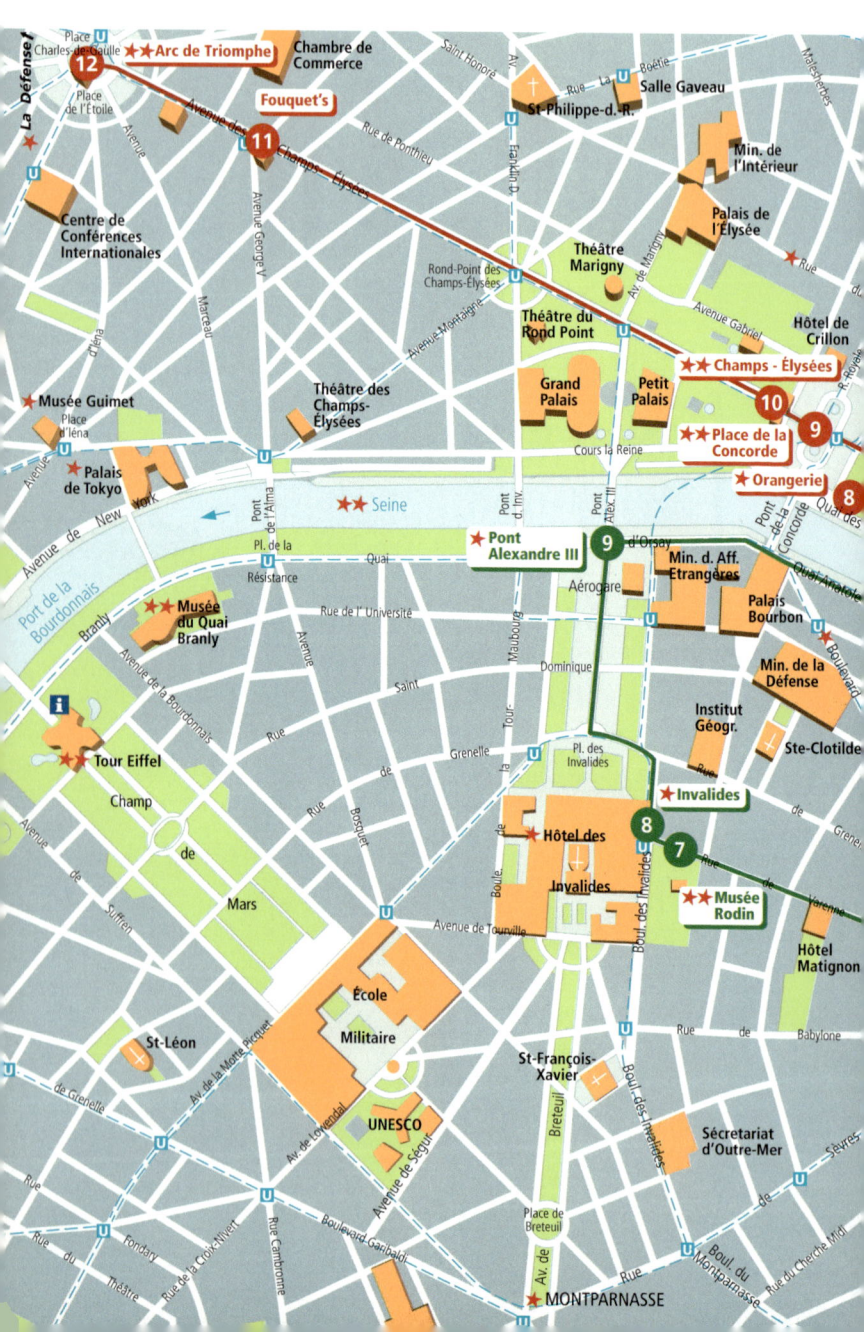

PARIS

★ Opéra Garnier
★ Galeries Lafayette
Olympia
Ste-Madeleine
Salle Favart
★ Musée Grevin
Haussmann
Boul. Montmar
Boul. des Italiens
Boulevard Capucines
R. du 4. Septembre
Av. de l'Opéra
★ Galerie Vivienne
★ Bourse des Valeurs
N.-D.-des-Victoires
Rue de Cléry
Rue d'Aboukir
Gaîté Lyrique
Place Vendôme
Bibl. Nationale
St-Roch
R. des Champs
R. St-Honoré
R. Etienne Marcel
Banque de France
St-Eustache
Jeu de Paume
★ Jardin des Tuileries
7
Comédie Française
Palais Royal
Chambre de Commerce
★ Canopée Forum des Halles
Tuileries
Musée de la Mode et du Textile
Rivoli
6 ★★ Musée du Louvre
St-Honoré
★ Centre Pompidou
10 ★★ Musée d'Orsay
Pl. du Carrousel
St-Germain l'Auxerrois
St-Merri
École Nationale des Beaux-Arts
Pont Royal
Pont des Arts
★ Pont Neuf 5
Théâtre du Châtelet
Tour St-Jacques
Inst. de France
5
★ Conciergerie
Théâtre de la Ville
Hôtel de Ville
★ Musée Maillol
Université Paris V
Monnaie
4
★★ Île de la Cité
St-Gervais
11 ★ Boulevard St. Germain
★★ ST-GERMAIN-DES-PRÉS
3
1 ★★ Notre-Dame
QUARTIER LATIN
★★ Ste Chapelle
ÎLE DE LA CITÉ
Hôtel-Dieu
2
★ Quartier Latin 1
St-Severin
★ Bon Marché
Université Paris VI
2 Musée National du Moyen Âge
★ St-Sulpice
Odéon
Rue des Écoles
3 Sorbonne
Palais du Luxembourg
Lycée Louis le Grand
Universités Paris VI-VII P. et M. Curie
★ Jardin du Luxembourg
5
4
★★ Panthéon
St-Étienne du Mont
Arènes de Lutèce
250 m
École des Mines
©BAEDEKER

PARIS

UNTERWEGS IN PARIS

Schnell, schön und bequem

Im Zeitalter von TGV und Billigflügen ist natürlich auch ein Tagestrip nach Paris denkbar. Aber drei Tage sollten es schon mindestens für die Seinemetropole sein, will man die wichtigsten Sehenswürdigkeiten besuchen, ausgiebig shoppen und ein wenig das Pariser Savoir vivre genießen. Das geht am besten **zu Fuß**. Paris ist eine Stadt, die zum Flanieren einlädt und allerorten Plätze zum Ausruhen und Schauen bietet: unzählige Straßencafés, die Quais der Seine, romantische Ecken und verschwiegene Gärten. Zumal im Zentrum alles viel näher beisammenliegt, als man zunächst denkt. Fast alle Sehenswürdigkeiten lassen sich auch schnell und bequem mit der **Métro** erreichen. Nur spätnachts sollten Sie nicht allein im Tunnellabyrinth der Métro unterwegs sein, sondern auf das oberirdische Busnetz oder ein Taxi ausweichen. Ein Auto ist in Paris überflüssig. Der Verkehr stockt überall, Parkplätze sind absolute Mangelware, und bei unerlaubtem Parken wird kräftig kassiert. Nehmen Sie stattdessen doch ein **Vélib**, ein öffentliches Leihfahrrad, das an über 1300 Stationen in der Stadt per Kreditkarte kinderleicht entliehen werden kann. Eine der schönsten Arten Paris zu entdecken, ist und bleibt natürlich eine **Schifffahrt** auf der Seine.

Richtig romantisch wird eine Seinefahrt zum Eiffelturm zur blauen Stunde.

KÖNIGLICHES PARIS

Start und Ziel: von der Île de la Cité bis zum Place Vendôme
Dauer: ein Tag

Dieser Spaziergang folgt den Spuren der Stadtgeschichte und berührt dabei viele Highlights der Seinemetropole. Für den ersten Eindruck sorgt der Blick vom Turm der ehrwürdigen Kathedrale Notre-Dame.

Tour 1

Es geht los an der Métro-Station Cité auf der ❶ ★★**Île de la Cité**, dem geografischen wie historischen Zentrum von Paris. Hier lagen das Herz des antiken Lutetia und die Geburtsstätte der französischen Königsmacht. Weltberühmter Publikumsmagnet der Seineinsel ist die gotische ❷ ★★**Kathedrale Notre-Dame** – um nicht stundenlang in der Schlange zu warten, sollten Sie früh starten und vor 9 Uhr an der Kirche sein. Vergessen Sie nicht, den Turm zu besteigen, durch den wunderschönen Garten der Kirche zu bummeln und auch die Krypta von Notre-Dame zu besichtigen. Nördlich der Kathedrale erinnert in der Rue Chanoinesse Nr. 10 eine Plakette an ein berühmtes Liebespaar: Abélard und Héloise.

Göttliche Gotik, das Vorzimmer zur Guillotine und eine Lovestory

Zweiter Höhepunkt der kleinen Flussinsel im Herzen der Hauptstadt ist die zweigeschossige ❸ ★★**Sainte-Chapelle** mit leuchtenden mittelalterlichen Glasmalereien. In den Verliesen der ❹ ★**Conciergerie** warteten während der Französischen Revolution Marie-Antoinette, Danton und Robespierre auf die Guillotine. Eine Pariser Perle ist der kleine Blumenmarkt der Île de la Cité, der sich sonntags zum Vogelmarkt wandelt. Jetzt haben Sie sich eine kleine Pause verdient: Das nostalgische Bistrot Les Voyelles an der Westspitze der Insel verwöhnt mit modernen Interpretationen beliebter Traditionsgerichte wie Pot au Feu oder Côte de Bœuf (74, Quai des Orfèvres, Tel. 01 46 33 69 75, www.les-voyelles.com; €/€€).

Über die älteste und wohl schönste Seinebrücke mit dem irreführenden Namen ❺ ★**Pont Neuf** geht es hinüber zum Rive Droite und vorbei an den Bouquinisten des Quai du Louvre, die alte Schmöker, Kunststiche und Postkarten verkaufen. Der ❻ ★★**Louvre** gehört zum Pflichtprogramm. Die einstige Königsresidenz ist seit 1793 Schatzkammer für Kunst aller Epochen und Kulturen. Die ausgiebige Besichtigung des größten Kunstmuseums der Welt hebt man sich besser für einen anderen Tag auf. Genießen Sie heute die architektonischen Highlights wie die Lescotfassade, die Kolonnade von Perrault und Peis gewaltige Glaspyramide, in der neben dem Infozentrum des Louvre auch ein Apple-Store, Starbucks sowie eine Filiale des Traditionskaufhauses Printemps zu finden sind.

Entlang der Seine zum größten Kunstmuseum der Welt

Monets
Seerosen
und ein Glas
Champagner

Hinter dem Triumphbogen Carrousel du Louvre erstreckt sich der **7** ★**Jardin des Tuileries**. Männer treffen sich hier zum Boule, Kinder hüpfen auf Trampolins, ein nostalgisches Karussell dreht seine Runden. Wer auftanken möchte, schnappt sich einen der Liegestühle, die rund um das Bassin aufgestellt sind. Oder stärken Sie sich im Schatten alter Kastanienbäume auf der Terrasse des Café Renard mit einem P'tit Noir und Pain Choc für den Besuch der **8** ★**Orangerie**. Ihre Seerosenbilder, die Claude Monet gemalt hat, dürfen Sie keinesfalls verpassen. Wenige Schritte weiter braust der Verkehr um den weiten **9** ★★**Place de la Concorde**. Neben seinen Souvenirständen warten Pferdedroschken. Steigen Sie ein und lassen Sie sich ganz gemütlich die viel besungene **10** ★★**Champs-Élysées** entlangkutschieren, Flaniermeile und Schaufenster der Grande Nation. Bei Nummer 99 steigen Sie aus: Ein Glas Champagner auf der Terrasse von **11** **Fouquet's** gehört zum Pariser Savoir Vivre! Zum Schluss geht's die 284 Stufen der steilen Wendeltreppe hinauf zur Aussichtsplattform des **12** ★★**Arc de Triomphe**, den Napoleon zum Ruhm seiner Armeen errichten ließ. Weit schweift der Blick über die 12 Avenuen um den Platz und das historische Paris im Osten bis zum hypermodernen Hochhausviertel **13** ★**La Défense** im Westen.

RIVE GAUCHE: KÜNSTLER UND GELEHRTE

Start und Ziel: Métro-Station Saint-Michel | **Dauer:** mind. 5 Std.

Tour 2

Das linke Seineufer ist seit Jahrhunderten das Zentrum der Intellektuellen. Hier lag die Keimzelle der Pariser Uni, malten Symbolisten und Dadaisten, diskutierten Sartre und Beauvoir mit Gleichgesinnten in den Literatencafés von Saint-Germaindes-Prés. Heute logieren Topmanager, Spitzenpolitiker und Filmstars im Viertel, werden hier alljährlich vielversprechende junge Autoren ausgezeichnet.

Lehrende,
Lernende
und das Lipp

Die Tour beginnt an der Métro-Station Saint-Michel, wo man außerhalb der Sommermonate mitten in den studentischen Trubel des **1** ★**Quartier Latin** gerät. Im **2** **Palais der Bischöfe von Cluny** beeindrucken die mystischen mittelalterlichen Einhorn-Gobelins, zeugen die Ruinen römischer Thermen von den antiken Ursprüngen der

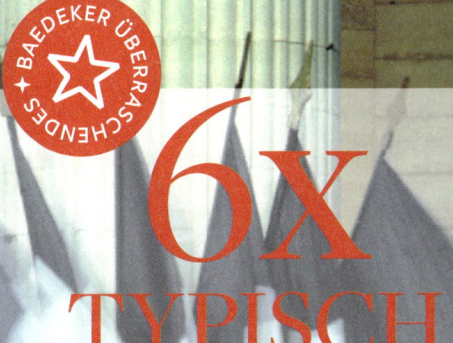

6X TYPISCH

Dafür fährt man nach Paris

1.

PARISER CHIC

Im März und Okt. präsentieren die Topdesigner der Hauptstadt ihre Kollektionen für die kommende Saison auf der Paris Fashion Week, das ganze Jahr ist die **Rue du Faubourg Saint-Honoré** Flaniermeile der Fashion-Fans.
(► **S. 185**)

2.

ROMANTIK

Mit ihren kleinen Geschäften, gemütlichen Cafés und schmalen Gassen, verträumten Ufern und dem besten Eis der Hauptstadt ist die **Île Saint-Louis** eine der charmantesten Adressen von Paris.
(► **S. 92**)

3.

ZUM REINBEISSEN

Sich in ein Pariser **Straßencafé** zu setzen und die vorbeigehenden Leute zu beobachten, ist ebenso ein absolutes Muss wie der Kauf eines **Éclair, Millefeuilles oder Macaron**, die zart auf der Zunge zergehen.
(► **S. 305**)

4.

GEZIELTER REGELBRUCH

Etablierte Salonmaler und Visionäre einer neuen Zeit – Paris steht Schlange für die Themenausstellungen im **Musée d'Orsay**, einer Schatzkammer der Impressionisten.
(► **S. 136**)

5.

PRÊT-À-PORTER UND DESIGNER-BOUTIQUEN

Karl Lagerfeld, Caroll und die schönsten Schuhgeschäfte – bei einem Shoppingausflug im Herzen von Paris kommt man an **Saint-Germain-des-Prés** nicht vorbei. (►**S. 194**)

6.

SOPI

Medienmacher, Musiker, tolle neue Hotels, trendige Bars und Neobistros – **das junge Paris** hat sein Hauptquartier südlich vom Place Pigalle.
(► **S. 174**)

Seinemetropole. Bereits Mitte des 13. Jh.s wurde die südlich liegende ❸ **Sorbonne** gegründet. Falls es schon Mittagszeit ist: Machen Sie es wie die Studenten und Professoren und stillen Sie Ihren Hunger im 1845 eröffneten Lokal »Polidor« in der Rue Monsieur-le-Prince 46 – ganz typisch französisch mit Confit de Canard, Weinbergschnecken und Steak Tartare. Durch die Rue Cujas erreicht man das ❹ ★★**Panthéon**, die letzte Ruhestätte berühmter Franzosen wie Voltaire, Victor Hugo und Marie Curie. Gönnen Sie sich danach eine Auszeit im schönsten Pariser Park, dem ❺ ★**Jardin de Luxembourg** mit verträumten Winkeln, der versteckten Fontaine de Medici und Schachspiel unter freiem Himmel.

So erholt, sind Sie fit fürs Power-Shopping: Im ältesten Pariser Kaufhaus ❻ **Bon Marché** bringt der hauseigene Fahrservice Ihre Einkäufe ins Hotel, während Sie in der luxuriösen Feinkostabteilung »Grande Épicerie de Paris« noch typische Leckereien für ein Picknick im Skulpturengarten des ❼ ★★**Musée Rodin** erstehen. Entspannen Sie neben Rodins Meisterwerk »Der Denker«, der sich in Bronze glänzend vor dem blauen Himmel abhebt. Dahinter zeigt sich majestätisch der ❽ ★**Invalidendom.** Unter seiner goldenen Kuppel ruht Napoleon im monumentalen Porphyrsarg. Schlendern Sie durch die Parkanlage bis zur prachtvollen ❾ ★**Pont Alexandre III** und dann am Seineufer entlang bis zum ❿ ★★**Musée d'Orsay.** Seine Impressionistensammlung ist ein Muss für jeden Kunstfreund. Um langes Anstehen zu vermeiden, sollten Sie die Karten unbedingt vorab kaufen. Die Tour durch das kunstsinnige Rive Gauche endet an der Lebensader des Viertels: dem ⓫★**Boulevard Saint-Germain** mit legendären Literatencafés und der »Brasserie Lipp«, in der Ernest Hemingway zwei Dinge liebte: das Bier und den Kartoffelsalat. Machen Sie es wie er und stärken Sie sich bei einem deftigen Mahl. Bon appétit!

SZENETREFFS & SHOPPING-GLAMOUR

Start und Ziel: Place de la Bastille bis Métro-Station Bourse
Dauer: mind. 5 Std.

Tour 3   *Für einen wunderschönen Nachmittag mit Schlendern, Schauen und Shoppen empfiehlt sich der Spaziergang vom Maraisviertel, vorbei an Trendläden und Nobelboutiquen bis zu den prunkvollen Kaufhäusern und Einkaufspassagen am Boulevard Haussmann.*

Vor Weihnachten wetteifern die Kaufhäuser am Boulevard Haussmann um die schönsten Schaufenster – Printemps verführt das ganze Jahr zum Geldausgeben.

Die Einkaufstour beginnt bei der ❶ **Opéra Bastille**, die als kühn gestyltes Wahrzeichen den Aufschwung im Pariser Osten einleitete. Westlich des Place de la Bastille erstreckt sich das ❷ ★★**Marais**, erst Wohnort der Aristokraten, dann Pletzl der Juden und heute quirliges Shopping und Gay Village. Viele der vornehmen Adelspaläste wurden vorbildlich restauriert, einige als Museen – absolutes Highlight ist das ★★**Musée National Picasso Paris**, für das man sich gesondert Zeit nehmen sollte. Ältester der fünf königlichen Plätze der Hauptstadt und für viele der schönste ist der ❸ ★★**Place des Vosges** mit Galerien und Cafés in den Arkaden. In Nr. 15 residiert Dammann Frères, einer der besten Teehändler der Stadt. Nebenan im »Ma Bourgogne« (Nr. 19) pflegte Kommissar Maigret gern zu speisen. Klein, aber fein ist das Bistro La Place Royale (Nr. 2 Bis, Tel. 01 42 78 58 16).

Um die Ecke liegt die ❹ **Rue des Rosiers**, das Herz des jüdischen Viertels mit kleinen Synagogen, koscheren Restaurants und hebräischen Buchhandlungen. Am Sabbat (Samstag) ist es ruhig, am Sonntag wird bis nachts gefeiert. Mittlerweile haben auch teure Boutiquen, Kunstgalerien und Geschäfte für Gays das ehemalige Ghetto entdeckt. Die Rue Rambuteau führt genau zur futuristischen Kulturfabrik des ❺ ★**Centre Pompidou**, dessen Vorplatz Bühne für Straßenkünstler ist. Durch das Hallenviertel, wo einst die Pariser Markt-

Trendläden, koschere Küche und die beiden schönsten Pariser Plätze

hallen standen und jetzt das grüngold schimmernde Glasdach des
6 ★**Canopée**-Shoppingcenter das revitalisierte Forum des Halles
überspannt, ist schnell die **7** ★**Rue du Faubourg Saint-Honoré** erreicht. Superteure Juweliere, Kunstgalerien und berühmte Modedesigner säumen die Luxusmeile wie Lanvin, YSL, Hermès, Chanel
und Christian Lacroix. Ist das Portemonnaie noch gut gefüllt? Dann
biegen Sie an der Rue de Castiglione zum **8** ★★**Place Vendôme** ab
mit namhaften Schmuckherstellern und dem legendären Grandhotel
Ritz. Die von Nobelboutiquen gesäumte Rue de la Paix führt direkt
zur **9** ★**Opéra Garnier**. Bewundern Sie die prachtvolle Spielstätte
von der Terrasse des **10** ★**Café de la Paix**, wo Designertörtchen und
»Plats Féminins« die nötige Energie für die letzte Etappe des Shop-
ping-Marathons geben: den Streifzug durch Kaufhäuser und Passagen der Belle Époque am Boulevard Haussmann: Auf der Einkaufs-
liste stehen **11** ★**Printemps**, **12** ★**Les Galeries Lafayette** und die
13 ★**Galerie Vivienne** nahe der Métro-Station Bourse.

Mit nur einer Stimme Mehrheit (361 zu 360) wurde Ludwig XVI. zum Tode verurteilt
und im Januar 1793 auf dem Place de la Concorde hingerichtet (Musée Carnavalet).

AUF DEN SPUREN DER FRANZÖSISCHEN REVOLUTION

....
Start: Palais Royal | **Ziel:** Place de la Concorde
Dauer: mind. 5 Std. | ►Baedeker Wissen S. 52
....

Kein Volksaufstand hat die Welt so verändert wie die Französische Revolution, und keine Stadt hat nach einem Aufstand der Bürger ihr Gesicht so verändert wie Paris. Für die Zeitreise durch das Paris von 1789 bis 1794 mieten Sie am besten ein Vélib-Fahrrad. Sämtliche Destinationen sind aber auch per Métro zu erreichen.

Tour 4

Die Geburtsstunde der Revolution schlug im **1** **Palais Royal** (Métro: Louvre), in dessen Ehrenhof Daniel Buren vor dreißig Jahren seine gestreiften »Colonnes« aufstellte. Louis Philippe d'Orléans öffnete die einstige Residenz des Sonnenkönigs 1784 für Händler und Wirte. Binnen kürzester Zeit wandelte sich der Stadtpalast zur populären Vergnügungsstätte – vermutlich auch, weil die Polizei dort keinen Zutritt hatte. In dem in den Galerien untergebrachten Café Foy trafen sich regelmäßig die Jakobiner. Hier sprang auch am 13. Juli 1789 der junge Journalist Camille Desmoulins auf den Tisch und rief die Gäste zum Widerstand und Sturm auf die Bastille auf. Kurz darauf rückte die Nationalgarde an und stürmte das Kaffeehaus, das später als »Chez Bignon« Literatentreff wurde, heute jedoch nicht mehr existiert. Die Aufständischen waren indes längst in Richtung **2** **Bastille** unterwegs, um am 14. Juli 1789 erfolgreich das Staatsgefängnis zu stürmen – seinen einstigen Standort markiert heute die Colonne de Juillet. Bummeln Sie gemütlich durch die Gassen östlich des Place de la Bastille und entdecken Sie den Charme des ★**Bastilleviertels** mit traditionellen Handwerkern, Hipstern und versteckten Hinterhöfen. Gemälde, Modelle und Zeitdokumente zum Sturm auf die Bastille, Büsten und Porträts von Ludwig XVI., Marie-Antoinette und Robespierre, dem führenden Mitglied der radikalen Jakobiner, zeigt das **3** ★**Musée Carnavalet** nordöstlich vom Place des Vosges im Marais-Viertel. Geben sie anschließend Ihr Vélib neben der Métro-Station Chemin-Vert zurück und fahren Sie mit der Métro bis zur Station École Militaire beim **4** **Champs de Mars**. Den stürmischen Umbrüchen von 1789 folgte die gemäßigte Phase der Revolution. Gute Ernten, ein neues Wahlrecht und die Erklärung der Menschenrechte beruhigten das Volk, das 1790 den Jahrestag der Erstürmung mit einem Förderationsfest auf dem Champs de Mars gemeinsam mit 60 000 Nationalgardisten feierte.

Ein Volksaufstand verändert die Welt

Das Ende der Monarchie

Das Marsfeld ist heute ein beliebter Platz für große und kleine Events. Die Franzosen lieben es, hier mit Blick auf den **5 ★★Eiffelturm** zu picknicken. Tun Sie es ihnen gleich! Nur wenige Schritte nördlich vom Wahrzeichen der Seinemetropole entleihen Sie dann am Quai Branly wieder ein Vélib und **radeln entlang der Seine** ins Jahr 1791, in dem Frankreich seine neue Verfassung erhielt: eine konstitutionelle Monarchie mit einer vom Volk gewählten Nationalverfassung. Der König war entsetzt und ersann für sich und seine Familie Fluchtpläne aus jenem Schloss, in dem sie seit dem vom Volk erzwungenen Umzug von Versailles nach Paris residierten: im Tuilerienschloss. Am Standort des königlichen Stadtschlosses, das 1871 beim Aufstand der Pariser Kommune in Flammen aufging, erstreckt sich heute der schöne Park **6 ★Jardin des Tuiléries**. Die Flucht der königlichen Familie endete am 21. Juli 1791 nahe der belgischen Grenze in Varennes. Ihre Rückführung ins Tuilerienschloss war in Paris ein Megaevent, für das Neugierige sogar auf die Dächer kletterten, um das Spektakel zu sehen. Doch der erneute Hausarrest für die Herrscherfamilie genügte dem Volk diesmal nicht mehr. Am 10. August 1792 stürmten Aufständische das Schloss. Ludwig XVI., Marie Antoinette und ihre Kinder kamen ins Gefängnis an der Rue du Temple im Marais. Am 21. September 1792 wurde der König offiziell entthront und die Republik ausgerufen. Neun Wochen später begann sein Prozess.

Die Revolution frisst ihre Kinder

Am Morgen des 21. Januar 1793 wurde der französische Herrscher, der anfangs den Zielen der Revolution recht offen gegenübergestanden hatte, unter dem bürgerlichen Namen Louis Capet vom Henker Charles Henri Sanson auf dem Revolutionsplatz enthauptet. Am 16. Oktober des gleichen Jahres wurde auch seine Frau Marie Antoinette auf dem heutigen **7 ★★Place de la Concorde** guillotiniert. Geköpft wurden allerdings nicht nur verhasste Aristokraten, sondern später auch Danton, Robespierre und der Arzt Joseph Guillotin, der die Todesmaschine erfunden hatte. 1795 endeten – sehr zum Bedauern der Bevölkerung – die Enthauptungen, und der größte Pariser Platz erhielt seinen jetzigen Namen: Platz der Einheit.

AUSFLÜGE

*Eine knappe halbe Stunde braucht die RER C von Paris nach ▶Versailles, zur glanzvollen Residenz Ludwigs XIV. Sie ist ebenso UNESCO-Weltkulturerbe wie die Basilika von ▶Saint-Denis, 10 km nördlich von Paris. Magische Märchenwelten verspricht ein Besuch in **Disneyland Paris** in Marne-La-Vallée (▶S. 311). Und es warten noch weitere schöne Ausflugsziele.*

Künstler, Politiker und Musiker hatten 9 km südwestlich von Paris in Meudon ihr Domizil. Hier lebten die Dichter Ronsard, Balzac und Céline, komponierte Wagner 1841 seinen »Fliegenden Holländer«. Hans Arp und Sophie Taeuber wohnten 1929–1941 im selbst entworfenen Atelier, heute **Fondation Arp Museum**. Auguste Rodin verbrachte die letzten 20 Jahre seines Lebens in der **Villa des Brillants**, wo er im Park mit seiner Lebensgefährtin Rose Beuret begraben liegt. Im Museum sind Entwürfe zum »Höllentor« zu bewundern. www.ville-meudon.fr

Fondation Arp: 21, Rue des Châtaigners, Clamart, Fr. – So. 14 –18 Uhr | Erw. 8 € | www.fondationarp.org
Villa des Brillants: 19, Ave Auguste Rodin | Mai – Sept. Fr. – So. 13 – 18 Uhr | Erw. 5 € | www.musee-rodin.fr

Meudon

Im Nachbarort zeigt das Museum der berühmten **Porzellanmanufaktur**, 1738 in Vincennes gegründet und 1756 nach Sèvres verlegt, feinste Service, orientalische Keramik und Fayencen.

2, Place de la Manufacture | tgl. außer Di. 10 – 17 Uhr | Erw. 6 €, plus Sonderschau 8 € | Führungen 13.30, 14 und 15 Uhr | 3-std. Führung durch die Werkstätten 18 € | auch Porzellankurse ab 280 €/6 Std. www.sevresciteceramique.fr

Sèvres – Cité de la céramique

Das Schlösschen, in dem **Napoleon** und seine erste Frau, **Joséphine de Beauharnais**, ihre glücklichste Zeit verbrachten, liegt knapp 16 km westlich von Paris und ist seit 1906 Nationalmuseum. Erbaut wurde Malmaison 1620 im frühen Barockstil, 1799 erwarb Joséphine das Anwesen. Nach ihrer Scheidung lebte die Kaiserin hier zurückgezogen bis zu ihrem Tod 1814. An ihrem Todestag, dem 29. Mai, wird alljährlich mit einem Konzert der Kaiserin gedacht. Napoleon III. kaufte das Schloss seiner Großmutter und ließ es im Stil des Empire restaurieren. Im Erdgeschoss befinden sich der Goldene Salon, der Musiksalon von 1812, das Arbeitszimmer und die Bibliothek, im ersten Stock die Gemächer des Kaisers und seiner Gemahlin.

Avenue du Château de Malmaison | Mo., Mi.–Fr. 10 – 12.30, 13.30 bis 17.15, Sa., So. bis 17.45 Uhr, April – Sept. 30 Min. länger Erw. 6,50 €, Park 1,50 € | http://musees-nationaux-malmaison.fr

Château de Malmaison

Das von **Madame de Pompadour**, Favoritin Ludwigs XV., ausgestattete **Rokokoschloss** in Champs-sur-Marne, 18 km östlich von Paris, präsentiert mit seiner Einrichtung großartig den »Louis-Quinze-Stil«: Hier wurde der Kultfilm »Gefährliche Liebschaften« gedreht mit John Malkovich und Glenn Close in den Hauptrollen.

Schloss: Juni – Sept. Mo., Mi. – Fr. 10 – 12.15, 13.30 – 18, Sa. /So. 10 – 18, Okt. – Mai bis 17 Uhr, Jan. nur Sa./So. | Erw. 7,50 €
Park: tgl. 9.30 – 17.30 bzw. 18.30 Uhr | Erw. 7,50 €, unter 18 Jahren frei | http://champs-sur-marne.monuments-nationaux.fr

Château de Champs-sur-Marne

S

SEHENS-WERTES

Magisch, aufregend, einfach schön

Alle Sehenswürdigkeiten sind
alphabetisch geordnet. Sie haben
die Freiheit der Reiseplanung

★★ ARC DE TRIOMPHE · PLACE DE L'ÉTOILE

Lage: Place Charles de Gaulle (8. Arr.)
Métro: Charles-de-Gaulle – Étoile | **www.paris-arc-de-triomphe.fr**

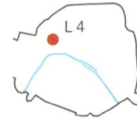

L 4

Hier endet die Tour de France, beginnen die ▶*Champs-Élysées, gedenkt Frankreich alljährlich der Toten des Ersten Weltkriegs: Der größte Torbogen der Welt ist neben dem Eiffelturm das berühmteste Wahrzeichen von Paris. Und Mahnmal gegen den Krieg, wo die »Flamme de Souvenir« täglich neu entfacht wird, damit ein unbekannter Soldat unvergessen bleibt.*

Patrio- tisches Ritual

Jahr für Jahr die gleiche feierliche Zeremonie: Am 11. November legt der französische Staatspräsident am Triumphbogen einen Kranz vor die ewige Flamme, die über das Grab des unbekannten Soldaten wacht. Eine Schweigeminute. Das Läuten der Totenglocke. Aux Morts. Patriotismus in Frankreich: Auch »le bleuet« gehört an diesem Tag ans Revers. Die blaue Kornblume symbolisiert das Gedenken an die Gefallenen. »**Nie wieder Krieg**« mahnt sie.

Die Entscheidung, den Gefallenen des Ersten Weltkriegs nationale Ehre zu erweisen, wurde noch mitten im Krieg gefällt – 1916. Vier Jahre später stand Auguste Thin, ein junger Soldat des 132. Regimentes, in Verdun mit einem Blumenstrauß vor den Särgen mit je einem Gefallenen der acht Frontabschnitte: Flandern, Artois, Somme, Île-de-France, Chemin des Dames, Champagne, Verdun und Lothringen. **Auf welchen Sarg hat er die Blumen gelegt?** Das bleibt Staatsgeheimnis. Der Sarg reiste am 28. Januar 1921 nach Paris. Im Beisein von Präsident Alexandre Millerand und der Generäle Pétain, Joffre und Foch wurde der unbekannte Soldat posthum mit der Ehrenlegion, der Militärmedaille und dem Kriegsverdienstkreuz geehrt und unter dem Triumphbogen beigesetzt. Dennoch geriet er schon bald in Vergessenheit. Bis Kriegsminister André Maginot 1923 die ewige Flamme entzündete, die seitdem Totenwache hält. Weder am 14. Juni 1940, als die Deutschen in Paris einmarschierten, noch während der Besatzungszeit wurde das Ritual unterbrochen: Es war die einzige nationale Zeremonie, die von den deutschen Besatzern geduldet wurde. Bis heute wird sie jeden Tag um 18.30 Uhr neu entfacht.

Dem Ruhm der Revolutionsheere gewidmet

Triumph- bogen im Stil der Antike

Begonnen wurde der 50 m hohe und 45 m breite Bogen zu Ehren der Revolutionsheere 1806 im Auftrag von Napoleon. Da der Kaiser jedoch abdanken musste und der Architekt Jean-François Chalgrin verstarb, wurden die Arbeiten eingestellt. Erst unter Bürgerkönig Louis-

Napoleons Triumphbogen am Ende der Champs-Élysées ist verkehrsumtost, aber jeden ersten Sonntag im Monat wird die Prachtstraße für Autos gesperrt.

Philippe konnte das Denkmal 1836 feierlich eingeweiht werden. Ost- und Westfassade erzählen vom Auszug und der glorreichen Heimkehr der siegreichen französischen Armeen. Das von François Rude geschaffene, auch »Marseillaise« genannte Relief Richtung Champs-Élysées berichtet vom »Aufbruch der Freiwilligen gegen Preußen 1792«. Die Innenseiten führen die Namen von mehr als 100 Schlachten und 660 Generälen. Sind sie im Kampf gefallen, ist ihr Name unterstrichen. 284 Stufen führen hinauf zur Aussichtsplattform, die auf die »historische Achse von Paris« blickt vom ▶Louvre bis nach ▶La Défense, auf den Eiffelturm und den Butte de Montmartre mit der Basilika Sacré-Cœur. Wie das Wahrzeichen das neue Jahr begrüßt, verrät das **Museum** im Innern des Bauwerkes. Tgl. 10 – 22.30, April – Sept. bis 23 Uhr, Kassenschluss 45 Minuten früher | Erw. 12 €, 18 – 25 Jahre 9 €, unter 18 Jahren frei

Im Doppeldecker durch den Triumphbogen

Luftnummer   Zur großen Siegesparade auf den Champs-Élysées am 14. Juli 1919 hatte die Militärführung angeordnet, dass auch die Jagdstaffel mitmarschieren sollte – eine Provokation für die »Helden der Lüfte«. Deshalb entschloss sich der junge Kampfflieger Charles Godefroy, mit seiner »Nieuport 11«, einem Doppeldecker von 7,5 m Spannweite, durch den Triumphbogen zu fliegen. Viel Platz war nicht, die Bogenbreite beträgt 14,60 m. Die fliegerische Glanzleistung verstieß zwar gegen alle Regeln, wurde aber in der Öffentlichkeit so bejubelt, dass Godefroy nur eine Verwarnung erhielt.

Alptraum vieler Autofahrer

Place de l'Étoile   Um den verkehrsumtosten Sternplatz verlaufen acht Fahrspuren. Für seinen Kreisverkehr gilt noch die alte Regel **rechts vor links**: Dem zufahrenden Verkehr ist Vorrang zu gewähren. Sprich: Wer im Kreisel ist, muss warten. Und das bei jeder der zwölf einmündenden Straßen. Die ▶Champs-Élysées sind jeden ersten Sonntag im Monat autofrei. Die Namen der zwölf Avenuen erinnern an illustre Männer des Empire, der Kranz aus zwölf markanten Gebäuden stammt vom Architekten Hittorff. Seit 1970 trägt der Platz offiziell den Namen des ehemaligen Staatspräsidenten **Charles de Gaulle**.

★ BASTILLE

Lage: Östliches Zentrum (3. Arr.) | **Métro:** Bastille

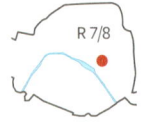

R 7/8

»Ist das eine Revolte?« soll der ahnungslos zaudernde König Ludwig XVI. gefragt haben, als man ihm die Nachricht vom Fall der Bastille überbrachte. »Nein, Sire,« erwiderte einer seiner Herzöge, »das ist eine Revolution!« Heute befindet sich das Bastilleviertel im Umbruch, locken in ehemaligen Handwerkerhöfen kreative Szenen, Bars und junge Boutiquen.

Symbol absolutistischer Willkür

Nur Linien im Pflaster und der Name des Platzes erinnern an das verhasste Staatsgefängnis des Ancien Régime. Nach der **Erstürmung am 14. Juli 1789** wurde die Bastille binnen weniger Monate vollständig abgetragen – und zum Millionengeschäft für einen Mann: Pierre Francois Palloy. Der geschäftstüchtige Bauunternehmer erhielt schon nach wenigen Tagen den öffentlichen Auftrag zum Abriss und verkaufte die Steinquader Stück für Stück, auch als Souvenir an Parisbesucher. Die Grundmauern wurden beim Bau der Metrolinie 5 freigelegt. Für die Haltestelle schuf Odile Jacquot 1988 ein Mosaik mit der Revolutionsflagge Trikolore in Blau, Weiß, Rot. Das Musée Carnavalet (▶S. 123) zeigt ein Modell der ehemaligen Bastille.

Beginn der Französischen Revolution

Der Grundstein für die »kleine Bastion« wurde 1370 unter Karl V., gelegt, der mit der Festung die Stadtmauer verstärken wollte. Sein Nachfolger erweiterte das Bollwerk zu einer massiven Ringanlage mit acht 20 m hohen Wehrtürmen. Kardinal Richelieu erklärte den Bau zum Staatsgefängnis. Eingekerkert wurden vor allem Prominente, die als Querulanten, **Freidenker und Liberale** galten – und das meist ohne Gerichtsurteil, nur aufgrund des königlichen Befehls (lettre de cachet). Doch auch im Gefängnis lebten die adligen Insassen weiterhin recht fürstlich mit eigenen Bediensteten und Besuch. Der inhaftierte Kardinal Rohan ließ sogar ein Bankett für 20 Gäste ausrichten. Gleich dreimal saß Voltaire für mehrere Monate wegen königskritischer Töne ein. Ganze zwölf Jahre verbrachte der Marquis de Sade in der Bastille, wo er die »120 Tage von Sodom« verfasste, worauf man ihn in die Irrenanstalt von Charenton verlegte. Als das Volk die Bastille stürmte, konnten die Befreier nur sieben Gefangene aus ihren Zellen holen: zwei Geisteskranke, vier Urkundenfälscher und Graf Hubert de Solages, der wegen eines Familienstreites einsaß. Die Menge aber feierte sie mit großem Triumph. Der Sturm auf die Bastille markiert den Beginn der Französischen Revolution – die Erinnerung daran wird beim **Nationalfeiertag** am 14. Juli mit Bällen, Straßenfesten und Militärparaden auf den ▶Champs-Élysées gefeiert.

Prominente Insassen

Drei glorreiche Tage im Juli

In der Mitte des Place de la Bastille erhebt sich 51 m hoch die Julisäule mit dem **vergoldeten »Genius der Freiheit«**. Die graziös balancierende Figur erinnert an die Straßenschlachten der Julirevolution 1830, die zum Sturz von Karl X. führten und den Bürgerkönig Louis-Philippe an die Macht brachten. Vier gallische Hähne und ein Löwenrelief am Sockel symbolisieren das freie Volk.

Colonne de Juillet

❚ Opéra Bastille

Die Magie der menschlichen Stimme

Carmen, Lohengrin und Rigoletto, Tosca, La Bohème und Owen Wingrave – die Inszenierungen der Bastille-Oper begeistern die Nation. Exakt 200 Jahre nach der Erstürmung der Bastille weihte Staatspräsident François Mitterrand 1989 das moderne Opernhaus ein. Den Entwurf für den pompös-strengen Betonbau lieferte **Carlos Ott**, der auf Transparenz setzte. Hinter der halbrunden Fassade aus Glasquadraten liegen neun Bühnen, die samt Requisiten binnen Minuten gewechselt werden können. Der Große Saal ist edel mit blauem Gra-

Opernhaus der Superlative

LIBERTÉ, ÉGALITÉ, FRATERNITÉ

1789 wurde in Paris Weltgeschichte geschrieben: Die Französische Revolution bereitete den Weg zum modernen Nationalstaat nach demokratischen Prinzipien. Napoleon Bonaparte exportierte die Ideale der Revolution in das von ihm unterworfene Europa, wo sie heute noch in den Verfassungen und der Gesetzgebung zu erkennen sind.

▶ **Symbole der Revolution**

Marianne

Seit der Französischen Revolution ist die »Marianne« die Nationalfigur Frankreichs. Als Büste steht sie in jedem Rathaus des Landes. Alle vier Jahre entscheidet eine Jury aus Bürgermeistern, welche Französin der Skulptur als Vorlage dienen soll. Promi- nente Vorbilder waren Brigitte Bardot, Catherine Deneuve und Florence Foresti.

14. Juli 1789:
Der Sturm auf die Bastille ...

... war mindestens so sehr ein Akt zur Waffenbeschaffung wie zur Gefangenenbefreiung. Er gilt als Geburtsstunde der Revolution und ist bis heute der wichtigste Nationalfeiertag.

▶ **Die wichtigsten Ereignisse**

1789
Generalstände

- Einberufung der Generalstände (Adel, Klerus & Bürgertum/ dritter Stand) nach Versailles
- Dritter Stand erklärt sich zur verfassungsgebenden Nationalversammlung und schwört

  »sich niemals zu trennen, bis die Verfassung errichtet ist.«

  (Ballhausschwur)

1790 Neue Verfassung
1792 Republik

- Frankreich wird konstitutionelle Monarchie, Verfassungseid Ludwigs XVI.
- Wahl des Nationalkonvents
- Ausrufung der Ersten Republik

Menschenrechte

1793
Revolutionstribunal

- Enthauptung Ludwigs XVI.
- Errichtung des Revolutionstribunals
- Gründung des Wohlfahrtsausschusses mit Danton, Saint-Just und Robespierre

▶ **Zeitleiste**   1789   1790   1791   1792   1793   1794   179

Republik

Absolutismus

▶ **Guillotine – »Rasiermesser der Nation«**
Per Dekret bestimmte die Nationalversammlung die
Guillotine zum einzigen Hinrichtungsinstrument. Allein
in den 49 Tagen des »Großen Terrors« 1794 wurden 1376
Verurteilte auf dem Place de la Révolution, heute Place de
la Concorde, enthauptet.

▶ **Prominente Opfer**

21. Januar 1793
Ludwig XVI.,
König

5. April 1794
Georges Jacques Danton,
Leiter des Wohlfahrtsausschusses

16. Oktober 1793
Marie-Antoinette,
Königin

28. Juli 1794
Maximilien de Robespierre,
Führer der Jakobiner und
des Revolutionstribunals

12. November 1793
Jean-Sylvain Bailly,
Bürgermeister
von Paris

Schätzungsweise 10 000 Menschen ließen in den Jahren
1793 bis 1794 ihr Leben unter dem Fallbeil. Erst 1981
wurde die Todesstrafe in Frankreich abgeschafft, seit
2007 ist sie durch die Verfassung verboten.

10 000

Jakobinerhut

1794 Große
Terrorwelle
- Schreckensherrschaft
  der Jakobiner unter
  Robespierre

1795 Auflösung des
Nationalkonvents
und neue Verfassung
- Regierung eines
  Direktoriums
- Zunehmender
  Einfluss von
  Generälen
  wie Napoleon

Neue
Verfassung

1799
Staatsstreich
- Napoleon Bonaparte
  wird Erster Konsul
- Die Revolution wird
  für beendet erklärt

1804 Alleinherr-
schaft Napoleons
- Napoleon krönt sich
  zum Kaiser

| 1796 | 1797 | 1798 | 1799 | 1800 | 1801 | 1802 | 1803 | 1804 |

OBEN. Kein Geld für Kultur? Von wegen! Die Bastille-Oper boomt allen pessimistischen Prognosen zum Trotz mit tollen Inszenierungen von Carmen bis Drumming Live. UNTEN: Direkt neben der Julisäule ist der Eingang zur Métro, dem wichtigsten Verkehrsmittel in Paris.

nit und Birnbaumholz gestaltet. Von 2700 Plätzen in frei schwebenden Rängen bietet sich beste Sicht auf die Bühne. Mit Marmor und Stuckdecke wurde der kleine Saal eingerichtet, eine flexible Bühne für 1200 Zuschauer. Weitere Plätze bieten das Amphitheater und das kleine Studio. Als erste Oper der Welt vereint der Bau auch Ateliers aller 74 Berufe, die bei einer Produktion mitwirken – **vom Perückenmacher bis zum Elektriker** haben alle hier ihre Werkstätten. Nebenan serviert die Brasserie €€/€€€ **Les Grandes Marches** eine international inspirierte französische Küche.

Oper: Führungen: Sept. – Mitte Juli, Termine im Online-Kalender und unter Tel. 08 92 89 90 90 | Kartenverkauf: www.operadeparis.fr
Les Grandes Marches: 6, Pl. de la Bastille | Tel. 01 43 42 90 32 www.grandes-marches.com

Bastilleviertel

Handwerker, Hipster und versteckte Hinterhöfe

Das Besondere am Bastilleviertel war immer die Mischung der Migranten. Alle Einwanderer brachten ihre eigene Kultur mit, die den Kneipen, Tanzlokalen und Geschäften ihren Stempel aufdrückte. Der **traditionellste Pariser Markt am Place d'Aligre** ist mit seiner Halle aus dem 19. Jh. ein Abbild der gewachsenen Atmosphäre. Dienstag bis Sonntag tobt hier das volle Leben. Noch mischt sich im Viertel schick und schräg, existieren gestylte Adressen neben Traditionsbetrieben, aber die Modernisierung schreitet spürbar voran.

Faubourg Saint-Antoine

Rund um die königliche Abtei Saint-Antoine, der Ludwig XI. die Zunftfreiheit gewährte, siedelten sich Kunsttischler und Möbelmacher an. 1886 eröffnete an der Rue Pierre Bourdan die École Boulle, bis heute Frankreichs Eliteschule für Möbelbau. Die meisten Werkstätten lagen an der Rue de Charonne und Rue du Faubourg St-Antoine. Einige der alten Hinterhöfe sind inzwischen Wohnoasen, in anderen lebt noch altes Handwerk, gestalten junge Kreative Mode von Morgen. Im Restaurant »**Chez Paul**« essen junge Künstler und alteingesessene Möbeltischler bei Madame Germaine gallische Hausmannskost (▶S. 301). Bummeln Sie zum Cour de l'Étoile d'Or mit einem Wandbild, das die Provence nach Paris holt. Im Cour de la Maison Brûlée schneidert Les Francs-Tireurs Maßanzüge für Männer (http://lesfrancs-tireurs.fr). Der **Cour Délépine** ist ein Atelierdorf zwischen Bambus und Efeu an der Rue de Charonne 37. Nachwuchsdesigner und junge Modeschöpfer zeigen hier ihre Arbeiten. Zeitgenössische Kunst präsentiert **La Maison Rouge** in vier Ausstellungsräumen.

Ateliers de Paris: 30, Rue du Faubourg St-Antoine | Mi. – Fr. 10 – 13, 14 – 19, Sa. 13 – 19 Uhr | Eintritt frei | www.ateliersdeparis.com
La Maison Rouge: 10, Boulevard de la Bastille | Mi. – So. 11 – 19, Do. bis 21 Uhr | Erw. 10 € | www.lamaisonrouge.org

»Niedrige Preise, gute Livemusik und Toleranz …

Ateliers, Bistros und Boutiquen

… sind mein Erfolgsprinzip«, meint Adi Lahcene, der Patron des 1860 gegründeten € La Liberté in der Rue du Faubourg St-Antoine 196 – das Eckbistro hat Kultstatus. Familie Chardenoux eröffnete vor 100 Jahren ihr Jugendstilbistro in der Rue Jules Valles 1, heute serviert Sternekoch Cyric Lignac im €€ Chardenoux traditionelle Bistroküche (www.restaurantlechardenoux.com). Ebenfalls ein **Juwel des Art déco** ist das €€ Bistrot du Peintre (116, Ave Ledru-Rollin, ▶S. 301). In der Rue de Charonne feiert Isabel Marant (Nr. 16) mit urbaner Ethno-Mode internationale Erfolge, French Trotters (Nr. 30) lässt seine Kollektionen ausschließlich in Paris fertigen, günstige Kreationen kleiner Pariser Designer verkauft »So we are« (Nr. 40). Einfach schön sind die Sachen im Concept Store von Muji in der Rue de Faubourg St-Antoine, die sonst eher Filialen von In-Labels säumen. Kunst- und Comic-Fans lieben den Pop Culture Store in der Rue Kel-

CHARMANT AUS DER ZEIT GEFALLEN …

… sind die Lüster, Geigen und antiken Puppen, die im **Viaduc des Arts** zu neuem Leben erweckt werden. Bummeln Sie durch die Ateliers der mehr als 50 Kunsthandwerker, die in den Viaduktbögen arbeiten. Entdecken Sie eigenwillige Schmuckstücke, tolle Taschen, Vintagemöbel, raffinierte Cocktailkleider oder edle Düfte. Über den Gewölben lässt die begrünte Promenade Plantée in verträumte Hinterhöfe blicken. Sonntags lädt das Viaduc Café zum Jazzbrunch (1 – 129, Ave. Daumesnil, tgl. außer Mo. 11 – 19, So. bis 17 Uhr, www.leviaducdesarts.com).

ler 23. Silence de la Rue in der Rue Faidherbe 39 hat garantiert Ihre Lieblingsplatte, ob Rock, Jazz, Blues oder Funk. In der Rue de la Roquette 76 experimentiert das Théâtre de la Bastille mit avantgardistischen Stücken (www.theatre-bastille.com). Junges Theater und Tanz zeigt La Loge (www.lalogeparis.fr) in der Rue de Charonne 77. Nachwuchsstars können Sie auch im Théâtre de l'Opprimé in der Rue du Charolais 80 entdecken (www.theatredelopprime.com). In der Rue de Lappe, wo einst der Musettewalzer bei Volksbällen erklang, hat das **Balajo als einziges Tanzlokal** überlebt. In den 1930ern verkehrten hier Stars wie Arletty und Edith Piaf, heute tanzt man nachmittags Tango, nachts zum Disco-Sound (Nr. 9, www.balajo.fr).

BATIGNOLLES

Lage: 17. Arr. | **Métro:** Villiers, Place de Clichy, Pont-Cardinet (2019)

Familien und die Bourgois-Bohème oder Bobos haben das fast noch dörfliche Batignolles für sich entdeckt, wo sie die Kaffeehauskultur hochhalten und auf dem Biomarkt einkaufen. Neuer Blickfang im Viertel ist der futuristische Justizpalast.

● L/M 2/3

Auf den Auslagen des **Biomarktes am Boulevard des Batignolles** ist saisonales Obst und Gemüse Pflicht. Samstags können Sie hier auch Blumen, Käse oder Konfitüre kaufen – alles direkt vom Hersteller. Batignolles, 1860 von Napoleon zu Paris eingemeindet, war seit jeher Künstlerdomizil. 1958 schrieb **Jacques Brel** im Hôtel du Chalet eines seiner schönsten Chansons: »Ne me quitte pas«. Der Maler Edouard Manet hatte in der Rue de la Condamine sein Atelier. Zur »Groupe des Batignolles« gehörten außerdem Degas, Pissarro, Sisley und Henri-Fantin, der **Manet mit seinen Künstlerfreunden** 1870 auf dem Gruppenbild »Un atelier de Batignolles« verewigte. Legendär ist seit 150 Jahren das Musikcafé L'Européen, in dem Barbara, die in der Rue de Brochant 6 geboren wurde, einst die Zuhörer begeisterte – heute prägen **Chanson und Comedy** das Programm.
L'Européen: 5, Rue Biot | Tel. 01 43 87 97 13 | www.leuropeen.info

Trödel, Trends und kaum Touristen

Die Suffragette und der Surrealist
Auf dem Friedhof von Batignolles ruht die Schauspielerin und führende Frauenrechtlerin **Marguerite Durand** (1864 – 1936), eine attraktive, stilsichere Frau mit Eleganz, die berühmt dafür war, mit ihrem zahmen Löwen namens »Tiger« spazieren zu gehen. Auch **André Breton** (1896 –1966) liegt hier begraben. »Je cherche l'or du temps« (Ich suche das Gold der Zeit) ließ sich Breton auf seinen

Cimetière de Batignolles

»
Liebende, die sich trennen, haben einander nichts vorzuwerfen, wenn sie sich geliebt haben.
«
André Breton

Grabstein meißeln. Der Gründer und Cheftheoretiker der Surrealisten versuchte Reales und Imaginäres, Bewusstes und Unbewusstes, Vergangenes und Künftiges zu vereinen und vertrat in seinen avantgardistischen Schriften die subversive Kraft der Liebe. Was Breton 40 Jahre lang in seiner Wohnung in der Rue Fontaine 42 sammelte? Entdecken Sie es im ▶Centre Pompidou: Gemälde surrealistischer Künstler, mexikanische Votivtafeln und ausgestopfte Paradiesvögel sind dort als Ausschnitt seiner Sammlung hinter Glas zu sehen.

Ein Fremder leiht dem Stadtstreicher Andreas Geld

Square des Batignolles

Zurückgeben soll es der Obdachlose einer Statue, der hl. Therese von Lisieux in der Kapelle Sainte-Marie des Batignolles. Ob es dem Alkoholiker gelingt, und welche Wunder er erlebt, hat Joseph Roth in seiner »Legende des heiligen Trinkers« aufgeschrieben – vielleicht lesen Sie die Novelle auf dem Rasen des grünen Square des Batignolles mit großen Platanen, Spielplatz und kleinem See im Zentrum.

Neues Ökoviertel auf altem Industriegelände

Clichy-Batignolles

Zwischen Park und Avenue de Clichy entsteht bis 2020 das erste Ökoviertel von Paris. CO_2-neutral, nutzt es Geothermie, Solaranlagen und umweltverträgliche Materialien wie Holz oder Stein und entsorgt seinen Müll über eine pneumatische Anlage, die den Abfall ansaugt und in Müllsäulen unterirdisch verdichtet.

La Maison du Projet: 147, Rue du Cardinet | Mi., Fr. – So. 14 – 18 Uhr | Eintritt frei | www.clichy-batignolles.fr

500 Bäume für Recht und Ordnung

Palais de Justice

Als Symbol der Aufwertung der Stadtrandgebiete ragt der neue Justizpalast 160 m in den Himmel. Erbaut hat ihn bis Ende 2017 **Renzo Piano**, der Architekt des ▶Centre Pompidou und des Londoner »Shard«. Der Entwurf legt Wert auf Licht und Transparenz. Die Idee war, eine Art schwebendes Schiff zu bauen mit hängenden Gärten. 500 Bäume wachsen auf den begrünten Dachterrassen, die eine entspannte Atmosphäre, Rückzugsmöglichkeiten zum Nachdenken und tolle Ausblicke auf Paris bieten. Der 40-stöckige Wolkenkratzer besteht aus drei Quadern. Im Sockel sind die Gerichts- und Wartesäle untergebracht. Die »Bastion« birgt Haftträume, darüber liegen Büros. Beim Bau wurde Wert auf Nachhaltigkeit gelegt mit natürlicher Belüftung, Solarpanelen und der Nutzung von Regenwasser.

www.nouveaupalaisdejustice.fr

6x
GUTE LAUNE

Das hebt die Stimmung!

1.
BUNTE MÄRKTE
Bodenständig, aber angesagt ist Freiluft-shopping auf den Märkten der Hauptstadt – garantiert bio sind alle Waren auf dem Marché de **Batignolles**, exotisch wie in Afrika und Asien die Stände in **Belleville** (▶S. 57, 62).

2.
AUTOFREI BUMMELN
»Paris atmet auf« heißt die Aktion, die am Wochenende die Autos von beliebten Bummelmeilen verbannt. Jeden ersten Sonntag im Monat sind die **Champs-Élysées** für den Verkehr gesperrt (▶S. 74).

3.
PRICKELNDES LEBEN
Sie sind schick – und pure Pariser Lebensart: die Champagner-Bars. Gönnen Sie sich einen »coupe« mit edlen Blubberbläschen bei **Fouquet's**, wo auch Frankreichs begehrtester Filmpreis, der César, alljährlich vergeben wird. (▶S. 75).

4.
IM AUGUST ...
... fahren drei Viertel der Pariser in Urlaub. Befreit vom hektischen Verkehr entzückt die entspannte Stimmung Touristen wie Daheimgebliebene, die sich am aufgeschütteten **Sandstrand** beim Seine-Ufer der Illusion hingeben, am Meer zu sein. (▶S. 24).

5.
KREATIVE ENERGIE
Vielseitig und offen lädt das **Centquartre** ein als Ort des Dialogs mit jungen Künstlern – an einem Samstag im Monat wird es zum Tanzboden für Tango, Java und Musette-Walzer, mit Girlanden, Wein und bester Stimmung (▶S. 13, 71).

6.
SONNTAGS-SHOPPING
Schicke, schöne und erschwingliche Casual-Kollektionen führender Anbieter von Prêt-à-porter finden Sie im **Marais** – viele öffnen auch sonntags ihre Türen (▶S. 123).

OBEN: Am Boulevard de
Belleville ist dienstags und
freitags Wochenmarkt.
LINKS: Belleville, Ober-
kampf und Ménilmontant
überraschen im Pariser
Osten mit junger Graffiti-
Kunst – hier inspiriert
von Delacroix' »Freiheit
auf den Barrikaden.«

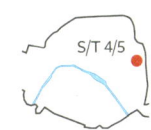

BELLEVILLE

Lage: 20. Arr. | **Métro:** Belleville, Couronnes, Ménilmontant

Belleville ist das neue Montmartre, ein Künstlerviertel auf dem 108 Meter hohen Butte de Belleville mit Multikulti-Kiez und Panoramablick auf Paris. Auf den Stufen des Hauses Nr. 72 in der Rue de Belleville soll seine berühmteste Bewohnerin das Licht der Welt erblickt haben: Edith Piaf.

S/T 4/5

Ob der »môme piaf«, der kleine Spatz, wirklich in Belleville geboren wurde, ist nicht ganz sicher. Tatsache ist, dass Edith Piaf in Belleville aufwuchs und bereits als Siebenjährige auf der Straße sang, um Geld zu verdienen. Wo sie zu Beginn ihrer Karriere wohnte, erzählt das private **Musée Edith Piaf** aus dem bewegten Leben der unvergessenen kleinen Grande Dame des Chansons (▶Das ist Paris S. 17, 281).
5, Rue Crespin du Gast | Tel. 01 43 55 52 72 | Mo. – Mi. 13 – 18, Do. 10 –12 Uhr n. V. beim Museumswärter Bernard Manchois – er verrät Ihnen den Türcode | Erw. 5 €

Der Spatz von Paris

Arbeitertradition und Avantgarde

Bis zur Eingemeindung 1860 war Belleville ein beliebtes Ausflugsziel vor den Stadttoren – mit eigenem Weinberg und Gartenlokalen. Danach entwickelte sich das Arbeiterviertel zur Hochburg der Kommunisten. In der unscheinbaren Rue Ramponeau fielen die letzten Barrikaden der Pariser Kommune, der legendäre Arbeiteraufstand von 1870/71. Nach dem Ersten Weltkrieg kamen Armenier, nach dem Spanischen Bürgerkrieg Franco-Gegner, nach Ende der Kolonialzeit Juden, Araber und Schwarzafrikaner. Sie mischten sich unter all jene, für die der Pariser Westen immer schon zu teuer war: Arbeiter in den Automobilfabriken von Pantin, Inhaber von Kramläden, Garküchen und Handwerksbetrieben. Trotz aller Gegensätze vereint sie der Gemeinsinn. Engagiert wehrt sich das Viertel gegen die drohende Gentrifizierung, die mit seiner Sanierung einher geht. Doch der Wandel zum teuren Bourgoisieviertel scheint nur eine Frage der Zeit.

Miteinander der Kulturen

Graffiti, bunte Basare und Tipps zum Brunchen

Erste Anzeichen gibt es bereits: Zwischen Halal-Metzgern, Vietnam-Imbissen und und Asienkramläden gibt es immer mehr hippe Bars und Clubs. Street-Art-Künstler haben auf der Fassade von Le M.U.R. an der Rue Oberkampf über hundert Graffiti hinterlassen. **Street-Art-Touren** führen am Wochenende zu den besten Graffiti im Pariser Osten. Im Mai öffnen mehr als 200 lokale Künstler und Kooperativen ihre Ateliers (http://ateliers-artistes-belleville.fr). Kreative haben auch die alte Fabrik für Blechinstrumente erobert: Im **Maison**

Bummel durch Belleville

de Metallos freuen sie sich auf den Austausch bei Tanz, Theater und im netten Café. **La Bellevilloise**, eine Perle der Arbeiterarchitektur von 1913, ist Trendtreff mit Innenhöfen, Garten, Nachtclub und Jazz-Brunch im Café. Literatur und Vorträge der Buchhandlung Le Genre Urbain (60, Rue de Belleville) widmen sich der Verwandlung des Viertels, das inzwischen neben einfachen Bistros auch sein erstes Sternelokal besitzt: Baratin. Dienstag und Freitag verwandelt sich der Boulevard de Belleville in einen **bunten Wochenmarkt**, bieten Afrikaner, Araber und Asiaten preiswerte Produkte an. Aus ganz Paris kommen die Leute, um Kochbananen, Yamswurzeln und Chayotefrüchte, Kleider, Stoffe oder billige Markenuhren zu erstehen. Probieren Sie in einem der Restaurants würzigen Couscous oder Tajines.

Street-Art-Touren: 2,5 Std. engl. Tour durch Belleville, Oberkampf & Ménilmontant | Sa., So. 11 Uhr | Start Albert-Camus-Statue, 10 Rue Albert Camus, Place Colonel Fabien | 20 € | http://streetartparis.fr
Maison des Metallos: 94, Rue Jean-Pierre Timbaud | Mo. – Fr. 9 bis 19, Sa. 14 – 19 Uhr | Eintritt frei | www.maisondesmetallos.org
La Bellevilloise: 19 – 21, Rue Boyer | www.labellevilloise.com
€€ **Baratin:** 3 Rue Jouye-Rouve | Tel. 01 43 49 39 70 | besternte Bistronomie der Argentinierin Raquel Carena

Panoramaaussicht auf Paris

Maison de l'Air

Belleville leitet seinen Namen von Belle Vue ab, der schönen Aussicht. Der Pavillon oberhalb des Parc de Belleville bietet am Ende der Rue Piat nicht nur Wissenswertes rund um **die Pariser Luft**, sondern vor allem eine der besten Aussichten auf die Hauptstadt.

Mi. – Sa. 13.30 – 17.30, Okt. – März bis 17 Uhr | Eintritt frei

Club der toten Dichter und Denker

Cimetière du Père Lachaise

Nach dem Beichtvater Ludwigs XIV. ist der größte und schönste Friedhof von Paris benannt, der 1804 – eine Premiere für Paris – als Park angelegt wurde. Breite Wege führen zu Mausoleen aus Marmor, kleinen Tempeln, Statuen und Skulpturen. Zum Pilgerziel für jährlich mehr als zwei Millionen Besucher wurde die Totenstadt durch ihre Prominentengräber. Wo sie liegen, verrät der Lageplan beim Haupteingang. Die Maler Delacroix, Pisarro und Max Ernst, die Komponisten Chopin, Rossini und Bizet, die Schriftsteller Balzac, Molière (Jean-Baptiste Poquelin) und Marcel Proust haben hier ihre letzte Ruhe gefunden. Die ältesten »Bewohner« sind Abélard und Héloise, das tragische Liebespaar des 12. Jh.s (▶S. 91). Auch Opernstar Maria Callas, die Schauspielerin Simone Signoret – zusammen mit Yves Montand – und Tänzerin Isadora Duncan sind hier bestattet. Frische Blumen schmücken immer die meistbesuchten Gräber von **Jim Morrison**, Leadsänger der Rockgruppe »The Doors«, von Chansonsängerin **Edith Piaf** und vom britischen Schriftsteller **Oscar Wilde**. Sein Grab mit einer geflügelten Figur von Epstein schützt eine Glasplatte.

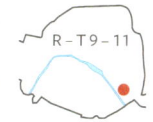

Verehrer hatten den Stein immer wieder mit Lippenstift-Küssen bedeckt – die Schutzplatte konnte das Ritual nicht stoppen.
Nov. – Mitte März tgl. 8 – 17.30, Mitte März – Okt. bis 18 Uhr
Online-Grabstättensuche unter www.pere-lachaise.com

BERCY

Lage: 12. Arr. | **Métro:** Bercy, Cour St-Émilion

R – T 9 – 11

Karussell und Kinogeschichte, im Park die Zeit verträumen, im schönsten Bahnhofsrestaurant der Welt oder in alten Weinlagern speisen – in Bercy lässt sich wunderbar das Leben genießen.

Eine Pariser Institution ist »**Le Train Bleu**«, die berühmte Bahnhofsbrasserie im Gare de Lyon, die zur Weltausstellung 1901 eröffnete (▶S. 298). An den Kais von Bercy wurden einst Holz, Getreide und Wein gelöscht. Mit dem Einzug des Wirtschafts- und **Finanzministeriums**, einem 300 m langen Betonriegel am Seineufer, startete vor 30 Jahren die Verwandlung des Viertels. Bis zu 17 000 Zuschauer finden Platz in der **AccorHotels Arena**, einer begrünten Pyramide aus Glas

Wein, Wirtschaft und Magie

Im »Le Train Bleu« können Sie unter monumentalen Gemälden, goldenem Stuck und üppigen Kristalllüstern in französischer Klassik schwelgen.

und Stahl für Sport- und Megaevents. Zu Shopping und Genuss laden am Cour St-Émilion die alten Weinlager, die heute als **Bercy Village** Restaurants, Cafés, Boutiquen und ein Kino beherbergen. Dahinter erhebt sich die Glasfront des **Immeuble Lumière**. Ab 20 Uhr inszeniert das »Licht-Haus« ein Ballett der Farben auf seiner Fassade.
AccorHotels Arena: www.accorhotelsarena.com

Versteckte Winkel für ein schattiges Picknick

Parc de Bercy

Am Kanal joggen, Wasserspiele bestaunen oder unter schattigen Bäumen picknicken, der Park von Bercy ist eine Oase: Grünflächen und Tulpenbäume, Buchsbaumhecken, Rosen- und Romantikgarten, Weinberg, Labyrinth und ein Maison du Lac für Ausstellungen.
Über die Seine zur Nationalbibliothek schwingt sich die **Passerelle Simone-de-Beauvoir.** Der Österreicher Dietmar Feichtinger hat sie als gegenläufige Welle aus Stahl für Fußgänger und Radfahrer konzipiert. Als Belastungsprobe verteilte er 550 t Wasser und schickte 100 Studenten mal im Gleichschritt, mal hüpfend über die Brücke.

Filmkulissen, Drehbücher und Kostüme

Ciné-mathèque française

Wie sich der Film vom ersten Pantinoskop bis zu den aktuellen Blockbustern entwickelt hat, verrät die Filmbibliothek im **American Center** von Frank Gehry, einem kühnen Komplex aus verschachtelten Betonkästen. Ihren Grundstock legte Henri Langlois, der seit den 1930ern alles sammelte, was mit Fotos und Film zusammenhing.
Rue de Bercy 51 | Mi. – Mo. 12 – 19 Uhr | Erw. 5 €,
unter 18 Jahren 2,50 €, Kino 6,50 €, Events 4 €
www.cinematheque.fr

Kirmesorgel und Karussell – hereinspaziert!

Musée des Arts Forains

Jean-Paul Favand hat sein Leben lang Volksfestattraktionen gesammelt und sie im Weindepot an der Avenue des Terroirs de France 53 wieder zum Leben erweckt: als nostalgischen Jahrmarkt mit Karussell, Schießbudenfiguren und Wahrsagemaschinen.
Besichtigung n. V., Tel. 01 43 40 16 22 | infos@pavillons-de-bercy.com | Erw. 16 €, unter 16 Jahren 8 € | Besuch bei den Journées du Patrimoine Mitte Sept. 10 – 18 Uhr ohne V. | www.arts-forains.com

Wie hat die Einwanderung Frankreich verändert?

Cité Nationale de l'Historie de l'Immigration

Welche Probleme und Vorteile bringt sie und woher kommen die Neubürger? Fragen, die das Museum im Palais du Porte Dorée, 1931 zur Kolonialausstellung erbaut, mit Schaubildern, Filmen, Fotos und Souvenirs von Flüchtlingen beantwortet. Kino, Musik und Theater der Heimatländer lassen die Kultur der Migranten lebendig werden.
293, Ave Daumesnil | Di. – Fr. 10 – 17, Sa. bis 19 Uhr | Erw. 4.50 €,
bis 26 J. und 1. So. im Monat Eintritt frei
www.histoire-immigration.fr

BOIS DE BOULOGNE

Lage: Am westlichen Stadtrand (16. Arr.)
Métro: Sablons, Porte Maillot, Porte Dauphine, Porte d'Auteuil

Die grüne Lunge von Paris gehört mit 850 ha zu den größten Stadtparks der Welt. Wandern und Joggen, Avantgarde-Art und Meisterwerke von Monet, Sportevents der Superlative und schöne Schlemmerlokale sorgen im Bois de Boulogne für Abwechslung.

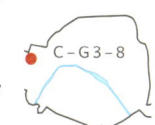

C – G 3 – 8

Als Napoleon III. das einst königliche Jagdrevier 1852 aus Gründen der Volksgesundheit zum öffentlichen Park erklärte, gab es in der Großstadt Paris nur vier kleine Grünanlagen im Zentrum. Präfekt Haussmann beauftragte den Architekten Jakob Ignaz Hittorf und den Landschaftsgestalter Louis Sulpice Varé, den Steineichenwald nach Vorbild des Londoner Hyde Park in einen Volkspark zu verwandeln. Wegen Unfähigkeit wurde das Duo entlassen – es hatte die Seen an Hängen angelegt, wo es unmöglich war, sie mit Wasser zu befüllen. Es übernahm Jean-Charles Alphand, der auch den Bois de ▶Vincennes gestaltete. Tagsüber begegnet man **Joggern, Radlern und Boule-Spielern**. Nachts war der Wald bis zum Frühjahr 2016 der größte Straßenstrich der Stadt. Seitdem bezahlter Sex unter Strafe gestellt wurde, sind die Prostituierten deutlich weniger geworden.

Vom Jagd-gebiet zum Weltpark

Radeln, Rudern oder Picknick

Beginnen Sie den Tag mit einer Radtour durch den Bois de Boulogne. Besonders sonntags bevölkern Hunderte von Radfreunden die gut gekennzeichneten Wege, die den Wald erschließen. **Leihräder** gibt es bei Vélib (▶S. 333) und Ouibike (www.ouibike.net). Radeln Sie rund um den Lac Inférieur und Lac Supérieur und machen Sie eine Pause beim großen Wasserfall. Oder mieten Sie sich ein Ruderboot und setzen Sie zu den Inseln am Unteren See über. An beiden Seen kann man außerdem herrlich picknicken.

Helm auf und los!

Für die ganze Familie

Einzig das Tiergehege erinnert daran, dass der Kindervergnügungspark im Norden des Bois de Boulogne einst ein zoologischer Garten war, in dem Marcel Proust einige Episoden seiner »Suche nach der verlorenen Zeit« spielen lässt. Heute lockt die Anlage mit Karussells und Achterbahn, **Ponyreiten**, Marionettentheater und 5-km-**Kahnfahrt** vor allem Familien mit kleineren Kindern. Das **Musée en Herbe** sorgt mit Workshops für Ferienspaß (▶S. 312).

Mo. – Fr. 11 – 18, Sa./So. 10 – 18 Uhr
ab 3 Jahren 3 €, 10-er Ticket Fahrgeschäfte 26 €
www.jardindacclimatation.fr

Jardin d'Acclimatation

OBEN: Sensationell sind bei den Grand-Prix-Rennen in Longchamp nicht nur die Pferde, sondern auch die Hüte.
LINKS: Ein Wind scheint die Segel der Fondation Louis Vuitton aufzublähen, die wie eine gläserne Kogge mitten im Bois de Boulogne vor Anker liegt.

Kubistisches Schiff der Kunst

Nur wenige Schritte vom Jardin d'Acclimatisation entfernt schenkte Bernard Arnault, Chef des Luxusgüterkonzerns LVMH, Paris für 100 Mio. Euro ein neues Wahrzeichen: die Fondation Louis Vuitton für Gegenwartskunst, visionär gestaltet von **Frank Gehry**. Er schuf ein gläsernes Schiff mit zwölf riesigen Segeln, jedes in eine andere Richtung zeigend. Ihre 3600 Glaspaneele wechseln im Sonnenlicht die Farbe. Hinab zum »Kiel« plätschert Wasser über eine flache Treppe und umläuft den gesamten Bau im Untergeschoss, durch Säulen und Spiegel ein begehbares Kunstwerk mit ständig wechselnden Perspektiven. Immer wieder überraschen Durchbrüche, Räume im Raum, Balkone und Terrassen, die Panoramaaussichten auf La Défense und den Eiffelturm eröffnen. Elf Galerien zeigen neben Kunst des 20. und 21. Jh.s aus dem Fundus der Stiftung jährlich zwei **Weltklasse-Sonderschauen**, begleitet von Musik, Kino, Aufführungen und Lyrik.

8, Ave du Mahatma Gandhi | Mo., Mi., Do. 11 –20, Fr. bis 23, Sa., So. 9 – 21 Uhr, Öffnungszeiten je nach Nachfrage, s. Online-Terminübersicht | Erw. 16 €, unter 26 J. 10 € | E-Bus-Shuttle ab Place Charles-de-Gaulle/Ave Friedland | www.fondationlouisvuitton.fr

Fondation Louis Vuitton

Lieben Sie Claude Monet?

Und seine »Impression, soleil levant«, die der Kunstrichtung ihren Namen gab? Das Bild entstand 1872 am frühen Morgen in Le Havre. Schiffe und Kais verschwinden im Nebel, als leuchtender Feuerball spiegelt sich die aufgehende Sonne auf den Fluten der Seine – eine stimmungsvolle Momentaufnahme, die den atmosphärischen Eindruck über die gegenständliche Form stellt. Monets Sohn Michel vermachte dem Museum 65 Werke seines Vaters, darunter die Studien zu den »Seerosen« (▶S. 213) und Teile seiner Gemäldeserie »La Cathédrale de Rouen« in unterschiedlichen Lichtsituationen. Für die größte Monet-Sammlung der Welt schuf das Museum einen eigenen unterirdischen Ausstellungstrakt. Arbeiten von anderen **Impressionisten** runden die Sammlung ab. Ausgestellt sind nicht nur Werke berühmter Männer wie Edouard Manet, Edgar Degas und Pierre-Auguste Renoir, sondern auch Gemälde der erfolgreichsten Malerin jener Kunstrichtung, Berthe Morisot.

2, Rue Louis Boilly | Di. - So. 10 –18 Uhr | Erw. 11 €, unter 18 Jahren 7,50 € | www.marmottan.fr

Musée Marmottan Monet

Schlemmen im Grünen

Knapp 10 m hoch ist der künstliche Wasserfall an der Kreuzung Carrefour de Longchamp. Optisch wie kulinarisch eine Pracht mit Glasdach, Bar und Decken im Empirestil ist das Lokal €€€/€€ **La Grande Cascade** an der Allée de Longchamp (www.restaurantsparisiens. com). Namensgeber des noblen €€€ Le Pré Catelan in der Route Suresnes (www.precatelanparis.com) war der Troubadour Armand

Kreative Marktküche

Catelan, der um 1300 einem eifersüchtigen Ehemann zum Opfer fiel. Oder genießen Sie kreative Marktküche im €€Chalet des Îles (www. chalet-des-iles.com). Der €€/€**Pavillon des Oiseaux** stellt im Sommer Teakmöbel auf die Terrasse (www.lepavillondesoiseaux.com).

Der Preis war keine Bagatelle

Parc de Bagatelle

Einer Wette verdankt Paris das Schlösschen an der Route de Sèvres nach Neuilly. Der junge Graf von Artois, der spätere Karl X., hatte 1755 mit seiner Schwägerin Marie-Antoinette um stolze 100 000 Livres gewettet, dass er in 64 Tagen das verfallene Landhaus der Herzogin von Estrée durch ein neues **Schlösschen mit englischem Park** ersetzen könne. Er stellte 900 Arbeiter ein, die nach Entwürfen von François-Alexandre Bélanger den Bau pünktlich fertigstellten – natürlich nicht umsonst. Gleichzeitig legte der schottische Gartenarchitekt Blakie den Park an mit vier Teichen, künstlichen Wasserfällen, Felsen, Grotten und einer chinesischen Pagode. Im Sommer liegt der **Duft von 10 000 Rosenstöcken** über dem Terrain – im Juni wird die beste Neuzüchtung prämiert. In der Orangerie erklingt im Frühsommer die Konzertreihe »Les Musicales de Bagatelle« (www.lesmusicalesde bagatelle.com). Im **Jardin Shakespeare** sind alle Pflanzen aus den Dramen des Dichters vertreten. Von Mai bis September präsentiert das Théâtre de Verdure Werke des britischen Barden auf der Freilichtbühne (www.jardinshakespeare.com).

Tgl. 8 – 20, Sa., So. ab 9, im Winter bis 17.30 Uhr

Hut und Hufe

Prominente Pferderennen

Mitte des 19. Jh.s kam es in Mode, im Bois de Boulogne spazieren zu fahren. Dazu trugen die neuen Pferderennbahnen im Süden des Waldes bei. Im Hippodrome d'Auteuil laufen nur Hindernisrennen. Megaspannung und Glamour pur verspricht seit 1857 die Pferderennbahn von **Longchamp** für 10 000 Besucher. Die neueste Mode und tollsten Hüte werden jedes Jahr zu den berühmten Grand-Prix-Rennen getragen – wichtigstes Galopprennen ist der Qatar Prix de l'Arc de Triomphe, die inoffizielle Weltmeisterschaft der Vollblüter.

www.france-galop.com, www.prixarcdetriomphe.com

Heimspiele, Megakonzerte und die French Open

Fußball und Tennis

Von 1867 bis zum Bau des Stade de France (▶S. 188) war das **Stade des Princes** Frankreichs Nationalstadion. Bereits 1899 wurden hier erste Fußballspiele ausgetragen, 1924 sogar die Olympischen Sommerspiele. Heute wird die Arena für 50 000 Zuschauer für Heimspiele des Fußballclubs Paris-St-Germain, Rugby-Matches und Großkonzerte genutzt. Auf den Ascheplätzen des **Stade Roland Garros** werden Ende Mai die internationalen Tennismeisterschaften der **French Open** ausgetragen – das Tenniszentrum wird derzeit erweitert.

www.leparcdesprinces.fr, www.nouveaurolandgarros.com

★ CANAL SAINT-MARTIN

Lage: 10. Arr. | **Métro:** Jaurès, Jacques-Bonsergent

Literaten und Filmemacher haben ihn berühmt gemacht: den Kanal Saint-Martin, auf dem heute statt Lastkähnen nur noch Ausflugsschiffe schippern. Seine Uferpromenaden gehören zu den romantischen Spazierwegen der Seinestadt.

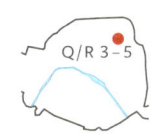

Q/R 3–5

Kommen Sie sonntags, dann sind die Uferstraßen für den Verkehr gesperrt. Gebaut wurde der 4,5 km lange Wasserweg 1806–1825, um die Seine mit dem Canal de l'Ourq zu verbinden. Auf den **schattigen Treidelpfaden** drehte Marcel Carné 1938 den Kultfilm »Hôtel du Nord«, 1956 wählte Leo Malet das Viertel für seinen Krimi »Wie steht mir der Tod?«, 2001 war der Kanal Schauplatz für »Die fabelhafte Welt der Amélie«, in der Audrey Tautou gern Steinchen über den Kanal springen ließ – und ihre Nachbarn glücklich machte. Als der Kanal für moderne Frachtschiffe zu schmal wurde, überdachte man die Strecke zwischen Rue du Faubourg du Temple und Bastille.

Verträumter Wasserweg

ENTSCHLEUNIGUNG

Nehmen Sie sich eine Auszeit, um das alte Paris zu entdecken. Schippern Sie gemächlich durch die Gewölbe unter der Bastille, durch Doppelschleusen und betagte Drehbrücken, vorbei an hundertjährigen Bäumen und kleinen Cafés, die im Sommer Stühle nach draußen stellen, mit Blick auf belebte Uferpromenaden. **Canauxrauma** legt am Sportboothafen Paris-Arsenal und vom Parc de la Villette ab (www.canauxrama.com, Erw. 18 €), **Paris Canal** pendelt zwischen Parc de la Villette und Musée d'Orsay – so können Sie noch die Seine mit Louvre, Pont-Neuf und Notre-Dame vom Wasser aus bewundern (www.pariscanal.com, Erw. 20 €)

Sonntags am Quai de Valmy: Im Sommer bleibt man gerne noch ein bisschen länger.

Schuhe wie Cocktails

Schlendern,
Schauen,
Shoppen

Noch haben nur wenige Touristen den stillen Charme entdeckt. Meist sind es Pariser, die am Kanal flanieren, in kleinen Bistros brunchen oder in Szeneläden stöbern, die am Quai de Valmy eröffnet haben: Die farbenfrohe Ethnoboutique »Antoine et Lili« (Nr. 95, www.antoineetlili.com) begeistert die ganze Familie. Der Design-Buchladen »Artazart« (Nr. 83, http://artazart.com) ist eine **Fundgrube für Fotografie**, regelmäßig stellen junge Künstler aus. Mode-Straße ist die Rue Beaurepaire: Liza Korn (Nr. 19, www.liza-korn.com) versieht ihre Outfits gern mit einem Schuss Rock'n'Roll, Patricia Blanchet (Nr. 20, www.patriciablanchet.com) benennt ihre Schuhe wie Cocktails – Caipirinha glitzert in Creme, Cosmopolitan in Rosé oder Blau mit High Heels für Pariser Nächte. Hochwertigen Strick hat Marie Sixtine (Nr. 27, www.marie-sixtine.com). Schaufenster der Kreativen ist die **Espace Beaurepaire** (Nr. 21; www.espacebeaurepaire.com) mit Ausstellungen, Konzerten oder Modenschauen – im Februar wird der alljährliche Preisträger des Hauses vorgestellt.

Folk, Barock und zeitgenössischer Sound ...

Péniche
La Pop

... erklingen am Quai de la Loire 40. Ein ehemaliger Petroleumkahn ist Labor für Musik aller Art, beim Automne de la Pop ist der Eintritt frei.
Karten: Erw. 20 €, unter 26 Jahren 15 € | http://lapop.fr

Was macht Städte lebenswert?

Maison de
l'Architecture

Diese Frage will das Haus der Architektur beantworten. Zum Architekturzentrum, das Ausstellungen, Vorträge und Exkursionen veranstaltet, gehört das Café A – genießen Sie im Sommer den leckeren Sonntagsbrunch im Freien unter alten Bäumen.

148, Rue du Faubourg St-Martin | 9 – 12.30, 14 – 17.30, Café: 10 – 24 Uhr | Eintritt frei | www.maisonarchitecture-idf.org

Nicht nur eine traumhafte Aussicht auf Montmartre

Die Hügel von Chaumont bieten auch einen Rasen, auf dem getobt und gepicknickt werden darf. 350 Jahre stand auf der 103 m hohen Kuppe neben den Kalksteinbrüchen der Gibet de Montfaucon. An diesem Galgen wurden bis 1629 Staats- und Königsfeinde gehängt. Zur Weltausstellung 1867 wurde das Areal zum Landschaftspark umgestaltet mit Felsen, Grotten, **verschlungenen Wegen, Wasserfall und Inselchen**. Verantwortlich zeichnete Jean-Charles Alphand, der bereits die Wälder von ▶Boulogne und ▶Vincennes gestaltet hatte. Sein Meisterstück wurde Vorbild, auch für Frankfurts Palmengarten.

Parc des Buttes Chaumont

Mi., am Wochenende Ponyreiten | Parkrunde 3,50 € | www.anima poney.com | Puppentheater 15 –18 Uhr | ab 2 Jahre 4 € | www. guignol-paris.com | tgl. Spielplätze und Karussell

Künstler aus aller Welt

Wo einst die städtischen Bestatter Särge zimmerten, arbeiten heute über 200 **Künstler aus aller Welt**. Einige haben ihre Ateliers geöffnet (▶Das ist Paris S. 13). Im Stil der 1950er ist das Café Caché, das Restaurant Grand Central gefällt durch Industrieambiente. Hier wird zum Pariser Bier »Baleine Blanche« gegrillte Lammschulter an Bulgur und Bohnen serviert. Samstags ab 11.00 Uhr lockt ein Biomarkt.

Le Centquatre

5, Rue Curial | Di. – So. 11 – 19 Uhr | www.104.fr

★ CENTRE POMPIDOU

Lage: Rue Rambuteau / Rue St-Martin (4. Arr.) | **Métro:** Rambuteau, Hôtel de Ville, Châtelet · Les Halles | tgl. 11– 22, Do. bis 23 Uhr Erw. Museum 12 €, Aussichtsticket Vue de Paris 5 € | Am Wochenende nachmittags besonders lange Warteschlangen!
www.centrepompidou.fr

Meisterwerke der Moderne, garniert mit grandioser Aussicht auf Paris, ungewöhnlicher Architektur und Straßenkunst von früh bis spät. Das Centre Pompidou, gern nur Beaubourg genannt, ist seit über 40 Jahren eine Kulturraffinerie, die Kunst nicht museal, sondern als Erlebnis inszeniert, und das bereits vor der Haustür.

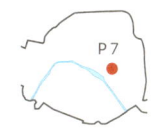

>>
Schönheit ist keine romantische Idee oder
bloße Kosmetik. >Schön< und >gut< gehören zusammen,
und in diesem Sinne glaube ich, dass
Architektur die Welt verändern kann.
<<
Renzo Piano

Ein Industrieklotz als Musentempel? »Hässlich«, »ein Haufen Eisen«
schimpften Kritiker über den »frechen Bau« der damals jungen
Architekten Renzo Piano und Richard Rogers. Gerade 30 Jahre alt,
hatten der Engländer und der Italiener mit ihrem wagemutigen Entwurf, der das Innere – alle tragenden Teile, Installationskanäle und
Aufzüge in Röhren – nach Außen kehrt, den internationalen Architek-
tenwettbewerb gewonnen. Die Innenräume sind dadurch für Gestaltung frei, ein Vorteil, der **spektakuläre Schauen** ermöglicht. Inzwischen umgebaut, ist die Kulturraffinerie nüchterner geworden. Mit
dem Quietschgrün und Grellorange der 1970er ist es vorbei, jetzt
dominieren Weiß, Schwarz und Pflaumenblau. Der Zentraleingang
wurde durch eigene Zugänge für Museum, Bibliothek und Restaurant
ersetzt. Und auch der kostenlose Kunstgenuss und freie Fernblick
sind Vergangenheit – selbst wer nur mit der gläsernen Rolltreppen-
raupe zur Panoramaaussicht im sechsten Stock fahren möchte, benötigt eine Eintrittskarte. Seit seiner Eröffnung hat sich das Centre
Pompidou mit zeitgenössischem Kunstschaffen und künftiger Produktion beschäftigt. Die Kulturpolitik fördert Impulsgeber und den
künstlerischen Austausch aller Genres. Regelmäßig werden die französischen Regionen mit ihren Produktionen vorgestellt, während
Ausstellungen vom Beaubourg in Provinzmuseen zu sehen sind.

*Kultur-
Raffinerie*

Klassische Moderne und Kunst der Gegenwart

*Musée
National
d'Art
Moderne
(MNAM)*

Die Rekonstruktion des **Ateliers von André Breton** gehört zu den
Höhepunkten des Museums mit Werken von 1905 bis heute. Der
Rundgang beginnt in der fünften Etage mit der Revolution der Fauves
und Werken der klassischen Moderne (1905 –1960). Alle berühmten
Namen sind hier versammelt, von Henri Matisse bis Pablo Picasso,
von George Braques und Jean Arp bis zu Wassily Kandinsky – 1500
Künstler, die vor 1920 geboren wurden. Francis Bacon, Yves Klein,
Robert Rauschenberg, Andy Warhol und Joseph Beuys sind unter
den 750 großen Künstlern der Gegenwart (1960 – 1990). Zu den
Stars von heute zählen Olafur Eliasson, Koo Jeong A und Roman On-
dák – im Centre Beaubourg werden **Trends und Themen** deutlich.
Die Hängung der klassischen Moderne wird alle 18 Monate verändert, die neue Kunst jährlich umgestaltet. Angestrebt werden Affini-
täten. Gemalter Hyperrealismus trifft auf schnelle Videoprojektio-
nen, Matisse steht im Dialog mit Brancusi und Drahtgespinsten von

Centre Pompidou: Neue Trends und Live-Kunst, Interaktion und Provokation sind Programm. Kein Hort der Hochkultur, sondern ein Kunstforum, offen für alle.

Calder, Picasso kontrastiert mit Surrealisten, Großbilder von Miró hängen spannungsreich neben Werken von Pollock und de Kooning. Schwarz-Weiß-Aufnahmen von Man Ray gehören zu den Schätzen der Fotosammlung. Wechselausstellungen werden im sechsten Stock gezeigt. Hier eröffnet zudem das Restaurant **Georges** Panoramaausblicke auf Paris – vom Speisesaal, der großen Terrasse und der Pink Bar, die coole Wodka-Cocktails zum Sundowner serviert.

Musik, Tanz, Theater und Filme runden das Programm der Kulturfabrik ab, die auch eine Lesebibliothek und das Institut für elektroakustische Forschung (IRCAM) birgt, an der Pierre Boulez und Karlheinz Stockhausen wegweisende Werke komponierten (www.ircam.fr). Der Vorplatz ist das ganze Jahr Bühne für **Feuerschlucker, Musiker, Akrobaten** und Mitmachtheater von mittags bis spät in die Nacht.

€€/€€€ **Georges**: Tel. 01 44 78 47 99, Di. geschl. | Aussichtsticket erforderlich | http://restaurantgeorgesparis.com

Niki de Saint-Phalle tanzt mit Jean Tinguely

Prall, drall und bunt sind die Skulpturen der Pariser Künstlerin Niki de Saint-Phalle, schwarz und schlank die Eisenfiguren ihres Lebensgefährten Jean Tinguely – als fantasievolles Wasserspiel interpretieren sie am Place Strawinsky das Werk des russischen Komponisten.

Fontaine Strawinsky

▶Abb. S. 12

★★ CHAMPS-ÉLYSÉES

Lage: Zwischen Arc de Triomphe und Place de la Concorde (8. Arr.)
Métro: Charles-de-Gaulle-Étoile, George V, Franklin D. Roosevelt

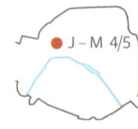
● J – M 4/5

*Jeden ersten Sonntag im Monat gehören die Champs-Élysées
Ihnen! Passend zum freien Eintritt in vielen Pariser Museen
bleibt die »schönste Avenue der Welt« an diesem Tag Fußgängern
und Radfahrern vorbehalten. Fast zwei Kilometer lang ist die
vierspurige Glamourmeile mitten durch die Hauptstadt zum
►Arc de Triomphe. Hier marschiert am Nationalfeiertag das
Militär auf, wird alljährlich die Tour de France beendet.*

Gehört einfach dazu: ein abendlicher Bummel auf den »Champs«,
wie die Pariser ihre »schönste Avenue der Welt« nennen.

Schon der Name verrät es: Die Champs-Élysees sind etwas Besonderes. Sie leiten ihren Namen von »Elysion« ab – ins »Gefilde der Seligen« kamen die Helden des antiken Griechenland. Bis zum Ende des 16. Jh.s waren die Elysischen Felder allerdings Ödland. Erst 1667 führte der Hof-Gartenarchitekt Le Nôtre vom Tuilerienschloss eine breite, schattige Allee gen Westen, die Mitte des 18. Jh.s als Promenade bis zum Hügel reichte, auf dem heute der Arc de Triomphe steht. Wer etwas auf sich hielt und die nötigen Mittel besaß, errichtete hier sein glanzvolles Domizil – im Palais des Élysées residiert heute der französische Staatspräsident.

Gefilde der Seligen

Erst 1828 kam die Straße in den Besitz der Stadt. Paris baute Brunnen und Fußwege und installierte eine gasbetriebene Straßenbeleuchtung. Wo **Adel und Krone** flanierten, baute im späten 19. Jh. das Großbürgertum prachtvolle **Belle-Époque-Palais**. Heute ist die knapp 2 km lange Prachtstraße Mittelteil der monumentalen historischen Sichtachse vom ▶Louvre über den ▶Place de la Concorde bis zur Grande Arche in La ▶Défense. Begonnen wurde sie bereits im 16. Jh. von Caterina de Medici, Napoleon ließ sie als Triumphweg bis zum ▶Arc de Triomphe fortführen, Staatspräsident François Mitterrand bis zum heutigen Endpunkt im westlichen Büroviertel verlängern. Nachdem Fast-Food- und Billigläden an der Prachtstraße Einzug gehalten hatten, machten Mitte der 1990er neue Platanenalleen, Designerbänke und polierte Granitpflaster die Nobelavenue wieder attraktiv für Luxusboutiquen, die inzwischen **auch sonntags geöffnet** haben.

Window-Shopping vom Feinsten

Nach der Upper 5th Avenue in New York und dem Causeway Bay in Hongkong gehören die Champs-Élysées heute zu den drei teuersten Einkaufsstraßen der Welt. Für Weltmarken ist es ein Muss, hier mit einem Geschäft vertreten zu sein. Freuen Sie sich auf edle Boutiquen von Louis Vuitton, Lacoste und Longchamp bis zu Gap und Abercrombie & Fitch. Traumhafte Geschmeide können Sie bei Tiffany und Cartier bewundern. In Nr. 68 hat der Parfumhersteller Guerlain seinen Stammsitz – vor 20 Jahren wurde dort der Duft »Champs-Élysées« kreiert. Kunterbunt sind die berühmten Macarons, die Ladurée in seinem nostalgischen Salon du Thé in Nr. 75 serviert. Ende 2018 eröffnen auch die Galeries Lafayette eine Dependance im einstigen Virgin Megastore in Nr. 52. Nebenan im gestylten **Atelier Renault** speist man Austern, Burger oder Angus-Rind mit Blick auf die Elektroautos von Twizy bis Zoe (Nr. 53, http://fr.atelier.renault.com). Abends verwandelt sich die Avenue zur **Ausgehmeile** mit Kinos, Diskotheken und dem Revuetheater **Lido**, wo die Bluebell Girls und Lido Boys bei der spektakulären Show »Paris Merveilles« die Beine schwingen (▶S. 286). Sehen und gesehen werden heißt es seit 1899 bei **Fouquet's**. Gönnen Sie sich das prickelnde Vergnügen und genie-

Luxus, Lifestyle und Lichterglanz

ßen Sie ein Glas Champagner auf der Terrasse des Edellokals, in dem seit über 30 Jahren der französische Filmpreis César verliehen wird. Dann finden sich Stars, Regisseure und Produzenten zu einem rauschenden Fest ein.

€€€€ **Fouquet's**: Nr. 99 | Tel. 01 40 69 60 50
www.hotelsbarriere.com

Patriotische Mammutschau

Nationalfeiertag

Beim Nationalfeiertag **am 14. Juli** erklingen Trompeten und Signalhörner zur Ankunft des Präsidenten um 10 Uhr, der als Erster die Avenue hinabfährt und das Volk begrüßt. Dann folgt die Fliegerstaffel der »Patrouille de France« und hinterlässt einen Schweif in Blau, Weiß, Rot – die Trikolore am Himmel. Danach kommen die Bodentruppen, die Militärhubschrauber, die motorisierten Einheiten mit Panzern und Geländewagen, zum Abschluss die »Troupes Montées«, die Reitertruppen der Grande Nation. Um 11.55 Uhr ist die Parade beendet, trifft man sich zum Déjeuner in den umliegenden Restaurants. Im Advent werden Bäume und Häuser der Champs-Élysées festlich geschmückt, serviert ein Weihnachtsdorf mit 160 Hütten Glühwein, Kulinarisches und Kunsthandwerk.

Noch mehr Luxus im »Goldenen Dreieck«

Le Triangle d'Or

Auch in den angrenzenden Modemeilen darf sonntags eingekauft werden: In der eleganten **Avenue Montaigne**, die schnurgerade von den Champs-Élysées hinunter zum Seineufer verläuft, trifft sich eine betuchte Klientel bei Prada, Dior oder Chanel und genießt danach im Hôtel Plaza Athénée die Sterneküche von Alain Ducasse. In der **Avenue George V** finden Sie die berühmten Seidentücher von Hermes und Haute Couture von Givenchy. Für Unterhaltung sorgt das Kabarett Crazy Horse. Kulinarische Sternstunden verspricht Christian Le Squer im Le Cinq, dem Gourmettempel der Hotellegende George V.

CHÂTELET · LES HALLES

Lage: Place du Châtelet (4. Arr.) | **Métro:** Châtelet · Les Halles

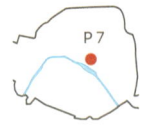

P 7

Eine Milliarde Euro und zehn Jahre Zeit hat Paris investiert, um sein neues Herz zu gestalten. Dessen Wahrzeichen ist eine grüngolden schimmernde Muschel aus Glaslamellen, die das revitalisierte Forum des Halles überspannt. »Canopée« nennen Patrick Berger und Jacques Anziutti ihr gläsernes Blätterdach, das vom Knotenpunkt für Verkehr und Kommerz neue Blickachsen öffnet.

OBEN: Als gewaltiger grüngoldener
Baldachin aus Glas verbindet das
Canopée Kultur, Kommerz
und Verkehr im quirligen
Quartier Les Halles.
UNTEN: »Écoute«, »Hör zu«, nannte
Henri de Miller seine 70 Tonnen
schwere Skulptur vor Saint-Eustache.
Sie neigt den Kopf zur rechten Hand
am Boden, fast als könne sie so besser
den Herzschlag der Hauptstadt hören.

Ohne Kartenreservierung keine Chance – die Ballettaufführungen
des Théâtre de la Ville sind meist Monate im Voraus ausgebucht.

Vom Bauch zum Herzen

Canopée –
Shopping
und Verkehr

Seit dem Mittelalter herrscht hier das pralle Leben. Im 19. Jh. wurden
die eisernen Markthallen von Victor Baltard zum Markenzeichen der
Stadt – hier beendeten am frühen Morgen viele ihren Ausflug ins Pariser Nachtleben. Den »Bauch von Paris« nannte sie Nationalschrift-
steller Émile Zola. 1969 zog der Großmarkt nach Rungis, wurden die
Eisenhallen abgerissen und durch einen Nahverkehrsknoten ersetzt,
über dem sich mit dem **Forum des Halles** ein Einkaufszentrum erhob, mit dem die Pariser nie so recht warm wurden. Das Canopée
indes haben sie bereits ins Herz geschlossen.

Calvin Klein, Nike, Berschka, Gap und Lego gehören zu den Anker-
mietern der 150 Läden im neuen Shoppingzentrum. In den Seitenflügeln hat die Kultur Platz gefunden mit Bibliothek, Musikkonservatorium, Kino und La Place, einem Zentrum für Hip-Hop. Die Speisekarte der Brasserie Champeaux von Alain Ducasse ist eine ausran-
gierte Anzeigetafel, wie sie einst für Flüge verwendet wurde. Der
Umbau des Nahverkehrsknotens Châtelet-Les-Halles, mit täglich gut

800 000 Reisenden, drei RER- sowie fünf Métrolinien einer der größten Umsteigebahnhöfe Europas, soll Ende 2018 abgeschlossen sein.
http://forumdeshalles.com

Dinomauer, Rutschröhrenraupen und Kletterbäume

Im Abenteuerland der neuen Parkanlage zwischen Saint-Eustache und der Getreidebörse kann sich der Nachwuchs richtig austoben. Alle anderen freuen sich über Gratis-WLAN, Trinkwasserspender, Ruhebänke und 150 neu gepflanzte Bäume.

Jardin Nelson Mandela

Mut zur Moderne

Madame Pompadour wurde hier getauft, Ludwig XIV. empfing hier seine Kommunion, Molière und Mozarts Mutter Anna hatten auf dem nicht mehr erhaltenen Friedhof der Pfarrkirche des Hallenviertels ihr Grab. Erbaut wurde das mit 88 m Länge, 44 m Breite und 34 m Höhe **größte Pariser Gotteshaus der Renaissance** noch auf gotischem Grundriss. Erst 108 Jahre nach der Grundsteinlegung war sie fertig. Geweiht ist sie dem frühchristlichen Märtyrer Eustachius, dem Schutzpatron der Jäger, der nicht nur auf den Chorfenstern, sondern auch auf einem Gemälde von Simon Vouet über dem linken Torbogen zu sehen ist. Dass die Grabeskirche von Jean-Baptiste Colbert, Finanzminister Ludwigs XIV., heute so beliebt ist, liegt nicht nur an der guten Akustik, sondern auch am Mut zur Moderne. Kurz vor seinem Tod schuf Keith Haring aus Bronze und Weißgold das Triptychon »Das Leben Christi« für die Chapelle St-Vincent de Paul. Titularorganist Jean Guillou lässt sonntags von 17.30 bis 18 Uhr die Ducroquet-Gonzalès-Orgel erklingen – kostenlos!
Tgl. 9.30 – 19, Sa. ab 10, So. ab 9 Uhr | www.saint-eustache.org

Saint-Eustache

Programmkino, Musical und Ballett

In vier Sälen können Cineasten im Forum des Images Filme auf der Großleinwand sehen und Wunschfilme wählen. Das Repertoire reicht von 1895 bis heute. Wo seit dem 12. Jh. die Festung Grand Châtelet die ▶Île de la Cité sicherte, entstanden im Zweiten Kaiserreich zwei Bühnen: Auf der Westseite das **Théâtre du Châtelet**, heute Bühne für Musicals, Operette und Konzerte (http://chatelet-theatre.com). Das **Théâtre de la Ville** gegenüber wurde 1899 von der Schauspielerin Sarah Bernhardt erworben, die hier als »Kameliendame« und »Tosca« rauschende Triumphe feierte. Auf dem Spielplan stehen Klassiker der Moderne und zeitgenössisches Ballett (▶S. 289).
Programkino: Porte St-Eustache | Film 6 € | www.forumdesimages.fr

Forum des Images und Bühnen

Atemberaubende Aussicht

Fast 55 m hoch ragt der viereckige Jakobsturm am Place du Châtelet auf. Frisch gesandstrahlt, ist er im Sommer vier Monate lang für Besucher geöffnet – erstmals seit 500 Jahren! Wer die 300 Stufen im

Tour Saint-Jacques

engen Treppenhaus erklimmt, wird mit einem Panoramablick auf die Seine, die Schauseite des Hôtel de Ville und das Marais-Viertel belohnt. Im Mittelalter sammelten sich hier Wallfahrer, die via Paris auf dem Jakobsweg nach Santiago de Compostela zogen.

Mai–Sept. Fr.–So. 10–17 Uhr | Erw. 10 € | www.desmotsetdesarts.com

Genau das Richtige für einen Zwischenstopp

Rue Montorgueil

In der Fußgängerzone nördlich des Hallenviertels reihen sich kleine Lokale, Feinschmeckerläden und Traditionshäuser aneinander – allen voran die **Patisserie Stohrer** in Nr. 51. Als Ludwig XV. die Tochter des polnischen Königs heiratete, brachte diese den begnadeten polnischen Konditor ihrer Vaters mit, der hier 1725 die erste Patisserie von Paris eröffnete (www.stohrer.fr).

CHINATOWN · BUTTE AUX CAILLES

Lage: 13. Arr. | **Métro:** Place d'Italie, Olympiades

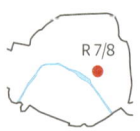

R 7/8

Ein Chinesenviertel an der Seine und Kopfsteinpflastergassen – hätten Sie das zwischen den Hochhaustürmen erwartet? Das 13. Arrondissement ist spannendes Terrain abseits ausgetretener Pfade, für alle, die gerne Neuland entdecken.

Grösste Chinatown Europas

Les Olympiades ist mit gut 40 000 Haushalten Heimat der größten chinesischen Gemeinde in Europa. Die Trabantenstadt entstand in den 1970er- und 1980er-Jahren als sozialer Wohnbau für Flüchtlinge **aus den ehemals französischen Kolonien** Vietnam, Laos und Kambodscha (Indochina). Sie schmückten ihre Geschäfte mit Buddhas und Drachen und schufen zwischen der Avenue d'Ivry, Avenue de Choisy und dem Boulevard Masséna das Asienviertel. Mit über 150 Lokalen, einige kaum größer als Garküchen, Nähstuben von Billigschneidern, versteckten buddhistischen Tempeln und renommierten Geschäften, zu denen die Pariser pilgern. In den Auslagen der Pâtisserie Nouveau Yu Nghy (67, Avenue d'Ivry) konkurriert exotisches Gebäck mit Sesambällchen in XXL, bei **Tang Frères** finden Sie für die asiatische Küche Zutaten und Kochgeschirr zu unschlagbar günstigen Preisen (48, Avenue d'Ivry, Mo. geschl., So. geöffnet). Am lebendigsten ist das Viertel zum **Chinesischen Neujahr**, wenn riesige Papierdrachen bei einer Parade zu ohrenbetäubender Musik durch die Straßen getragen werden.

6X
UNTERSCHÄTZT

Genau hinsehen, nicht dran vorbeigehen, einfach probieren!

1.
IM REICH DER MITTE

Girlanden baumeln in den Schaufenstern, Buddhas bewachen die kleinen Läden, stachelige Stinkfrüchte (Durians) und kunterbuntes Gebäck liegen in den Auslagen – schlendern Sie durch Europas größte **Chinatown** (▶S. 80).

2.
PARISER BLONDE

Champagner ja, und Wein. Aber Bier? Doch! Pariser Craft-Biere sind stark im Kommen. Zwei Dutzend Biere zapft die **Bar Brewberry**, die von einer Frau betrieben wird (11, Rue du Pot-de-Fer, www.brewberry.fr).

3.
ARCHE NOAH

Lebensgroß ziehen Elefanten, Giraffen und Geparden in einer gigantischen Karawane durch das **Naturkundemuseum**, im Licht der Himmelsfarben, die den Tageslauf nachahmen. Brüllt da hinten nicht ein Löwe? (▶S. 99)

4.
DER RICHTIGE AUGENBLICK

Er porträtierte Sartre, Beauvoir und die kleinen Pariser Geschichten, konnte tagelang auf den Straßen rumlungern, um das Leben mit der Kamera einzufangen – entdecken Sie **Henri Cartier-Bresson** (▶S. 135).

5.
FEE UNTER STROM

Das größte Monumentalgemälde der Moderne, mit dem Raoul Dufy 1937 dem elektrischen Strom huldigte, versteckt sich im **städtischen Kunstmuseum**, das noch jede Menge anderer Schätze besitzt (▶S. 165).

6.
NACHWUCHS

Unverputzte Wände, Betontreppen, Kabel und Röhren treffen bei der Promenade architecturale der **Site de Création Contemporaine** auf kreative Installationen, Videokunst und Fenster mit Seineblick (▶S. 165).

Mall und Markt

Place d'Italie Ursprünglich war der Place d'Italie als Gegenstück zum Place de l'Étoile geplant. Statt eines Triumphbogens säumen den Platz jedoch Hochhäuser aus den 1960ern wie der halbrunde, 112 m hohe Wohnturm Tour Super-Italie. Kenzo Tange errichtete das Einkaufszentrum Italie 2 mit 130 Geschäften. Am Boulevard Auguste Blanqui ist Dienstag, Freitag und Sonntagmorgen Markt unter freiem Himmel.

Idyll im Hochhausdschungel

Butte Namensgeber für den nur 63 m hohen »Berg« südlich des Place
aux Cailles d'Italie war Pierre Caille, der 1540 erste Weinstöcke zwischen die Windmühlen pflanzte, die das Korn von Gentilly zu Mehl mahlten. Die Thermik am Hügel nutzte der Physiker François Pilâtre de Rozie. Gemeinsam mit dem Marquis d'Arlandes wagte er am 21. Oktober 1783 die **erste bemannte Fahrt im Heißluftballon** – und landete nach 9 km mit seiner aus Tapete gefertigten **Montgolfière** sicher auf dem Butte. 1860 lag hier das Zentrum der Pariser Kommune. Les Amis de la Commune de Paris lassen mit Führung und Chansonheft die unruhigen Tage von 1871 lebendig werden (www.commune1871.org).
Die Rue de la Butte aux Cailles ist **Gastrostrip** mit bodenständiger Küche wie im Les Temps des Cérises (Nr. 18) und trendigen Bars wie La Folie en Tête (Nr. 33). Ecke Rue Bobillot/Rue Tolbiac erhebt sich die weiße neobyzantische Fassade der 1912 geweihten Église Ste-Anne-de-la-Butte-aux-Cailles, deren Fundament auf 71 Säulen ruht.

★ CONCIERGERIE

Lage: 2, Boulevard du Palais (1. Arr.) | **Métro:** Cité, Saint-Michel
tgl. 9.30 – 18 Uhr | Erw. 9 €, Kombiticket mit ▶Sainte-Chapelle 15 €
www.paris-conciergerie.fr

Als »Vorzimmer zur Guillotine« erlangte die Conciergerie während der Französischen Revolution traurige Berühmtheit. Fast 2600 Gefangene wurden hier zum Tode verteilt und warteten im Staatsgefängnis auf ihre Hinrichtung.

Die grosse Terrorwelle

Im ältesten Teil des hochgotischen Kapetinerpalastes, den Philipp der Schöne um 1300 erbauen ließ, lebte einst der Schlossvogt und Hausmeister (Concierge). Hier tagten 1793 – 1795 die **Revolutionsgerichte der Jakobiner**. Nur ein einziger der 2600 Franzosen, die im Erdgeschoss je nach Stand in mehr oder minder komfortablen Zellen einsaßen, wurde begnadigt: Marat. Kaum in Freiheit, wurde er von Charlotte Corday erstochen – bereits eine Woche nach der Tat wurde sie dafür mit dem Tod bestraft. Als »Maitresse des letzten französischen Tyrannen« wurde die Comtesse du Barry enthauptet. Wegen »Hochverrat« aufgrund angeblicher Konspiration mit ihrer österreichischen Verwandtschaft und der unbewiesenen »Unzucht« mit ihrer Hofdame, der Prinzessin von Lamballe, kam am 1. August 1793 die berühmteste Insassin in Haft: **Marie-Antoinette**. Am 14. Oktober begann ihr 20-stündiger Schauprozess, der für die 37-Jährige mit dem Todesurteil endete – das Volk wollte Blut sehen. Zwei Tage später brachte der Henkerskarren eine gebrochene Frau im weißen Kleid, die grauen Haare abgeschnitten, die Hände auf den Rücken gebunden, zum ▶Place de la Concorde. Um 12.15 Uhr sauste das Fallbeil nieder.

Vorzimmer der Guillotine

Betrachten Sie vom Quai de la Mégisserie zunächst die Fassade mit drei Rundtürmen und dem Tour de l'Horloge, der um 1370 die erste öffentliche Uhr von Paris erhielt. Betreten Sie dann vom Quai de l'Horloge den Salle de Garde. Mächtige Pfeiler stützen die Palastwache, viele zeigen Tierkämpfe. Das bewaffnete Gesinde – bis zu 3000 Mann – speiste im gut 70 m langen Salle des Gens d'Armes. Die Küche war darauf ausgelegt: Auf ihren Feuerstellen wurden ganze Ochsen gebraten. Während der Jakobinerdiktatur saß unter dem Kreuzrippengewölbe das Revolutionstribunal zu Gericht. In der Rue de Paris wurden die Verurteilten dem Scharfrichter »Monsieur de Paris« übergeben. Die Zellen waren **streng nach Stand getrennt** und eingerichtet – mittellose Gefangene mussten in feuchten Zellen auf Stroh schlafen, für Goldmünzen gab es Pritschen, adlige Gäste wie Marie-Antoinette bekamen ordentliche Betten und zwei Gendarmen, Bewacher und Bedienstete zugleich. Die Zelle der Königin ist heute Kapelle. Fallbeil und Faksimile des **letzten Briefes von Marie-Antoinette** erinnern an das Ende der Witwe Capet. Von der Nachbarzelle trat erst Danton, dann Robespierre den Weg zur Guillotine an.

Auf den Spuren der Schreckensherrschaft

 # ★ LA DÉFENSE

Lage: Westlicher Stadtrand | **Métro:** Esplanade de la Défense
www.ladefense.fr

Wolkenkratzer von Stararchitekten, spannende Open-Air-Kunst, Shopping XXL und ein eckiger Marmorbogen für die Menschenrechte – Frankreichs größte Bürostadt ist Besuchermagnet und Aushängeschild moderner Architektur.

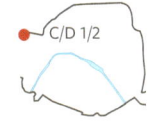

C/D 1/2

OBEN: Hoheiten aus Stahl und schwindel-
erregende Dimensionen prägen die weite
Esplanade de la Défense.
LINKS UNTEN: Joan Mirós »Fantastische
Personen« vor dem Kaufhaus Les 4 Temps
RECHTS UNTEN: die gewaltige Grande Arche

Welch ein Kontrast zum klassischen Paris! Nur wenige Minuten Métrofahrt genügen, um in eine futuristische Satellitenstadt einzutauchen. Angelegt wurde La Défense ab 1955 in der Verlängerung der historischen Achse Louvre – Champs-Élysées. Auto- und Schienenverkehr verbannte man in einen Tunnel unter der 1,2 km langen Esplanade de la Défense, die mehr als 30 Wolkenkratzer säumen. Erster Bau des **Manhattan Frankreichs** wurde 1958 die Messehalle CNIT. Ihre 284 m weit gespannte Betonstruktur mit drei Dachschalen ist bis heute von faszinierender Leichtigkeit. Das 161 m hohe Cœur Défense setzte in den 1990ern erstmals das Konzept des Großraumbüros um.

Glas, Stahl und Beton

Ausblicke vom Louvre bis nach Nanterre
Der Däne Johan Otto von Spreckelsen entwarf die 110 m hohe Grande Arche de la Fraternité. Der monumentale »Triumphbogen der Menschenrechte« aus Glas, Stahlbeton und weißem Carrara-Marmor wurde zur 200-Jahr-Feier der Französischen Revolution 1989 eingeweiht. Neben dem Restaurant Ô110 warten auf Technikbegeisterte ein Computermuseum und Frankreichs erstes **Museum für Videospiele**. Die Aussichtsplattform auf dem Dach ist seit 2017 wieder geöffnet. Vier Panoramaaufzüge sausen hinauf zum Belvedere im 35. Stock, der weite Rundblicke eröffnet.

La Grande Arche

Grande Arche: tgl. 10 – 20, Sept. – März bis 19 Uhr | Erw. 10 €, Kinder 8,50 €, Familie mit 2 Kindern 25 € | Musée du Jeu Vidéo: Führung n. V., Tel. 01 49 07 27 27 | www.grandearche.com
Musée de l'Informatique: Führung n. V., Tel. 01 80 87 62 51
www.museeinformatique.fr

Höchste Wolkenkratzer Westeuropas
Weitere zwei Dutzend Hochhaustürme sind im Bau oder genehmigt, darunter die **Zwillingstürme** des Hermitage Plaza. Mit 323 m Höhe sollen sie 2021 Londons »Shard« als höchsten Wolkenkratzer Westeuropas übertrumpfen. Drei Milliarden Euro sind für das Prestigeprojekt mit Luxusappartements, Büros und Fünfsterne-Hotel veranschlagt, das Stararchitekt Norman Foster entworfen hat.
www.hermitage.fr

Hermitage Plaza

Bretonisch, thailändisch oder glutenfrei?
Von April bis Dezember locken zwei Dutzend Food Trucks mit leckeren **Snacks aus aller Welt**. In-Labels und französische Marken wie Kookaï, Etam oder Un Deux Trois führen die 230 Läden im Les 4 Temps. Integriert im Shoppingkomplex sind ein großer Hof mit Gastroständen und Kinokomplex (http://les4temps.com). Jazz, Blues und Weltmusik präsentiert das La Défense Jazz Festival (www.ladefense.fr) kostenlos zehn Tage im Juni. Gratis sind auch alle Events des Filmfestivals Atmosphères (www.atmospheresfestival.com) im Oktober. Im Advent wird die Esplanade zum Weihnachtsmarkt.

Food Trucks, Festivals und Märkte

★ FONTAINEBLEAU

Lage: 65 km südlich von Paris
Bahn: Transilien-Vorortzug ab Gare de Lyon bis Fontainebleau-Avon, ab dort Buslinie A Connex
Schloss: April – Sept. 9.30 –18, Okt. – März bis 17 Uhr | Erw. 11 €, 1 Std. vor Schließung 7 €, 1. So. im Monat Eintritt frei
Park: Mai – Sept. 9 – 19, Okt., März, April bis 18, Nov. – Feb. bis 17 Uhr | Eintritt frei
www.musee-chateau-fontainebleau.fr

Zwischen knorrigen Eichen, klassischen Kletterfelsen und tiefen Schluchten versteckt sich Napoleons Lieblingsschloss Fontainebleau. Acht Jahrhunderte residierten hier die französischen Könige. Wer möchte, kann sich royal durch den weitläufigen Park kutschieren lassen, im Ballon über das Anwesen schweben oder »Jeu de Paume« spielen, den Vorläufer von Tennis.

Geschichtsträchtige Residenz

Als einzige der vielen königlichen Residenzen war Fontainebleau vom 12. Jh. bis zum Sturz Napoleons III. ununterbrochen bewohnt. Kapetingerkönig Robert der Fromme ließ 998 ein erstes Jagdschloss erbauen, 1528 gab Franz I. den Bau als **prachtvolles Renaissanceschloss** in Auftrag, das seine Nachfolger erweiterten und Napoleon zur kaiserlichen Residenz machte. Mehrfach wurde auf Fontainebleau, das **UNESCO-Welterbe** ist, Geschichte geschrieben: Am 18. Oktober 1685 widerrief Ludwig XIV. im Schloss das Edikt von Nantes, am 6. April 1814 unterzeichnete Napoleon hier seine erste Abdankung, 1949 – 1966 war Fontainebleau NATO-Hauptquartier.

Kapetiner, Valois, Bourbonen, Bonaparte und Orléans

700 Jahre Stammhaus

Jede Dynastie, die Frankreich regierte, hat in Fontainebleau ihr Erbe hinterlassen. Der Thronsaal ist als einziger Frankreichs noch original möbliert. Kunstliebhaber Franz I. holte Künstler aus Italien, ließ von ihnen die 60 m lange Galerie François 1er ausmalen und begründete so die **Schule von Fontainebleau**. Im Schlafzimmer von Anna von Österreich wurde 1812 Papst Pius VII. von Napoleon gefangen gehalten, in dessen Schlafgemach noch eine echte Haarlocke des Kaisers zu sehen ist. Kaiserin Eugenie sammelte Kostbarkeiten aus China und Siam (Thailand), der Grundstein für ein kleines Musée Chinois. Den herrlichen **Barockgarten** legte 1663 –1688 André Le Nôtre (▶Tuilerien, S. 212) an, der Jardin Anglais entstand unter Napoleon.
Aktivangebote im Park: Jeu de Paume-Ballspiel: Vorab-Reservierung bei Éric Delloye, Tel. 01 64 22 47 67, ericdelloye@wanadoo.fr | Heißluftballonfahrten: Buchung bei France Montgolfières | Erw. ab 165 €
www.franceballoons.com

Schwarzspecht, Feuersalamander und Eichhörnchen ...

... tummeln sich im Wald von Fontainebleau. Der Schlosspark geht nahtlos über in eines der größten zusammenhängenden Waldgebiete Westeuropas. Mit 150 km Wanderwegen und jeder Menge Kletterspots ist es ein Muss für Naturfreunde. Folgen Sie dem Fernwanderweg GR1 vom Schloss über den Gipfel des Mont Chauvet und durch die Apremont-Schlucht nach **Barbizon**, wo Millet, Corot und Théodore Rousseau Mitte des 19. Jh.s den lichtdurchfluteten Wald »en plein air« malten – das Museum in der Auberge Ganne stellt sie vor. **Auberge Ganne**: 92, Grande Rue | Mi. – Mo. 10 – 12.30, 14.30 –17.30, Juli, Aug. bis 18 Uhr | Erw. 6 € | www.musee-peintres-barbizon.fr

Forêt de Fontaine-bleau

Jedes Küchlein ein Kunstwerk

Nur einen Steinwurf vom Schloss entfernt schlummern Sie im L'Aigle Noir in Antiquitäten (www.hotelaiglenoir.com). In Fréderic Cassels Salon de Thé sind Torten ein Traum, wird jedes Sorbet zur coolen Explosion (61, Grande Rue, www.frederic-cassel.com). Frankreichs Präsidenten und Stars wie Catherine Deneuve kaufen bei Roland Barthélemy ihren Käse wie den cremigen »Fromage Fontainebleau« aus Kuhmilch (92, Rue Grande, www.rolandbarthelemy.com).

Purer Genuss

Vor Schloss Fontainebleau wird Napoleons gedacht. Mit seiner Abdankung als Kaiser der Franzosen endete 1815 eine der erstaunlichsten Karrieren der Weltgeschichte.

GRAND & PETIT PALAIS

Lage: Grand Palais: 3, Avenue du Général Eisenhower,
Petit Palais: Avenue Winston Churchill (8. Arr.)
Métro: Franklin-D.-Roosevelt, Champs-Élysées - Clemenceau
www.grandpalais.fr, www.petitpalais.paris.fr

C 6

Zur Weltausstellung 1900 wurde es erbaut: das Grand Palais. Heute begeistert der Belle-Époque-Palast mit Ausstellungen, Modenschauen und winterlichem Eislaufvergnügen. Sein kleiner Bruder ist ein städtisches Kunstmuseum.

Zeit-genössische Kunst, Mode und Musik

»Welch außerordentliche Verschmelzung von Stahl, Stein und Glas in der Architektur«, lobten die Zeitgenossen den Bau des **Grand Palais** und priesen den Fassadenschmuck mit Statuen, Ornamenten und mehrfarbigen Friesen. Seit zehn Jahren wird das Museum bei laufendem Betrieb modernisiert, 2019 wird es für zwei Jahre schließen.
Unter dem Jugendstilschmuck einer riesigen Stahl-Glas-Kuppel inszeniert **Le Nef** zeitgenössische Kunst: Für die Monumenta im Mai/Juni wird alle zwei Jahre ein weltbekannter Künstler gebeten, ein Unikat zu schaffen – 2016 war es Huang Yong Ping. Im luftigen Glasgewölbe gastiert die Paris Fashion Week, zeigt Chanel Haute Couture und Prêt-à-porter. Im Advent verwandelt sich Le Nef in die schönste Winterwelt mit großer Eislauffläche samt Musik und Discokugel.
Dem Ruhm der französischen Kunst sei es gewidmet, ist im Giebel des Grand Palais zu lesen, und diesem Anspruch werden die **Galeries Nationales** im Nordflügel mit exzellenten Großausstellungen mehr als gerecht. Ob Monet, Picasso oder Hergé: Die Bilderschauen sind stets Highlights und sehr gut besucht.
Le Nef: Avenue Winston-Churchill | Mo., Mi. 10 – 19, Do. – So. 10 – 22 Uhr | Erw. ab 5 € | www.monumenta.com
Galeries Nationales: Place Clémenceau, Square Jean Perrin tgl. 10 – 20, Mi. bis 22 Uhr, in frz. Ferien auch abends am Do., Fr. Erw. ab 14 €, online buchbar mit Zeitfenster | www.grandpalais.fr

Womit Geheimschriften entschlüsselt werden …,

Palais de la Découverte

… wie Tiere miteinander kommunizieren und was bei minus 193 Grad mit unserer Luft passiert, verrät im Westflügel das »Haus der Entdeckung«. Seit über 80 Jahren lädt das von Nobelpreisphysiker Jean Perrin gegründete Museum ein, interaktiv die Naturgesetze zu erforschen. In den Salles de Physique, wo Sie 350 000 Volt erleben können, stehen Ihnen garantiert die Haare zu Berge. Oder betrachten Sie im Planetarium den Sternenhimmel von Paris in 14 000 Jahren.
Eingang: Avenue Franklin D. Roosevelt | Di. – Sa. 9.30 – 18, So. 10 – 19 Uhr | Erw. 9 €, Planetarium Zuschlag 3 € | www.palais-decouverte.fr

Von der Renaissance bis zu den Impressionisten

Die städtischen Sammlungen im Kleinen Palais zeigen Kunst der Renaissance, Gemälde von Rembrandt und Rubens, französische Meisterwerke von Eugène Delacroix, Claude Monet und Paul Gauguin sowie Möbel, Wandteppiche und Skulpturen des 18. Jh.s. Toller Tipp für Sommertage: das **Terrassencafé Le Jardin du Petit Palais.** Eingang: Di.–So. 10–18, Fr. bis 21 Uhr | Dauerausstellung frei, Sonderschauen Erw. 10 € | www.petitpalais.paris.fr

Petit Palais

★★ ÎLE DE LA CITÉ

Lage: Zentrum (1./4. Arr.) | **Métro:** Cité

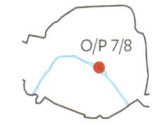

O/P 7/8

Ein lauer Sommerabend am Ufer der Seine, die stimmungsvoll in die Nacht plätschert, den Blick auf ►Notre-Dame, bunte Ausflugsboote und Pariser Prachtbauten – die Île de la Cité ist trotz aller Touristenströme noch immer ein magischer Ort mit besonderem Flair.

Auf der kleinen Flussinsel fing alles an. Hier siedelten im 3. Jh. die keltischen **Parisii**, errichteten die Römer im Jahr 53 ihr **Lutetia**. Die antiken Mauern, hinter denen sich die Bewohner wiederholt vor Angriffen der Normannen zurückzogen, standen bis zum Mittelalter. Sie schützten auch die Monarchen, die vom 6. bis zum 14. Jh. auf der Seineinsel residierten, mit dem **Palais de Justice** als weltlichem Königspalast und der Kathedrale ►**Notre-Dame** als sakralem Gegenstück. Nach der Verlegung der königlichen Residenz wurden weite Plätze und Straßen für Feste des Hofes nicht mehr benötigt, so entwickelte sich ein dichtes Gewirr von schmalen Gassen und engen Häuserzeilen, überragt von den gotischen Türmen von Notre-Dame. Damals war die Insel nur acht Hektar groß. Viel zu klein, fand Heinrich III. und ließ 1584 Sand aufschütten, um drei Schwemminseln an die Île de la Cité anzubinden. Ab 1607 sorgte die **Pont Neuf** (►S. 203) für gute Verbindungen an beide Flussufer.

Das historische Herz der Hauptstadt

Präfekt Haussmann verleiht der Cité ein neues Gesicht.

Mehr als 25 000 Menschen wurden im 19. Jh. umgesiedelt, um Platz zu schaffen für breite Nord-Süd-Achsen, die Polizeipräfektur, das Handelsgericht, den Neubau des Hôtel-Dieu und den erweiterten Justizpalast der Großstadt Paris. Seit 2017 ist der Palais de Justice verlassen, sind die Pariser Gerichte im neuen Tribunal-Turm von Renzo Piano nahe der Porte de Clichy vereint (►S. 58).

Administratives Zentrum

89

Am schönsten ist das Pariser Nachtleben nicht drinnen, sondern draußen ...

Der Schürzenjäger

Square du Vert Galant

Am Bug der schiffsförmigen Insel grüßt **Heinrich IV.** hoch zu Ross – Vert Galant spielt auf die vielen Liebschaften von Henri an, der über 50 Damen erobert haben soll (▶S. 275). Das Denkmal ließ seine Witwe Maria von Medici nach der Ermordung des Königs 1610 aufstellen.

Kaum Autos, dafür Bäume und Bänke

Place Dauphine

Gerichtspräsident De Harlay bekam 1607 vom König das Terrain an der Pont Neuf auf der Westspitze der Île de la Cité mit der Auflage geschenkt, eine Anlage mit einheitlichen Fassaden zu bauen. So entstand ein dreieckiger Platz mit 65 Pavillons aus hellem Natur- und rotem Backstein, die nach dem lang ersehnten Dauphin, Heinrichs Thronfolger Ludwig XIII., benannt wurden. Heute existieren noch Nr. 14 und 26. Im **Restaurant Paul** (Nr. 15) waren Yves Montand und Simone Signoret Stammgäste, drehte Woody Allen Szenen seines Kinofilms »Midnight in Paris« (www.restaurantpaul.fr).

... unter freiem Himmel wie am Place Dauphine auf der Île de la Cité.

Man schrieb das Jahr 1117 ...

... als der charismatische Theologe Pierre **Abélard** seine 17-jährige Schülerin **Héloise** traf. Statt Philosophie lehrte der gut aussehende Enddreißiger und Lieblingsprof der Klosterschule Notre-Dame seine blutjunge Studentin die Liebe. Das blieb nicht lange verborgen. Doch auch als ihr Onkel – Kanonikus Fulbert – das Paar in flagranti erwischte und Abélard entließ, traf sich das Traumpaar des 12. Jh.s weiter. Selbst nachdem der Verführer grausam entmannt wurde und beide ins Kloster gingen, kamen sie voneinander nicht los. Heute ruhen sie zusammen auf dem Friedhof Père Lachaise (▶S. 62).

Ohne Happy End

> »
> Wir haben nichts so wenig in unserer Hand
> wie die Stimme unseres Herzens.
> «
> *Abélard*

Zukunft braucht Erinnerung

Mahnmal
und Märkte

An der Ostspitze der Île de la Cité wird mit dem **Mémorial de la Déportation** der mehr als 200 000 deportierten Franzosen gedacht, die 1940 – 1945 in deutsche Konzentrationslager verschleppt wurden. Für typisches Pariser Flair sorgen nicht nur die Bouquinisten, die an den Kais antiquarische Postkarten und Bücher verkaufen, sondern auch zwei Märkte: Sonntags 8 – 19 Uhr führen Kanarienvögel und Papageien am **Vogelmarkt** des Place Louis-Lépine einen Wettstreit auf. Unter der Woche bringt ein **Blumenmarkt** Farbe an das Seineufer.

★ ÎLE SAINT-LOUIS

P/Q 8

Lage: Zentrum (4. Arr.) | **Métro:** Pont-Marie | www.isl-paris.com

Obwohl in Laufnähe von ▶Notre-Dame, besitzt die kleinste Seineinsel ruhige Gassen mit kleinen Geschäften, gemütlichen Cafés – und das beste Eis der Hauptstadt!

Aristokraten und Künstler

Durch Sandaufschüttung wurde 1609 aus Île aux Vaches und Île Notre-Dame eine Insel. Zwei Brücken verbinden sie mit den Seineufern. Auf der Pont de la Tournelle, wo seit 1759 der Wasserstand der Seine gemessen wird, wacht die Statue der hl. Genoveva, der Schutzpatronin von Paris. 1664 waren das rechtwinklige Straßennetz und die einheitliche Bebauung fertig, zogen erste Handwerker und Händler ein. Ihnen folgten die Aristokraten, die sich elegante Stadtpaläste an den Quais erbauen ließen, dann Künstler, Intellektuelle und Politiker, von Charles Baudelaire bis Georges Pompidou. Ziemlich beste Freunde sind auch Daniel Auteuil und die kleine Insel geworden – seit der Jahrtausendwende wohnt der Schauspieler dort mit seiner Familie. Das besondere Flair der Insel will das **erste Parfum für ein Pariser Quartier** wiedergeben: das »Île Saint-Louis« wurde 2016 vom Abschlussjahrgang der École Supérieure du Parfum kreiert.

Barock, Boutiquen und Brasserien

Ursprünglich
und gediegen

Eine versteckte Barockkirche von Louis le Vau und ein Stadtpalais aus dem 17. Jh. sind architektonische Hingucker. Vor allem locken originelle kleine Boutiquen und gediegene Lokale wie die Brasserie de l'Île St-Louis am Quai de Bourbon 55 mit Paradeblick auf Notre-Dame. Oder genießen Sie im kleinen Bistro Pain d'Épices **frische Marktküche** (12, Rue Jean du Bellay). Daumier, Toulouse-Lautrec und Doisneau finden Sie bei L'Île aux Images, die in der Rue Saint-Louis en l'Île 51 Lithografien und Fotografien verkauft. Bei der Ferme Saint-Aubin wird der Käse auf Wunsch vakuumverpackt – perfekt für den Koffer.

HEISS AUF EIS?

Mango, Cassis oder lieber ein Himbeer-Aprikosen-Sorbet?
Mehr als 30 kühle Kreationen können bei **Bertillon** auf
der Île Saint-Louis probiert werden, seit Jahrzehnten eine
der besten Eisdielen des Landes. Wenige Schritte weiter
gestaltet **Amorino** jedes Eis wie eine Blüte auf
der Waffel. Welches hausgemachte Eis tatsächlich
am besten schmeckt, müssen Sie selbst kosten.
(29-31, Rue Saint-Louis en l'Île, www.berthillon.fr
47, Rue Saint-Louis en l'Île, www.amorino.com)

INSTITUT DU MONDE ARABE

Lage: 1, Rue des Fossés St-Bernard (5. Arr.) | **Métro:** Jussieu,
Cardinal Lemoine | tgl. außer Mo. 10 – 18, Sa., So. bis 19 Uhr
Erw. 8 € | €€ **Le Zyriab:** Tel. 01 55 42 55 42 | **www.imarabe.org**

*Eine Brücke zwischen Frankreich und Arabien: Die Grundidee
des Institut du Monde Arabe (IMA) ist heute aktueller denn je.
Den Austausch fördern zwei Dutzend islamischer Länder mit
Ausstellungen, Konferenzen und Sprachkursen.*

Facetten Islamischer Kultur

Orient und Okzident verbinden sich bereits in der Architektur des IMA, das Jean Nouvel 1987 entwarf. Das filigrane Gebäude zieren an der Südfront geometrische Fenster im maurischen Stil. Ihre 35 000 Metallelemente passen sich dem Lichteinfall an und erzeugen im Innern wunderbare Lichtreflexe. Der marmorne Innenhof erinnert an die Patios arabischer Paläste. Kalligrafie, Buchdruck, Münzen und kostbare Teppiche wie auch zeitgenössische Arbeiten geben auf sieben Etagen Einblick in die Kunst- und Kulturgeschichte der islamischen Welt. Donnerstags werden um 18.30 Uhr **Hintergründe zu aktuellen Themen** beleuchtet. Oder entdecken Sie mittwochs beim Café Littéraire ab 19 Uhr neue arabische Literatur. Das Dachrestaurant Le Ziryab verwöhnt mit **feinster libanesischer Küche** inklusive **Paradeblick** auf die ►Île Saint-Louis und ►Notre-Dame.

Traditionelle Ornamentik & Hightech

Mehr als 50 Skulpturen …

… von Alexander Archipenko, Jean Arp, Constantin Brancusi und weiteren renommierten Bildhauern säumen zwischen Pont de Sully und Mont d'Austerlitz den Quai St-Bernard.

Open-Air-Kunst

★ INVALIDES · HÔTEL DES INVALIDES

Lage: Esplanade des Invalides (7. Arr.) | **Métro:** La Tour-Maubourg, Varenne, Invalides (RER) | tgl. 10 – 18, Okt. – März bis 17 Uhr Erw. 9,50 € | www.invalides.org

Er war im Exil gestorben und das bereits vor fast 20 Jahren, als der Prunkwagen nach Paris rollte und 16 Rappen Napoleon zu seiner letzten Ruhestätte brachten: Unter der vergoldeten Kuppel des Invalidendoms ruht der Kriegsherr und Kaiser in einem monumentalen 13-Tonnen-Sarkophag.

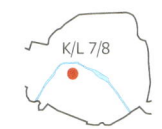

K/L 7/8

Der Invalidendom ist das Prunkstück einer Anlage, die der Sonnenkönig für seine verwundeten und heimatlosen Soldaten 1671 – 1676 mit Wohntrakt, Krankenhaus und der Kirche St-Louis-des-Invalides anlegen ließ. Zuvor wurden **Kriegsinvalide**, wenn überhaupt, nur medizinisch versorgt und dann dem Wohlwollen barmherziger Klös-

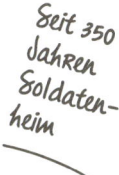

Seit 350 Jahren Soldatenheim

Schmuckstücke: Die neobarocke Pont Alexandre III eröffnet einen grandiosen Blick auf die Goldkuppel des Invalidendoms.

ter überlassen. Als Vorbild wählten die Architekten Libéral Bruant und Jules Hardouin-Mansart das spanische Klosterschloss El Escorial. Den Vorplatz rahmen Kanonen des 17. und 18. Jh.s ein, antike Krieger bewachen den Haupteingang zum Ehrenhof. Napoleon als »Kleinen Korporal« zeigt eine Bronzestatue am Südpavillon.

Militärgeschichte vom Mittelalter bis zum Zweiten Weltkrieg

Vier militärische Museen

Die Löwenrüstung des 1,96 m großen Königs Franz I., ein mittelalterlicher Sperlingsschnabelhelm und Napoleons Pistolen gehören zu den Schätzen des **Musée de l'Armée**. Drei prägende Momente aus dem Leben von Charles de Gaulle präsentiert **L'Historial Charles de Gaulle**. De Gaulle war Großmeister des Ordre de la Libération, dessen Engagement und Erfolge bei der Befreiung Frankreichs das **Musée de l'Ordre de la Libération** darstellt. Maßstabsgetreue Modelle von befestigten Städten, Schlössern und Häfen aus Frankreich und Europa zeigt das **Musée des Plan-Reliefs**.

Alle vier Museen: April – Sept. Di. – So. 10 – 18, sonst bis 17 Uhr
Musée de l'Armée: Erw. 11 € | www.musee-armee.fr | **L'Historial Charles de Gaulle**: Erw. 8 € | www.charles-de-gaulle.org | **Musée de l'Ordre de la Libération**: Erw. 11 € | www.ordredelaliberation.fr
M. des Plan-Reliefs: Erw. 11 € | www.museedesplansreliefs.culture.fr

Sakraler Prachtbau des französischen Barocks

Église du Dôme des Invalides

Da die schmucklose Soldatenkirche nicht dem Geschmack des Sonnenkönigs entsprach, beauftragte er 1677 Jules Hardouin-Mansart mit dem Bau des Invalidendoms, den Robert de Cotte 1735 vollendete. Ursprünglich hatte der Sonnenkönig die barocke Kuppelkirche als sein Mausolum geplant. Heute ruht Ludwig XIV. in ▶Saint-Denis, während der bedeutendste Sakralbau des französischen Barocks zu **Napoleons Grabstätte** wurde. Der Kaiser war am 5. Mai 1821 auf Sankt Helena im Exil verschieden, wo er im Tal der Geranien beerdigt wurde. Erst 1840 gestatteten die Engländer auf Drängen von Bürgerkönig Louis-Philippe, den Leichnam umzubetten. Unter dem Kommando des Prinzen von Joinville kehrte Napoleon I. an Bord der »Belle Poule« zurück. Seitdem ruht er unter der 100 m hohen Kuppel (Dôme) in einem roten Porphyr-Sarkophag auf grünem Granit-sockel. 12 marmorne Siegesgöttinnen erinnern an ruhmreiche Schlachten. Zehn Flachreliefs dokumentieren die Errungenschaften seiner Regierung vom Handelsgesetzbuch bis zum Code Civil.

Auch der einzige legitime Sohn des Kaisers, Napoleon II., bereits 1832 mit 21 Jahren in Wien verstorben, hat hier sein Grabmal. Ebenfalls im Invalidendom bestattet sind Napoleons Brüder Joseph Bonaparte, König von Spanien, und Jérôme Bonaparte, König von Westfalen. In den Seitenkapellen haben weitere große Männer Frankreichs ihre letzte Ruhe gefunden wie Napoleons Hofmarschall Turenne und Marschall Vauban, der Festungsbaumeister Ludwigs XIV.

DÔME DES INVALIDES

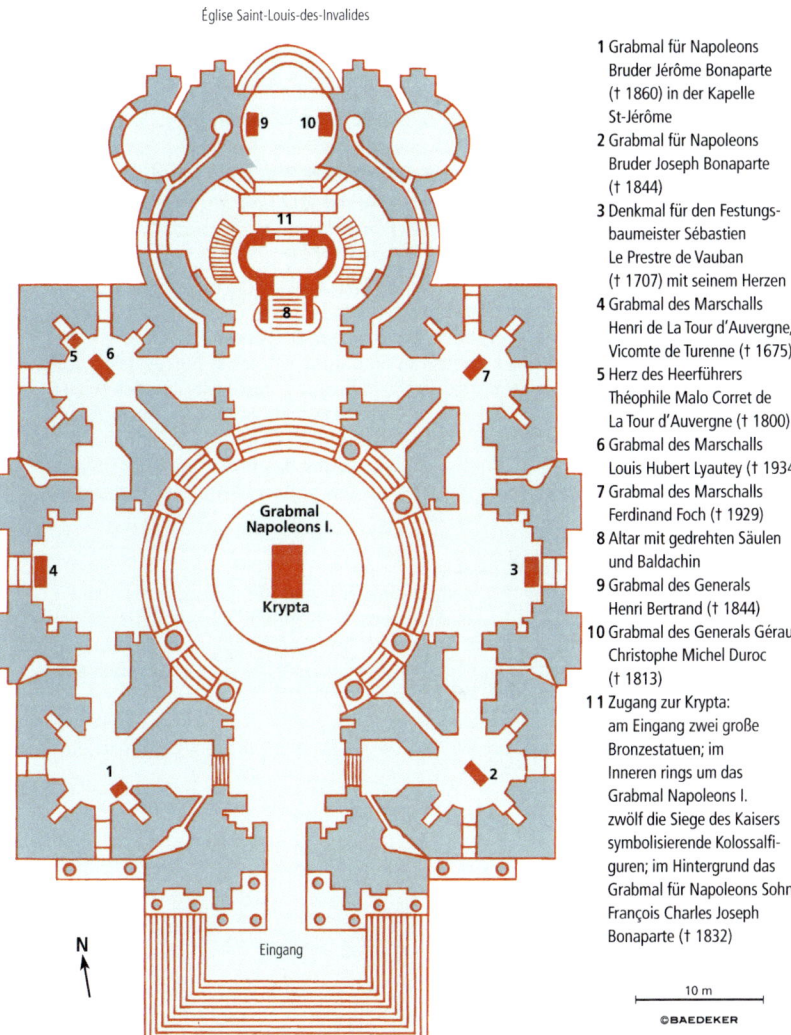

Église Saint-Louis-des-Invalides

Grabmal Napoleons I.

Krypta

N

Eingang

Cour du Dôme/Place Vauban

1 Grabmal für Napoleons
Bruder Jérôme Bonaparte
(† 1860) in der Kapelle
St-Jérôme

2 Grabmal für Napoleons
Bruder Joseph Bonaparte
(† 1844)

3 Denkmal für den Festungsbaumeister Sébastien
Le Prestre de Vauban
(† 1707) mit seinem Herzen

4 Grabmal des Marschalls
Henri de La Tour d'Auvergne,
Vicomte de Turenne († 1675)

5 Herz des Heerführers
Théophile Malo Corret de
La Tour d'Auvergne († 1800)

6 Grabmal des Marschalls
Louis Hubert Lyautey († 1934)

7 Grabmal des Marschalls
Ferdinand Foch († 1929)

8 Altar mit gedrehten Säulen
und Baldachin

9 Grabmal des Generals
Henri Bertrand († 1844)

10 Grabmal des Generals Géraud
Christophe Michel Duroc
(† 1813)

11 Zugang zur Krypta:
am Eingang zwei große
Bronzestatuen; im
Inneren rings um das
Grabmal Napoleons I.
zwölf die Siege des Kaisers
symbolisierende Kolossalfi-
guren; im Hintergrund das
Grabmal für Napoleons Sohn
François Charles Joseph
Bonaparte († 1832)

10 m

©BAEDEKER

97

★ JARDIN DES PLANTES

Lage: 57, Rue Cuvier (5. Arr.) | **Métro:** Jussieu, Place Monge, Gare d'Austerlitz | April – Mitte Sept. 7.30 – 20, sonst 8 Uhr bis Sonnenuntergang, Jardin Alpin nur April – Dez. | Eintritt frei
www.jardindesplantes.net

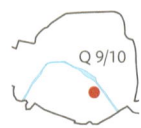

Q 9/10

Im Dschungel des Tropenhauses hören Sie wilde Tiere brüllen, in der Galerie der Evolution begrüßt Sie eine Karawane aus Elefanten, Nashörnern und Nilpferden, Giraffen, Löwen und Antilopen. Aber auch Fluggiganten der Vorzeit und funkelnde Edelsteine gehören zu den Schätzen der Museen im botanischen Garten.

Exotische Flora und Fauna

Bummeln Sie durch den weiten Park zum Rosengarten oder zum Jardin Alpin mit Pflanzen aus den Pyrenäen, den Alpen und dem Himalaja. Alte Bäume begleiten den Weg zum Bronzetempel auf dem Labyrinthhügel. **Henri Rousseau** fand in den Grandes Serres seine Vorlagen für Bilder aus exotischen Ländern – der Maler hat Frankreich nie verlassen. Während der Französischen Revolution machten die Pariser hier ihre erste Bekanntschaft mit wilden Tieren, die vom Versailler Königshof in den englischen Teil des Parks umgesiedelt wurden. **1795 konnten die Pariser den ersten Elefanten bestaunen**, bald die erste Giraffe, Napoleon sorgte für einen Bärenzwinger.

Urwald oder Wüste?

Tropenhaus

Steigen Sie im Tropenhaus hinauf zu den Aussichtsplattformen: Ein grandioses Gewirr von Stämmen, Blättern und Lianen erstreckt sich vor Ihnen, eingehüllt in feinsten Sprühnebel bei konstant 22 Grad. Das Tropenhaus ist eines der vier Gewächshäuser der **Grandes Serres**, die seit 1937 Amazoniens Regenwald, die Wüste Mexikos, die Artenvielfalt Neukaledoniens im Südpazifik und die Entwicklung der Flora in den letzten 430 Mio. Jahren für alle Sinne erlebbar machen.
April – Sept. 10 – 18, sonst bis 17 Uhr | Erw. 7 €

>

Sein Blick ist vom Vorübergehn der Stäbe
so müd geworden, dass er nichts mehr hält.
Ihm ist, als ob es tausend Stäbe gäbe
und hinter tausend Stäben keine Welt.

«

Rainer Maria Rilke, Der Panther

Besuch im Zoo

Die Zeilen für sein berühmtes Gedicht verfasste **Rilke** 1902 nach dem Besuch im Pariser Tiergarten, der während der Französischen Revo-

Graue Giganten führen die große Karawane durch die Galerie der Evolution.

lution im ehemaligen Heilkräutergarten von Ludwig XIV. entstanden war. Das staatliche Forschungsinstitut für Naturwissenschaften hatte die exotischen Tiere des Versailler Hofes eigentlich zur Schlachtung und Ausstopfung erhalten. Die Forscher ließen die Tiere jedoch am Leben – und zeigten sie dem Volk in ihrer Ménagerie du Jardin des Plantes, heute der **älteste wissenschaftliche Tiergarten der Welt**: Elefanten, Giraffen, Bären, Wölfe, Vögel und Amphibien – mehr als 1000 Tiere lassen sich hier bewundern!

Ende März – Mitte Okt. 9 – 18, sonst bis 17 Uhr | Erw. 14 €, 3 – 25 Jahre 10 € | www.zoodujardindesplantes.fr

Muséum National d'Histoire Naturelle

Die Welt der wilden Tiere

Eingerahmt wird der Park von außergewöhnlichen Museen. Donner grollt, Blitze zucken, Schatten laufen über die **große Tierkarawane** der Erde. Dann steigt die Sonne feuerrot auf und durchflutet die 1889 erbaute Galerie der Entwicklungsgeschichte mit warmem Licht, ehe die blaue Stunde die Nacht ankündigt. Nur wenige Zentimeter trennen die Besucher von Giraffen, Gnus, Meerestieren und Arten,

Grande Galerie de l'Évolution

die es nicht mehr gibt, wie der tasmanische Beutelwolf und der Kaplöwe mit schwarzer Mähne. Das Panzernashorn im dritten Stock gehörte Ludwig XV. Touchscreen-Terminals, Fühlkisten, eine Tierwelt-Kugel und interaktive Angebote machen in der Galerie des Enfants die biologische Vielfalt, Umweltprobleme und Nachhaltigkeit spannend und spielerisch für den Nachwuchs verständlich.

Grande Galerie de l'Évolution: 36, Rue Geoffroy St-Hilaire | tgl. 10 – 18 Uhr | Erw. 9 €, Kombiticket mit Galerie des Enfants 11 €, EU-Bürger unter 26 J. Eintritt frei | www.grandegaleriedelevolution.fr
Galerie des Enfants: tgl. 10 – 18 Uhr | Erw. 11 €, unter 26 J. 9 € www.galeriedesenfants.fr

Monster der Urzeit

Galeries de Paléontologie et d'Anatomie comparée

Als Knochenkarawane ziehen Tiger, Elefanten und Wale unter den Stahlträgern der Anatomie-Halle hindurch, gut 1 Mio. Skelette zeigt die Sammlung. Im ersten Stock faszinieren Nachbildungen von Dinosauriern, Mastodonten und Fluggiganten aus prähistorischer Zeit.

2, Rue Buffon | Mi. – Mo. 10 – 18 Uhr | Erw. 6 €, EU-Bürger unter 26 J. Eintritt frei

Edelsteine aus dem französischen Kronschatz, …

Steine und Pflanzen

… drei Tonnen schwere Einzelkristalle aus Brasilien und berühmte Kristallgruppen wie die »Fluorite Laurent«, die der Pariser Bergsportler Christophe Peray 2006 beim Klettern im Mont-Blanc-Massiv fand, sind Highlights der **Galerie de Minéralogie et de Géologie**. Der 3 m große Stammquerschnitt einer Sequoia begrüßt Sie in der **Galerie de Botanique**, die mit Samen, Früchten, Holz und gepressten Pflanzen die Entwicklung der Flora in den letzten drei Milliarden Jahren aufzeigt. Die 1636 gepflanzte Robinie zwischen den Galerien für Botanik und Mineralogie soll der älteste Baum von Paris sein.

Galerie de Minéralogie et de Géologie: 36, Rue Geoffroy St-Hilaire Mi. – Mo. 10 – 18, Okt. – März bis 17 Uhr | Erw. 6 €
Galerie de Botanique: 18, Rue Bouffon | Mi. – Mo. 10 – 18, Okt. – März bis 17 Uhr | Erw. 7 €

Allahu Akbar!

Grande Mosquée de Paris

»Gott ist groß!« verkündet der Muezzin vom 33 m hohen Minarett der Grande Mosquée de Paris gegenüber dem Südeingang des Jardin des Plantes. Zum Gebetshaus aus den 1920er-Jahren gehört das islamische Institut für Religionswissenschaft. Entspannung verspricht ein Besuch im Hammam. Silberschmuck aus Nordafrika bietet der Souk, für Stärkung sorgen Mezzehäppchen, Couscous und Pfefferminztee im orientalischen Restaurant.

39, Rue Ste-Hilaire | tgl. außer Fr. 9 – 12, 14 – 18/19 Uhr | Erw. 2 €
www.mosquee-de-paris.org | Hammam: tgl. außer Di. 10 – 21 Uhr
Erw. 18 € | www.restaurantauxportesdelorient.com

Gladiatorenkämpfe und Tierhatzen

Die Ruinen des 1869 in der Rue Monge 49 entdeckten Amphitheaters lassen die einstigen Ausmaße erahnen: Mit 56 x 48 m entsprach die ellipsenförmige Arena fast dem Innenraum des Kolosseums in Rom. Und wie am Tiber fanden in der um 200 im römischen Lutetia errichteten Spielstätte Gladiatorenwettkämpfe statt. Zwar wies das Zuschauerareal nur 36 Sitzreihen auf, bot aber mit seinen 15 000 Sitzplätzen fast der gesamten damaligen Bevölkerung Platz. Heute nutzt ein Pétanque-Club die öffentliche Anlage.

Arènes de Lutèce

April – Okt. tgl. 9 – 21.30, Nov. – März tgl. 8 – 17.30 Uhr, Eintritt frei

★★ LOUVRE

Lage: Place du Carrousel (1. Arr.) | **Métro:** Palais-Royal – Musée-du-Louvre | **Eingänge:** Pyramide, Galerie du Carrousel
Pyramide und Carrousel tgl. außer Di. 9 – 19, Mi., Fr. bis 22
Passage Richelieu bis 17.30, Mi., Fr. bis 18.30 Uhr
Erw. 17 €, unter 18 Jahren und EU-Bürger unter 26 Jahren sowie Okt. – März jeden 1. So. im Monat Eintritt frei | Tickets gelten auch für das Museum Eugène Delacroix, 6, Rue de Fürstenberg
Online-Tickets mit Zeitfenster unter **www.ticketlouvre.fr**, undatierte Tickets ohne Anstehen unter **http://reservierung.parisinfo.com**
Achtung: Koffer, Reisetaschen und Rucksäcke dürfen aus Sicherheitsgründen überhaupt nicht ins Museum mitgenommen werden.
Café Marly: 93, Rue de Rivoli | Tel. 01 49 26 06 60 | in den Arkaden des Louvre speisen mit Paradeblick auf Peis Pyramide
www.louvre.fr

Lächelt sie nun oder nicht? Der irritierende Ausdruck der Mona Lisa macht das meistbewunderte Gemälde so faszinierend. Trotz dickem Panzerglas und Massenandrang bleibt da Vincis Meisterwerk der unangefochtene Star im Louvre. Dabei besitzt das größte Kunstmuseum der Welt mehr als genug andere grandiose Werke.

N/O 6/7

Zehn Millionen Besucher stehen alljährlich staunend und manchmal ehrfürchtig vor antiken Kunst- und Alltagsgegenständen aus Ägypten, Mesopotamien, Griechenland und dem Römischen Reich, vor Gemälden, Skulpturen, Kunsthandwerk und grafischen Arbeiten aus Europa und dem Rest der Welt. Mehr als 300 000 Werke in acht Abteilungen auf 25 km Länge: Es würde Monate dauern, um alles zu sehen. Das beste Rezept für einen Rundgang sind geruhsames Tempo und gute Auswahl, man kann schließlich wiederkommen. Aber nicht

Mammutschau der Weltkunst

Frankreich ist stolz auf Europas schönste
Pyramide im Hof des Louvre.

nur die Menge, auch der große Andrang verlangen Zeit. Planen Sie mindestens einen halben Tag ein. Es empfiehlt sich, vorab online ein **Louvre-Ticket ohne Anstehen** zu kaufen. Auch die Führungen um 11.30 und 14.30 Uhr umgehen die Warteschlangen. Am Carrousel-Eingang, früh um 9 Uhr oder Mittwoch und Freitag gegen Abend sind die Schlangen meist kürzer. Nehmen Sie am Infoschalter den aktuellen Übersichtsplan mit. Mit **Audioguides und App** des Louvre können Sie gezielt die gewünschten Meisterwerke auf eigene Faust entdecken. Drei Damen sind Pflichtprogramm: die Venus von Milo, die Nike von Samothrake und da Vincis Mona Lisa. Außerdem sollten Sie Delacoix' »Freiheit auf den Barrikaden«, Rubens Medici-Zyklus und die Marmorskulpturen von Michelangelo und Canova gesehen haben. Im Museumsshop gibt es nicht nur den gut illustrierten Werkkatalog »Der Louvre«, sondern auch eine schöne Auswahl an Souvenirs.

Acht Jahrhunderte Erbauung, Zerstörung und Umbruch

Grand Louvre · Von Franz I. bis zu Ludwig XIV. vergrößerten Frankreichs Monarchen die wehrhafte »Wolfsburg« (loup = frz. Wolf) des Mittelalters zum prachtvollen Palast. 1793 eröffnete der Louvre als Museum. Präsident Mitterrand initiierte den Ausbau mit verdoppelter Ausstellungsfläche von 61 300 m² zum Hort der Weltkulturgeschichte.

▌ Was man gesehen haben muss

Haupteingang des Louvre

Ming Peis Glaspyramide · Als Ieoh Ming Pei 1982 seine 22 m hohe Pyramide aus 675 Glaspaneelen ins Herz des Cours Napoléon setzte, ging ein Aufschrei des Entsetzens durch Frankreich. Nur ein Amerikaner könne so skrupellos historisches Erbe entstellen. Heute ist Frankreich stolz auf Europas schönste Pyramide, die nachts beleuchtet wird. Im Untergeschoss öffnet sich ein **lichtdurchflutetes Foyer** mit Infoständen, Kassen, Buchhandlung, Cafés und Räumen für Wechselausstellungen.

Nobelboutiquen, Restaurants, Galerien

Carrousel du Louvre · Als Gegenstück entwarf Pei eine kleinere, umgedrehte Glaspyramide für den Carrousel du Louvre, eine Passage mit Boutiquen, Restaurants, Galerien und vier Sälen für Ausstellungen, Konzerte und Modenschauen berühmter Couturiers. Beim Bau stieß man auf Reste der Stadtmauer des 16. Jh.s, die in das Gebäude integriert wurden.

Vom Bosporus bis zum Persischen Golf

Orientalische Altertümer · Glanzstück der Kultur Mesopotamiens, Sumers und Akkads ist die 1901 in Susa entdeckte **Gesetzesstele des Hammurabi** (1792 bis 1750 v. Chr.). Den gut 2 m hohen konischen Basaltzylinder bedeckt eine kolonnenförmige Keilschrift in akkadischer Sprache mit Richter-

MUSÉE DU LOUVRE

BAUPHASEN

- - - - - um 1200
Philipp II. Augustus

1546–1610
Franz I. bis Heinrich IV.

1624–1670
Ludwig XIII., Ludwig XIV.

1806–1812
Napoleon I.

1816
Ludwig XVIII.

1852–1870
Napoleon III.

1874–1880
Dritte Republik

1981–1993
Fünfte Republik

sprüchen des babylonischen Königs. Am oberen Ende ist Hammurabi dargestellt, im Gebet zu Schamasch, dem Gott der Sonne und Gerechtigkeit. Als gute Geister schützten 4 m hohe geflügelte Stiere mit menschlichem Antlitz in Khorsabad die Stadttore und Residenz von König Sargon II. (721 – 705 v. Chr.).

Schätze aus dem Nildelta

Den Eingang zur ägyptischen Abteilung markiert eine **Sphinx**, die zu den größten und besterhaltenen ihrer Art gehört. In Tanis im Nildelta bewachte sie ab 1866 v. Chr. das Grab eines Pharaos – sein Kopf wurde mit dem Löwenleib verbunden, sein Name, einst in das Monument eingemeißelt, von späteren Herrschen gelöscht. In einem Sarkophag in Sakkara entdeckte man 1852 den »**Sitzenden Schreiber**«.

Ägyptische
Altertümer

Gehört zum kollektiven Gedächtnis der Franzosen: Davids »Krönung Napoleons«

53 cm hoch, wurde er um 2500 v. Chr. aus Sandstein gemeißelt und farbig bemalt. Für die Augen verwendete der unbekannte Künstler Halbedelsteine. Ebenfalls in Sakkara fand der französische Ausgräber Auguste Mariette einen unterirdischen Friedhof für heilige Stiere – sie wurden im alten Ägypten als Verkörperung göttlicher Kräfte verehrt. Zwar waren sämtliche Sarkophage des Serapeums leer, doch die Wächter des Stollens sind noch vorhanden: Die Sphingenallee lässt sich heute im Louvre bewundern.

Was Schönheit ausmacht

Griechische und römische Altertümer Wie der ideale Körper und das schöne Gesicht bei Mann und Frau beschaffen sein sollten, war ein zentrales Thema der Antike. Sämtliche Ideale vereint die **Venus von Milo**, die 1820 auf der griechischen Insel Melos (frz. Milo) gefunden wurde. Die Statue der Aphrodite vom Ende des 2. Jh.s v. Chr. gilt als vollkommenste antike Darstellung weiblicher Schönheit.

Keine antike Statue ist eindrucksvoller inszeniert als die **Nike von Samothrake**, die dem Besucher gleichsam die Treppe herab entgegenschwebt und im Begriff ist auf dem Bug eines Schiffes zu landen. Der Gegenwind ist in den ausgebreiteten Flügeln wie im Faltenwurf ihres Gewandes perfekt wiedergegeben. Auftraggeber der fast 3 m hohen hellenistischen Statue war vermutlich die Stadt Rhodos nach einer Seeschlacht gegen den Syrerkönig Antiochos III., gegen den sich Rhodos und Pergamon erfolgreich verbündet hatten. Die 1863 im Kabirenheiligtum von Samothrake gefundene Siegesgöttin ist auf 190 v. Chr. datiert.

Der Borghesische Fechter

Als die Statue aus dem 1. Jh. v. Chr. in den Resten einer Nero-Villa Anfang des 17. Jh.s freigelegt wurde, war sie in mehr als ein Dutzend Teile zerbrochen. Wieder zusammengefügt, avancierte sie zu einer der meistkopierten antiken Figuren. Bronzeabgüsse vom Fechter finden sich in Windsor Castle, Knole House und im Goethe-Anbau der Herzogin-Anna-Amalia-Bibliothek in Weimar.

Oft kopiert

Von Indien bis Andalusien

Stiftungen aus Saudi-Arabien, Marokko, Kuwait, Oman und Aserbaidschan unterstützten Frankreich bei der Finanzierung des neuen Islamflügels, der Werke aus dem 7. – 19. Jh. zeigt. Alltagsgegenstände stellen zwei Drittel der Exponate. Auf einem Geschirr des 13. Jh.s aus Bamian, heute Afghanistan, prunken Drachen. Arabische Schriftzüge zieren Öllämpchen, geometrische Muster schmücken Keramikschalen. Um 1250 wurde vermutlich in Syrien das **Baptistère de Saint-Louis** angefertigt, eine mit Silber und Gold reich verzierte Kupferschüssel, die bis zum Kaiserprinzen Napoléon-Eugène Taufbassin aller französischen Königskinder war.

Die Kultur des Islam

Michelangelo und Canova

Zur Skulpturensammlung vom Mittelalter bis zum späten 19. Jh. gehören zwei unvollendete Marmorfiguren von Michelangelo, die eigentlich für das Grabmal von Papst Julius II. (1503 – 1513) gedacht waren: Den »**Sterbenden Sklaven**« und den »Rebellischen Sklaven« verkörpern zwei perfekt gebaute Jünglinge, die im Stein gefangen die gefesselte Seele symbolisieren, die sich nur als Christ aus dem Körper befreien und nach dem Tod Erlösung finden kann. Canova, der bedeutendste Bildhauer des Klassizismus, greift mit »**Armor und Psyche**« ein Thema der griechischen Mythologie auf, um die Liebe zwischen Gott und Mensch darzustellen. Ist der Kuss jener, mit dem Gott Amor seine sterbliche Geliebte Psyche wieder zum Leben erweckte oder ein Abschiedskuss des Paares?

Skulpturensammlung

Erste Tafelbilder, Barockmaler und ein politisches Manifest

Fast die Hälfte aller Gemälde entfällt auf französische Meister vom Mittelalter bis zum 19. Jahrhundert. Das älteste französische Tafelbild und erste lebensnahe Bildnis nördlich der Alpen zeigt König Johann den Guten (um 1360). Die Historienmalerei trumpft mit Hyacinthe Rigaud auf, der 1701 den dreiundsechzigjährigen **Sonnenkönig**

Französische Malerei

MUSÉE DU LOUVRE

ZWISCHENGESCHOSS (ENTRESOL)

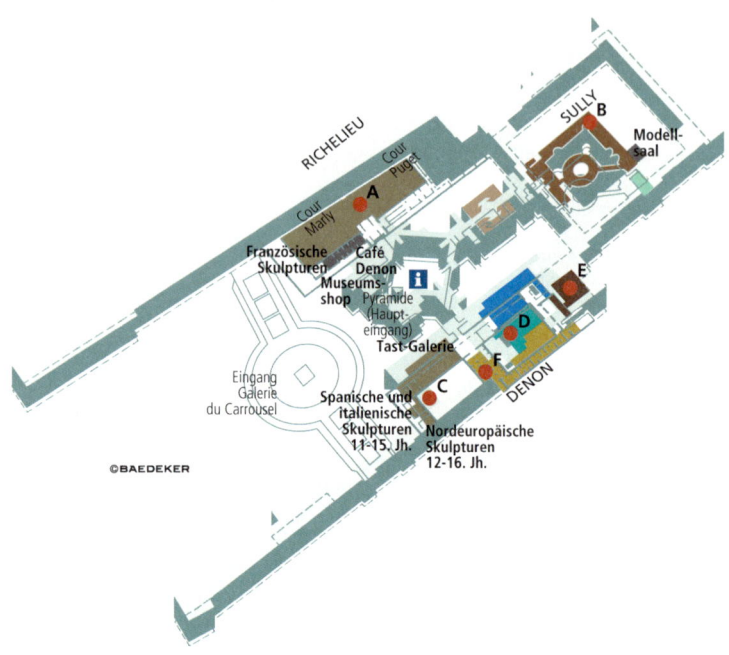

Skulpturen	**A** Pferde von Marly	**D** Taufbecken von Saint Louis
Ägyptische Sammlung	von Guillaume Coustou	(um 1320, Islam. Kunst, Raum B)
Frühklassik	(um 1743, Cour Marly)	**E** Byzantinische »Ikone der
Griechenland	**B** Burggraben des	Freundschaft«: des hl. Abt Menas
Die Geschichte des Louvre	mittelalterlichen Louvre	und Christus (um 550,
Mediterraner Orient im	**C** Hl. Maria-Magdalena-Statue	koptisches Ägypten)
Römischen Reich	von G. Erhart (um 1515,	**F** Porträt einer Frau, der »Europäerin«
Islamische Kunst	Saal C, Vitrine 6)	(2. Jh. v. Chr., Medit. Orient, Raum 1)
(7.-19.Jh.)		
Der mittelalterliche		
Louvre		
Koptisches Ägypten		
Säle der vorübergehende		
Ausstellungen		

ERDGESCHOSS (REZ-DE-CHAUSSÉE)

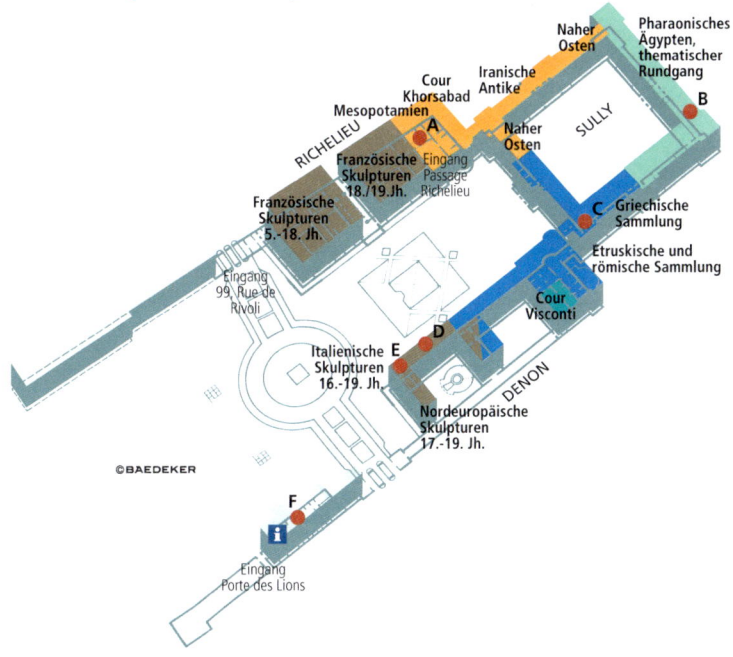

Islamische Kunst

Skulpturen

Orientalische Kunst

Ägyptische Kunst

Griechische, etruskische und römische Sammlung

Afrikanische, asiatische, ozeanische und altamerikanische Kunst

A Code des Königs Hamurabi (um 1792-1750 v. Chr., orientalische Kunst, Raum 3)

B Kolossal-Statue Ramses II. (1279-1213 v. Chr., Ägyptische Antike, Raum 12)

C Venus von Milo (um 100 v. Chr., Parthenon-Saal, Raum 7)

D »Amor und Psyche« von Antonio Canova (um 1797, Michelangelo-Galerie, Raum 4)

E »Sterbender Sklave« vom Michelangelo (um 1513, Michelangelo-Galerie, Raum 4)

F Weibliche Skulptur aus Chupicuaro (Mexiko, 7.-2. Jh. v. Chr., Gerichtspavillon)

ERSTER STOCK (1er ÉTAGE)

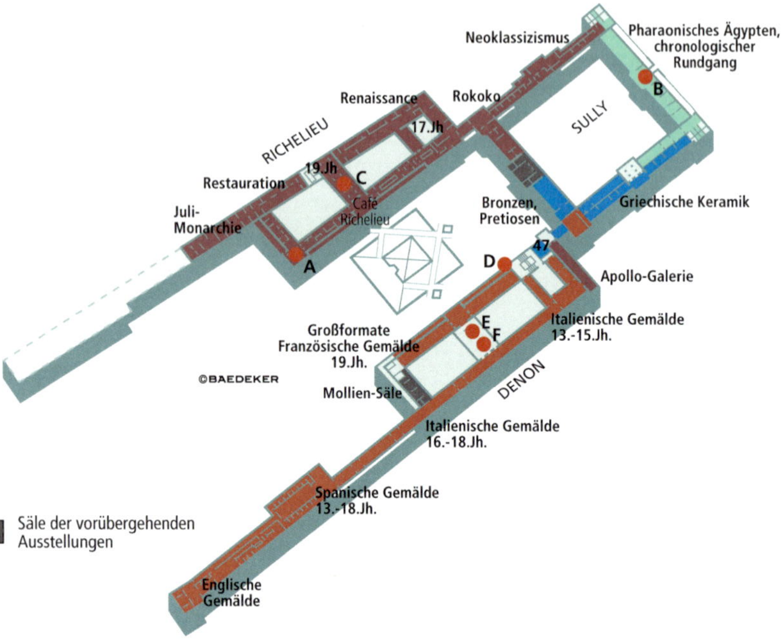

Neoklassizismus

Pharaonisches Ägypten, chronologischer Rundgang

B

Renaissance

Rokoko

SULLY

RICHELIEU

17.Jh.

Restauration

19.Jh

C

Juli-Monarchie

Café Richelieu

Bronzen, Pretiosen

Griechische Keramik

A

D 47

Apollo-Galerie

Großformate Französische Gemälde 19.Jh.

E
F

Italienische Gemälde 13.-15.Jh.

©BAEDEKER

DENON

Mollien-Säle

Italienische Gemälde 16.-18.Jh.

Spanische Gemälde 13.-18.Jh.

Säle der vorübergehenden Ausstellungen

Englische Gemälde

Kunsthandwerk

Ägyptische Sammlung

Griechische, etruskische und römische Sammlung

Gemäldesammlung

Grafik

A Gemächer Napoleons III.

B Hockender Schreiber (um 2620 v. Chr., Ägyptische Antike, Raum 22)

C Schatz von St. Denis (Adler von Sugar, 12.Jh., Raum 2)

D »Krönung Napoleons I.« von David (1806/1807, Raum 75)

E »Mona Lisa«/»La Joconde« von Leonardo da Vinci (1503-1506, Mona Lisa Raum, Saal 6)

F »Die Hochzeit zu Kana« von Paolo Veronese (1563, Mona Lisa Raum, Saal 6)

DER LOUVRE IM QUERSCHNITT

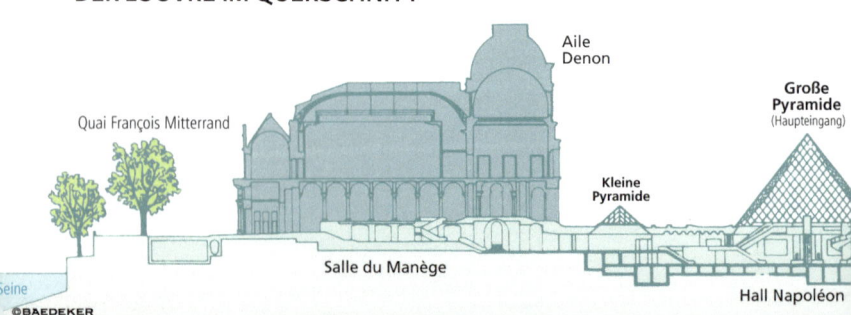

Aile Denon

Große Pyramide (Haupteingang)

Quai François Mitterrand

Kleine Pyramide

Seine

Salle du Manège

Hall Napoléon

©BAEDEKER

ZWEITER STOCK (2e ÉTAGE)

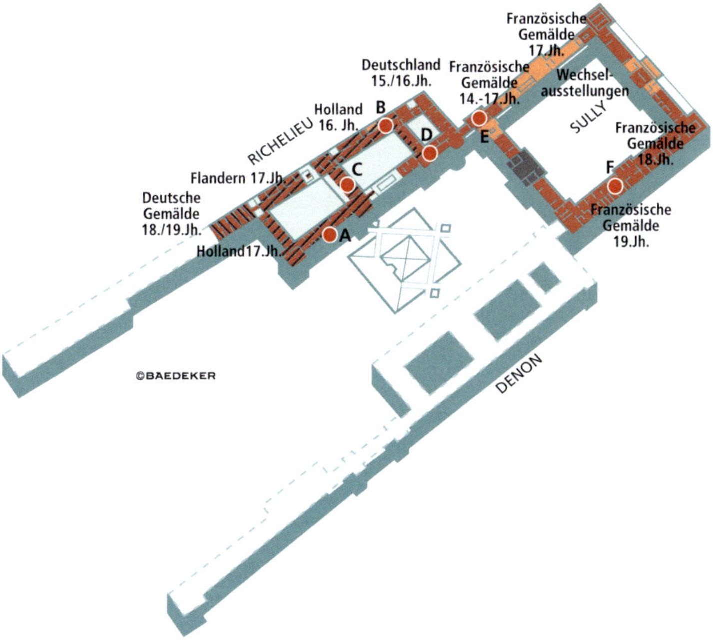

Französische
Gemälde
17. Jh.

Deutschland
15./16. Jh.

Französische
Gemälde
14.-17. Jh.

Wechsel-
ausstellungen

Holland
16. Jh.

B

D

E

SULLY

Französische
Gemälde
18. Jh.

RICHELIEU

Flandern 17. Jh.

C

F

Deutsche
Gemälde
18./19. Jh.

A

Französische
Gemälde
19. Jh.

Holland 17. Jh.

©BAEDEKER

DENON

Französische Gemälde

Französische Zeichnungen,
Grafik

Deutsche, flämische
und holländische Gemälde

Säle der vorübergehenden
Ausstellungen

A »Die Spitzenklöpplerin«
von Vermeer (1669-1670,
Raum 38)

B Selbstbildnis des 22-jährigen
Albrecht Dürer (1493, Raum 8)

C »Maria de Medici«-Zyklus
von Rubens (1622-1625,
Raum 18)

D »Die Vier Jahreszeiten«
von Nicholas Poussin (um 1660, Raum 16)

E »Der Falschspieler«
von Georges de la Tour
(um 1635, Raum 24)

F »Das türkische Bad«
von Jean-Dominique Ingres
(1862, Raum 60)

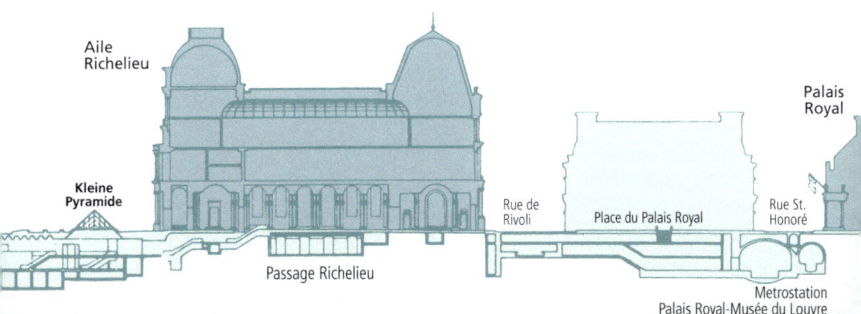

Aile
Richelieu

Palais
Royal

Kleine
Pyramide

Rue de
Rivoli

Place du Palais Royal

Rue St.
Honoré

Passage Richelieu

Metrostation
Palais Royal-Musée du Louvre

Ludwig XIV. im Krönungsmantel darstellte, selbstbewusst in anmutiger Schrittstellung auf sein Zepter gestützt. Sein mit heraldischen Lilien in Gold bestickter Hermelinmantel ist hochgeschlagen, um das prunkvolle Schwert Karls des Großen zur Geltung zu bringen. Anfang des 17. Jh.s kamen neue Impulse aus Italien, die der Barockmaler **Georges de La Tours** in nächtlichen Szenen bei Kerzenschein aufgriff wie »Madeleine mit dem Nachtlicht«, in der Maria Magdalena vor einem Totenschädel meditiert. Glücksspiel war im Frankreich des 17. Jh.s verboten, wurde aber stillschweigend geduldet. Beim »Falschspieler« (um 1630) begegen sich Hinterlist und Arglosigkeit, wird ein naiver Jüngling durch ein Ass im Ärmel um sein Geld gebracht. Gut 100 Jahre später schuf Jacques-Louis David mit 150 Porträts in feierlicher Pose eines der monumentalsten Werke der französischen Malerei: 10 x 6 m groß, zeigt es die **Kaiserkrönung Napoleons I.** am 2. Dezember 1804 in Notre-Dame. In Anwesenheit von Papst Pius VII. krönte Napoleon sich selber zum Kaiser, anschließend seine Frau Josephine zur Kaiserin (▶Abb. S. 106). Das Volk stürmt die Barrikaden, angeführt von der allegorischen Figur der Freiheit, halb Göttin, halb Pariser Marktweib, die Jakobinermütze auf dem Kopf und die Trikolore in der Hand: Als gemaltes politisches Manifest feiert »**Die Freiheit führt das Volk an**« von Eugène Delacroix die Julirevolution 1830, die den letzten Bourbonenkönig Karl X. stürzte.

Eine weltberühmte Dame

Italienische Malerei

Er steht für die Blütezeit der italienischen Renaissance: Leonardo da Vinci, der auf Einladung von König Franz I. seine letzten Lebensjahre bei Amboise an der Loire verbrachte. Er kam mit drei Meisterwerken, die heute im Louvre zu sehen sind: »Johannes der Täufer«, »Die heilige Anna Selbdritt« und »**Mona Lisa**« (1503 – 1505). Der Künstlerbiograf Giorgio Vasari nannte sie La Gioconda, frz. La Joconde, »die Heitere«. Die für ihr rätselhaftes Lächeln weltberühmte Dame stellt vermutlich Mona Lisa Gherardini dar, die 1495 den florentinischen Patrizier Francesco del Giocondo heiratete. Eine feine, kaum erkennbare Unschärfe, das sogenannte »Sfumato« verhindert, dass das Porträt steif oder unnatürlich wirkt. Anmutig, geheimisvoll und distanziert höflich scheint Mona Lisa gelassen in sich zu ruhen. Die Schönheit der Gesichtsmodellierung im Wechselspiel des Lichtes und die zarte, unwirkliche Landschaft im Hintergrund verlieren leider durch das schützende Panzerglas.

Monumentalgemälde und weibliche Tugenden

Flämische und deutsche Malerei

Im Frühjahr 1621 erhielt Peter Paul Rubens seinen bedeutendsten Auftrag, den **Medicizyklus** mit 21 Monumentalgemälden zum Leben von Maria de Medici. Der Bilderzyklus für die zweite Frau Heinrich IV. sollte Marias Legitimation auf den Thron bekräftigen. Nur das Klappern der Klöppel scheint die Stille um Jan Vermeers »**Spitzenklöpp-**

OBEN: »Der Falschspieler« – Georges de La
Tour hatte eine Vorliebe für geheimnisvolle
Szenen mit kontrastreicher Lichtgebung.
LINKS UNTEN: Rätselhafte »Mona Lisa«
RECHTS UNTEN: Leidenschaftliche Gefühle –
Delacroix' »Freiheit führt das Volk an«.

6x

EINFACH UNBEZAHLBAR

Erlebnisse, die für Geld nicht zu bekommen sind

1.

FÜR LAU IN DEN LOUVRE

Jeden ersten Sonntag im Monat ist von Oktober bis März der Eintritt ins größte Kunstmuseum der Welt umsonst – EU-Bürger unter 26 Jahren können den **Louvre** das ganze Jahr kostenlos besichtigen. (▶S. 101)

2.

DEUTSCHE STADTFÜHRUNG

Entspannt und unterhaltsam führen Kristin und Esther mehrmals pro Woche **eine Stunde durch die Hauptstadt** (www.parismal anders.com/kosten lose-stadtfuehrung).

3.

PANORAMA

Eiffelturm und Tour Montparnasse sind teuer, gratis hingegen die herrlichen Aussichten von den **Dachterrassen** der Kaufhäuser Printemps, Galeries Lafayette und BHV, vom Sacré-Cœur sowie vom Institut du Monde Arabe. (▶S. 95, 126, 161)

4.

TANGO UNTER FREIEM HIMMEL

Tango ist Trendtanz in Paris. Im Sommer können Sie bei schönem Wetter abends auch **am Seineufer** Vals und Milonga unter freiem Himmel üben und sich durch laue Nächte wiegen. (▶S. 25)

5.

EISZEIT AUF DEM EIFFELTURM

Im Winter können Schlittschuhläufer in 57 Meter Höhe auf dem **Tour Eiffel** dahingleiten und den Blick über die Stadt genießen. Eisbahn und Leihschuhe sind kostenlos (▶S. 211)

6.

NUIT BLANCHE

Performances, Konzerte, Happenings und Feuerwerk: An jedem ersten Samstag im Oktober verwandelt sich Paris **an mehr als 30 Orten** in eine nächtliche Ausstellungsfläche moderner Kunst. (▶S. 313)

lerin« (1670) zu stören, die sich konzentriert über ihre filigrane Handarbeit beugt. Fleißige Hausarbeit symbolisiert weibliche Tugendhaftigkeit. Randunschärfen und Lichtpunkte lassen erkennen, dass Vermeer eine Camera Obscura (Lochkamera) benutzte. Zu den Schätzen der kleinen, feinen Sammlung deutscher Meister gehört das **Selbstbildnis des 22-jährigen Albrecht Dürer** (1493). Wahrscheinlich handelt es sich um das Brautgeschenk für seine Frau Agnes Frey, da die Distel auf dem Bild, auch Mannestreu genannt, als Liebessymbol galt.

Die Porträtisten Gainsborough, Reynolds und Raeburn ...

vertreten Englands Malerei des 18. und 19. Jh.s. Ein Spätwerk **William Turners** ist »Landschaft am Fluss« (um 1830): Die Welt scheint sich aus Dampfwolken zu bilden und im Nichts zu verlieren, das weiche, diffuse Licht stetig in Veränderung begriffen. — Englische Malerei

Star des Manierismus

Als 1838 seine spanische Abteilung eröffnete, musste **El Greco** draußen bleiben. Erst 1902 wurde er aufgenommen mit »Christus am Kreuz mit zwei Stiftern« (1585). Als Domínikos Theotokópoulos auf Kreta geboren, malte er zeitlebens fast ausschließlich religiöse Themen, erst im Alter kamen – als Geldquelle – Porträts hinzu. — Spanische Malerei

Der Diamant der Regenten

Louis XV. trug ihn bei seiner Krönung in der Krone, Kaiser Napoleon zum gleichen Anlass am Schwert, Marie Antoinette am Hut: Der 140 Karat schwere »Regent-Diamant« wurde während des Zweiten Weltkriegs im Putz eines Kamins von Schloss Chambord versteckt, ehe er mit dem restlichen Kronschatz in den Louvre zurückkehrte, wo er heute in der prunkvollen Apollogalerie ausgestellt wird, die Modell stand für den berühmten Spiegelsaal im Schloss von ▶Versailles. — Kronschatz

Brüsseler Meister und allegorische Bronzen

Zur Wandteppichsammlung gehören »**Die Jagden Kaiser Maximilians II.**«, um 1530 in Brüssel nach Zeichnungen von Bernaert van Orley geschaffen. Orley übertrug den Renaissance-Stil der Malerei auf die Teppichwirkkunst. Dargestellt sind vor allem Szenen der »Beizjagd« mit Greifvögeln. Die Goldschmiedekunst des 17. Jh.s präsentieren allegorische Bronzeplastiken von **Heinrich IV.** und seiner zweiten Gemahlin Maria de Medici als Jupiter und Juno. Sehr zum Ärger seiner Frau brachte der Machtmensch, Freigeist und legendäre Liebhaber seine Mätressen – 56 sind namentlich bekannt – und deren Kinder im Louvre unter. Als der König 1610 auf offener Straße niedergestochen wurde, starb er, als einziger Herrscher Frankreichs, in den Mauern des Palastes. Die Ermordung Heinrichs IV. bedeutete für Frankreich das Ende einer Ära des Wohlstands und inneren Friedens. — Kunsthandwerk

 LUXEMBOURG

Lage: Boulevard St-Michel (6. Arr.)
Haupteingang: Place Edmond Rostand | **Métro:** Odéon

N/O 9

Gönnen Sie sich eine Auszeit im »Luco«, vielleicht drehen Sie auch eine Runde auf dem Karussell, das Rilke in einem Gedicht verewigt hat. Kinder und Studenten der nahen Universitäten sind Stammgäste im Jardin du Luxembourg, lassen Boote am Bassin Central kreuzen, spielen Boule oder verträumen den Nachmittag.

> »
> Und manchesmal ein Lächeln, hergewendet,
> ein seliges, das blendet und verschwendet
> an dieses atemlose blinde Spiel …
> «
> *Rainer Maria Rilke, Das Karussell*

Sehnsucht nach Italien

Angelegt wurde der beliebte Park von **Maria de Medici**. Nach dem Tod ihres Mannes König Heinrich IV. konnte sie den Louvre nicht mehr ertragen, floh ans linke Seineufer und ließ dort einen Palast samt Schlossgarten errichten, der sie an ihre Kindheit im Florentiner Palazzo Pitti erinnerte. Hofarchitekt Salomon de Brosse kombinierte ab 1615 französisch-barocke Symmetrie mit romantischen Akzenten im englischen Stil und verlieh dem Palast mit Säulen, Kapitellen und Rundbögen einen italienischen Anstrich.

Verliebte treffen sich an der Fontaine de Médici

Jardin du Luxembourg

Der Renaissance-Brunnen besitzt eine verspielte Grotte. 1874 wurde die Fontaine de l'Observatoire enthüllt mit vier Frauenfiguren als Symbol der damals bekannten vier Kontinente. Am großen zentralen Wasserbecken lassen Kinder gerne kleine Segelschiffe kreuzen – Leihboote gibt es am Stand. Der Nachwuchs kann auch auf Eseln oder Ponys durch den Park reiten und im **Marionettentheater** die Abenteuer von Guignol erleben, dem französischen Kasper. Erwachsene spielen Schach, Tennis, Bridge oder Boule, lauschen kostenlosen Konzerten im Musikpavillon oder betrachten die Freiluft-Foto-Galerie, die im Sommer den Parkzaun schmückt. Als erstes Pariser Museum wurde 1750 das **Musée de Luxembourg** für das Volk geöffnet, das jährlich zwei Ausstellungen zeigt. Außerhalb der Museumsmauern errichtete Pulitzer-Preisträger Shigeru Ban aus Pappröhren und anderem Recyclingmaterial das **Café Angelina** – genießen Sie dort den Dessertklassiker Mont Blanc mit Maronencreme. Statuen prominenter Franzosen aus Kunst und Politik säumen die Wege, französische Königinnen und berühmte Frauen rahmen die Terrasse.

Am zentralen Wasserbecken vor dem Palais du Luxembourg üben die Kapitäne von morgen – Boote und Bambusstock zum Anstoßen verleiht der Kiosk am Bassin.

Zum Park gehören Spiel- und Sportplätze, Rosenbeete, ein Garten alter Apfel- und Birnensorten sowie die Gewächshäuser des Senats mit der Orchideensammlung, die Sie beim Europäischen Denkmaltag betrachten dürfen. Die Bienenstöcke der **Imkerschule** produzieren über 100 kg Honig pro Jahr – im Herbst werden sämtliche Erzeugnisse des Jardin du Luxembourg in der Orangerie verkauft.

Park: Sonnenauf- bis -untergang | **Marionettentheater**: Mi. 15.30, Sa./So. 11, 15.30 Uhr | www.marionnettesduluxembourg.fr **Museum**: tgl. 10.30 – 19, Fr. bis 22 Uhr | Erw. 12 € | http://de.museeduluxembourg.fr | **Imkerschule**: www.la-sca.net

Der Witwensitz von Maria de Medici ist Sitz des Senats

Der Zyklus mit den Lebensstationen der Fürstin, den Rubens für das Palais entwarf, hängt heute im ▶Louvre. Die Regentin konnte den Palast kaum nutzen, da sie kurz nach seiner Fertigstellung 1630 nach Köln ins Exil musste – sie hatte das Intrigenspiel gegen ihren Widersacher, Kardinal Richelieu, endgültig verloren. Wer in der Bibliothek die Wandgemälde von Delacroix sehen möchte, kann dies seit den Anschlägen von Paris nur noch auf Einladung eines Senators machen. Der **Senatspräsident** residiert im **Petit Palais**; beim Europäischen Denkmaltag im September gewährt er Einblicke in sein Domizil.

15, Rue de Vaugirard | Teilnahme an Senatssitzungen und Führungen nur auf Einladung eines Senators | virtuelle Tour: www.senat.fr

Palais du Luxembourg

MADELEINE

Lage: Place de la Madeleine (8. Arr.) | **Métro:** Madeleine
Tgl. 9.30 – 19 Uhr | **www.eglise-lamadeleine.com**

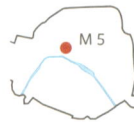

M 5

Ein Ruhmestempel für Napoleons Armee, das sollte die Madeleine ursprünglich werden. Doch Bürgerkönig Louis Philippe hatte andere Pläne und verwandelte sie in eine Pfarrkirche, die einzige in Paris ohne Kreuz im Grundriss oder Glockenturm.

Hall of Fame, Bahnhof oder Kirche?

Die Kirche der **hl. Maria Magdalena** bildet den nördlichen Abschluss einer Achse, die vom ▶Palais Bourbon über den ▶Place de la Concorde zur Madeleine führt. Ihr Bau hatte bereits unter Ludwig XV. begonnen. Er wünschte sich ein Gotteshaus mit Säulen und barocker Kuppel. Doch die Arbeiten kamen nicht voran, und die Revolution stoppte das Vorhaben. 1806 beauftragte Napoleon Vignon, eine Ruhmeshalle der Armee im Stil des Parthenon der Akropolis zu bauen. Ludwig XVIII. wiederum wollte eine Sühnekirche für die Opfer der französischen Revolution. Fast hätte man den Bau noch zum ersten Pariser Bahnhof umfunktioniert, doch schließlich wurde die Kirche im Stil eines griechischen Tempels 1842 unter dem Bürgerkönig Louis-Philippe zur Pfarrkirche geweiht.

Rue Royale: Mode von Chanel war und ist der Inbegriff der Eleganz.

Nicht für große Militärs, sondern für ruhmreiche Künstler

52 korinthische Säulen und ein 1833 von Philippe Lemaire gefertigter Giebelfries zum Jüngsten Gericht verleihen der Kirche das Aussehen eines griechischen Tempels. Reliefbilder zu den Zehn Geboten schmücken die schwere Bronzetür. Drei Kuppeln mit kleinen Rundfenstern lassen das Sonnenlicht auf Fresken und das neobyzantinische Mosaik von Charles-Joseph Lameire fallen. Den Hauptaltar schmückt die Marmorgruppe »Himmelfahrt der Maria Magdalena«. Chopin, Gilbert Bécaud und Marlene Dietrich wurden hier bei Totenfeiern verabschiedet. Bachs Johannispassion, Schuberts Messe oder Mozarts Requiem – die **klassischen Konzerte** mit der klangvollen Cavaillé-Coll-Orgel sind berühmt (Tickets: www.classictic.com).

Unge-
wöhnliches
Gotteshaus

Delikatessen aus aller Welt

Rund um den Vorplatz haben sich exquisite Läden angesiedelt, allen voran Delikatessengeschäfte. **Fauchon** verwöhnt mit Feinkost aus aller Welt, die Konkurrenz **Hédiard** seit 1854 mit exotischen Früchten und erlesenen Weinen. Senf mit Schoko, Honig oder Estragon gibt es bei Maille – nicht, wie im Supermarkt, im schnöden Glas, sondern in schicken Fayencetöpfchen. Die Maison du Chocolat begeistert mit edlen Kakaokreationen von Robert Linxe, die Maison de la Truffe mit Sommertrüffeln aus Alba, die Knolle ab 300 Euro.

Place de la
Madeleine

Noch mehr vornehmste Einkaufsadressen

Die Rue Royale zwischen Madeleine und Place de la Concorde lockt mit Porzellan von Villeroy & Boch, sündhaft teurem Schmuck von Poiray, Tafelgeschirr von Christofle und Mode von Chanel und Cerruti. Bukolische Fresken schmücken den bezaubernden Teesalon **Ladurée**, wo Macarons in 16 Aromen gebacken werden. Das Museum des Feinschmeckerlokals Maxim's erzählt von den glanzvollen Zeiten um 1900. Klein, aber fein ist die edle **Einkaufspassage Village Royal**, wo Boutiquen von Dior, Anne Fontaine, Smuggler, Emling und Escales zum Geldausgeben verführen. Mittags man trifft man sich im »Le Village«, wo bei schönem Wetter auf der Terrasse Safranhuhn und Käse-Soufflé serviert werden.

Rue Royale

Village Royal: Eingang 25, Rue Royale, http://villageroyal.com

Für die Gedenkstätte für Ludwig XVI. und Marie-Antoinette ...

... stellte Ludwig XVIII. 1816 fast 3 Mio. Livres bereit. Gebaut wurde sie im neoklassizistischen Stil auf dem einstigen Friedhof der Madeleine. Die beiden waren nach ihrer Hinrichtung 1793 auf dem Friedhof begraben worden, bevor ihre sterblichen Überreste 1817 in die Königsgrabstätte der Basilika von ▶Saint-Denis überführt wurden.

Chapelle
expiatoire

Nur zu Ausstellungen Mo. – Do. 10.30 – 12.30, 13.30 – 18, Okt., Nov. bis 18.30 Uhr | Erw. 5,50 €, unter 26 Jahren frei | Gruppen auf Anfrage | www.chapelle-expiatoire.monuments-nationaux.fr

 # MARAIS

Lage: 3./4. Arr. | **Métro:** Saint-Paul, Rambuteau, Pont Marie, Bastille, Chemin Vert, St-Sébastien – Froissart | **www.parismarais.com**

P – R 6 – 8

Alte Stadtpaläste und junge Boutiquen, koschere Küche, Gay-Kultur und eine sensationelle Picasso-Sammlung: Kein Viertel schafft so spannungsreich den Spagat zwischen Aufbruch und Erbe. Schlendern Sie durch verwinkelte Gassen, erleben Sie eine ganze Weltreise in einem einzigen Quartier.

Vor der Abrissbirne gerettet

»Zigeuner, entlaufene Mönche, versumpfte Studenten, Schurken aller Nationen, am Tag bettelnd, nachts als Räuberbanden ausschwärmend ...« – was Victor Hugo 1831 im »Glöckner von Notre Dame« über das Marais schrieb, war wenig schmeichelhaft. Noch Mitte des 20. Jh.s galt das Viertel zwischen Seine, Bastille und Centre Pompidou als heruntergekommen. Erst Kultusminister Malraux stoppte 1962 den Verfall und stellte den im Mittelalter trockengelegten »Sumpf« (Marais) unter Denkmalschutz – heute eine Topadresse.

Adlige, Handwerker und Händler

Elegante Stadtpaläste
Während Baron Haussmann in andere Viertel große Schneisen schlagen ließ, konnte das Marais seine historisch gewachsene Struktur bewahren. Im Schatten der breiten Boulevards überlebte in engen Gassen ein Miteinander der Gegensätze in Glaube, Kultur und Architektur. Attraktiv wurde das Marais durch Heinrich IV., der den ▶**Place des Vosges** anlegen ließ. In seinem Gefolge errichteten Aristokraten und Staatsbedienstete elegante Stadtpaläste. Die »**Hôtels**« waren stets ähnlich: zur Straße ein repräsentativer Innenhof, eingefasst von einem Haupttrakt mit Seitenflügeln, nach hinten hinaus eine Terrasse mit Garten. Musterbeispiel ist das spätgotische **Hôtel des Sens** an der Rue du Figuier 1 mit verspielten Ecktürmchen, in dem heute die Bibliothèque Forney die Geschichte des Kunsthandwerks dokumentiert. Ende des 17. Jh.s zog der Adel mit dem Hof nach ▶Versailles, kamen Handwerker, kleine Händler und Emigranten ins Viertel. Nach der Revolution verfielen viele Hôtels oder wurden abgerissen.

Das jüdische Pletzl

Rund um die Rue des Rosiers
Mit mehr als 800 000 Mitgliedern hat Frankreich die größte jüdische Gemeinde Europas. Fast die Hälfte von ihnen lebt in Paris, das Gros bis heute in den Straßen und Gassen rund um die lebhafte **Rue des Rosiers**. Der kleine Zeitungsladen an der Rue des Ecouffes verkauft die jiddische Wochenzeitung »Tribune Juive«, die in Paris verlegt wird. Hebräische Bücher gibt es in der musealen Librairie du Temple. In den Schaufenstern der Devotionalienläden liegen siebenarmige

OBEN: Paradebeispiel
königlicher Baukunst und
Herzstück des Marais ist der
aristokratische Place des
Vosges, für viele der
schönste Platz von Paris.
UNTEN: Das Musée
Carnavalet widmet sich der
Stadtgeschichte von den
Anfängen bis heute – die
Julirevolution 1830
hatte den Sturz der
Bourbonen zur Folge.

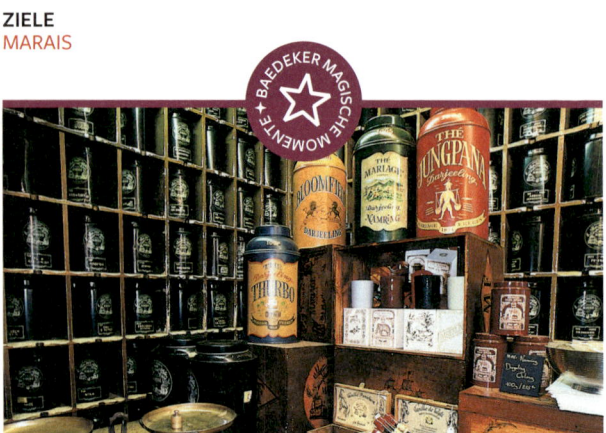

MIDNIGHT IN PARIS ...

... heißen die hausgemachten weißen Vanille-Macarons von **Mariages Frères**, die sich wunderbar mit einer Tasse Love Song Tea kombinieren lassen. Auch hauchzarte Millefeuilles werden im 1854 gegründeten Teeparadies zu den über 500 Teesorten aus aller Welt auf edlem Service mit Silberbesteck serviert. Ein Museum erzählt die Geschichte des Tees und wie man ihn richtig trinkt (30, Rue du Bourg Tibourg, tgl. 10.30 – 19 Uhr, www.mariagefreres.com)

Leuchter neben Gebetschals und Kippas. Für Gewürze, Düfte und Aromen ist Izrael zuständig, seit Jahrzehnten die Institution in der Rue François Miron. In den Bäckereien Moskaitch oder Korcarz stapeln sich Kuchenklassiker aus Osteuropa: Mohnstriezel, Apfelstrudel und Käsetorten. Legendärer Lebensmittelladen ist Finkelsztajn (27, Rue des Rosiers & 24, Rue des Ecouffes), wo seit 1946 **Tarama, Schmalzhering und Borschtsch** hergestellt werden. Gefilte Fisch, Blinis mit Kaviar, Kreplach und andere koschere Küche serviert Pitzman in der Rue Pavée 8. Orientalisch-jüdische Delikatessen können Sie an kleinen Holztischen bei Chez Marianne an der Rue des Hospitalières-St-Gervais 2 probieren. In Straßenimbissen machen Falafel dem Bagel Konkurrenz. An den Holocaust erinnert das **Mémorial de la Shoah**. Die Geschichte der französischen Juden präsentiert im Hôtel de Saint-Aignan das **Musée d'Art et d'Histoire du Judaïsme** mit Grabstelen, Thorarollen und Werken jüdischer Künstler wie Marc Chagall, Amedeo Clemente Modigliani und Chaim Soutine.

Mémorial de la Shoah: 17, Rue Geoffroy l'Asnier | tgl. 10 – 18, Do. bis 22 Uhr | Eintritt frei | www.memorialdelashoah.org
Musée d'Art et d'Histoire du Judaïsme: 71, Rue du Temple | Di. – Fr. 11 – 19, Sa./So. 10 – 18 Uhr | Erw. 9 € | www.mahj.org

Shopping auch sonntags

Der bunte Mix hat längst auch eine lebendige Gay-Szene angelockt – sie konzentriert sich um die Rue Sainte-Croix-de-la-Bretonnerie. Viele Geschäfte öffnen täglich, die Rue des Francs-Bourgeois und Rue du Temple werden sonntags für den Autoverkehr gesperrt. Suite 341 in der Rue des Rosiers 3 präsentiert kreative Kollektionen von Maje, Sandro und Claudie Pierlot. Merci hat sich dem fairen Handel verschrieben und bietet am Boulevard Beaumarchais 111 Mode und Möbel, Kosmetik und Kulinarisches. Altes Silber, Nippes und Kurioses finden Antiquitätenfreunde in den Hinterhöfen des **Village Saint-Paul** zwischen Rue des Jardins-St-Paul und Rue St-Paul.
Antiquitäten: http://levillagesaintpaul.com

Kreative und Avantgarde

Köstlichkeiten aus aller Welt

Hinter einem unscheinbaren Metalltor versteckt sich seit 1615 der älteste überdachte Markt von Paris. Zwischen Gemüseständen und Blumenhändlern bereiten Köche marokkanisches Couscous, japanisches Bento, karibische Eintöpfe oder, ganz französisch, eine Crêpe.
39, Rue de Bretagne | Di. – Sa. 8 – 13, 16 – 19.30, So. 8.30 – 14 Uhr

Marché des Enfants Rouges

Museen des Marais

Vom gallischen Lutetia bis zur Gegenwart

Rekonstruierte Räume lassen im **Musée de l'Histoire de Paris** das Flair vergangener Epochen vom Lutetia Parisiorum bis heute lebendig werden: ein Rokokosaal aus dem Hôtel d'Uzès, ein Régence-Zimmer des Hôtel de Broglie, der Jugendstil-Laden des Juweliers Fouquet von Alfons Mucha, das Café de Paris der Belle Époque und ein Ballsaal, den der Katalane José Maris Sert 1924 ausgestattet hat. Im Schlafzimmer von Marcel Proust steht das Bett, in dem er seine »Suche nach der verlorenen Zeit« verfasste. Untergebracht ist das Museum im vornehmen Hôtel Carnavalet. Von 1677 bis 1696 bewohnte **Madame de Sévigné** den Renaissancepalast. In mehr als 1500 Briefen an ihre Tochter schilderte sie eindrucksvoll das Leben in Paris und am Hof von ▶Versailles – eines der besten Zeitdokumente über die Epoche des Sonnenkönigs. Das angrenzende Hôtel Le Peletier de St-Fargeau dokumentiert die Französische Revolution vom Sturm auf die Bastille bis zu Napoleon und der Julirevolution 1830.
23, Rue de Sévigné | bis Ende 2019 wegen Umbau geschlossen
www.carnavalet.paris.fr

Musée Carnavalet

Große Meister im Ambiente ihrer Zeit

Musée
Cognacq-Jay

Da sie kinderlos waren, vermachten Ernest Cognacq und seine Frau Marie-Louise Jay der Stadt 1928 ihre Privatsammlung. Das Ehepaar, das 1870 das Kaufhaus La Samaritaine gegründet hatte, begeisterte sich zeitlebens für die **Kunst des 18. Jh.s**. Was sie an Skulpturen, Möbeln und Gemälden von Boucher über Fragonard bis Watteau erworben haben, lässt sich im eleganten **Hôtel Donon** besichtigen.

8, Rue Elzevir | Di. – So. 10 – 18 Uhr | Dauerausstellung Eintritt frei, Sonderschauen kostenpflichtig | http://museecognacqjay.paris.fr

Musée
Picasso

Wie wurde Picasso zu dem Künstler, den alle kennen?

Hôtel Salé, ►S. 145

Für passionierte Jäger

Musée de la
Chasse et de
la Nature

Die Industriellen François und Jacqueline Sommer sammelten Jagdwaffen, Trophäen und Kunstwerke zum Thema Jagd, darunter auch Gemälde von Pieter Bruegel d. Ä., Rubens, Chardin und Oudry.

Hôtel Guénégaud | 62, Rue des Archives | Di. – So. 11 – 18, Mi. bis 21.30 Uhr | Erw. 8 € | www.chassenature.org

Schriftstücke, die Geschichte machten

Musée de
l'Histoire
de France

Zu den Schätzen des französischen Nationalarchivs im Rokokobau des Hôtel de Soubise gehören das **Edikt von Nantes zur Religionsfreiheit** und einer der letzten Briefe von Marie-Antoinette. Hingucker ist ein tonnenschwerer, deckenhoher Aktenschrank von 1790, der wichtige Staatsurkunden birgt, darunter Napoleons Testament – zum Öffnen werden drei Schlüssel benötigt!

60, Rue des Francs Bourgeois | Mo. – Fr. 10 – 17.30, Sa./So. 14 – 17.30 Uhr | Erw. 6 € | www.archives-nationales.culture.gouv.fr

Namhafte Fotografen

Maison
Europé-
enne de la
Photographie

Die Fotografin Annie Leibovitz, aber auch junge Talente und Mediakünstler, die in ihre Werke die Fotografie einbinden, zeigt im Hôtel de Cantobre das MEP. Im April veranstaltet es mit dem Mois de la Photo du Grand Paris ein fotografisches Großevent mit 84 Ausstellungen.

5, Rue de Fourcy | Mi. – So. 11 – 19.45 Uhr | Erw. 8 €
www.mep-fr.org, http://moisdelaphotodugrandparis.com

Geheimnisse berühmter Illusionisten

Musée
de la Magie

Wie Menschen in der Luft schweben, Damen im Sarg ohne Schaden zersägt werden oder unsichtbar die Sessel wechseln, verrät das Zaubermuseum, das die Tricks berühmter Magier vom 18. Jh. bis heute lüftet. Spielapparate von einst sorgen im Musée des Automates für Spaß und Show.

11, Rue St-Paul | Mo. – Fr. 10.30 – 19, Sa., So. 14 – 19 Uhr | Erw. 10 € Zauberschule (60 Min.) 20 € | www.museedelamagie.com

★ MONTMARTRE

Lage: im Norden der Stadt (18. Arr.)
Métro: Place Clichy, Blanche, Pigalle, Anvers, Abbesses
www.montmartre-guide.com

*Eine Basilika aus 1001 Nacht, drum herum steile Treppenwege,
kleine Gassen, Künstlererbe und berühmte Lokale, Cabarets,
Cancan und der Mythos käuflicher Liebe – Montmartre ist ein
Sehnsuchtsort des alten Paris. Und zugleich ein junges Viertel,
in dem Kreative, Neobistros und inhabergeführte Geschäfte für
ein modernes Lebensgefühl sorgen.*

Abseits der ausgetretenen Pfade zu Sacré-Cœur, Place du Tertre und
dem Rotlichtviertel ▶**Pigalle** hat Montmartre sich sehr liebenswerte
Ecken bewahrt. Sogar Wein bringt der Hügel hervor: Jährlich keltert

Kunst
und Wein

Montmartre hat sich rund um Sacré-Cœur den Charme des ewigen Dorfes
bewahrt – und die Straßencafés am Place du Tertre sind immer gut besucht.

die Stadt mehr als 500 Liter »Clos de Montmartre« – Anlass genug für ein Fest Anfang Oktober, bei dem die Weinbruderschaften in traditionellen Kostümen vor Volk und Politgrößen defilieren. Angebaut wurde der süffige Tafelwein aus **Gamay und Pinot Noir** bereits ab dem Mittelalter von den Äbtissinnen des Klosters St-Pierre-de-Montmartre. 1794 wurde es dem Erdboden gleichgemacht. Die Erinnerung bewahrt einzig der Place des Abbesses in seinem Namen. Im 19. Jh. entwickelte sich der Hügel mit seinen Rebhängen, Windmühlen und preiswerten Gartenlokalen zum beliebten Ausflugsziel der Pariser. Das Flair und die niedrigen Mieten des Weindorfes, das bis 1860 außerhalb der Stadt lag, zog junge, meist mittellose Künstler und Literaten an. Als »Trio Infernal« galten Suzanne Valadon, ihr Sohn Maurice Utrillo und ihr Lebenspartner André Utter, die zu Beginn des 20. Jh.s in ihrem Atelier in der Rue Corot 12 mit Künstlerfreunden wie Picasso, Toulouse-Lautrec und Renoir das Leben, ihre Arbeit und die Kunst diskutierten und Montmartre zur **Geburtsstätte der modernen Malerei** machten. Nach dem Ersten Weltkrieg zogen viele Künstler zum ▶Montparnasse, während Montmartre zum Synonym für das Pariser Nachtleben wurde.

Montmartre abseits der touristischen Hotspots stellen die Führungen des Office de Tourisme vor | Sa./So. 10 und 14 Uhr ab Place du Tertre | Erw. 12 € | www.montmartre-guide.com

Ein Märchen aus 1001 Nacht

Basilique du Sacré-Cœur

In der Dämmerung wirkt sie fast wie eine orientalische Moschee: die mit Kuppeln und Türmchen verzierte, strahlend weiße Basilika, die weithin sichtbar über der Stadt thront. Errichtet wurde die dem Herzen Jesu geweihte Sühnekirche nach der Niederlage im Deutsch-Französischen Krieg 1870/1871 als Zeichen der Buße und zum Gedenken an die Gefallenen. »Konditorkitsch« schimpften Kritiker über Paul Abadies Stilmix aus Romanik, Gotik und neobyzantinischer Baukunst. Das gewaltige **Goldmosaik** im Chor zeigt den auferstandenen Christus mit flammendem Herzen, den Erzengel Michael und die Jungfrau von Orléans, Ludwig XVI. mit seiner Familie, den Papst und die beiden Väter des Baus. Höhepunkt im wahrsten Sinne des Wortes ist jedoch der **Panoramablick** von der riesigen Kuppel.

Wer nicht die breite Freitreppe vorbei an fliegenden Händlern und Straßenkünstlern nehmen möchte, kann mit dem Schrägseilaufzug **Funiculaire de Montmartre** tgl. zwischen 6 und 0.45 Uhr vom Place Saint-Pierre hinauf zu Sacré-Cœur fahren und ganz bequem den mit 129 m höchsten der sieben Pariser Hügel erklimmen.

Tgl. 6.30 – 22.30 | Eintritt frei | Kuppel: Mai – Sept. tgl. 8.30 – 20, Okt. bis April 9 – 17 Uhr | Erw. 6 € | Krypta derzeit geschl. | ▶Abb. S. 128
Funiculaire de Montmartre: Seilbahnfahrt 2,30 €
www.sacre-coeur-montmartre.com

ANSICHTEN EINES AUSSENSEITERS

Seine Vorliebe für das unbürgerliche Milieu der Varietés und Amüsierlokale von Paris kam einer Flucht gleich. Hinter dem künstlerischen Elan von Henri de Toulouse-Lautrec-Monfa, Spross einer der ältesten Adelsfamilien Frankreichs, verbarg sich die Tragödie eines früh zerbrochenen Lebens.

Die Plakate von Toulouse-Lautrec waren nicht nur wirksame Werbemittel der Belle Époque, sie schufen eine ganz neue Kunstform.

Seine Kindheit verbrachte der 1864 im südfranzösischen Albi geborene Aristokratensprössling auf Château du Bosc. Schon früh führte ihn sein exzentrischer Vater in die Pariser Künstlerkreise ein. Da erkrankte Henri an einem Knochenleiden, das ihn zum Krüppel machte. Auf fast steifen, kurzen Beinen musste er sich mit Krücken bewegen. Der Kindheitstraum vom chevaleresken Leben war abrupt vorbei.

Kabaretts und Bordelle

Statt zu reiten, begann Henri mit dem Malen. Seine Eltern förderten die sichtbare Begabung. 1882 erhielt er einen Studienplatz bei Léon Bonnat, einem gefeierten »Maler der Millionäre«. Die Leidenschaft Henris aber galt der **Halbwelt am Montmartre**. Hier war der Außenseiter unter Außenseiterinnen. Seine ungeschminkten Milieustudien wurden weit mehr als ein Blick in die Bordelle und republikanische Dekadenz. Zwischen Gläsern mit Absinth skizzierte er großartige, oft tiefgründige Porträts. Tänzerinnen beim wilden Cancan, den das Publikum begeistert entdeckte. Vornehme Herren, die mit Huren vor Champagnergläsern saßen. Frauen, die sich breitbeinig ausruhten –

kein anderer wagte solche Einblicke in die Rotlichtbezirke des vergnügungssüchtigen Fin de Siècle. Der legendäre Tanzpalast Moulin Rouge, das gefeierte Varieté Folies-Bergère und das Künstlerkabarett Chat Noir wurden sein Zuhause. Als Chronist der werdenden Weltstadt an der Seine erhob Toulouse-Lautrec das Plakat zur Kunstform. Seine **genialen Werbeplakate** wie für die tanzende Kurtisane Emilienne d'Alençon oder den Chansonnier und Satiriker Aristide Bruant mit schwarzem Gehstock und rotem Schal hingen überall in Paris – und wurden weltberühmt. Nach einer kurzen kometenhaften Karriere ging es mit Henris Schaffenskraft bergab. Alkoholabhängig und von Syphilis gezeichnet starb Toulouse-Lautrec 1901 nach einer Entziehungskur bei seinen Eltern auf Schloss Malromé im Alter von nur 36 Jahren**.**

OBEN: Weithin sichtbar überragt die schneeweiße Basilika Sacré-Cœur die Dächer der Hauptstadt – besonders schön ist es, hier den Sonnenaufgang zu erleben.
UNTEN: Sakina M'sas Stil passt in keine Schublade, ihre Kollektionen sind feminin, eigenwillig und nachhaltig. Längst hat die Modewelt von ihren Entwürfen im Goutte d'Or Notiz genommen – auch in den Galeries Lafayette ist die Designerin inzwischen vertreten.

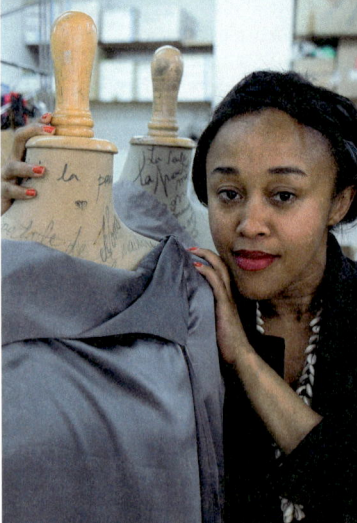

Touristenrummel

Niedrige Häuschen aus dem 18. Jh. bilden eine malerische Kulisse für den Touristenrummel, der das ganze Jahr auf Hochtouren läuft. Die Cafés und Restaurants, die den alten Dorfplatz einrahmen, sind teuer und überfüllt, die Werke der Maler Massenware. Die schnellen Porträtisten haben keine festen Preise, feilschen Sie. Und achten Sie auf Ihre Wertsachen – Taschendiebe sind rund um den Platz aktiv!

Place du Tertre

Meister des Surrealismus

1929 kam der junge Dalí nach Paris, wo er Elena Dmitrievna Diakonova kennenlernte, seine Frau und Muse – als Gala wird sie weltberühmt. Mehr über den so exzentrischen wie kreativen Künstler Salvador Dalí verrät die Privatsammlung in der Rue Poulbot 11.

Espace Dalí

tgl. 10 – 18, Juli, Aug. bis 20 Uhr | Erw. 11,50 €
www.daliparis.com

Junge Talente, Art Brut und naive Kunst

Die **Kadist Art Foundation** in der Rue des Trois Frères 19 zeigt aktuelle Kunst aller Sparten. Die **Halle Saint Pierre**, die Baltard 1868 mit Gusseisen, Ziegel und Glas errichtete, ist heute ein engagiertes Kulturzentrum mit Markt, Museum, Bibliothek und Café.

Kadist Art Foundation

Kadist Art Foundation: Do. – So. 14 – 19 Uhr | www.kadist.org
Halle Saint-Pierre: 2, Rue Ronsard | Mo. – Fr. 11 – 18, Sa. bis 19, So. ab 12 Uhr | Erw. 9 € (Sonderschau)| www.hallesaintpierre.org

Ruhmreiche Vergangenheit

Die berühmte Mühle, deren Tanzboden für fröhliche Feste Renoir verewigt hat (▶Abb. S. 265), ist heute Privatwohnung. Ihren Ruhm nutzt die benachbarte Mühle als gleichnamiges Restaurant mit französischen Spezialitäten wie Bœuf Bourgignon.

Le Moulin de la Galette

83, Rue Lepic | Tel. 01 46 06 84 77
www.lemoulindelagalette.fr

Von der Muse zur Malerin

Auguste Renoir hatte hier 1876 sein Atelier, später zog **Susanne Valadon** ein. Das Aktmodell, bekannt für seine vielen Affären mit Toulouse-Lautrec und anderen Künstlern, entwickelte sich als Autodidaktin und Schülerin von Degas zu einer viel beachteten Malerin. Ihr Anwesen erinnert heute mit Bildern, Plakaten und Fotografien von Toulouse-Lautrec, Modigliani, Francisque Poulbot und Valadons Sohn Utrillo an die Kabarettisten, Bürger und Boheme um 1900. Ein Raum widmet sich dem französischen Cancan. Birnen- und Mandelbäume, Fliederbüsche und Rosen schmücken den Garten – er wurde nach Gemälden von Renoir 2012 originalgetreu angelegt.

Musée de Montmartre et Jardins Renoirs

Tgl. 10 – 18, Juli/Aug. bis 19 Uhr | Erw. ab 9.50 €
www.museedemontmartre.fr

Place des Abbesses

Meister des Art nouveau

Der Metro-Eingang gehört zu den letzten Treppenabgängen des Jugendstilkünstlers **Hector Guimard**. Für Idylle am Dreiecksplatz sorgen auch Platanen und der Straßenmarkt in der Rue des Abbesses – bestellen Sie einen Kaffee mit Pain au Chocolat im »La Sancerre« (Nr. 35) oder »Le Vrai Paris« (Nr. 33). Dass Paris die Stadt der Liebe ist, belegt eine blau gekachelte Emailmauer am Platz: In mehr als 300 Sprachen haben Frédéric Baron und Claire Kito dort den magischen Satz »**Je t'aime**« verewigt, ▶Abb. S. 361.

Bateau Lavoir

Im Winter eisig, im Sommer ein Backofen

Und doch war die »unheimlich große Holzbaracke« am Place Émile Goudeau 13 ein Ort, an denen die Künstler später mit Wehmut zurückdachten. Vor allem **Picasso**, der 1904 in der einstigen Pianofabrik sein Atelier einrichtete, Gertrude Stein porträtierte und im Folgejahr mit den »**Demoiselles d'Avignon**« das Schlüsselwerk des Kubismus schuf. Heizung und fließendes Wasser gab es zu jener Zeit nicht, an Elektrizität war gar nicht zu denken, man saß und schlief auf der einzigen Couch. Wer Picasso, Max Jacob oder Amedeo Modigliani in ihren Ateliers besuchte, brachte Wein und Kerzen mit. 1970 zerstörte ein Feuer das Waschboot. 1978 wurde es mit 25 modernen Künstlerateliers und rekonstruierter Fassade wieder aufgebaut.

Le Lapin Agile

Kabarett und Chansons

In das »flinke Kaninchen« kamen um 1900 alle, um Aristide Bruant und seinen Freund Frédéric Gerard, Père Frédé genannt, zu hören, die ihr Publikum mit Dirnenliedern und anderen freizügig-frechen Dichtungen begeisterten (▶Das ist Paris S. 16). Auch heute werden im Kabarett an der steilen Rue des Saules 22 Chansons vorgetragen – erleben Sie eine »Soirée Spectable« beim Glas Wein.

Di. – So. 21 – 1 Uhr | Erw. 28 €
www.au-lapin-agile.com

Musée de la Vie Romantique

Prominenz der Julimonarchie

Wilder Wein und Glyzinien umranken die mondäne Villa der Restaurationszeit, die dem Maler Ary Scheffer (1795 – 1858) als Atelier diente. Jeden Freitag empfing der erfolgreiche romantische Maler, Bildhauer und Lithograf zum »Jour fixe«, einem regelmäßigen Austausch mit Freunden und Kollegen wie Alexandre Dumas, Franz Liszt und Turgenjew. Unter den Gästen waren auch George Sand und Frédéric Chopin, die beide am Square d'Orléons in getrennten Wohnungen lebten – und sich nachts liebten.

16, Rue Chaptal | Di. – So. 10 – 18 Uhr | Dauerausstellung frei, Sonderschauen Erw. 8 € | März – Okt. lockt »Un Thé dans le Jardin«, eine Teepause im Garten.
www.vie-romantique.paris.fr

Pariser Nordfriedhof

Über den Haupteingang an der Avenue Rachel kommen Sie zu den Prominentengräbern des drittgrößten Pariser Friedhofs – hier ruhen der Schriftsteller **Heinrich Heine**, der Maler Edgar Degas, der Komponist Jacques Offenbach, der russische Tänzer Nijinskij, die **Sängerin Dalida** und der Filmregisseur **François Truffaut**.

Cimetière de Montmartre

Efeubewachsene Felsen und Treppenwege, …

ein kleiner Teich und eine erstaunliche Vielfalt an Blüten und Bäumen: Der »wilde Garten« ist eine verwunschene Oase der Natur inmitten der Großstadt – der Eingang ist gegenüber von 14, Rue St-Vincent. Nur mit Führung: April – Okt. 1. So. im Monat 10.30 – 12.30, 3. Mi. im Monat 14.30 – 16.30 Uhr | Eintritt frei | www.equipement.paris.fr

Jardin Sauvage Saint-Vincent

▌ Goutte d'Or

Mitten in Afrika

Im Osten des Butte von Montmartre entstand nach dem Verlust der Kolonien Frankreichs bekanntestes Multi-Kulti-Viertel, das Goutte d'Or, Klein-Afrika mitten in Paris. Seinen Namen verdankt das Quartier dem »Goldtropfen«, dessen Weißweinreben hier einst rankten. Immer wieder trifft man im Viertel auf die breit grinsende gelbe Katze des Graffitikünstlers Thoma Vouille. Auf seinem Wandbild an der Ecke Rue Polonceau/Rue Richomme freut sich »Monsieur Chat« zu Recht, das (Frankreichs) Marianne die Immigranten aller Hautfarben an ihren Busen drückt – die Hoffnung für die Zukunft bleibt. Eine kulturelle Brücke zur Welt des Islam will im muslimisch geprägten Quartier das **Institut des Cultures d'Islam** (ICI) sein. Neben Ausstellungen, Musik und Film bietet das von der Stadt getragene Institut auch Führungen durch das Viertel. Dessen Vielfalt präsentiert stolz das kleine Écomusée in der Rue Cave 21, das auch mit Theater und Konzerten unterhält.

Petite Afrique

ICI: 56 Rue Stephenson | www.institut-cultures-islam.org
Ecomusée: Di. – So. 14.30 – 19 Uhr | Eintritt frei | http://echomusee.fr

Goldbestickte Kaftans, Seidentücher, Taschen und Talmi

Der Boulevard Rochechouart ist ein Mekka für preiswerte Mode aus aller Welt. Berühmtester Textilhändler ist **Tati** – das 1848 eröffnete Kaufhaus rühmt sich der niedrigsten Preise von Paris. Unter den Stelzen der Metro bieten Marktschreier aus dem Maghreb beim **Marché Barbès** Mi. und Sa. lauthals Obst, Gemüse, Fisch und Fleisch an. Ein Erlebnis ist auch der Markt in der Rue Dejean, vor allem am Wochenende. **La Manufacture Parisienne** ändert alle zwei Monate das Angebot – Tischware vom Atelier des Garçons, Kerzen von Alixx, Stühle von FAB Design (93, Rue Marcaret, http://lamanufactureparisienne.

Preiswerte Märkte, Mode und Design

fr). Oder stöbern Sie bei Mademoiselle Fred: In der Rue Marcadet 112 präsentiert Frédérique Sarfati hinter ihrer bonbonfarbenen Ladenfront handgemalte Vasen, Leuchten und Lederwaren.
Glamourös, mit einem Hauch Romantik: Mit ihren mutigen wie femininen Kreationen begeistert **Sakina M'sa** die Modewelt (▶Abb. S. 128). In ihrer Boutique kleiden sich auch Ludivine Sagnier und Eva Mendes gern ein. Für ihr soziales Engagement – in ihrer Schneiderei arbeiten Frauen mit Migrationshintergrund – erhielt die Modemacherin von den Komoren den Social Entrepreneur's Award.

M'sa Mode: 6, Rue des Gardes | auch bei BHV in der Rue de Rivoli und in den Galeries Lafayette, Bd Haussmann
www.sakinamsa.com

★ MONTPARNASSE

Lage: 6./14. Arr.
Métro: Vavin, Edgard-Quinet, Montparnasse-Bienvenue

L – N 9 – 11

Man Ray, Matisse, George Gershwin und Gertrude Stein: Zwischen den Weltkriegen war Montparnasse das Lieblingsviertel der Boheme. Die urbanen Trendsetter sind längst weitergezogen, ihre Bars und Lokale aber blieben Ausgehziele, wenig touristisch, dafür mit Pariser Savoir-vivre.

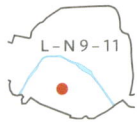

Genuss und Lebensart

Schon Simone de Beauvoir und Jean-Paul Sartre, Ernest Hemingway und James Joyce aßen gern im Dôme oder La Coupole (▶S. 301). Auch Matisse, Kandinsky und Picasso lebten zeitweilig am Montparnasse. Beim wöchentlichen »Markt der Modelle« wurde Kiki, die »Muse von Montparnasse« entdeckt, die Skandalfotograf Man Ray auf seinen Bildern verewigt hat. Nach dem Zweiten Weltkrieg zog die Künstlerkarawane weiter nach ▶Saint-Germain-des-Prés.

Die Pariser indes blieben dem Viertel treu, besuchen dort gern die vielen **Kinos**, **Brasserien und junge Neobistros** wie Les Fauves von David und Lionel mit Biorind aus dem Limousin und leckeren vegetarischen Gerichten auf der Speisekarte (33, Boulevard Edgar Quinet, http://lesfauves.paris, ▶S. 298). Oder sie futtern auf der Crêpe-Meile bei »Josselin« (67, Rue du Montparnasse) französische Pfannkuchen, die salzig wie süß überraschende Füllungen enthalten. Für Sterneküche von Frauenhand steht seit Jahren sehr erfolgreich Hélène Darroze in der Rue d'Assas 4 (www.helenedarroze.com). Leute mit Kondition können freitags um 22 Uhr kostenlos zum **Nachtskating** über die Pariser Boulevards starten (www.pari-roller.com).

FAST WIE FLIEGEN

In nur 38 Sekunden bringt Sie Europas
schnellster Lift auf die komplett verglaste
56. Etage des **Tour Montparnasse.**
Champagnerbar, 360-Grad-Café und
Gourmetrestaurant (▶S. 294) eröffnen in 200 m Höhe
eine atemberaubende Rundumsicht
auf die französische Hauptstadt.
Von der Außenterrasse lassen sich die schönsten
Fotos von Paris machen, inklusive
Eiffelturm, und das bei Tag und Nacht
(tgl. 9.30 – 23.30, Okt. – März bis 22.30,
Fr., Sa. bis 23 Uhr, letzter Einlass 30 Min. vorher;
Erw. 15 €, www.tourmontparnasse56.com).

Markantester Blickpunkt im Viertel

Die Beleuchtung des schwarz verglasten, 209 m hohen Montparnasse-Büroturms ist ein **visuelles Highlight** am Pariser Nachthimmel. Seine 40 000 LEDs und 58 Strahler steuert ein Zentralcomputer je nach Jahreszeit zu vier Szenarien mit unterschiedlichen Effekten, Rhythmen und breiter Farbpalette. Zur Nuit Blanche, Fête de la Musique, zu Weihnachten und zum Jahreswechsel überrascht der Turm mit einem besonderen Lichtkonzert.

Tour
Montparnasse

Spannende Wechselausstellungen zeitgenössischer Kunst (hier von Beatriz Milhazes) zeigt am linken Seineufer die Fondation Cartier pour l'Art Contemporain.

Steinerne Wellen und geschwungener Rasen

Jardin
Atlantique

Vom **Bahnhof Montparnasse** fährt der TGV zum Atlantik. Auf dem Deckel, der die 22 Gleise überspannt, wurde der Jardin Atlantique in Analogie zum Meer angelegt. Mit Zeitungen aus dem Untergrund, Propagandaplakaten des Vichy-Regimes und Interviews mit Zeitzeugen erinnert dort das Mémorial du Maréchal Leclerc de Hautecloque et de la Liberation de Paris – Musée Jean Moulin an den Widerstandskämpfer Jean Moulin und die **französische Résistance**.

Di. – So. 10 – 18 Uhr | Dauerausstellung frei
http://museesleclercmoulin.paris.fr

Bereits die Fassade spielt mit der Wahrnehmung der Welt.

⭐

Fondation
Cartier pour
l'Art Con-
temporain

Im luftig-transparenten Glasbau von Jean Nouvel verschwimmen die Grenzen von innen und außen, sind Äste einer Zeder als Teil der Glasfassade integriert. Mit Gespür für Trends, neue Namen und **genreübergreifende Inszenierungen** gilt die Kulturstätte des Luxuslabels als einer der aufregendsten Orte für aktuelle Kreationen. Hier präsentierte sich Filmemacher David Lynch erstmals als bildender Künstler, begann William Eccleston seine Karriere als Fotograf, überraschen Ausstellungen zu bildender Kunst, Architektur, Design, Film, Mode und Fotografie die Besucher stets aufs Neue.

256, Boulevard Raspail | Di. – So. 11 – 20, Di. bis 22 Uhr
Erw. 10,50 € | www.fondationcartier.com

Auf der Suche nach dem entscheidenden Augenblick

Tagelang konnte Henri Cartier-Bresson (1908 – 2004), der Porträts von Sartre, Beauvoir und Albert Camus machte, auf den Straßen rumlungern, um das Leben mit seiner Kamera einzufangen. Er benutzte hauptsächlich Schwarz-Weiß-Filme, 35-mm-Objekte und nur selten Blitz. In einem Atelier von 1912 sind berühmte Aufnahmen des Mitbegründers der **Fotoagentur Magnum** zu sehen. Sonderausstellungen widmen sich Zeitgenossen und Gewinnern des Bresson-Preises, der jedes Jahr an einen Reportage-Fotografen verliehen wird.

Fondation Henri Cartier-Bresson

2, Impasse Lebouis | Di. – So. 13 – 18.30, Sa. 11 – 18.45, Mi. bis 20.30 Uhr | Erw. 8 € | www.henricartierbresson.org

Die Modeschöpferin Sonia Rykiel, …

Simone de Beauvoir (▶ S. 271) und der Philosoph Jean-Paul Sartre, Autobauer André Citroën, Chansonnier Serge Gainsbourg und der Dichter Charles Baudelaire ruhen auf dem zweitgrößten Pariser Friedhof. Das Grab des Fotografen Henry Langlois zeigt Kinoszenen.

Cimetière du Montparnasse

Tgl. 8 Uhr bis Dämmerung | Lageplan der Prominentengräber am Haupteingang Boulevard Edgar Quinet

Pariser Unterwelt

Gut ein Drittel des Pariser Stadtgebietes ist von **Steinbrüchen und Stollen** unterhöhlt, aus denen vom 11. bis 19. Jh. Baumaterial für die Seinemetropole gewonnen wurde. In den »Buttes« von Montparnasse, Montrouge und Montsouris schlugen Steinmetze die Kalkquader für Notre-Dame, und auch Haussmann hätte seine Sanierungspläne ohne sie nicht umsetzen können. Ab 1786 nahmen aufgegebene Steinbrüche die Skelette der Pariser Friedhöfe auf, die neuen Stadtvierteln weichen mussten. Nach dem Vorbild von Rom und Neapel ordnete man in den Katakomben die **Gebeine nach Friedhöfen** und stapelte sie meterhoch an den Wänden gewundener Gänge. 1944 nutzte die Résistance das Labyrinth als Hauptquartier. In einem Trakt lagert die französische Nationalbank ihr Gold. Ende der 1970er wurden alle Eingänge geschlossen. Der einzige offizielle Zugang erfolgt über das Musée des Catacombes, wo ein 2 km langer Rundgang beginnt. Eine Wendeltreppe führt 120 Stufen steil hinab in die düsteren Gänge, viele nur mannshoch, feucht und notdürftig beleuchtet. Also **warmen Pullover und Taschenlampe nicht vergessen**!

Catacombes

Zugang: 1, Ave Colonel Henri Rol-Tanguy
Di. – So. 10 – 20 Uhr, Sa., So. oft Warteschlangen
Erw. 10 € | http://catacombes.paris.fr

★★ MUSÉE D'ORSAY

Lage: 62, Rue de Lille (7. Arr.) | **Métro:** Assemblée Nationale, Solférino | Di – So. 9.30 – 18, Do. bis 21.45 Uhr | Erw. 12 €, bis 18 Jahre und 1. So. im Monat Eintritt frei, Kombitickets mit dem Musée de l'Orangerie (16 €) und ▶Musée Rodin (18 €) | **Achtung:** Koffer, Reisetaschen und Rücksäcke dürfen aus Sicherheitsgründen überhaupt nicht ins Museum mitgenommen werden | **www.musee-orsay.fr**

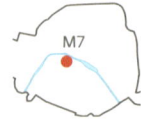

Dieses Museum ist ein Muss. Etablierte Salonmaler, Romantiker und Visionäre eines neuen Zeitalters, Historienbilder, gezielter Regelbruch und den Raum bespielende Sujets – Paris steht Schlange, um die Retrospektiven und Themenausstellungen im Musée d'Orsay zu sehen. Der kühn konstruierte Belle-Epoque-Bahnhof ist eine Schatzkammer der Impressionisten. Einige ihrer Meisterwerke sorgten im 19. Jahrhundert für einen Eklat.

Provokation und krasse Kontraste

Sie war die bekannteste Kurtisane der Stadt: Victorine Meurent. Dreizehn Jahre saß sie **Edouard Manet** Model. Für Schlagzeilen sorgte 1863 eines der ersten Bilder, die Manet von ihr malte: Lasziv hingestreckt, ruht sie als »**Olympia**« nackt auf einem weißen Federbett. Die Scham mit einer Hand eher betonend als bedeckend blickt sie den Betrachter direkt an – offensichtlich keine idealisierte Gestalt der Antike, sondern eine Prostituierte. »Eine Skandal!«, schimpften prüde Zeitgenossen, »so etwas hat es noch nie gegeben!« Doch sie irrten. Vorbild war ein Klassiker, der Manet 1853 auf seiner Italienreise in den Bann gezogen hatte: Tizians »Venus von Urbino« (1538). Noch mehr für Aufsehen sorgte 1866 Gustave **Courbets** »**Ursprung der Welt**«: Nie zuvor hatte ein Maler es gewagt, einen weiblichen Akt aus der Perspektive geöffneter Schenkel darzustellen. Brüche mit tradierten Normen, gemalte Einsichten in die Demi-Monde, Realismus und Alltagsszenen statt Mythos und Verklärung – was das Musée d'Orsay zeigt, belegt, wie sehr die Avantgarden des 19. Jh.s bis heute nachwirken. Damals entledigte sich die Kunst der akademischen Fesseln, wagte sie thematisch wie technisch Neues.

Endstation für die Elektrische

Gare d'Orsay   Victor Laloux hatte den Gare d'Orsay als ersten Pariser Bahnhof für die elektrische Eisenbahn **zur Weltausstellung 1900** errichtet. Steine und Stuck verdeckten die Eisenträger. 40 Jahre später waren die Bahnsteige zu kurz, wurde das architektonische Juwel geschlossen – und zur Kulisse für Künstler. Orson Welles drehte im verwaisten Riesenbau den Film »Der Prozess« nach einem Roman von Franz Kafka. Nur die Einstufung als Kulturdenkmal verhinderte 1978 den Abriss. Zudem waren Pläne gereift, den Belle-Époque-Bau museal zu nutzen.

1863 ein Skandal: Dass Monet sein »Frühstück im Grünen« weder mythologisch noch allegorisch meinte, macht der ursprüngliche Titel »Der flotte Vierer« deutlich.

Großer Bahnhof für die Kunst des 19. Jahrhunderts

Drei französische Architekten – Pierre Colboc, Renaud Bardon und Jean-Paul Philippon – und die Mailänderin Gae Aulenti verwandelten den Bahnhof in eine Bühne der bildenden Künste von 1848 bis 1914. Einbezogen wurden Fotografie, Kunsthandwerk und Mobiliar. Die Sammlung ändert sich ständig. Werke aus dem Fundus werden neu gezeigt, andere verliehen. 2016 vermachte das amerikanische Ehepaar Hays dem Museum 600 Werke aus der Zeit um 1900 von Künstlern wie Edgar Degas und Amedeo Modigliani. Allabendlich aktualisiert das Museum auf seiner Webseite die **aktuelle Hängung**.

Lassen Sie sich Zeit, um alles in Ruhe zu entdecken. Überall sind herrliche Skulpturen plaziert, darunter ein Bronzestatue von Rodins Höllentor, dem eine ganze Terrasse gewidmet ist. Bewundern Sie die prächtige Glaskuppel und großen Bahnhofsuhren, die beim Umbau bewahrt wurden. Eine ziert das Café des Hauteurs im obersten Stockwerk. Kronleuchter, Blattgold und Stuck schmücken das **Belle-Époque-Restaurant** auf der ersten Etage, dessen französische Spezialitäten auf die Ausstellungen abgestimmt sind – vielleicht verbinden Sie am langen Donnerstag den Kunstgenuss mit einem Ménu Découverte. Wer langes Anstehen vermeiden will, sollte **vorab Tickets für den Eingang C** (entrée réservée) online kaufen oder in

Tickets, Genuss und Führungen

MUSÉE D'ORSAY

ZWISCHENGESCHOSS

51 Salle des Fêtes:
Moreau-Néret,
Fritel, Degas
52 Vasen der Manufaktur Sèvres,
Möbel von Coco, Lovati, Frullini
53 Geschirr von Lambert
54 Die »Nabis« Bonnard,
Vuillard, Seurat, Cézanne
55 Fremiet, Baffier, Roll
56 Naturalismus: Dalou, Meunier
57 Greber, Revière, Desbois
Troubetzkoy
58 Tanner, Nono, Kröyer
59 Desbois, Craig, Ménard

60 Gauguin, Amiet, Maillol,
Boudin, Corot, Courbet
61 Henry van de Velde,
Bonvallet, Guimard, Horta
62 Pompon, Bugatti, Jouve
63 Gläser von Gallé und Daum
64 Möbel von Guimard, Flacons von
Lalique
65 Möbel von Bugatti und von Gaudi
66 Charpentiers Jugendstil-
Speisezimmer

67, 68 Galerie der Neo- und Postimpressionisten:
Bonnard, Vuillard, Maillol, Millet
69 Signac, Seurat, Cross, Luce
70-72 Gauguin, Van Gogh

1 Ingres, Delacroix, Chassériau
2 Barye, Huet, Maillet
3 Guillaume, Barye, Bouguereau
4 Daumier, Millet
5 Sellier, Meissonier, Hébert
6 Diaz de la Pena, Corot
7 derzeit geschlossen
8 Symbolistische Landschaften:
Tanner, Lévy-Dhurmer
9 Suau de la Croix, Christofle
10 Toulouse-Lautrec, Picasso
11 Tissot, Regnault, Bonnat
12 Tissot, Whistler
13 Degas, Gérome
14 Cézanne, Simon

15 Fromentin, Guillaumet
16 Deck, Belly, Laurens
17 Garas, Mayeux, Lebret
18 Monet, Guigou, Sisley
19 Nègre, Hill, Brown
20 Courbet
21 Garas, Grasset
22, 23 Barye, Vasen von Baccarat
und der Manufaktur
Sèvres, Besteck von
Christofle

Pavillon Amont: Munch, Stuck, Courbet
Möbel von Dufrêne, Moser, Altdorf

ERDGESCHOSS

MUSÉE D'ORSAY

OBERGESCHOSS

29 Renoir, Courbet, Monet, Manet, Cezanne
30 Sisley, Monet, Manet, Pissarro
31 Degas, Sisley, Monet, Renoir

32-35 Renoir, Degas, Monet, Manet,
Cézanne, Pissarro,
Sisley, Rodin, Morisot

36 Monet, Renoir, Cézanne
37 Grasset
38-47 derzeit im Umbau

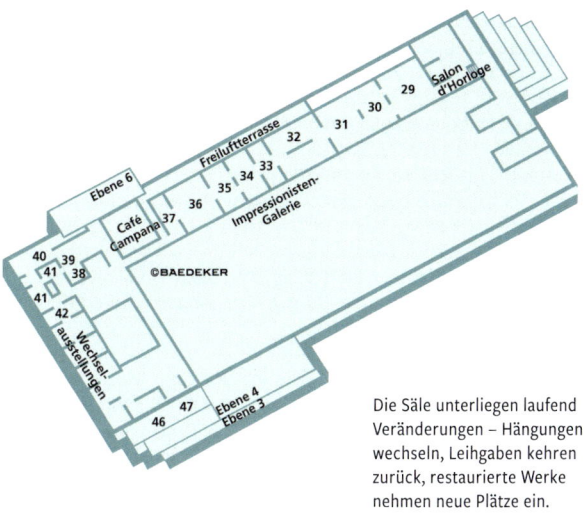

Die Säle unterliegen laufend
Veränderungen – Hängungen
wechseln, Leihgaben kehren
zurück, restaurierte Werke
nehmen neue Plätze ein.

einer der Fnac-Filialen, z. B. am Flughafen oder Gare de l'Est. Außer
dem Museumsplan am Infoschalter gibt es im Museumsshop einen
schön illustrierten »Führer durch das Musée d'Orsay«. Audioguides
und thematische Führungen (auch auf Deutsch) konzentrieren sich
auf die Hauptwerke, die die Kunstströmungen im 19. Jh. revolutio-
nierten. Bei wenig Zeit sollten Sie gleich zur **Impressionistensammlung** ins Obergeschoss fahren.

Highlights von Impressionismus bis Jugendstil

Schule von Barbizon
Zehn Jahre studierte Millet sein Lieblingsmotiv: »Die Ährenleserin-
nen« (1857). Millet gehörte zur Schule von Barbizon, einer Künstler-
kolonie im Süden von Paris. Ihre Maler waren vor der Großstadt in
die Natur geflüchtet, wo für Théodore Rousseau, Camille Corot und

Jean-
François
Millet: »Les
Glandeuses«

139

Millet die Landschaft zum Hauptthema wurde. Millet zeigt jedoch keine ländliche Idylle, sondern die harte Arbeit in der Landwirtschaft. Unter den strengen Augen des Verwalters sammeln die Frauen die letzten Halme auf, eine monotone, erschöpfende Arbeit.

Die »grüne Fee« der Boheme und Arbeiterklasse

Edgar Degas: Im Gegensatz zur den Barbizon-Malern und seinen Impressionisten-
»L'Absinth« freunden lockte Degas das urbane Leben. Berühmt wurden seine Ballettstudien, die auch das Leben hinter den Kulissen zeigen – der Bronzeguss seiner »Vierzehnjährigen Tänzerin« wurde erst nach seinem Tod realisiert. Vermutlich eine Anspielung auf die schädlichen Folgen von Absinth ist das Gemälde von 1876 – der stimulierende grüne Wermut, den auch Gauguin, Toulouse-Lautrec und Oscar Wilde in rauen Mengen tranken, wurde 1915 in Frankreich verboten. Das Bild zeigt die Schauspielerin Ellen André in einem Café am Place Pigalle. Teilnahmslos blickt sie auf ihr Absinthglas. Der Maler Marcellin Desboutin neben ihr starrt ebenso apathisch in die Ferne. Als das Gemälde ausgestellt wurde, brach ein Sturm der Entrüstung los und Degas musste öffentlich klarstellen, dass beide keine Alkoholiker seien. Heute darf Absinth nur 35 mg/l des berauschenden Thujon aus dem Wermutkraut enthalten.

»Ich möchte wiedergeben, was ich vor dem Motiv empfinde«

Claude ... sagte der Vater des Impressionismus. 33 Mal bannte Monet zwi-
Monet: »La schen 1892 und 1894 die Kathedrale von Rouen im Wechsel des
Cathédrale Lichts auf die Leinwand. Die Bilder, die das Tageslicht als Spiegel der
de Rouen« eigenen Stimmungen reflektieren, zählen zu den Höhepunkten in Monets Schaffen – fünf Versionen sind im Musée d'Orsay zu sehen.

Nicht perspektivisch korrekt, sondern um ihrer selbst Willen

Vincent Kurz vor seinem Tod am 29. Juli 1890 weilte Vincent van Gogh in Au-
van Gogh: vers bei Paris und schuf dort innerhalb von zwei Monaten 70 Bilder
»L'Église und Zeichnungen. Als Monument, das seine Mauern fast zu sprengen
d'Auvers- droht, setzt er die Dorfkirche mit gleichgerichteten Pinselstrichen
sur-Oise« vor den schwarzblauen Himmel, der sich in den Glasfenstern widerspiegelt. Im Gegensatz zu Monet ist es aber keine realistische Darstellung, sondern eine eigene Auslegung der Wirklichkeit.

Schönheit und Zauber der Südsee

Paul »Endlich frei« von Europas materiellen und gesellschaftlichen Zwän-
Gauguin: gen wollte Gauguin sein, als er 1891 nach Tahiti reiste. Zu seinen
»Femmes ersten Werken, die im Inselreich entstanden, gehören die »Frauen
de Tahiti« von Tahiti«, ein klar komponiertes Genrebild, bei dem sich Gauguin stark an seinem Vorbild Manet orientiert, aber die Figuren kraftvoller und farbiger festhält. Vier Jahre später zog Gauguin für immer auf die Marchesa-Inseln.

Plein-air, mitten in der Natur

Picasso erhob ihn zur Vaterfigur, Matisse sah »eine Art Gott der Malerei« in ihm: Dutzendfach hat Cézanne seinen Hausberg in Öl, als Aquarell oder bloße Skizze verewigt. Samt Staffelei marschierte der Maler hinauf in die Berge, um das weiße Kliff im Meer der provenzalischen Farben auf die Leinwand zu bannen. So auch im Herbst 1906. Beim Malen überraschte den 67-Jährigen ein Gewitter. Wenige Tage später starb er an einer schweren Lungenentzündung.

Paul Cézanne: »Montagne Sainte-Victoire«

Neue Vorstellungen von Form und Farbe

Die Pariser Oper war Ende des 19. Jh.s ein beliebtes Sujet. Bonnard porträtierte 1908 den Kunsthändler Gaston Bernheim mit Familie. Bernheim war von der Auftragsarbeit allerdings wenig begeistert – Bonnard hatte eigenwillige Kontrastfarben gewählt, das Gesicht Bernheims halb abgeschnitten und dafür die Ehefrau ins Zentrum gestellt.

Pierre Bonnard: »Die Loge«

Hauptvertreter des Art nouveau

Hector Guimard, der zur Weltausstellung 1900 die berühmten gusseisernen Jugendstileingänge der Pariser Métro entwarf, wählte auch für die Balkongitter von Mietshäusern die **florale Formensprache des Jugendstils**. Guimard suchte Alltag und Kunst zu vereinen und erhob das Postulat der untrennbaren Einheit von Architektur, Möbeln und dekorativem Zubehör. Anmutige Funktionalität zeigt Henry van de Veldes Damensekretär, der auf der Münchner Sezessions-Ausstellung 1899 großen Anklang fand. Vertreten ist der Jugendstil auch mit Vasen von Emile Gallé – er erfand eine hochkomplizierte Einlegearbeit in Glas –, mit edlen Duftflakons vom Goldschmied und Glaskünstler René Lalique und den dekorativen Thonet-Bistrostühlen, die Michael Thonet aus gedämpften, in Bogenform geschwungenen Buchenholzlatten herstellte. Nicht weich gebogen, sondern hart und mit der typischen hohen Rückenlehne versehen sind die Eichenstühle des begnadeten Glasgower Jugendstilarchitekten Charles Rennie Mackintosh aus der gleichen Zeit.

Möbel und Kunsthandwerk

Zeitgenossen ins richtige Licht gerückt

Felix Nadar, Kritiker, Karikaturist und der große Porträtist der Pariser Boheme, fotografierte 1855 den exzentrischen Dichter Charles Baudelaire – ernst, den Blick in die Ferne gerichtet. Nadar experimentierte mit Luftaufnahmen aus dem Heißluftballon und künstlichen Lichtquellen. In den Katakomben musste er Bilder bis zu 18 Minuten belichten, um befriedigende Resultate zu erzielen. Zu den Meisterwerken der frühen Fotografie gehört auch »Le Stryge«, das **Charles Nègre** 1853 vom berühmtesten Wasserspeier der Kathedrale Notre-Dame machte, der fast an einen Vampir erinnert. Mit dem »Drehorgelspieler« bewies Nègre sein Talent für gelungene Momentaufnahmen.

Die junge Kunst der Fotografie

★★ MUSÉE DU QUAI BRANLY

Lage: 37, Quai Branly (7. Arr.) | **Métro:** Alma Marceau, Pont de l'Alma (RER) | Mi.– So. 11 – 19, Do.– Sa. bis 21 Uhr | Erw. Dauerausstellung 10 €, mit Sonderschau 12 € | Tickets vorab online unter **http://quaibranly.tickeasy.com** | **Achtung:** Koffer und große Taschen dürfen aus Sicherheitsgründen nicht ins Museum mitgenommen werden | **www.quaibranly.fr**

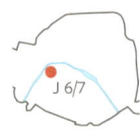

J 6/7

War es Verehrung, Respekt oder Zweifel, was Picasso mit der außereuropäischen Kunst verband? Was versteht man unter »Art Premier« und welche Rolle spielt Afrika dabei als Wiege der Menschheit und Kontinent an der Kreuzung der Welten? Antworten gibt das 2006 von Pritzker-Preisträger Jean Nouvel entworfene sensationelle Völkerkundemuseum am Seineufer.

Urkulturen unseres Planeten

Selbst Museumsmuffel begeistert der begrünte Glaspalast. Gelochte Sonnenblenden und Lichtstrahler erzeugen ein mystisches Halbdunkel, in dem »Art Premier«, »Erste Kunst« aus **Afrika, Amerika,**

Das Musée du Quai Branly sieht seine Aufgabe darin, vorzustellen, was außereuropäische Gesellschaften an Großem und Schönem geschaffen haben.

Asien, Australien und Ozeanien, zu geisterhaftem Leben erwacht. Interaktive Terminals vermitteln Hintergründe, tastbare Braille-Reliefs machen die Sammlung auch für Sehbehinderte zum Erlebnis. Masken und Marionetten, Fetische und Alltagsgegenstände geben Einblicke in das Leben und die Jenseitsvorstellungen der Naturvölker. Grabbeigaben aus Gabun, Kultbestecke von der Elfenbeinküste, Sonnensegel aus Neuguinea, chinesische Throngewänder und polynesischer Federschmuck: Was bis heute fremd und exotisch wirkt, war im 20. Jh. für viele Künstler Inspirationsquelle. Wer nach dem Musée du Quai Branly auch das ▶Musée National Picasso Paris besucht, wird Vertrautes wiederfinden: afrikanische Masken in der Privatsammlung des Spaniers und als Motiv seiner Werke. Der zentrale Spiralturm, der den Bau auf sechs Etagen durchbricht, zeigt exotische Musikinstrumente. Sehr beliebt sind die sechs Sonderschauen, die das Museum jährlich zeigt – **Tickets online vorab reservieren**!

Mit zarter Lammschulter an Kichererbsen und Gänseleber auf Artischocken verwöhnt das Restaurant **Les Ombres**. Dank seiner Glaskuppel eröffnet es einen Panoramablick auf den Eiffelturm (Tel. 01 47 53 68 00, www.lesombres-restaurant.com). Bei schönem Wetter serviert das **Café Branly** Kaffee und Kuchen auf der Gartenterrasse.

MUSÉE NATIONAL DU MOYEN ÂGE

Lage: 6, Place Paul-Painlevé (6. Arr.) | **Métro:** Cluny-La Sorbonne, Saint-Michel, Odéon | tgl. außer Di. 9.15 – 17.45 Uhr | Erw. 9 €, unter 18 Jahren und EU-Bürger unter 26 J. sowie 1. So. im Mo. Eintritt frei | Musik des Mittelalters So. 16, Mo. 12.30 Uhr bei Konzerten des Centre de Musique Médiévale de Paris (**http://cmm-paris.fr**)
Achtung: Koffer, Reisetaschen und Rücksäcke dürfen aus Sicherheitsgründen nicht ins Museum mitgenommen werden.
www.musee-moyenage.fr

In der mittelalterlichen Kunst gab es überall Darstellungen der Dame mit dem Einhorn. Auf Minnekästchen, in illuminierten Handschriften und auf Bildteppichen voller visueller Hinweise für die noch größtenteils analphabetischen Betrachter. Zwei gotische Teppichserien blieben erhalten: »Die Jagd auf das Einhorn« *befindet sich heute im Metropolitan Museum in New York,* »Die Dame und das Einhorn« *gehört zu den Schätzen des Musée de Cluny im einzigen spätmittelalterlichen Wohnpalast von Paris.*

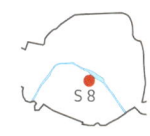

Zwischen Macht und Märchen

**La Dame
à la Licorne**

Durch alle Mythen geistert das Einhorn als scheuer Einzelgänger, versehen mit wundersamen Kräften und von allen geliebt. Aber welche geheime Dramaturgie stand dahinter? Handelt es sich bei der »Dame mit dem Einhorn« um eine Allegorie der Jungfrau Maria und Christus? Oder sollten die Gobelins **zwei Liebende** darstellen und das Wilde im Mann – symbolisiert durch das Einhorn –, der allein durch eine keusche Jungfrau in der Ehe gezähmt werden kann, wie das Einhorn in Gefangenschaft? Sicher ist nur, dass die Wandteppiche Ende des 15. Jh.s vermutlich in Brüssel für Jean Le Viste, den Präsidenten des französischen Kirchenrates, gewebt wurden. Fünf Teppiche geben die fünf Sinne wieder: Das Sehen versinnbildlicht ein Spiegel, den Geschmack eine Art Konfekt aus einer Schale, beim Fühlen berührt die Dame das Horn des Einhorns, beim Riechen windet sie einen Blütenkranz, zum Hören spielt sie auf einer Tischorgel. Auf dem sechsten Teppich trägt ein Zelt die Inschrift »mon seul désir« (mein einziger Wunsch). Davor legt die aristokratische Dame ein wertvolles Geschmeide in ein Kästchen zurück – und entsagt ihrem Verlangen.

Irrtum der Revolution

**Könige
von Judäa**

Seit dem 13. Jh. schmückten die Westfassade von ▶Notre-Dame 28 Monumentalstatuen der Könige von Judäa. Ihre Köpfe wurden während der Französischen Revolution abgeschlagen, weil die Revolutionäre glaubten, es handle sich um die Könige Frankreichs. Erst 1977 fand man bei Bauarbeiten die vier heute ausgestellten Köpfe. Obwohl in der Höhe angebracht, wurden die Figuren mit großer Detailtreue gefertigt – betrachten Sie den Kopf Nr. 20 von König David.

Antiker Wellnesstempel

**Römische
Thermen**

Das Kaltbad aus dem 2. Jh., letztes Überbleibsel der römischen Thermen von **Lutetia**, eröffnet faszinierende Einblicke in die antike Badekultur. Nach der Umkleide ging es zum Baden erst ins kalte Frigidarium, dann ins laue Trepidarium und schließlich ins warme Caldarium. Beheizt wurden die Bäder mit einem Hypokaustum, das in einem Hohlraum verborgen war. Die Abschlusssteine der Pfeiler, die das Kreuzgewölbe an der Nordseite tragen, ähneln einem Schiffsbug – vermutlich hatten wohlhabende Schiffseigner, die »Nautes«, den Bau der Thermen finanziert. Von ihnen stammt auch die älteste Pariser Plastik: der »Pfeiler der Schiffer« aus dem 1. Jh. gehörte zum Jupitertempel, der unter ▶Notre-Dame ausgegraben wurde.

»
Die Malerei ist stärker als ich.
Sie zwingt mich zu machen, was sie will.
«
Pablo Picasso

★★ MUSÉE NATIONAL PICASSO PARIS

Lage: 5, Rue de Thorigny (3. Arr.) | **Métro:** Chemin-Vert, St-Paul
tgl. außer Mo. 10.30 – 18, Sa./So. ab 9.30 Uhr | Erw. 12,50 €
www.musee-picasso.fr

Tausende von Zeichnungen, Gemälde, Drucke, Keramiken,
Skizzenhefte und Notizblöcke mit Gedichten und Fotografien –
Pablo Picasso hat ein unglaubliches kreatives Erbe hinterlassen.
Wie sich Werk und Maler im Laufe seines Lebens veränderten,
verrät die weltgrößte Picasso-Schau im eleganten Hôtel Salé mit-
ten im ▶Marais. Auch seine Künstlerfreunde sind hier zu finden.

Sein Picassomuseum verdankt Paris der Erbschaftssteuer, die von
Pablo Picassos (1881 – 1973) Nachkommen in Form von Kunstwerken des Spaniers beglichen wurde. Fast sechs Jahrzehnte lebte und
wirkte Picasso in der französischen Hauptstadt, bevor er sich in Mougins bei Cannes zur Ruhe setzte. Schon zu Lebzeiten war er einer der
bedeutendsten Künstler seiner Zeit. Unverwechselbar im Stil prägte
Picasso verschiedene Kunstströmungen, ohne sich in eine kunstge-
schichtliche Schublade einordnen zu lassen. Bei Auktionen wechseln

*Maler-
genie und
Macho*

Pariser Publikumsmagnet: stille Zwiesprache mit Picassos »Dora Maar«

seine Werke heute für dreistellige Millionensummen den Besitzer. Auch die Liebschaften und Ehen des malenden Machos sind legendär. Frauen beeinflussten Picassos Werk, waren seine Musen und Stützen – und blieben bei ihm, obwohl er nicht treu sein konnte. Die einzige Frau, die ihn verließ, war die Malerin **Françoise Gilot**, die Picasso zwei Kinder schenkte, Claude und Paloma. Für Malte Herwig öffnete Gilot ihre Ateliers in New York und Paris für eine eindrucksvolle Biografie über »Die Frau, die Nein sagt: Rebellin, Muse, Malerin – Françoise Gilot über ihr Leben mit und ohne Picasso« (Ankerherz 2015).

Obzessiver Produzent

Aus allen Schaffensperioden
In 20 Sälen wird die Entwicklung des Malers, Grafikers und Bildhauers dokumentiert, von der blauen und rosa Periode über Vorarbeiten zu den »Mädchen von Avignon«, die den revolutionären Wechsel zum Kubismus markieren, bis hin zum Spätwerk.

❘ Ausgesuchte Werke Picassos

Zuneigung und Schmerz

La Fille aux pieds nus
Am 10. Januar **1895 starb Picassos Schwester Conchita** mit acht Jahren an Diphtherie. Der junge Pablo erlebte hautnah die Ratlosigkeit der Ärzte und die Verzweiflung seiner Eltern, die zusehen mussten, wie das Mädchen mit den blonden Locken den Kampf gegen die damals unheilbare Krankheit verlor. Kurz nach Conchitas Tod übergab der Vater, Zeichenlehrer an der Kunstschule, Pinsel und Farbe an Picasso. Der Vater malte nie wieder, Pablo verewigte 1901 die schmerzlichen Erinnerungen im »Mädchen mit den nackten Füßen«.

Picassos Blaue Periode

Selbstporträt
Zusammen mit dem exzentrischen Maler Carlos Casagemas zog Picasso kurz vor seinem 19. Geburtstag nach Paris. Er sprach kein Wort Französisch, hatte kein Geld und selten eine Unterkunft. Die meiste Zeit verbrachte er ohnehin auf den Straßen, in Cafes, Bordellen, Boulevardtheatern und auf der Weltausstellung. 1901 beging Casagemas Selbstmord. Die Trauer über den Tod des Freundes, ständige Geldsorgen und die Einsamkeit prägen die Werke der nächsten Jahre wie das Selbstbildnis von 1901: Ein dunkler Mantel mit hochgeschlossenem Kragen rahmt ein kalkweißes Gesicht, dazu ein Hintergrund ohne Tiefe. Blau – der Grundton von Elend, Schmerz und Leid.

Zwischen zwei Stilen

Nature Morte à la Chaise Cannée
Das »Stillleben mit Rohrstuhlgeflecht« von 1912 gilt als **erste Collage** (frz. le collage = An-, Aufkleben) in der Geschichte der Kunst. Sehen Sie genau hin: Für das Stuhlgeflecht nahm Picasso bedrucktes Wachstuch, mit dem einst Sitzflächen beklebt wurden und integrier-

te damit erstmals ein Massenprodukt. Die Realität des Alltags kontrastiert mit der ansonsten traditionellen Maltechnik – ein optischer Widerspruch, der für Spannung und Leben auf der Leinwand sorgt.

Man nehme einen Fahrradsattel und eine Lenkstange …

… und montiere sie zu einem »Stierkopf«. Picassos Skulptur von 1942 zeigt seine Lust am Experimentieren. Schnell wurde der Stierkopf zum surrealistischen Symbol des Hin- und Hergleitens zwischen den Welten. Der **Minotaurus-Mix** verweist auch auf das Spätwerk, in dem Picasso immer wieder den Stier als Alter Ego verwendet.

Tête de
Taureau

Spiegel seines eigenen Lebens

Zwei Jahre vor seinem Tod malte Picasso in Mougins das Porträt des »Sitzenden alten Mannes«. Doch welche Vitalität strahlt er aus – kobaltblau, grün und orange leuchten die Farben, die Falten und Alter vergessen lassen. Experten deuten eine Regression in die Kindheit. Doch die schwarzen Augen fixieren, sehen den letzten Kampf.

Vieil homme
assis

Künstlerfreunde und rituelle Gegenstände

Seit der Neugestaltung des Museums bis 2014, deren Kosten von 22 auf 52 Mio. Euro explodierten, lassen sich unter dem Gebälk des Daches erstmals die schönsten Werke aus Picassos privater Kunstsammlung entdecken. Braque, Cézanne, Degas, Matisse, Miro und afrikanische Masken – **hier verrät Pablo, was ihn inspirierte**.

Picassos
Privat-
sammlung

★★ MUSÉE RODIN

Lage: 77, Rue de Varenne (7. Arr.) | **Métro:** Varenne, Invalides
Di. – So. 10 – 17.45, Kassenschluss 17.15 Uhr | Erw. 10 €, nur Garten
4 €, unter 26 Jahren und Mi. ab 15 Uhr 7 €, Kombiticket mit dem
▶Musée d'Orsay 19,80 € | Audioguides (auch auf Deutsch) 6 €
Café mit Gartenterrasse | **Achtung:** Gepäck darf aus Sicherheitsgründen überhaupt nicht ins Museum mitgenommen werden.
www.musee-rodin.fr

Er war fasziniert von den menschlichen Leidenschaften und schon zu Lebzeiten ein Superstar: Auguste Rodin (1840 – 1917) liebte die Kunst und spielte mit allen Sparten, bearbeitete unterschiedlichste Materialien und ging gewagte Verfremdungen ein. Durch Schenkung überließ er dem französischen Staat 1916 sein gesamtes Werk und durfte sich dafür das passende Museum selbst aussuchen: sein Hôtel Biron, ein Juwel des Pariser Rokoko.

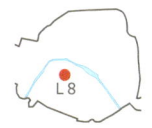

Der »Denker« scheint vollkommen in sich versunken. Mehr als
20 Bronzeabgüsse der bekanntesten Skulptur Rodins gibt es weltweit.

Zwei grundverschiedene Männer

Hôtel Biron Bis Ende 2015 wurde Rodins Stadtpalais mit dem idyllischen Garten
von Grund auf renoviert. Diskrete Taupe-Töne und neue Strahler rücken die Werke ins bestmögliche Licht. Auch **Rainer Maria Rilke**
wohnte zeitweise im Hôtel Biron, als er für Rodin als Sekretär arbeitete. Seine poetische Monografie über Rodin verrät die Verehrung
für den begnadeten Bildhauer. Der Briefwechsel zwischen beiden
Männern wurde 2001 vom Insel-Verlag veröffentlicht. François Blan-
chetière, Kurator des Museums, gibt in seinem Buch eine Einführung
in Rodins Werk zwischen Tradition und Moderne (Taschen 2016).

Selbstbewusst und sehr erfolgreich

Der Meister Rodins unkonventioneller Freiheitsdrang und bewegtes Liebesleben
und seine machten Schlagzeilen – und inspirierten seine schier unerschöpfliche
Muse Schaffenskraft. Seine wichtigste Muse war selbst eine begabte Bild-

hauerin, die jedoch erst in den letzten Jahren zunehmend Anerkennung fand: **Camille Claudel** (1864 – 1943), zehn Jahre Rodins Schülerin, Modell, Mitarbeiterin und Geliebte. Rodin war schließlich so erfolgreich, dass er seine Schau zur Weltausstellung 1900 selbst finanzieren konnte. Er empfing gekrönte Häupter wie den englischen König und nutzte die »Social Media« seiner Zeit wie Zeitungen, Fotografie und sogar den Film, als er sich mit Monet und Degas bei der Arbeit filmen ließ.

▌ Ausgesuchte Werke Rodins

Erotik, Hingabe und Leidenschaft

Mann und Frau, Mutter und Kind, Maler und Muse – das unerschöpfliche Paarthema ermöglichte Rodin, alle Nuancen von Gefühlen auszudrücken. Stunden der Restaurierung waren nötig, damit »Der Kuss« (um 1882) zur Neueröffnung 2015 wieder schneeweiß leuchten konnte. Innig, nackt und eng umschlungen küssen sich die beiden. Ist es vielleicht ihr erster Kuss? Oder ihr letzter? Ursprünglich stellten die beiden am »Höllentor« die unglückliche Leidenschaft von Paolo Malatesta für seine Schwägerin Francesca von Rimini dar. Die Symbolfarbe Weiß verwandelt ihre nicht statthafte Liebe in Unschuld. Material und Komposition verleihen dem Paar eine göttliche Schönheit jenseits aller Zwänge irdischer Moral. *Le Baiser*

Paradies oder Verdammnis?

37 Jahre arbeitete Rodin im Auftrag des französischen Staates am monumentalen Portal zum Pariser Kunstgewerbemuseum. Inspiriert von **Dantes »Göttlicher Komödie«** schuf er für das »Höllentor« bis 1917 packende Szenen von Wollust und Buße, Paradies und Verdammnis, eine gewaltige Synthese mit fast 200 Figuren. Die Fertigstellung sollte er nicht mehr erleben. Erst posthum wurde sein unvollendetes Hauptwerk 1926 erstmals gegossen. *Porte d'Enfer*

> »
> Als Künstler wie als Mensch kommt es darauf an,
> bewegt zu sein, zu lieben, zu hoffen,
> zu schauen und zu leben.
> «
> *Auguste Rodin*

Menschliche Vernunft und Schöpfungskraft

Vor der Silhouette des Invalidendoms sinniert im Garten »Der Denker«, der ebenfalls für das Höllentor gedacht war. Für die 1,80 m hohe, muskulöse Bronzefigur saß der Boxer Jean Baud Model – er trat im Rotlichtmilieu auf und war damit keineswegs ein Intellektueller. *Le Penseur*

Faubourg Saint-Germain

Gefragte Pariser Wohnadresse

Nobles
Viertel

Im 18. Jh. verließen zahlreiche Adelige das ▶Marais und errichteten in der Vorstadt Saint-Germain ihre Stadtpalais, um näher am Louvre und an der Straße nach ▶Versailles zu wohnen. Rund 300 dieser »Hôtels particuliers« sind noch erhalten. Der Ministerpräsident residiert im Hôtel Matignon in der Rue de Varenne 57. Das Hôtel de Salm in der Rue de Lille 64 ist Sitz der Französischen Ehrenlegion. Das großbürgerliche Ambiente gefiel auch Karl Marx – 1843 quartierte sich der Autor des kommunistischen Manifests in der Rue Vaneau 38 ein. Im Ostteil des Viertels haben sich exquisite Antiquitätenläden und Kunstgalerien etabliert.

Die wahrscheinlich begehrteste deutsche Auslandsvertretung

Hôtel de
Beauharnais

Goldstuck, Seidentapeten und erlesenes Mobiliar: »Dein Haus ist das schönste von Paris« schrieb 1806 Königin Hortense, Schwägerin Napoleons, an ihren Bruder Eugène de Beauharnais. Das nach ihm benannte Palais in der Rue de Lille 78 wurde 1817 von Preußen erworben und dient heute als **Residenz des deutschen Botschafters**.

★★ NOTRE-DAME

Lage: Île de la Cité (4. Arr.) | **Métro:** Cité | **Kathedrale:** tgl. 8 – 18.45, Sa./So. bis 19.15 Uhr | kostenlose deutsche Führung Fr., Sa. 14 Uhr Eintritt frei | **Trésor:** tgl. 9.30 – 18, Sa. bis 18.30, So. ab 13.30 Uhr Erw. 4 € | **Türme:** tgl. 10 – 18.30, Juli/Aug. Fr., Sa. bis 23, Okt. – März bis 17.30 Uhr | Erw. 10 € | www.tours-notre-dame-de-paris.fr www.notredamedeparis.fr

P 8

Hätte Victor Hugo nicht mit seinem Roman »Der Glöckner von Notre-Dame« zur Restaurierung aufgerufen, wäre die Urmutter der Kathedralen Frankreichs verfallen. Viollet-le-Duc erhörte den Aufruf des Nationaldichters und rettete das gotische Gotteshaus, das heute schöner als je zuvor die ▶Île de la Cité schmückt.

Das Licht Gottes als Bauidee

Eine neue Religion errichtet ihre Glaubensstätte auf den Fundamenten des Vorgängers: Das gilt auch für Notre-Dame de Paris. Bereits die Römer bauten dort einen Tempel, im 6. Jh. folgte eine frühchristliche Basilika. Ludwig d. Hl. und sein Domherr Maurice de Sully indes wünschten sich eine würdige Kathedrale für die Hauptstadt und legten 1163 den Grundstein für das Gotteshaus **im neuen Stil der**

NOTRE-DAME DE PARIS

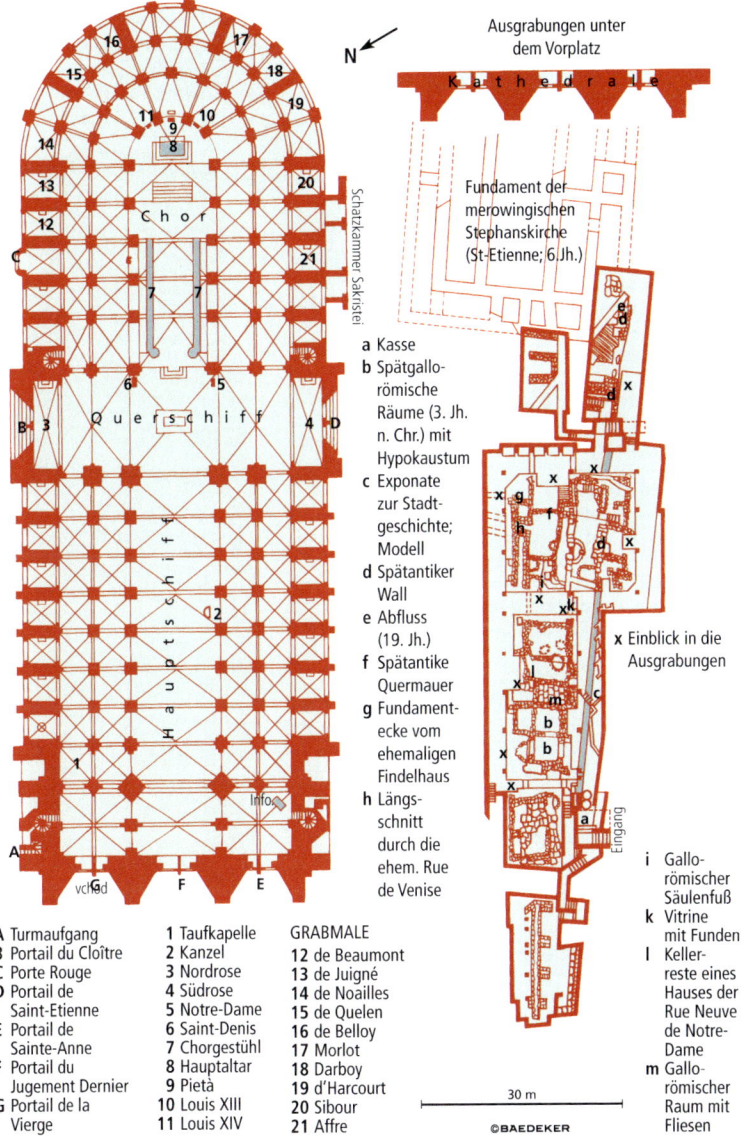

Ausgrabungen unter
dem Vorplatz

N

K a t h e d r a l e

Fundament der
merowingischen
Stephanskirche
(St-Etienne; 6.Jh.)

Schatzkammer Sakristei

C h o r

Q u e r s c h i f f

H a u p t s c h i f f

Info

vch

a Kasse
b Spätgallo-
römische
Räume (3. Jh.
n. Chr.) mit
Hypokaustum
c Exponate
zur Stadt-
geschichte;
Modell
d Spätantiker
Wall
e Abfluss
(19. Jh.)
f Spätantike
Quermauer
g Fundament-
ecke vom
ehemaligen
Findelhaus
h Längs-
schnitt
durch die
ehem. Rue
de Venise

x Einblick in die
Ausgrabungen

Eingang

i Gallo-
römischer
Säulenfuß
k Vitrine
mit Funden
l Keller-
reste eines
Hauses der
Rue Neuve
de Notre-
Dame
m Gallo-
römischer
Raum mit
Fliesen

A Turmaufgang
B Portail du Cloître
C Porte Rouge
D Portail de
Saint-Etienne
E Portail de
Sainte-Anne
F Portail du
Jugement Dernier
G Portail de la
Vierge

1 Taufkapelle
2 Kanzel
3 Nordrose
4 Südrose
5 Notre-Dame
6 Saint-Denis
7 Chorgestühl
8 Hauptaltar
9 Pietà
10 Louis XIII
11 Louis XIV

GRABMALE

12 de Beaumont
13 de Juigné
14 de Noailles
15 de Quelen
16 de Belloy
17 Morlot
18 Darboy
19 d'Harcourt
20 Sibour
21 Affre

30 m

©BAEDEKER

NOTRE-DAME

Die weltberühmte Kathedrale auf der Île de la Cité gilt als Meisterwerk der Gotik. Seit mehr als 800 Jahren beglei-tet die große alte Dame die Geschichte Frankreichs und seiner Hauptstadt.

- -

Öffnungszeiten und Preise: ►S. 150

❶ Königsgalerie
Heute schmücken Kopien das in Anzahl und Größe der Statuen einmalige Ensemble, das nach 1220 angefertigt worden ist.

❷ Arkadengalerie
Die filigranen Arkaden, die mit nur 20 cm dicken Säulen Turmuntergeschosse und Langhausgiebel verdecken, wurden um 1230 vorgeblendet.

❸ Cavaillé-Coll-Orgel
Über 700 Jahre alt ist die große Orgel. Dank Sprach- und Computersteuerung können Organisten heute Melodien auch per Knopfdruck abspielen lassen. Erleben Sie den gewaltigen Klang sonntags um 16.30 Uhr bei einem kostenlosen Orgelkonzert.

❹ Notre-Dame de Paris
Am südöstlichen Vierungspfeiler steht eine schlanke Madonnenstatue von 1330, das hochverehrte Gnadenbild der Schutz-patronin von Paris.

❺ Schatzkammer
Der Trésor birgt einen Dorn aus der Dor-nenkrone sowie ein Stück Holz und einen Nagel vom Kreuz Christi. Als Aufbewah-rungsort für die von ihm 1237 in Konstanti-nopel erworbenen »Großen Reliquien« hatte Ludwig IX. ursprünglich die Sainte-Chapelle errichten lassen. Jeden ersten Freitag im Monat werden sie um 15 Uhr bei der »Vénération de la Sainte Couronne d'Épines« präsentiert. Außerdem sind hier kostbare Handschriften und Mons-tranzen zu bewundern.

❻ Steinerne Wasserspeier
Dämonen und Chimären wie der »Stryge (Abb. S. 155 unten links) – von Viollet-le-Duc gekonnt dem mittelalterlichen Stil nachemp-funden – wachen auf den Turmbalustraden.

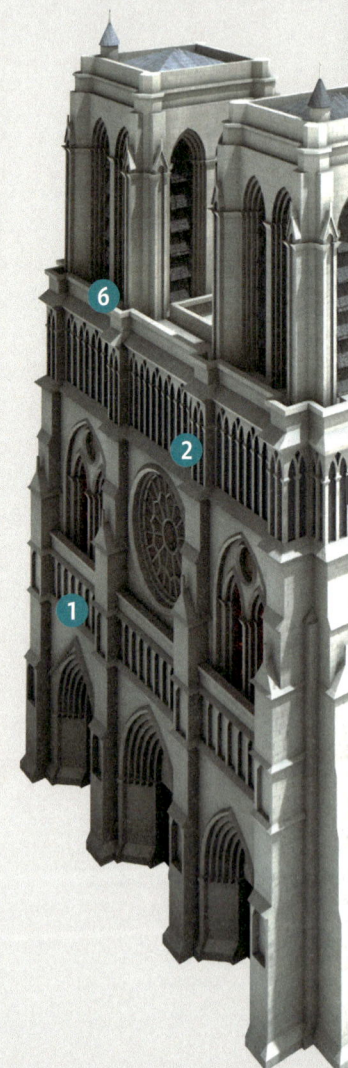

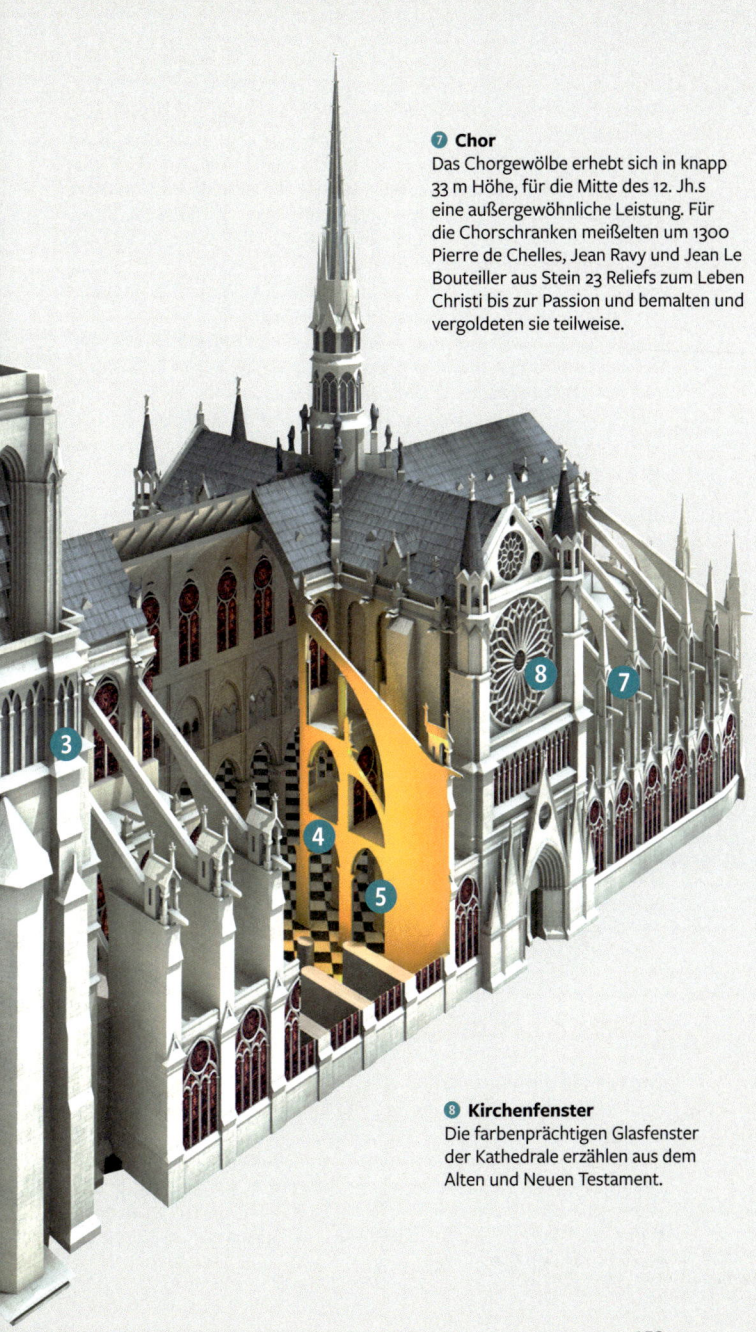

❼ Chor

Das Chorgewölbe erhebt sich in knapp 33 m Höhe, für die Mitte des 12. Jh.s eine außergewöhnliche Leistung. Für die Chorschranken meißelten um 1300 Pierre de Chelles, Jean Ravy und Jean Le Bouteiller aus Stein 23 Reliefs zum Leben Christi bis zur Passion und bemalten und vergoldeten sie teilweise.

❽ Kirchenfenster

Die farbenprächtigen Glasfenster der Kathedrale erzählen aus dem Alten und Neuen Testament.

Gotik. Nicht mehr Wände und Gewölbe, wie in der Romanik, sondern Säulen und große Fenster bestimmen den Raum. Licht wird zur Verbindung zwischen himmlischer und irdischer Welt. Erst 1330 war der Sakralbau vollendet. Seitdem hat Notre-Dame de Paris manche bauliche Veränderung erlebt – und diente sogar als Ratssaal, Laienspielbühne und Schauplatz üppiger Bankette. Hier zogen Könige und Königinnen ein und aus, krönte Napoleon sich selbst zum ersten Kaiser der Franzosen, gaben Staatshäupter aus aller Welt 1970 de Gaulle bei einem feierlichen Requiem ein letztes Geleit.

Während der Revolution zum »Tempel der Vernunft« entweiht, verfiel die Kathedrale zunehmend. Erst Victor Hugos Aufruf im »**Glöckner von Notre-Dame**« erweckte sie zu neuem Leben. Viollet-le-Duc folgte bei der Renovierung im 19. Jh. dem mittelalterlichen Vorbild. Die Grotesken der Galerie des Chimères stammen jedoch aus jenen Jahren – und sind der Beschreibung von Hugo nachempfunden.

Frankreichs Nullpunkt

Parvis de Notre-Dame

Der Vorplatz vor Notre-Dame war früher dicht bebaut. Im Zuge der Stadtsanierung ließ Baron Haussmann jedoch fast das gesamte Domherrenviertel abreißen – wie es einst um Notre-Dame ausgesehen hat, verrät ein Stadtmodell im Musée Carnavalet (▶Marais). Die Crypte archéologique unter dem Place de Parvis entführt noch tiefer in die Vergangenheit: Die 117 m lange **archäologische Krypta** zeigt Reste von gallorömischen Gebäuden und mittelalterlichen Häusern sowie Fundamente der merowingischen Vorgängerkirche, die beim Bau der Tiefgarage zum Vorschein kamen. Im Pflaster des Vorplatzes markiert der **Point Zero** Frankreichs offiziellen Nullpunkt. Die Reiterstatue zeigt **Karl den Großen**, in Frankreich »Charlemagne« genannt, mit seinen beiden Vasallen Roland und Olivier. Vor dem 15 t schweren Bronzedenkmal, von den Brüdern Rouchet zur Weltausstellung 1878 geschaffen, gab es am 26. Juni 2009 einen Menschenauflauf: Tausende betrauerten damals zu Füßen des Kaisers den Tod des King of Pop, Michael Jackson, nachzuerleben auf YouTube (www.youtube.com/watch?v=0xs07pezCL0).

▌ Blick auf die Westfassade

Nutzen Sie die Wartezeit!

Steinerne Bilderbücher

Auch wenn die Warteschlange vor der Kirche mitunter mehrere Hundert Meter erreicht: Die Wartezeit lohnt sich – und vergeht schneller als gedacht. Nutzen Sie die Minuten, um in Ruhe die drei Portale der Hauptfassade zu betrachten, die im Mittelalter noch farbig bemalt waren. Da Großteile der Bevölkerung damals weder lesen noch schreiben konnten, dienten die Friese und Figuren der religiösen Unterrichtung und Erbauung.

OBEN: Die Île de la Cité mit der Kathedrale Notre-Dame. RECHTS: Im Pflaster funkelt der »Point Zero«. LINKS: Wasserspeier wachen auf den Turmballustraden der Kathedrale.

Die Eltern der hl. Jungfrau Maria

Annenportal Das rechte Seitenportal ist bereits 1220 entstanden und somit das älteste. Sein Giebelfeld erzählt unten von Anna und Joachim, den Eltern der hl. Jungfrau Maria, der Verkündigung Mariä Geburt und Vermählung Mariens mit Joseph. In der Mitte sieht man die Muttergottes im Tempel, die Geburt Jesu, die Hirten, Herodes und die Hl. Drei Könige. Der obere Bereich zeigt die thronende Maria mit Jesus, umgeben von himmlischen Heerscharen und den knienden Figuren eines Königs und eines Bischofs – vermutlich die beiden Stifter der Kathedrale, Ludwig IX. und Maurice de Sully. Die Bogenrundungen ziert der himmlische Chor, den Türpfeiler eine Statue des hl. Marcellus, im 5. Jh. Bischof von Paris. Die Seitenwände schmücken französische Herrscher und Heilige. Die vier modernen Figuren der Strebepfeiler zeigen von links nach rechts den hl. Stephan, die »triumphierende Kirche«, die »besiegte Synagoge« und den hl. Dionysius.

Himmel oder Hölle?

Gerichts- Das mittlere Portal thematisiert das Weltgericht mit Christus als
portal oberstem Richter. Doch seine Hand wählt nicht aus, sondern zeigt auf seine Wundmale: Als Heiland hat er durch seinen Opfertod die Menschheit erlöst. **Erzengel Michael trennt die Gutmenschen von den Verdammten.** In der Hand hält er die Seelenwaage. In den Himmel gelangen dabei auffällig viele Herren mit Kronen, in die Hölle recht viele weibliche Gestalten – die Weltsicht des Mittelalters.
In den sechs Bogenrundungen wird links der Chor der Seligen von Abraham im Paradies empfangen, rechts quälen höllische Dämonen die Verdammten. Den Mittelpfeiler schmücken Christus und die zwölf Apostel. Weitere Türpfosten erzählen das Gleichnis von den klugen und den törichten Jungfrauen. Die Sockelreliefs stellen oben die Tugenden, unten die Laster dar.

Die Muttergottes

Marienportal Das linke Portal erzählt bildreich von der Jungfrau Maria. Im dreigeteilten Tympanon ist unten die Bundeslade mit drei Propheten und drei Königen des Alten Testaments abgebildet. Die Mitte zeigt Tod und Himmelfahrt Marias, der obere Teil die Marienkrönung. Die ganze himmlische Bevölkerung – Engel, Heilige und Propheten – sieht in den Bogenrunden zu, wie Christus der Jungfrau die Krone aufsetzt. Am Mittelpfeiler präsentiert die Jungfrau ihr Kind. Der Sockel zitiert die Erschaffung Evas, den Sündenfall und die Vertreibung: Wer als Frau verführt, verspielt das Paradies, lautet die Botschaft der Kirche.

Verwechslung der Geschichte

Könige Während der Französischen Revolution wurden die Köpfe aller 28
von Judäa Königsstatuen an der Westfassade abgeschlagen. Was die Revolutionäre nicht wussten: Die Figuren zeigten keine französischen, sondern

alttestamentarische Häupter. 1977 fand man vier der Köpfe beim Bau einer Tiefgarage wieder. Sie sind heute im ▶Musée National du Moyen Age zu bewundern, die Kirche schmücken Kopien.

▌ Fünfschiffiger Kirchenraum

Den Blick himmelwärts

Allein schon die gewaltigen Dimensionen der Kathedrale, die sich über 130 x 48 Meter erstreckt, sind ein Erlebnis. 9000 Personen kann das Gotteshaus aufnehmen, 1500 davon allein auf den Emporen. Das Kreuzrippengewölbe des Mittelschiffs scheint fast zu schweben. Den mystischen Eindruck verstärken drei 12 m große Fensterrosen, die das Licht lila, rot, blau und gold färben und farbige Schatten auf den Stein werfen. Die 12 steht in der Kirchenlehre für die Vollkommenheit – und findet sich daher nicht nur in der Größe, sondern auch in der Gliederung der Fensterrosen wieder. Die Südrose von 1260 besitzt 84 Medaillons, die sich auf vier Kreise verteilen, im Zentrum Christus, den die vier Evangelisten, 12 Apostel, 24 Märtyrer und biblische Szenen aus dem alten Testament umgeben: Salomons Urteil, Verkündigung und Flucht aus Ägypten. Die Nordrose von 1268, auch Alchemistenrose genannt, zeigt Priester, Propheten und Könige, welche die Jungfrau Maria umgeben. In der Westrose befindet sich ebenfalls Maria im Zentrum, umgeben von den zwölf Propheten, den Monaten im Zeichen des Zodiakus, den Lastern und Tugenden. In der südöstlichen Chorkapelle befindet sich das Grabmal für Jean Juvénal des Ursins († 1431), der als »Prévôt des marchands« die Handelsfreiheit der Schifffahrt auf Seine und Marne durchsetzte.

Lichte Kreuzrippengewölbe und Fensterrosen

Eine der schönsten Aussichten über Paris

Mit ihren 70 m hohen Türmen war Notre-Dame bis zur Mitte des 13. Jh.s das höchste Gebäude des Abendlandes. Der Südturm verspricht einen fantastischen Blick über Paris. In knapp 50 m Höhe erreichen Sie die »Galerie des Chimères«. Ihre Fabelwesen wurden erst im 19. Jh. von Viollet-le-Duc entworfen, nachdem die mittelalterlichen Wasserspeier wegen Baufälligkeit entfernt werden mussten. Berühmt ist der »**Stryge**« – halb Mensch, halb Bestie, stützt er seinen Kopf auf die Hände und blickt auf Paris (▶Abb. S. 155 u.l.).
Die ursprünglichen 20 Glocken von Notre-Dame verschwanden größtenteils während der Französischen Revolution, die aus der Kirche einen »Tempel der Vernunft« machen wollte. Allein der 13 Tonnen schwere »Emmanuel«, mit 2,6 m Durchmesser **die größte Glocke Frankreichs**, überlebte die Wirren. Sie erklingt nur an den höchsten Feiertagen des Kirchenjahres – zu Ostern, Pfingsten, Weihnachten und beim Tod eines Papstes. Seit 2013 ergänzt sie ein neues Geläut aus zehn Glocken in den beiden Westtürmen und neun im Nordturm.

Türme & Glocken

OBEN: Mit seiner opulenten neobarocken Oper huldigte Garnier
nicht nur Napoleon III., er lieferte
auch dem erstarkten Bürgertum
einen Ort der Selbstdarstellung.
Seit 2016 wird das Ballettensemble
von Aurélie Dupont geleitet.
UNTEN: Très chic, très riche – die
großen Pariser Prachtboulevards
sind ein wahres Shoppingparadies.

OPÉRA GARNIER · GRANDS BOULEVARDS

Lage: Place de l'Opéra (9. Arr.) | **Métro:** Opéra

Glamour und Luxus, Empire und Art nouveau: Mit glanzvollen Aufführungen macht nicht nur die Oper Garnier von sich reden. Auch zwei Warenhäuser an den großen Boulevards wissen sich zu inszenieren, die zu den schönsten der Welt gehören: Le Printemps und die Galéries Lafayette.

Tonnenschwere Kristalllüster, Blattgold-Prunk, ein skandalträchtiges Deckengemälde und ein weltberühmtes Phantom: Die Opéra Garnier ist nicht nur für Opernfans ein Höhepunkt. Sie ist ein Pariser Mythos – und war bei ihrer Einweihung 1875 das größte Opernhaus der Welt. Schon während der ersten Vorstellungen drangen seltsame Geräusche aus dem Untergrund. Unheimlich. Und genauso unerklärlich wie der Kronleuchter, der sich am 20. Mai 1896 von der Decke löste und die Concierge unter sich begrub. Steckte irgendjemand hinter den Vorfällen? Was Zeitgenossen tuschelten, inspirierte Gaston Leroux zu einem Roman, der **als Musical zum Welterfolg** wurde: das Phantom der Oper. Heute weiß man, dass die Geräusche nicht von einem unterirdischen See zeugen, auf dem der geheimnisvolle Mann mit der Maske in seiner Barke fährt, sondern von einem Grundwassersammelbecken. Doch die Legende der tragischen Liebe von einem entstellten Wesen tief in den Katakomben der Pariser Oper lebt und fasziniert bis heute.
www.dasphantomderoper.com

Hommage an das Zweite Kaiserreich und große Komponisten
Im späten 19. Jh. war ein Opernbesuch mehr ein gesellschaftliches als ein kulturelles Ereignis. Mit seiner 1862 – 1875 erbauten Oper lieferte Charles Garnier einen repräsentativen Ort der Selbstdarstellung – auf der mit prachtvollen Kandelabern geschmückten Galatreppe, in den Salons und den Zuschauerrängen im Halbkreis, die zwar die Bühnensicht einschränkten, aber ungehinderte Blicke auf die Logen erlaubten. Nach einem Attentatsversuch ließ der Kaiser 1858 den Pavillon d'Honneur anbauen. Bewundern Sie heute dort im Bibliotheks-Museum alte Partituren, Manuskripte, Bühnenmodelle und Opernrequisiten.

Opéra Garnier

Wie so oft nach anfänglichen Protesten, war die Begeisterung dann doch groß für **Marc Chagalls Deckengemälde**, das 1964 für die Kuppel im Zuschauerraum entstand – eine farbenfrohe Huldigung an all das, wofür dieses Haus stand und steht. Chagalls moderne Opern-

und Ballettszenen von Mozarts »Zauberflöte« bis zu Strawinskys »Feuervogel« bilden einen markanten Kontrast zum neobarocken Gebäudeschmuck. Über dem riesigen Kronleuchter sind Werke von Beethoven, Bizet und Verdi dargestellt. Das Gemälde an die 20 m hohe Decke zu bringen, war eine technische Meisterleistung des damals bereits 77-jährigen Chagall. Ein ganzes Jahr und 220 kg Farbe brauchte er für die fünf Segmente, zusammen 220 m² groß. Seit Eröffnung der Opéra de la ▶Bastille 1990 werden im Palais Garnier hauptsächlich Gastspiele und **Ballettaufführungen** gezeigt.

Tgl. 10 – 18 Uhr | Tickets online: https://visites.operadeparis.fr Theaterkasse: Tel. 08 92 89 90 90 | Führung Erw. 11 €, mit Ausstellung 12 € | www.operadeparis.fr | Restaurant | Fachliteratur zur Oper: Galerie de l'Opéra de Paris, 1, Rue Halévy

Haute Couture auf dem Teller

Café de la Paix

Schon Oscar Wilde und Marlene Dietrich schlemmten im ältesten Pariser Café, heute treffen sich Stilikonen wie Inès de la Fressange, Designerin und Ex-Muse von Karl Lagerfeld, zum Brunch mit Freunden im Dekor des Empire. Unter Sternekoch Laurent André, seit Herbst 2016 am Herd, besann sich die Küche wieder auf die französischen Klassiker wie Foie Gras, Tartare, Weinbergschnecken und Gratins. Sie ergänzen leichte »Plats Féminins« mit Hummer-Medaillons, Hähnchenbrust oder Gemüsegerichten. Sensationell sind die **Designerdesserts**, die alljährlich von Patissier Dominique Costa gemeinsam mit Modeschöpfern wie Paco Rabanne, Agnès B. oder Stéphane Roland entworfen werden.

€€€, 5, Place de l'Opéra | Tel. 01 40 07 36 36 | www.cafedelapaix.fr

Das Geheimnis edler Düfte

Parfum und Paris

Um die Ecke von der Oper erzählt das 1926 in Grasse gegründete Unternehmen Fragonard im **Musée du Parfum** mit kostbaren Flakons seine Geschichte und verkauft Parfüms zu Fabrikpreisen. In einer Stunde führt der Kinofilm »**Paris Story**« durch die Vergangenheit und Gegenwart der Hauptstadt mit allen Höhen und Tiefen von der Spitze des Eiffelturms bis zum unterirdischen See der Oper.

Musée du Parfum: 3-5, Square de l'Opéra Louis Jouvet | Mo.–Sa. 9 – 18 Uhr | Eintritt frei | http://musee-parfum-paris.fragonard.com **Paris Story**: 11 bis Rue Scribe | tgl. 10 – 18 Uhr | Erw. 9,50 € www.paris-story.com

Weite Sichtachsen mit monumentalen Bauten

Grands Boulevards

Typisch für das Pariser Stadtbild sind die großen Prachtboulevards, die Napoleon III. Mitte des 19. Jh.s von seinem Präfekten Haussmann anlegen ließ (▶Baedeker Wissen S. 248). Sie haben Literatur geschrieben: Maupassant ließ dort seinen Bel Ami flanieren. Marcel Proust zog 1906 an den Boulevard Haussmann 102, wo sich der lärmempfindliche Poet sein Zimmer mit Kork ausschlagen ließ. Heute herrscht auch am Wochenende Trubel auf den **beliebten Bummel-meilen**: Das Carree Lazare – Haussmann – Opéra lockt mit Sonn-tagsöffnung. Von 11 bis 19 Uhr laden auch die zwei schönsten Pariser Jugendstil-Warenhäuser zum stilvollen Shopping: die 1893 er-öffneten **Galéries Lafayette** (40, Boulevard Haussmann, www. galerieslafayette.com, ▶Das ist Paris S. 29) und **Printemps**, das sich in drei Häusern den schönen Dingen des Lebens widmet – allein für Schuhe gibt es eine ganze Etage (64, Bd Haussmann, www.prin temps.com). Beste Aussichten bieten auch die Dachterrassen der beiden Kaufhäuser.

Kunst war ihre Leidenschaft

Musée
Jacquemart-
André

Die Malerin Nélie Jacquemart lernte ihren späteren Mann Edouard André als sein Modell kennen. Der protestantische Bankierssohn teil-te nicht nur die Leidenschaft für Kunst, sondern besaß auch die Mit-tel für deren Kauf. Gemeinsam bereiste das Paar Europa und den Orient, erwarb Meisterwerke der italienischen Renaissance von Belli-ni und Botticelli, flämische Bilder von Rembrandt und Ruisdal, franzö-sische Gemälde von Boucher, Chardin und Fragonard. Ihre Residenz, die Henri Parent Ende des 19. Jh.s erbaute, ist ein Gesamtkunstwerk. Prägekommoden und Gobelins der königlichen Manufaktur von Beauvais schmücken die Säle mit einer der schönsten Privatsamm-lungen Frankreichs. Im eleganten **Museumscafé** können Sie unter einem Deckengemälde von Tiepolo Tortenträume genießen, im Som-mer stehen auch Tische auf der Terrasse zum Ehrenhof.

158, Boulevard Haussmann | tgl. 10 – 18, bei Ausstellungen
Mo. bis 20.30 Uhr | Erw. 13,50 €
www.musee-jacquemart-andre.com

PALAIS BOURBON · ASSEMBLÉE NATIONALE

Lage: 33, Quai d'Orsay (7. Arr.) | **Métro:** Assemblée Nationale
Besichtigung nur für Gruppen n. V. | Tel. 01 40 63 69 69
virtueller Besuch auf der Website
www.assemblee-nationale.fr

Das Palais Bourbon ist Sitz der französischen Nationalversamm-lung, der ersten Kammer des französischen Parlaments – die zweite Kammer, der Senat, tagt im Palais du ▶Luxembourg.

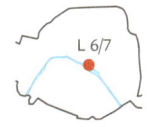

L 6/7

*Frank-
reichs
Bundestag*

Es wurde für die Aristokratie erbaut und ist seit über 200 Jahren Tempel der Demokratie: das Palais Bourbon am linken Seineufer. Seit 1827 tagen im Halbrund der Nationalversammlung die **577 Abgeordneten** und verabschieden Frankreichs Gesetze. Erbaut wurde das repräsentative Parlamentsgebäude 1722 – 1728 für die Duchesse de Bourbon. Seine Säulenfront erhielt der Bau 1806 unter Napoleon als optisches Pendant zur ▶Madeleine-Kirche am rechten Seineufer.

Auf dem Weg zu den Zuschauerrängen kommen Sie am bunten Fries von Hervé di Rosa vorbei, der wie ein Comic die Staatsbürgerschaft thematisiert. Das Deckengemälde der Bibliothek fertigte Eugène Delacroix, selbst zeitweilig Abgeordneter. Zu den Schätzen der Bibliothek gehört die Originalaufzeichnung vom Prozess gegen die Jungfrau von Orléans. Rund 1300 Beamte arbeiten im Palais Bourbon, dessen Republikanische Garde für Sicherheit sorgt. Den Durst stillt eine Bar im Jugendstil hinter dem Sitzungssaal, für das ordentliche Aussehen der Abgeordneten sorgt der hauseigene Friseur. Im benachbarten Hôtel de Lassay residiert der Präsident der Assemblée Nationale. Wenige Schritte entfernt am Quai d'Orsay liegt Frankreichs Außenministerium, das Ministère des Affaires Étrangères.

★ PALAIS DE CHAILLOT · TROCADÉRO

Lage: Place du Trocadéro (16. Arr.) | **Métro:** Trocadéro

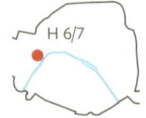

H 6/7

Eine der eindrucksvollsten Aussichten auf den Eiffelturm bietet das Palais de Chaillot. Doch das ist nur ein Highlight. Drinnen lockt die monumentale Anlage mit drei Museen und Frankreichs bester Bühne für zeitgenössischen Tanz.

Eiffelturm-
Panorama

Fliegende Händler, Skateboarder und Straßenkünstler

… sorgen für buntes Treiben zwischen den beiden Flügeln des neoklassizistischen Baus, der zur Weltausstellung 1937 auf einer Anhöhe über der Seine errichtet wurde. Stellen Sie sich neben die Art-déco-Statuen – ist der Blick auf den Eiffelturm nicht spektakulär?

Einfallsreiche Museografie

Drei
National-
museen

Als Flaggschiff führte die nach dem Sonnenkönig benannte »Soleil Royal« 1692 ein Geschwader von 45 Schiffen an, das nach zwölfstündigem Gefecht in der Seeschlacht vor Barfleur gegen die vereinten Engländer und Niederländer siegte. Schwer beschädigt, wurde das

LINKS: Ein Juwel der Luxusklasse ist das elegante Hotel Shangri-La im ehemaligen Stadtpalast von Prinz Roland Bonaparte, einem Großneffen Napoleons.
RECHTS: Eine der schönsten Pariser Perspektiven eröffnet der Paradeblick vom Palais de Chaillot auf den Eiffelturm.

barocke Schlachtschiff auf den Strand von Cherbourg gezogen – wo die Engländer es weniger Tage später in Brand setzten. Der Nachbau des prachtvollen Dreimasters mit 104 Kanonen gehört zu den Höhepunkten im **Musée National de la Marine**. Hatte der Cro-Magnon-Mensch am Ende der Eiszeit eine dunkle oder helle Hautfarbe? Werden unsere Nachkommen in Zukunft schöner sein? »Wer sind wir? Woher kommen wir? Wohin gehen wir?« sind Fragen, die das **Musée de l'Homme** beantworten will. Spannend inszeniert es parallele Entwicklungen seit dem Homo Sapiens. So erklingt neben dem magischen Jagdritual der Baka-Pygmäen die Arie der Königin der Nacht, strömen auf Knopfdruck Gerüche aus aller Welt. Durch Frankreichs Architekturgeschichte schlendern Sie in der **Cité National de l'Architecture et du Patrimoine**, die mit Modellen und Plänen zwölf Jahrhunderte Stilwandel dokumentiert.

Musée National de la Marine: Mi.–Mo. 10 – 18 Uhr | Erw. 8,50 €, mit Ausstellung 10 € | www.musee-marine.fr | **Musée de l'Homme**: Mi.–Mo. 10–18 Uhr | Erw. 10 € inkl. Sonderschau | www.museedel-homme.fr | **Cité National de l'Architecture**: Mi. – So. 11 – 19, Do. bis 21 Uhr | Erw. 8 €, für EU-Bürger unter 26 J. frei | www.citechaillot.fr

Königliche Residenz des Großneffen Napoleons

Mit Blick auf den Eiffelturm

Erbaut wurde der noble Stadtpalast 1896 für Napoleons Großneffen Prinz Roland Bonaparte. Heute empfängt hier das **Hotel Shangri-La** mit Zimmern und Suiten im opulenten Empirestil oder modernem Design. Tipp für besondere Anlässe: Christophe Moret verbindet in seiner Küche meisterhaft Aromen aus aller Welt. Napoleons Lieblingssymbol, die Biene, schmückt das michelinbesternte L'Abeille, der Shang Palace serviert kantonesische Haute Cuisine. Prinz Rolands Leidenschaft für Pflanzen spiegeln die Cocktails der Bar Botaniste und der Chi Spa in Azurblau und Blassgrün mit außergewöhnlichen Bio-Therapien der Naturkosmetik The Organic Pharmacy.

€€€€ **Hotel Shangri-La**: 10, Avenue d'Iéna | Tel. 01 80 27 19 35 ▶Abb. S. 163 | www.shangri-la.com

Theater, Tiefsee und eine Totenstadt

Schauen und Shoppen

Das renommierte **Théâtre National de Chaillot** liebt eigenwillige zeitgenössische Choreografien. Große Haie und exotische Fische lassen sich im **Cineaqua** beobachten – am 1. Sa im Monat sogar nachts. Agnes B, Christian Lacroix und Sonia Rykiel: Die **Rue de Passy** vereint klassisch wie casual, was stilvoll und schön ist. Auf dem **Cimetière de Passy** an der Av. Paul Doumer 2 ruhen Prominente, die nach 1870 verstorben sind wie der Maler Edouard Manet, der Schriftsteller Jean Giraudoux und der Komponist Claude Debussy.

Théâtre National de Chaillot: 1, Place du Trocadéro | Tel. 01 53 65 31 00, http://theatre-chaillot.fr | **Aquarium**: tgl. 10 – 19 Uhr Erw. 20,50 € | www.cineaqua.com

★ PALAIS DE TOKYO

Lage: 11, Avenue de Président Wilson (16. Arr.)
Métro: Iéna, Alma-Marceau
€€/€€€ **Monsieur Bleu**: 20, Avenue de New-York
Mai – Sept. Sommerterrasse | Tel. 01 47 20 90 45
www.palaisdetokyo.com

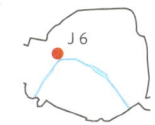

In bester Bauhaustradition zur Weltausstellung 1937 errichtet, präsentiert der Kulturpalast heute aktuelle Kunstströmungen und eine der angesagtesten Food-Adressen am Nordufer: Bei »Monsieur Bleu« schlemmen Sie mit Aussicht auf den Eiffelturm.

Kunstwerke, die nicht älter als ein Jahr sind

Fabrikhallen-Ästhetik mit nackten Betonwänden prägt im Westflügel Frankreichs größtes Zentrum für Gegenwartskunst. Unter dem lang gezogenen Art-déco-Glasdach steht, was den Kuratoren aus der internationalen Kunstszene gerade avantgardistisch erscheint. Die Ausstellungen ergänzen Workshops, Vorträge und Konzerte.
Tgl. außer Di. 12 – 24 Uhr | Erw. 12 €

Site de Création Contemporaine

Paris präsentiert die klassische Moderne

Picassos »Evocation« (1901, die Beerdigung seines Freundes Casagemas, ▶S. 146), der »Tanz« (1930 –1933) von Matisse und die monumentale »Fée Electricité« von Raoul Dufy als Allegorie der Elektrizität zur Weltausstellung 1937 sind Highlights vom Kunstmuseum der Stadt Paris im Ostflügel. Im Sommer stellt das **Museumscafé** Stühle und Tische auf die Terrasse für eine Pause nach dem Kunstgenuss.
Di. – So. 10 – 18, Do. bis 22 Uhr für Sonderschauen
Dauerausstellung Eintritt frei | www.mam.paris.fr

Musée d'Art Moderne de la Ville de Paris (MAM)

Was ist eine Redingote?

Und was trug Sarah Bernhardt? Im Palais Galliera präsentiert das Pariser Modemuseum Fashion vom 18. Jh. bis heute – vom wärmenden Kurzmantel bis zu verführerischen Dessous. Da nur ein Bruchteil der mehr als 244 000 Kostüme ausgestellt werden kann, widmen sich die Sonderschauen Schwerpunktthemen.
Avenue Pierre 1er de Serbie | Di. – So. 10 – 18 , Do. bis 21 Uhr
Erw. 9 €, unter 18 Jahren frei | www.palaisgalliera.paris.fr

Musée de la Mode de la Ville de Paris

Kühnheit und Kreativität

Hinter den drei Buchstaben YSL verbirgt sich ein Superstar der französischen Mode: Yves Saint Laurent. Er machte die Frauenmode kosmopolitisch, führte den Safari-Look ein und arbeitete als erster mit einem farbigen Model – Naomi Campbell. Seinen Nachlass präsen-

Musée Yves Saint Laurent Paris

tiert seit Oktober 2017 das neu gestaltete Museum YSL, in dem der begnadete Modeschöpfer mehr als 30 Jahre sein Atelier hatte. Alle sechs Monate wechseln die thematischen Ausstellungen.

5, Avenue Marceau | Di. – So. 11 – 18, Fr. bis 21 Uhr | Erw. 10 €, Führung 23 € | www.fondation-pb-ysl.net |▶Das ist Paris S. 29, 276

PALAIS ROYAL

Lage: Place du Palais Royal (1. Arr.)
Métro: Palais Royal – Musée du Louvre
Besichtigung nur während der »Journées du Patrimoine« an einem Sept.-Wochenende | **www.journeesdupatrimoine.culture.fr www.domaine-palais-royal.fr**

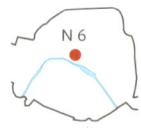

N 6

Palast, Bordell und Theater, skandalöse Kunst und edle Lebensart: Der »Königliche Palais« sorgt seit Jahrhunderten immer wieder für Schlagzeilen. Wo heute Staatsrat und oberste Kulturbehörde ihren Sitz haben, wurde 1789 der Sturm auf die Bastille beschlossen – der Beginn der Französischen Revolution.

Behörden, Boutiquen und Bühne

Kardinal Richelieu erteilte 1634 den Auftrag, direkt gegenüber vom ▶Louvre seinen Wohnsitz zu erbauen, den er im Testament Ludwig XIV. vermachte. Mit dem minderjährigen König zog seine Mutter Anna von Österreich in den Stadtpalast, von da an Palais Royal genannt. Ludwig XIV. fühlte sich jedoch nie wohl in Paris, zog erst in den Louvre um, dann nach ▶Vincennes und schließlich nach ▶Versailles. Dort angekommen, schenkte er das Palais dem Hause Orléans. Herzog Ludwig Philipp von Orléans bewohnte nur einen kleinen Teil und ließ die restlichen Gebäude mit Arkaden für Geschäfte und Wohnungen versehen, die er ab 1784 gewinnbringend vermietete. Binnen kürzester Zeit wandelte sich das Palais zur populären Vergnügungsstätte – wohl auch, da die Polizei dort keinen Zutritt hatte. In den Galerien befand sich auch das Café Foy. Dort trafen sich regelmäßig die Jakobiner, leitete am 13. Juli 1789 der junge Anwalt Camille Desmoulins eine revolutionäre Versammlung, der am nächsten Tag der **Sturm auf die ▶Bastille** folgte. Während der Revolution und im Ersten Kaiserreich war das Palais ein gesellschaftlicher Treffpunkt mit Restaurants, Spielsälen und Bordellen – bei der Besetzung von Paris 1814 soll der deutsche Feldmarschall Blücher 6 Mio. Francs beim Glücksspiel verloren haben.

Im Feinschmeckertempel €€€€ **Le Grand Vefour** dinierten schon Napoleon und Joséphine, kreiert Guy Martin eine Küche, die ihm ähnelt: modern, sinnlich und kühn (17 Rue de Beaujolais, Tel. 01 42 96 56 27, www.grand-vefour.com). Die Arkaden beherbergen heute **kleine, feine Boutiquen** von Fashionikone Stella McCartney über Serge Lutens raffinierte Düfte bis zu den stylischen Accessoires des Maison Fabre. Wer Hunger hat, kann wie einst Colette bei €€€ **Macéo** speisen (15, Rue des Petits Champs, Tel. 01 42 97 53 85, www.maceo restaurant.com).

Ein Skandal, meinten die Kritiker ...
..., als **Daniel Buren** 1986 im Innenhof 260 schwarz-weiß gestreifte Marmorsäulen aufstellte, die sich in Wasserbecken widerspiegeln. Die geometrisch platzierten, unterschiedlich hohen Säulen, die wie kleine Pilze aus dem Boden wachsen, nutzen Skater heute als Hindernisparcours. Im Cour d'Orléans stehen die **Sphérades**-Brunnen von Pol Bury, bei denen das Wasser einst die zehn polierten Stahlkugeln auf einer Schale auch bewegte.

Colonnes

Schick shoppen
Keine 200 m östlich vom Palastgarten grüßt **Ludwig XIV.** hoch zu Ross am kreisrunden königlichen Place des Victoires. Seine eleganten Häuser bilden den passenden Rahmen für teure Modehäuser wie Kenzo, Cacharel und Thierry Mugler. Der Sonnenkönig war 1685 von Mansarts Platzanlage so hingerissen, dass er gleich in der Nähe noch einen Platz bei ihm in Auftrag gab: den ▶Place Vendôme.

Place des Victoires

Frankreichs traditionsreichste Bühne
Sieben Jahre nach dem Tod von **Molière**, der mit seiner Theatertruppe häufig Gast bei Hofe war, veranlasste Ludwig XIV. die Gründung der Comédie Française. 1812 machte Napoleon die Mitglieder des Ensembles per Dekret zu Staatsschauspielern, deren Direktor bis heute von der Regierung bestellt wird. 1799 eröffnete die Bühne in der Nähe des Palais Royal. Heute bespielt das Ensemble drei Theaterhäuser in Paris: den Richelieu-Saal im Hauptgebäude am Place Colette, das Théâtre du Vieux-Colombier im 6. Arr. sowie das Studio-Théâtre im Louvre. Molière prägte nicht nur das Motto der Bühne »Simul et Singulis« – alle zusammen und jeder einzelne –, sondern ist bis heute mit Büsten und Gemälden allgegenwärtig. Sogar der Sessel, auf dem der berühmte Theatermann 1793 einen Blutsturz erlitten haben soll, ist im Foyer ausgestellt. Aber nicht nur Komödien und Dramen von Molière, Racine und Corneille stehen auf dem Programm, sondern auch andere Klassiker der Weltliteratur – 2017 inszenierte Katharina Thalbach Bertolt Brechts Parabel »Der aufhaltsame Aufstieg des Arturo Ui«.

Comédie Française

1, Place Colette | Tel. 01 44 58 15 15
Aus Sicherheitsgründen sind nur Handtaschen im Theater erlaubt.
www.comedie-francaise.fr

# ★★ PANTHÉON

Lage: Place du Panthéon (5. Arr.) | **RER-Station:** Luxembourg
Métro: Cardinal Lemoine, Place de la Contrescarpe
tgl. 10 – 18, April – Sept. bis 18.30 Uhr | Erw. 9 €
www.paris-pantheon.fr

Als Präsident Hollande 2015 beschloss, im Panthéon weitere vier »Große« Frankreichs zu ehren, ging es um die Vergangenheit, aber noch viel mehr um die Gegenwart. Mit der Überführung von zwei Frauen und zwei Männern des Widerstands gegen die Nazi-Herrschaft verewigte Hollande sich als Frauenförderer – und nutzte den Geist der Résistance geschickt für den Wahlkampf.

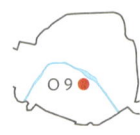

Ruhmes halle der Nation

»Aux grands hommes, la patrie reconnaissante« steht über der Pforte in Stein gemeißelt – und »hommes« bedeutet im Französischen nicht nur Mann, sondern auch Mensch. Als erste Franzosen ließ die Revolution ihrer eigenen Helden einziehen: Mirabeau und Marat. Beide wurden später umgebettet, als ihr Name in Ungnade gefallen war. Ältester Dauergast ist der Philosoph Voltaire, dessen Gebeine seit 1791 im Panthéon ruhen. Weitere **prominente Persönlichkeiten Frankreichs** sind der Mathematiker Gaspard Monge, der Erfinder der Blindenschrift Louis Braille, der Maler Jacques-Louis David und der Résistancekämpfer Jean Moulin. Nur zweimal wurden die Verstorbenen direkt im Pantheon beigesetzt. Meist mussten sie längere Zeit warten. Alexandre Dumas sogar 132 Jahre – erst 2002 wurde der Autor des »Graf von Monte Christo« überführt. Dumas war nach Voltaire, Rousseau, Victor Hugo, Émile Zola und André Malraux der sechste Schriftsteller, der ins Allerheiligste gelangte.

Nur vier Frauen wurde bislang die höchste Ehre der Republik zuteil: der Entdeckerin der Radioaktivität und zweifachen **Nobelpreisträgerin Marie Curie**, der Chemikergattin Sophie Berthelot sowie den **Widerstandskämpferinnen Germaine Tillion** und **Geneviève de Gaulle-Anthonioz**, die das Frauen-KZ Ravensbrück überlebt hatten. 1944 kam de Gaulle-Anthonioz auf Geheiß Himmlers in Isolationshaft, um den Chef des Freien Frankreich, Charles de Gaulle, mit dem Schicksal seiner Nichte zu erpressen. Erst Jahrzehnte nach der Befreiung veröffentlichte sie ihre erschütternden Erinnerungen »Durch die Nacht«. Als Vorsitzende der Menschenrechtsorganisation ATD Vierte Welt kämpfte sie gegen Armut und Ausgrenzung. Germaine Tillion wurde 100 Jahre alt. Mit ihrer Widerstandsgruppe Musée de l'Homme hatte sie britischen Gefangenen zur Flucht verholfen, bis ein katholischer Priester sie 1943 denunzierte. Ihre Biografie »Die gestohlene Unschuld« über ein Leben zwischen Résistance und Ethnologie erschien 2015 auch auf Deutsch (AvivA).

OBEN: Im Mai 2015 wurden die sterblichen Überreste von vier Résistance-
Mitgliedern in das Panthéon überführt,
darunter zwei Frauen. LINKS: Nobelpreisträgerin Marie Curie RECHTS
UNTEN: das Foucaultsche Pendel

PANTHÉON

Weithin sichtbar thront der mächtige Kuppelbau auf dem Montagne Ste-Geneviève. Bereits kurz nach der Französischen Revolution wurden hier die sterblichen Überreste großer Franzosen wie Voltaire, Rousseau und Zola beigesetzt. Seit 2015 ruhen auch vier Résistance-Kämpfer in der Ruhmeshalle der Nation.

Öffnungszeiten und Preise: ▶S 168

❶ Portikus und Giebeldreieck
Eine weit vorgezogene Vorhalle nimmt dem Betrachter die Sicht auf die Kuppel, die dadurch gleichsam schwebend über dem Unterbau ruht. Der Dreiecksgiebel auf 18 korinthischen Säulen trägt die Inschrift »Den großen Männern das dankbare Vaterland«.

❷ Fenster
Da die Fenster während der Französischen Revolution zugemauert wurden, sind die oberen Fenster des oberen Bereichs neben den Öffnungen der Zentralkuppel heute die einzigen Lichtquellen.

❸ Tambour
Das Besondere an dem zylindrischen Unterbau ist seine doppelte, von breiten Öffnungen unterbrochene Säulenreihe.

❹ Zentralkuppel
Die drei aus Stein gefertigten, übereinander liegenden Kugelabschnitte waren für die damalige Zeit eine kühne Neuerung. Die Kuppel ließ Napoleon I., unter dem das Panthéon vorübergehend als Kirche diente, 1811 mit dem Fresko »Himmelfahrt der hl. Genoveva« ausschmücken. Besteigen Sie die Kuppel, von der Säulenreihe bieten sich herrliche Ausblicke auf Paris!

❺ Tonnengewölbe
Jede Kuppel fügt sich in ein Quadrat, dessen Seiten Tonnengewölbe bilden. Die Gewölbefelder haben Öffnungen, die »Lünetten«.

❻ Tragende Säulen
Das Innere wurde von Soufflot ganz auf Klarheit angelegt. Um mehr Freiraum zu erhalten, errichtete er statt der damals üblichen dicken Stützpfeiler rund um die vier Arme eines Kreuzes eine lange Säulenreihe. Hinter diesen tragenden Säulen fügte er eine zweite Kolonnade aus wuchtigen Wandsäulen hinzu.

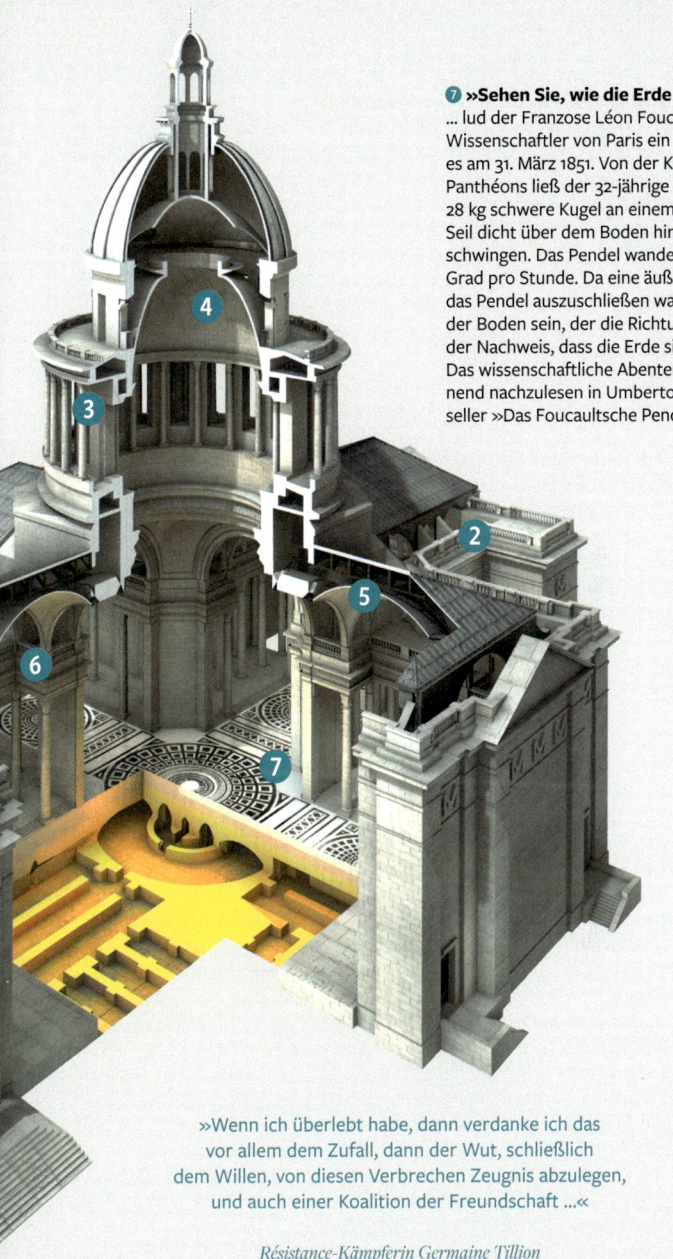

❼ »Sehen Sie, wie die Erde sich dreht!«
... lud der Franzose Léon Foucault die Wissenschaftler von Paris ein und bewies es am 31. März 1851. Von der Kuppel des Panthéons ließ der 32-jährige Tüftler eine 28 kg schwere Kugel an einem 67 m langen Seil dicht über dem Boden hin- und herschwingen. Das Pendel wanderte um elf Grad pro Stunde. Da eine äußere Kraft auf das Pendel auszuschließen war, musste es der Boden sein, der die Richtung änderte, der Nachweis, dass die Erde sich dreht. Das wissenschaftliche Abenteuer ist spannend nachzulesen in Umberto Ecos Bestseller »Das Foucaultsche Pendel«.

»Wenn ich überlebt habe, dann verdanke ich das vor allem dem Zufall, dann der Wut, schließlich dem Willen, von diesen Verbrechen Zeugnis abzulegen, und auch einer Koalition der Freundschaft ...«

Résistance-Kämpferin Germaine Tillion
(2015 in die Ruhmeshalle der Republik überführt)

Gotteshaus für die Pariser Schutzheilige

Londoner Vorbild

In London hatte Sir Christopher Wren 1666 die Saint Paul's Cathedral errichtet. Und mit dem Monumentalbau auch einen Pariser Architekten beeindruckt, der von seinem König, Ludwig XI., den Auftrag erhalten hatte, als Dank für seine Genesung auf dem Hügel der **hl. Genoveva** ein neues Gotteshaus für die Pariser Schutzheilige zu bauen. Um sich vom Vorbild abzuheben, vollzog Jacques-Germain Soufflot eine Änderung: Er zog den Portikus so weit vor, dass er dem Besucher den Blick auf die Kuppel nimmt – sie ruht, gleichsam schwebend, über dem Unterbau. Zehn Jahre nach dem Tod Soufflots – und mitten in den Wirren der Französischen Revolution – wurde die Kuppelkirche vollendet. Die Revolutionsführer säkularisierten das Gotteshaus und verwandelten es in eine nationale Gedenkstätte.

Monumentaler Klassizismus

Kuppelkirche

Das erste Pariser Gebäude im klassizistischen Stil wurde maßgebend für den ▶Arc de Triomphe und die ▶Madeleine. Beim Inneren der Kuppelkirche ließ sich Soufflot von gotischen Kathedralen inspirieren – mit Rippengewölbe, vielen Fenstern, schlanken Säulen und Seitenschiffen für alle vier Kreuzarme. Konstruktionsmängel jedoch erforderten mächtige Pfeiler, und für die Umwandlung zur Grabstätte wurden 42 Fenster zugemauert. Wer die Treppe hinabsteigt, entdeckt keine konventionelle Krypta, sondern ein riesiges Gangsystem mit vielen Kapellen, die jeweils eine historische Personen würdigen.

Der letzte Lettner von Paris

Saint-Étienne-du-Mont

Der Dramatiker Jean Racine und der Physiker Blaise Pascal ruhen in der Pfarrkirche gegenüber vom Panthéon. Die Kirche besitzt auch den letzten Lettner von Paris, der 1530 mit Wendeltreppen an den Seiten gefertigt wurde. Die Wurzeln des Gotteshauses reichen zurück bis ins 5. Jh., als Frankenkönig Chlodwig auf dem Ste-Geneviève-Hügel eine Kapelle anlegen ließ, die 1492 den Aposteln Petrus und Paulus geweiht wurde. Chor und Triforium stammen aus der Gotik, Kirchenschiff und Fassade prägte die Renaissance, die Kanzel ist barock – von ihr predigten berühmte Geistliche wie Ignatius von Loyola, Vinzenz von Paul und Papst Johannes Paul II. Überall präsent ist die **hl. Genoveva**, die im 5. Jh. die Seinestadt vor der Zerstörung durch den Hunnenkönig Attila bewahrt haben soll – ein Sarkophag in einer Seitenkapelle birgt einen Stein vom Grab der Pariser Schutzheiligen. Ein halbes Jahrhundert war Maurtice Durufle Titularorganist der Kirche und komponierte an der klangvollen Aristide Cavaillé-Coll sein berühmtes Requiem. Heute wirkt hier Thierry Escaich, der Kirche und Orgel zum Highlight der Konzertreihe »**Le Paris des Orgues**« gemacht hat, die das ganze Jahr einlädt, Orgelmusik in Kirchen von Paris und der Île de France zu entdecken.

www.saintetiennedumont.fr, www.leparisdesorgues.fr

PIGALLE · SOPI

Lage: im Norden der Stadt (9./18. Arr.)
Métro: Pigalle

Sexshops, Stripclubs und freizügige Revuen säumen die Straßen am Fuß von ▶Montmartre. Doch im Süden von Pigalle gibt es zunehmend Feinkostläden, Designerboutiquen, kultige Cafés und angesagte Bars, wandelt sich der berüchtigte Rotlichtbezirk zum angesagten Viertel »SoPi« – die Pariser Antwort auf SoHo.

Edith Piaf widmete ein ganzes Album den leichten Mädchen an der Rue Pigalle, Henry Miller schuf mit »Stille Tage in Clichy« einen Klassiker der erotischen Literatur, Bill Ramsey stürmte mit »Pigalle, Pigalle, das ist die große Mausefalle« die Charts. Die schäbige Seite der Sexindustrie war Thema von Karim Dridis Kinodrama »Pigalle«. Auch im neuen Millennium reihten sich rund um den Boulevard de Clichy Peepshows an Stundenhotels und Erotikshows. Dann machte das Internet den Sex daheim konsumierbar, folgte **2016 das Verbot von bezahltem Sex**. Inzwischen merkt auch Pigalle der Sog der Gentrifizierung, wandeln sich Kabaretts in Nachtclubs wie Les Folie's Pigalle.

Spagat in Spitzenwäsche

Es ist fast genauso alt wie der Eiffelturm, beinahe so bekannt und bis heute ein Besuchermagnet im Vergnügungsviertel ▶Montmartre: 2019 feiert das Revuetheater Moulin Rouge seinen 130. Geburtstag. Beineschwingende Tänzerinnen in offenherzigen Kostümen aus Federn, Tüll, Pailletten oder Strass und die werbewirksamen Plakate von Stammgast Toulouse-Lautrec machten das Varieté mit der roten Mühle auf dem Dach zum Wahrzeichen des frivolen Pariser Nachtlebens. 1961 erfand hier die deutsche Choreografin Dorothea »Doris« Haug den **French Cancan**. Ihre Doriss Girls sind auch in der aktuellen Show »Féerie« die Stars, die den **Mythos Paris** mit exotischen Schauplätzen mixt. Zum Dinner im Belle-Époque-Saal werden Hummer, Foie Gras und Champagner serviert.
82, Boulevard de Clichy
www.moulinrouge.fr, Abb. ▶S. 175

Moulin Rouge

Seelenfreunde und schräge Marotten

Ein schüchternes Serviermädchen mit riesengroßen Kulleraugen machte das Café in der Rue Lépic 15 berühmt. Leichthändig brachte es 2001 im Kultstreifen »**Die fabelhafte Welt der Amélie**« das Glück unter die einfachen Leute, samt eigenem Happy End. Am Drehort des modernen Märchens mit Audrey Tautou in der Hauptrolle erinnert man sich gern an »Amélie« – und hier ist immer was los.

Café Les Deux Moulins

»South Pigalle« wandelt sich zum »Place to be«

SoPi

Tolle neue Hotels, **trendige Bars, Boutiquen und Neobistros** – das junge Paris hat sein Hauptquartier südlich vom Place Pigalle zwischen den Metrostationen Blanche und Anvers. In SoPi wohnen Medienmacher, Modedesigner und Musiker wie Jarvis Cocker, der so hinreißend wie herablassend über Einsamkeit in Hotelzimmern singen kann. Schlagader des neuen Pigalle ist die **Rue des Martyrs** – sonntags ist sie für den Verkehr gesperrt und lädt zum Bummeln ein. Dann sind die Warteschlangen vor der Rose Bakery (Nr. 46) besonders lang. Köstlich sind auch die korsischen Spezialitäten, die der Feinkostladen Terra Corsa (Nr. 42) im Bistro serviert. Immer voll ist das Dirty Dick dank seiner coolen Cocktails (10, Rue Frochot). Im Artisan (14, Rue Bochart de Saron) wird der »Lone-some Tears« mit grünem Chartreuse nicht geschüttelt, sondern nur gerührt. Le Pantruche (3, Rue Victor Massé) kocht moderne Klassiker wie Kalbskopfterrine, Bœuf Bourgignon und Grand Marnier-Soufflé. Ganz auf das Flair von SoPi abgestimmt ist das Grand Hotel Pigalle mit angesagter Weinbar (29, Rue Victor Massé, ▶S. 344). Unwiderstehlich: In ihrer rosaroten Cupcakerie zaubert Chloé S. supersüße Kleinstkuchen (40, Rue Jean-Baptiste Pigalle).

★★ PLACE DE LA CONCORDE

Lage: 8. Arr. | **Métro:** Concorde

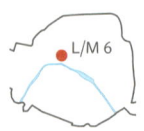

L/M 6

Wo am 14. Juli beim Nationalfeiertag getanzt wird und zur Weihnachtszeit ein Riesenrad seine Runden dreht, stand während der Revolutionsjahre die gefürchtete Guillotine. Der Place de la Concorde blickt aber nicht nur auf eine wechselvolle Geschichte, der größte Pariser Platz ist auch einer der schönsten der Welt.

Prachtbauten mit Perspektive

Angelegt wurde der weite Platz im Schnittpunkt der Achsen Louvre – Triumphbogen und Madeleine – Palais Bourbon ab 1755 von Jacques-Ange Gabriel, um dem Reiterstandbild Ludwigs XV. einen würdigen Rahmen zu verleihen. Ab 1793 starben auf dem umgetauften Place de la Révolution Tausende durch die **Guillotine**. Zu den Feinden der Französischen Revolution, die unter dem Fallbeil ihr Leben ließen, gehörten Ludwig XVI. und Marie-Antoinette, Danton und Robespierre (▶Baedeker Wissen S. 52/53). Während der Herrschaft des Direktoriums kam 1795 die Umbenennung in »Platz der Eintracht«.

LINKS: Das legendäre Moulin Rouge war die Geburtsstätte des Cancan. UNTEN: Ort der Superlative – der monumentale Place de la Concorde

Hôtel de Crillon

Für die Nordseite entwarf Gabriel 1758 für den König zwei Prachtbauten: rechts das Hôtel de la Marine als Fundus der Krone, in dem bis 2015 das Marineministerium residierte, links das Hôtel de Crillon. In dem eleganten Adelspalais, in dem Marie-Antoinette einst Klavierstunden erhielt, residiert **seit über 100 Jahren ein Luxushotel**, das auch Charlie Chaplin, Leonard Bernstein (nach ihm ist eine Suite benannt) und Madonna zu seinen Gästen zählte. Im Juli 2017 wurde es nach vierjähriger Rückverwandlung ins 18. Jh. wieder eröffnet. Karl Lagerfeld gestaltete zwei Suiten als royale »Grands Appartements«. Mit Spa und Sternerestaurant gehört das Fünfsternehaus zu den besten Pariser Adressen und den Leading Hotels of the World.

€€€€ **Hôtel de Crillon:** 10, Place de la Concorde
Tel. 01 21 48 80 42 00
www.crillon.com

Vom Oberlauf des Nil bis an die Seine

Obélisque

Während der Revolution machte die Reiterstatue einer monumentalen Siegessäule Platz, die Bürgerkönig Louis Philippe 1833 durch einen 3200 Jahre alten Obelisk **aus dem Ramsestempel in Luxor** ersetzte, die ihm im Jahr zuvor der ägyptische Vizekönigs Muhammed Ali Pascha geschenkt hatte. Das mit Abstand älteste Monument von Paris besteht aus einer 22 m hohen rosa Granitsäule. Eine technische Glanzleistung war der sechsjährige Transport des 230 t schweren Monolithen von der Tempelanlage am Nil bis an die Ufer der Seine – wie die heikle Aufgabe mit einem eigens angepassten Dreimaster bewältigt wurde, verraten Zeichnungen im Sockel. Die Spitze schmückt ein Schlussstein aus vergoldeter Bronze, die der Lebenspartner von Yves Saint Laurent, Pierre Bergé, 1998 gestiftet hat.

Der Obelisk ist jedoch mehr als ein Schmuckstück – er bildet den Zeiger der **weltgrößten Sonnenuhr**! Sehen Sie sich das Pflaster genau an. Im Fahrweg sind die strahlenförmig angelegten Stundenlinien mit blank geputzten Messingnägeln markiert, auf dem Bürgersteig durch Streifen. Auch römische Ziffern fehlen nicht. Mittags um zwölf zeigt der Schatten des Obélisque fast genau auf das Hôtel de Crillon: Dort können Sie auf dem Bürgersteig in einem Kästchen eine römische XII erkennen.

Flüsse, Meere, Metropolen

Brunnen und Skulpturen

Der Kölner Architekt Jacob Ignaz Hittorff rahmte den Obelisken zwischen 1836 und 1854 mit zwei prachtvollen Brunnen ein. Die nördliche **Fontaine des Fleuves** zieren Allegorien von Rhein und Rhône, Landwirtschaft und Industrie, die Figuren an der südlichen **Fontaine des Mers** stellen Mittelmeer, Atlantik, Seefahrt und Fischfang dar. Acht Frauenstatuen am Rand symbolisieren die größten Städte Frankreichs: Marseille, Bordeaux, Nantes, Brest, Rouen, Lille, Straßburg und Lyon.

PLACE DE LA RÉPUBLIQUE

Lage: 11. Arr. | **Métro:** République

Vom Verkehrsknotenpunkt zur Freiluftoase: 24 Millionen Euro ließ sich Paris den Umbau des Place de la République kosten, an dem traditionell Großdemos beginnen. Und seit Charlie Hebdo und den Terroranschlägen auch Trauermärsche.

Bei der radikalen Neuordnung von Paris legte Baron Haussmann 1854 auch einen riesigen Exerzierplatz für Napoleons Soldaten an (▶Baedeker Wissen S. 248/249). Dafür ließ er die Theatermeile am Boulevard du Temple abreißen. Überlebt hat nur die **Théâtre Déjazet**, das im goldroten Prunk Komödien und Konzerte aufführt (www. dejazet.com). Der einmündende Verkehr aus vier Boulevards und drei Hauptverkehrsstraßen wurde umgeleitet und ein Stadtgarten samt Wasserspiel angelegt, das im Sommer feinsten Nebel zur Abkühlung versprüht. An der Ecke zum Boulevard Magenta erinnert eine Eiche an die Opfer der Attentate 2015. Die Mitte des Platzes markiert 10 m hoch die »**Marianne**«, in eine Toga gehüllt, den Lorbeerkranz in der Hand. Am Sockel der Nationalfigur Frankreichs wird die Geschichte des Landes erzählt. Seit den Terroranschlägen ist die Statue Treffpunkt für Trauernde, bedeckt mit Bildern, Bannern, Blumen und Kerzen. Und Symbol des Widerstands, an dem gemeinsam, besonnen und friedlich für eine bessere Welt demonstriert wird.

Erfindungen von Handwerk und Industrie

»Da sah ich endlich das Pendel!« Der Showdown in Umberto Ecos Roman »Das Foucaultsche Pendel« machte das Museum für Kunst und Gewerbe berühmt – am Schlussstein des Chores der einstigen Benediktinerabtei Saint-Martin-des-Champs ist es aufgehängt. Die Zeugnisse des technischen Fortschritts werden charmant nostalgisch vorgestellt – Präsentation und Ort der Sammlung im Stil des 19. Jh.s sind schon für sich den Besuch wert. Wie Fabelwesen schweben **historische Fluggeräte** unter der Kirchendecke. Bestaunen Sie kunstvolle Glasarbeiten von Gallé, eine Dampfmaschine von Watt, Bells Telefon und erste Batterien von Volta, **Pascals mechanische Rechenmaschine** von 1642 für Addition und Subtraktion sechsstelliger Zahlen und frühe Hochleistungsrechner wie Cray 2, einen Klavier spielenden Automaten oder das Modelll des Arbeitsateliers für die Freiheitsstatue.

Musée des Arts et Métiers

60, Rue Réaumur | Di. – So. 10 – 18, Do. bis 21.30 Uhr
Erw. 8 € | www.arts-et-metiers.net

★★ PLACE DES VOSGES

Lage: Östliches Zentrum (4. Arr.) | **Métro:** Saint-Paul, Bastille

Q/R 8

In der Mitte ein Park, eingerahmt von Arkaden, in denen schicke Galerien, kleine Bistros und Sternekoch Bernard Pacard die Pariser Lebensart hochhalten. Der Place des Vosges ist der älteste der fünf königlichen Plätze von Paris – und für viele das schönste Idyll zum Entspannen, Schauen und Genießen.

Mit dem »Platz der Vogesen« erhielt das ►Marais seine Bestätigung als vornehmes Aristokratenviertel. Angelegt wurde der geschlossene Platz mit 38 Pavillons in hellem Naturstein und rotem Ziegelwerk zunächst als Place Royale. Anlass war 1612 die Doppelhochzeit von Ludwig XIII. mit Anna von Österreich und der Schwester des Königs, Elisabeth, mit dem späteren König Philipp IV. von Spanien. Louis Métezeau gestaltete die **Festkulisse** für Turniere, Staatsempfänge und

*Lebens-
art statt
Hektik*

Schmuckstück eines Viertels, in dem es an Sehenswürdigkeiten nicht mangelt, ist der bezaubernde Place des Vosges – bummeln Sie durch seine Arkaden!

Hochzeiten des Hofes nach den Vorstellungen der Renaissance. Trotz Verbot von Kardinal Richelieu war der Place Royale ein bevorzugter Ort für Duelle. In Nr. 1 kam 1626 Madame de Sévigné zur Welt, die mit den Briefen an ihre Tochter ein beredtes Zeugnis jener Zeit hinterlassen hat (▶S. 123). Anno 1800 kam die Umbenennung in »Platz der Vogesen« – das Département Vosges hatte als Erstes Steuern an die juge Republik Frankreich abgeführt.

Heute nutzen kleine **Antiquitätenläden, Kunstgalerien und Restaurants** der Arkaden. Je nach Sonnenstand wählt man sein Freiluftlokal, auch im Winter, wenn Heizstrahler aufgestellt und Decken bereitgelegt werden. Drei Sterne hält Bernard Pacard für seine Gourmetküche im L'Ambrosie. Ideal, um entspannt Freunde zu treffen ist das kleine, aber feine Bistro La Place Royale. Kinder spielen im Park, Brunnen plätschern, und bei schönem Wetter wird der Rasen um das Reiterstandbild Ludwigs XIII. zum Sonnen und Picknicken in Beschlag genommen, kostenloses WLAN inklusive.

€€€€ **L'Ambrosie**: Nr. 9, Tel. 1 42 78 51 45, www.ambroisie-paris.com
€€/€€€ **La Place Royale**: Nr. 2 Bis, Tel. 01 42 78 58 16

Nationaldichter und Möbelbauer

Maison Victor Hugo

Victor Hugo war 30 Jahre alt, als er 1832 mit seiner Frau und vier Kindern die große Wohnung im zweiten Stock des Hôtel de Rohan-Guéménée bezog. Über 16 Jahre lebte der Autor hier. Schätze des Museums sind die Originalseiten seiner Manuskripte zu »Les Misérables«, das von Hugo selbst entworfene Dekor des chinesischen Salons sowie Gemälde und Zeichnungen des Meisters, die belegen, dass Hugo auch mit Stift und Pinsel ausgezeichnet umzugehen wusste.

6, Place des Vosges | Tgl. außer Mo. 10 –18 Uhr | Erw. 8 € | Audioguide 5 € | Achtung: Aus Sicherheitsgründen sind nur Handtaschen im Museum zugelassen | http://maisonsvictorhugo.paris.fr

Die Küchen des Kommissars

Georges Simenon

Anfang 1922 zog ein Krimiautor in das einstige Haus von Kardinal Richelieu (Nr. 21) und mietete sich in der zweiten Etage ein. Seinen mürrischen, aber liebenswert menschlichen **Commissaire Maigret** ließ Georges Simenon dort speisen, wo er selbst Stammgast war: im Eckbistro »Ma Bourgogne« (Nr. 19). Über 100 Maigret-Romane hat der fleißige Belgier geschrieben. Robert J. Courtine, lange Gastrokritiker bei Le Monde und guter Freund Simenons, ist dem Bestsellerautor und seinem erfolgreichen Ermittler und profunden Kenner der bodenständigen Bistroküche gefolgt. Und hat einen amüsanten Führer über die Lokale verfasst, in denen die beiden zu speisen pflegten. Dazu hat er ihre Lieblingsrezepte von Bouillabaisse bis Profiteroles au Chocolat zusammengestellt – Nachkochen erwünscht!

Robert J. Courtine: Simenon und Maigret bitten zu Tisch (Diogenes 2009)

★★ PLACE VENDÔME

Lage: Westliches Zentrum (1. Arr.)
Métro: Madeleine, Opéra, Concorde

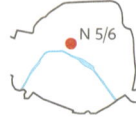

N 5/6

Sündhaft teure Juweliere, französischer Chic und das legendäre Grandhotel Ritz – der königliche Place Vendôme steht wie kein anderer Pariser Platz für Noblesse und Luxus.

Königlicher Platz

Der elegante Platz, den 1685 kein Geringer als Jules Hardouin-Mansart, Baumeister des ▶Versailler Schlosses, entworfen hat, besticht durch Geschlossenheit und harmonische Proportionen. Hinter den Fassaden, die ursprünglich die königliche Akademie, Münze und Bibliothek aufnehmen sollten, präsentieren heute **namhafte Schmuckhersteller** wie Cartier, Bulgari und Tiffany & Co. luxuriöse Geschmeide und Uhren. Die Mitte des Platzes schmückt die 44 m hohe **Colonne de la Grande Armée**, die nach Vorbild der römischen Trajanssäule aus 1200 Beutekanonen gegossen wurde. Spiralförmig ansteigende Bronzereliefs erzählen von Ruhmestaten der französischen Armee. Auf der Spitze ist Napoleon im Gewand eines römischen Imperators zu sehen. Die Siegessäule ersetzte ein Reiterstandbild Ludwigs XIV., das 1792 den Wirren der Französischen Revolution zum Opfer fiel.

Treffpunkt der Prominenz

Eine Legende: das Ritz

Dass der Himmel so einladend sein möge wie das Ritz, hoffte Stammgast **Ernest Hemingway**, der Namensgeber der Hotelbar wurde, wo Colin Field aus Champagner und Calvados den berühmten Serendipity Cocktail mixt. Traurige Berühmtheit erlangte die Luxusherberge 1997 als letzte Station von Prinzessin Diana, die wenig später mit dem Auto nahe des Pont de l'Alma tödlich verunglückte. Für **Coco Chanel** war das Ritz die geliebte Heimat – »ma maison« nannte sie das Hotel, in dem sie von 1936 bis zu ihrem Tod 1971 lebte. Seit der Wiedereröffnung 2016 erinnert die originalgetreu eingerichtete Chanel-Suite an die Gründerin des Modeimperiums. »Das Haus soll alle Raffinesse bieten, die ein Prinz in seiner eigenen Residenz vorfinden könnte«, war für den Schweizer César Ritz das Motto beim Bau seines Grandhotels, das sich nach dreijähriger Renovierung noch luxuriöser präsentiert als je zuvor mit Sterneküche, mobilem Dach für den Wintergarten, dem ersten Chanel Spa und einem unterirdischen Tunnel für Politik und Prominenz, um unbehelligt von Paparazzi ins Hotel zu gelangen. Der **Mythos Ritz** schrieb auch Filmgeschichte. 1957 stand Audrey Hepburn hier für »Ein süßer Fratz« vor der Kamera, 50 Jahre später war das Grandhotel Drehort für »The Da Vinci Code«,

Auf der Markise über dem Eingang von Nummer 15 am Place Vendôme steht schlicht »Ritz« – eine der feinsten und intimsten Edel-Herbergen der Welt.

»SCHÖNHEITSPFLEGE BEGINNT ...

... im Herzen und in der Seele«, war **Coco Chanel** überzeugt. Im Ritz eröffnete im Sommer 2016 das weltweit erste Luxus-Spa von Chanel. Die Wände zieren die ikonischen Farbtöne des Modehauses, Beige und Schwarz, und Coco Chanels geliebte Coromandel-Wandschirme. Mit den hauseigenen Beauty-Produkten können sich auch Nicht-Hotelgäste verwöhnen lassen. Absolute Tiefenentspannung verspricht die Massage »Imperial« mit Körperölen von Mairose und Jasmin, die eigens für das Spa kreiert wurden (30 Minuten Massage 110 €, www.ritzparis.com).

2011 für Woody Allens »Midnight in Paris«. Doch kein Streifen hat so zur Berühmtheit beigetragen wie Fred Astaires jazziger Titelsong »Puttin' on the Ritz« – bis heute ein Markenzeichen des Hauses.
€€€€ **Hotel Ritz**: 15, Place Vendôme | Tel. 01 43 16 30 30
www.ritzparis.com

Backen und Kochen kann jeder lernen

Ecole Ritz Escoffier

Mit Auguste Escoffier stand vor über 100 Jahren im Pariser Ritz ein Koch am Herd, der die Haute Cuisine international standardisierte. Escoffier harmonisierte Geschmacksnuancen, vereinfachte Arbeitsabläufe in der Küche durch Brigaden, erfand die moderne Speisekarte, komponierte das weltweit erste À-La-Carte-Menü und veröffentlichte seine Rezepte im Kochbuch »Le Guide Culinaire«. Sein Erbe hält die Ecole Ritz Escoffier hoch. Angeboten werden auch vier- bis achtstündige Back- und Kochkurse für Hobbyköche ab 165 Euro.
http://ritzescoffier.com

Nur eine kleine Kachel ...

Chopins letzte Wohnung

... erinnert heute an den polnischen Komponisten, der 1931 nach Paris gekommen war. Neun Mal zog Frédéric Chopin um, bevor er 1849 am Place Vendôme 12 mit seiner Schwester Ludwika die erste Etage mietete. Wenige Monate später starb er dort an Tuberkulose im Alter von nur 39 Jahren. Die Totenmesse wurde in der nahen Kirche La ▶Madeleine abgehalten, sein Leichnam auf dem Friedhof Père Lachaise, sein Herz in der Heiligkreuzkirche zu Warschau beigesetzt.

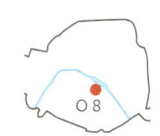

★ QUARTIER LATIN

Lage: Zentrum (5. Arr.) | **Métro:** St-Michel, Cluny-La Sorbonne

*Zu jeder Tages- und Nachtzeit pulsiert rund um den Boul' Mich'
das Leben. Der Name des Studentenviertels erinnert daran, dass
an der Sorbonne bis zur Französischen Revolution in Lateinisch
gelehrt wurde.*

Heute hören Sie hier alle Sprachen der Welt, aber bestimmt kein Latein mehr. Neben der ▶**Sorbonne** sind zwischen der Seine und der
Montagne Ste-Geneviève die meisten **Grandes Écoles** beheimatet,
die berühmten Elitehochschulen Frankreichs. Das Panorama der Ge-
lehrsamkeit vervollständigen das Collège de France und traditionsrei-
che Gymnasien. Im Studentenviertel wimmelt es nur so von Kinos
und Kneipen, Billigläden, Jazzclubs und Bars. Von Oktober bis Juni
bestimmen Schüler und Studenten aus aller Welt das Straßenbild. Im
Sommer bevölkern vor allem Touristen den Boulevard St-Michel und
die Restaurantgasse Rue St-Séverin.
Wer wenig Geld für Lieblingstitel ausgeben will, pilgert seit 1886 zu
Gibert Jeune, einem riesigen Bücherladen mit Papeterie am Metro-
eingang Saint-Michel. Nicht minder legendär ist George Whitemans

Mit Bars, Restaurants und fairen Preisen punktet die lebendige Rue Mouffetard.

origineller Buchladen **Shakespeare & Company** an der Rue de la Bûcherie 37 mit Werkausgaben von William Shakespeare bis James Joyce, der in geraden Jahren ein Literaturfestival feiert (www.shakespeareandcompany.com). Schiller oder Schätzing finden Sie in der **Librairie Allemande**, die Iris Mönch-Hahn zum Literaturtreff gemacht hat – regelmäßig stehen Lesungen auf dem Programm.

Jazz und Ionesco

Beliebtes Ziel der Nachtschwärmer ist die verkehrsberuhigte Rue de la Huchette. Seit über 60 Jahren zeigt dort das **Théâtre de la Huchette** (Nr. 23) jeden Abend außer Sonntag die beiden Einakter von Eugène Ionesco: um 19 Uhr »La Cantatrice Chauve« (Die kahle Sängerin), um 20 Uhr »La Leçon« (Die Unterrichtsstunde). Der älteste Pariser Jazzkeller **Caveau de la Huchette** (Nr. 5) ist eine Hochburg von Bebop und Swing. Geleitet wird er von Dany Doriz, Vibrafonist und Freund von Lionel Hampton, der hier regelmäßig auftrat.
www.theatre-huchette.com | www.caveaudelahuchette.fr

RUE DE RIVOLI

Lage: Zwischen Place de la Concorde und Marais (1. und 4. Arr.)
Métro: Concorde, Palais-Royal, Tuileries, Châtelet

M – Q 6/7

Auf der schnurgeraden Rue de Rivoli, die am rechten Seineufer den ▶Place de la Concorde am ▶Louvre vorbei mit dem ▶Maraisviertel verbindet, sind sogar sonntags die Geschäfte geöffnet.

Shopping mit Sightseeing

Die drei Kilometer lange Einkaufsmeile gehört zu den Pariser Zonen, die sonntags ihre Geschäfte öffnen dürfen. Stöbern Sie bei Galigni in antiquarischen Büchern, erstehen Sie bei d'Orly Paris modische Taschen und bewundern Sie beim ältesten Kunstschlosser Europas – Fontaine – Türgriffe und Knaufe, die Luxusjachten und Königsschlösser schmücken. Gegenüber der Tuileriengärten laden Arkaden mit Juwelieren, Galerien und Cafés zum Bummeln. Östlich des Louvre dominieren internationale Marken wie Zara, Gap und Levi's. Hinter seiner Belle-Époque-Fassade erwartet Sie das Lifestyle-Kaufhaus **Le Bazar de l'Hôtel de Ville** mit In-Marken, Feinkost und Roof-Top-Bar. Einen Dachgarten wird auch das Jugendstilkaufhaus La Samaritaine erhalten, das bis Ende 2018 ins Nobelhotel **Le Cheval Blanc** verwandelt wird (www.lvmh.fr). Dekorative Kunst vom Mittelalter bis zur Gegenwart präsentiert in Nr. 107 das **Musée des Arts Décoratifs**.
Musée des Arts Décoratifs: Di. – So. 11 – 18, Do. bis 21 Uhr | Erw. 11 €, Kombiticket mit Musée Nissim de Camondo 13 €, für EU-Bürger unter 26 Jahre frei | www.lesartsdecoratifs.fr

Begrünte Solartürme für gute Luft

Typisch für die Straße, die an Napoleons Sieg über Österreich im Italienfeldzug erinnert, sind Blendfassaden, Arkaden und Eisendächer. Noch. Denn im Rahmen des Klimaplans von Paris, »**2050 Paris City Smart**«, sollen die CO2-Emissionen um 75 Prozent gesenkt werden. Entlang der Rue de Rivoli werden dafür 15 begrünte Solartürme als Bioreiniger fungieren, Smog absorbieren, Hitze- und Kälteinseln ausgleichen und nachhaltig saubere Energie gewinnen.

CO2-Emissionen senken

Retterin Frankreichs im Hundertjährigen Krieg

An der Place des Pyramides grüßt Jeanne d'Arc (um 1410–1431) als vergoldetes Reiterstandbild. Die strenggläubige Tochter einfacher Landleute aus Lothringen fühlte sich durch »Stimmen« dazu berufen, Frankreich von den Engländern zu befreien. Ihr Sieg bei Orléans brachte 1429 die Wende im Hundertjährigen Krieg. In Gefangenschaft geraten, wurde sie 1431 in Rouen auf dem Scheiterhaufen verbrannt. Seit ihrer Heiligsprechung 1920 ist die »**Jungfrau von Orléans**« neben der »Marianne« die zweite Patronin Frankreichs.

Jeanne-d'Arc-Denkmal

Im Rathaus regiert erstmals eine Bürgermeisterin

Als Prunkbau der Neorenaissance schmückt das Hôtel de Ville seit 1882 den großen Rathausplatz, den Doisneau als Kulisse für sein Kuss-Foto berühmt machte (▶S. 273). Die Fassade zieren 136 Statuen und Medaillons berühmter Pariser Künstler, Dichter und Denker, am Uhrturm thront die Pariser Stadtgöttin. Seit 2014 regiert Anne Hidalgo (PS) als Bürgermeisterin im Rathaus von Paris. Die eleganten Repräsentationsräume mit Rodins Bronzebüste der Republik und Wandgemälden von Puvis de Chavannes sind nicht zu besichtigen. Auf dem Rathausplatz, im Winter eine **Eislaufbahn** mit Flutlicht, beginnt am dritten Junisonntag der Kellnerwettlauf, bei dem ein Tablett mit Flasche und Gläsern 8 km weit balanciert werden muss.

Hôtel de Ville

★ RUE DU FAUBOURG SAINT-HONORÉ

Lage: 8. Arr. | **Métro:** St-Philippe-du-Roule, Madeleine, Palais Royal, Louvre | **www.faubourgsainthonoreguide.fr**

Auf zwei Kilometern säumen sündhaft teure Juweliere, renommierte Kunstgalerien und berühmte Modedesigner die Luxusmeile, an der auch Frankreichs ältestes Modehaus zu finden ist, das 1889 gegründete Label Lanvin.

M/N 5/6

Amtsantritt im Élysée-Palast: Die Frau, »ohne die ich nicht ich wäre«, nennt Präsident Macron seine Ehefrau Brigitte, Frankreichs neue First Lady.

Der Stil Frank-reichs

Wie Lanvin, das in Nr. 22 Damenmode, in Nr. 15 Herrenmode verkauft, ist auch Yves Saint Laurent mit gleich zwei Boutiquen vertreten, Nr. 32 und 38. Hermès hat in Nr. 24 sein Stammhaus zum Flagship Store ausgebaut, in dessen Schaufenster das Markentier hölzern steht: ein gedrechseltes Ross. Auch Chanel, Guy Laroche und Christian Lacroix vertreten die Riege der französischen Haute Couture.

Wo Models und Millionäre logieren

Oetkers Luxushotel

Konrad Adenauer war Stammgast im Hotel **Le Bristol** (Nr. 112), das für den deutschen Kanzler die Suite mit roten Rosen dekorierte – 30 000 Euro gibt das Hotel jeden Monat für seine Blumenpracht aus. Bekocht werden Stars und Prominenz aus aller Welt im eleganten Epicure von Dreisternekoch Erich Frechon. Woody Allen verewigte das Fünfsternehaus des Deutschen Rudolf Oetker in seinem Film »Midnight in Paris«, Paulo Coelho in seinem Roman »Der Zahir«. Im Teesalon mischen sich Topmodels einmal pro Monat unter die Gäste, um neueste Kollektionen zu zeigen.

€€€€ **Hotel Bristol**: 112, Rue du Faubourg Saint-Honoré | 8. Arr. Tel. 01 53 43 43 00 | Les Samedis de la Mode, 14.30 – 16 Uhr, 70 € www.lebristolparis.com

Ein Schloss für Frankreichs Staatsoberhaupt

Alljährlich Mitte September öffnet der **französische Staatspräsi-** **dent** die Türen seines Amtssitzes und lädt ein, den Palais de l'Elysée im Rahmen der Journées du Patrimoine zu entdecken. Das Arbeitszimmer des Präsidenten erstrahlt im opulenten Gold des 18. Jh.s. Wenn die Fernsehansprachen des Staatsoberhauptes, die im hauseigenen Fernsehstudio aufgezeichnet werden, beendet sind, erscheint als Schlussbild die angestrahlte Fassade des Rokokopalais – auch augenzwinkernd »Le Château« genannt.

Palais de l'Élysée

Der 1718 vor den Stadttoren erbaute Landsitz des Comte d'Evreux hatte eine wechselvolle Geschichte hinter sich, als Charles de Gaulle 1959 als erster Präsident der Fünften Republik einzog. Schon die zweite Besitzerin, die Marquise de Pompadour, Mätresse Ludwigs XV. und Grande Dame des Rokoko, war Straßengespräch der Pariser Gesellschaft. Napoleon III. nutzte das Luxuspalais für seine häufigen Rendezvous. Später raunte man über ein dort etabliertes Edelbordell, hörte man den erschrockenen Ruf von Madame Steinheil, als Félix Faure das Bewusstsein verlor – und als einziger Präsident neben der Geliebten im Palais verschied. Aber auch Geschichte wurde in dem dreistöckigen Gebäude geschrieben: Nach der Niederlage von Waterloo musste Napoleon hier 1815 abermals abdanken – diesmal endgültig. Seit 1871 erfüllt der Élysée-Palast seine heutige Funktion. Im Keller ist Frankreichs Kommandozentrale für die Atomwaffen installiert – bei der Amtsübergabe im Mai 2017 erhielt der neue französische **Präsident Emmanuel Macron** von seinem Vorgänger Hollande unter anderem auch die Codes für die Atomwaffen. Im Salon Murat tagt jeden Mittwoch der Ministerrat. Am 14. Juli vergnügen sich alljährlich bis zu 5000 geladene Gäste beim Gartenfest – respektabler lässt sich der Nationalfeiertag kaum begehen.

55 – 57, Rue du Faubourg Saint-Honoré

★ SAINT-DENIS

Lage: 10 km nördl. von Paris (A1)
Métro: Saint-Denis-Basilique
www.ville-saint-denis.fr

Frankreichs jüngste Großstadt hat viele Facetten: multikulturell, zukunftsorientiert und doch tief in der Geschichte Frankreichs verwurzelt. In seiner Kathedrale ruhen Frankreichs Könige, seine Cité du Cinéma ist eine Drehscheibe der Filmindustrie, sein Stade de France Nationalstadion.

BASILIQUE CATHÉDRALE DE SAINT-DENIS

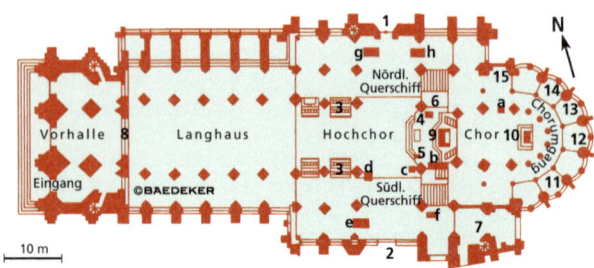

1 Porte des Valois
2 Südportal (13. Jh.)
3 Chorgestühl (Gaillon)
4 Bischofsthron
5 Marienfigur mit Jesuskind
   (aus St-Martin-des-Champs)
6 Zugang zur Krypta
7 Schatzkammer
8 Cavaillé-Coll-Orgel

ALTÄRE
9 Hauptaltar
10 St-Denis
11 Kreuzigung
12 Kindheit Jesu
13 St-Pérégrin
14 St-Eustache
15 Evangelisten
   (Mosaikenreste)

GRABMÄLER (Auswahl)
a Chlodwig
b Dagobert I./Nantilde
c Pippin III. der Jüngere
d Karl Martell
e Franz I./Claude de France
f Karl V.
g Ludwig XII./Anne de Bretagne
h Heinrich II./Katharina von Medici

*Wohn-
türme und
Welterbe*

Der »Friedhof der Könige«, wie Saint-Denis im Mittelalter genannt wurde, ist heute ein typischer Ort in der Banlieue von Paris. Hohe Arbeitslosigkeit und 30 Prozent Migranten sorgen für einen schlechten Ruf und überdecken, wie St-Denis Zukunft gestaltet – besonders im Süden, einem Hotspot für Immobilieninvestoren. Das hat auch Luc Besson erkannt, der mit Filmen wie »Im Rausch der Tiefe« oder »Arthur und die Minimoys« weltweit Erfolge feiert. Der Regisseur verwandelte ein stillgelegtes E-Werk in die **Cité du Cinéma Saint-Denis** – mit neun Kinosälen, Kantine für tausend Esser und einer Filmhochschule. Das Hollywood an der Seine inszeniert nicht nur Illusionen auf der Leinwand, sondern schafft handfeste Arbeits- und Ausbildungsplätze.

20, Rue Ampère | www.citeducinema.org
Führungen n. V. auf www.cultival.fr/visites/
les-coulisses-de-la-cite-du-cinema | Erw. 14,90 €

Fussball, Rock und Rugby

Stade de France Mit 82 000 Plätzen ist das **Nationalstadion** das größte Fußballstadion in Frankreich. Fast alle Heimspiele der französischen Nationalmannschaft werden hier ausgetragen. Der nachts blau beleuchtete Kessel ist zudem Heimstatt der Rugby-Teams Stade Français und Racing Métro 92 – bei Spielen der Rugby-Nationalmannschaft verwandelt es sich in einen Hexenkessel. Den Besucherrekord jedoch hält ein Konzert: 93 000 Menschen pilgerten zu U2 ins Stade de France.

Führungen: ab Eingang E, April –Aug., Schulferien tgl.
Frz. 10.30, 11.00, 13.30, 14, 15.30 und 16, Engl. 11 und 14 Uhr
Sept. – März Di. – So. Frz. 11 und 16, Engl. 14 Uhr
Erw. 15 €, 5 – 18 Jahre 10 €

Basilique Cathédrale de Saint-Denis

70 Marmorsärge für Frankreichs Monarchen

Laut Legende soll der **hl. Dionysius**, der um 250 n. Chr. auf Montmartre enthauptet wurde, seinen Kopf unterm Arm gen Norden zu einer Christengemeinde gelaufen sein, die den ersten Bischof von Paris heimlich begrub. Im 7. Jh. wurde das Grab zur Abtei ausgebaut, 996 unter Hugo Capet Grabstätte der französischen Monarchie. Bis auf Ludwig VII., Philipp I. und Ludwig XI. sind alle Könige Frankreichs mit ihren Gattinnen in der Basilika beigesetzt worden. Die meisten Gräber schmücken Liegefiguren, einige Herrscher werden barfuß gezeigt. Nur **Marie-Antoinette und König Ludwig XVI.** knien betend und in prächtigen Gewändern vor Stehpulten. Auffällig wie aufwendig ist das Renaissancemausoleum Ludwigs XII. († 1515) und seiner Gemahlin Anne de Bretagne († 1514). Daneben ruhen Heinrich II.

Grabkirche der Könige

HIMMLISCHE KLÄNGE

Sakrale Symphonien, Kammermusik und Rezitale: Beim Festival Saint-Denis im Juni werden ausgewählte Konzerte auf die Leinwand vor der Kathedrale übertragen (www.festival-saint-denis.com). Jazz, Blues und Funk erklingen im März bei den Banlieues Bleus in Saint-Denis (www.banlieuesbleues.org). Weltmusik hören Sie im Herbst bei den Villes du Musique du Monde (www.villesdesmusiquesdumonde.com).

(† 1559) und **Katharina von Medici** († 1589), die in Bethaltung liegend als Gisants, als Leichname, dargestellt sind. Als prachtvollen Triumphbogen entwarf Philibert de l'Orme das Grabmal für Franz I. (1494–1547) und Claude de France im südlichen Querschiff.

Wiege der Gotik

Architektur des Lichts

Hoch aufstrebende Pfeiler, Kreuzrippengewölbe, Spitzbögen und filigrane Strukturen statt blockhafter Romanik: Was **Abt Suger** beim Bau der 108 m langen und fast 30 m hohen Kathedrale wagte, war ein architektonisches Novum. Und läutete eine gänzlich neue Epoche ein: die Gotik. »**Gott ist Licht**« proklamierte der Abt Suger für die zum **UNESCO-Welterbe** erklärte Basilika, die Vorbild für die Kathedralen von Chartres, Laon, Amiens und Reims war. 37 Buntglasfenster, jedes zehn Meter hoch, lassen den Mittelpunkt des Chores in himmlischem Licht erstrahlen, wo sich der Altar befindet.

Die **Krypta** vereint die royalen Gebeine, die während der Revolution exhumiert wurden. In der Kapelle der Bourbonen ist das Herz Ludwigs XVII. ausgestellt, im Familiengrab des Königshauses haben Ludwig XVI. und Marie-Antoinette ihre letzte Ruhe gefunden. Im zweiten Gemeinschaftsgrab der Krypta ruhen königliche Mitglieder der Merowinger, Kapetinger, Orléans und Valois.

April – Sept. Mo. – Sa. 10 – 18.15, So. 12 – 18.15, Okt. – März Mo. – Sa. 10 – 17.15, So. 12.00 – 17.15 | www.saint-denis-basilique.fr

★★ SAINTE-CHAPELLE

Lage: 4, Boulevard du Palais (1. Arr.) | **Métro:** Cité
Nov. – März 9 – 17, April – Okt. 9.30 – 18 Uhr | Erw. 10 € | Sicherheitskontrollen | Mehr als 100 Konzerte pro Jahr, Karten: **www.classictic.com** | kostenlose Kirchenfenster-App: **www.sainte-chapelle.fr/Actualites/Application-Percez-les-secrets-des-vitraux**
www.sainte-chapelle.fr

Blau, Gold und Rot, ein funkelnder Reliquienschrein und mehr als 1000 biblische Szenen in leuchtenden Farben: Die alte Palastkapelle auf der ▸Île de la Cité ist ein Juwel der Gotik, dessen besonderen Zauber Sie auch regelmäßig bei Konzerten erleben können.

Schatz-
kammer
der Gotik

1,3 Mio. Francs hatte Ludwig IX. dem Kaiser von Byzanz für einen Dorn der Dornenkrone Christi und einen Splitter des heiligen Kreuzes gezahlt. Für die **kostbaren Passionsreliquien** ließ er 1244 – 1248 die Sainte Chapelle im hochgotischen Stil errichten. Während der Revolution geplündert, später Lagerhaus und Aktenarchiv, wurde zunächst angedacht, das Gotteshaus abzureißen, ehe man es ab 1846 und zu Beginn des neuen Millenniums erneut restaurierte. 720 der 1134 Buntglasfenster sind noch Originale des 13. Jahrhunderts.

Die ganze Bibel auf Glas

Man betritt die Ste-Chapelle durch die **Unterkapelle**, die kleiner und dunkler, für niederen Adel bestimmt war. Auf dem azurblauen Grund des Gewölbes und der Säulen leuchten die Lilien Frankreichs, auf Purpur die Türme aus dem Wappen der Mutter Ludwigs XI., Blanka von Kastilien. Über der Tür zur Sakristei ist aus dem 13. Jh. das älteste Pariser Wandbild erhalten: ein Fresko der Verkündigung Mariä.

Eine Wendeltreppe führt hinauf zur **Oberkapelle**, die Adel und Klerus vorbehalten war. Über eine Außenterrasse hatten die Könige direkten Zugang zur Haute Chapelle. Die Wände schmücken 100 verschiedene Kapitelle mit Blattwerkdekor, das sternenübersäte Kreuzrippengewölbe tragen 14 schmale Strebepfeiler. In Licht und Farben getaucht, glorifiziert die Kapelle das Leiden Christi. 1113 Szenen auf **15 Buntglasfenstern** schildern die Menschheitsgeschichte von der Schöpfung bis zur Auferstehung Christi. Die spätgotische Westrose illustriert die Offenbarung des Johannes. An sonnigen Tagen kommt das überwältigende Spiel des Lichts besonders schön zur Geltung. Der **große Reliquienschrein** mit einst 22 Reliquien stand früher auf

Zweigeteiltes Gotteshaus

SAINTE-CHAPELLE

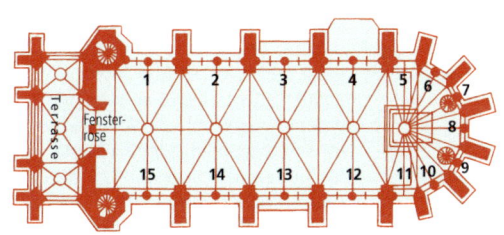

Heilige Kapelle

CHAPELLE HAUTE

10m
33ft
©BAEDEKER

SZENENFOLGE DER GLASMALEREIEN (ca. 615 m² Gesamtfläche; z. T. ergänzt)

1 Schöpfungsgeschichte, Adam und Eva, Noah, Jakob
2 Auszug aus Ägypten; Josef
3 Pentateuch, Levi, Moses' Gesetze
4 Deuteronom, Josua, Ruth und Boas
5 Richter: Gideon, Samson
6 Jesaja, Wurzel Jesse
7 Johannes der Evangelist, Leben der Maria, Kindheit Jesu
8 Christi Passion
9 Johannes der Täufer; Daniel
10 Weissagungen des Hesekiel
11 Jeremias; Tobias
12 Judith; Hiob
13 Esther
14 Könige Samuel, David, Salomo
15 Legende vom Heiligen Kreuz, Entdeckung des Kreuzes Christi, Erwerb der Reliquien durch Louis IX. und Übergabe, Einweihung der Heiligen Kapelle

einer Tribüne. Den Schlüssel zum Schrein besaßen allein die französischen Könige. Alljährlich zu Karfreitag zeigten sie die Reliquien feierlich dem versammelten Hofstaat – heute befinden sie sich in der Schatzkammer von ►Notre-Dame de Paris.

★★ SAINT-GERMAIN-DES-PRÉS

Lage: 6. Arr. | **Métro:** Saint-Germain-des- Prés, Mabillon, Odéon
www.saint-germain-des-pres.com

Jazzkneipen, Lifestyle und Literatencafés: Saint-Germain-des-Prés ist ein Kosmos mit vielen kleinen Welten. In seinen berühmten Cafés trafen sich einst Picasso, Hemingway und Jean-Paul Sartre. Noch immer locken Bars, Bistros und Boutiquen mit gehobener Lebensart. Grüne Oase ist der schönste Park der Stadt: der Jardin du ►Luxembourg.

Auf dem Weg von der Seine zum geschäftigen Boulevard de Montparnasse merkt man schnell: Saint-Germain-des-Prés ist die Fortsetzung des ►Quartier Latin, nur schicker. Im Wissenschafts- und Kulturviertel des Rive Gauche säumen Boutiquen und Buchhandlungen, Galerien und Antiquariate die Straßen. Jeder dritte Pariser Verlag ist im 6. Arrondissement ansässig. Antoinette Fouquette gründete aus der Frauenbewegung heraus vor vierzig Jahren in der Rue Jacob 35 die **Espace des Femmes** mit Frauenbuchladen, Galerie und Verlag. Autoren-Abende stehen ebenso auf dem Programm wie Veranstaltungen der Alliance des Femmes. Der Traditionsbuchladen **La Hune** am Boulevard Saint-Germain hat 2015 neu eröffnet als Forum für Architektur, Fotoausstellungen und Kunstbücher. Sammler antiquarischer Bücher werden bei Benoît Forgeot und Rieffel in der Rue de l'Odéon fündig, wo auch Flammarion seit 1876 seinen Stammsitz hat.

Existenzialisten, Jazzkeller und Skandale

Literaten-cafés der Boheme

Bekannt geworden ist das literarische und künstlerische Zentrum von Paris in den 1940er- und 1950er-Jahren durch **Jean-Paul Sartre und Simone de Beauvoir**. Sartre und seine Lebensgefährtin hatten ihren Stammplatz im Café de Flore am Boulevard St-Germain, dort lasen, arbeiteten und diskutierten sie mit Albert Camus und anderen Existenzialisten. In den Cafés verband sich das Angenehme mit dem Nützlichen, vertrug sich die soziale Nähe bestens mit dem gewärm-

OBEN: In der Sainte-Chapelle wird die Bibel in leuchtenden Farben erzählt. UNTEN: Kaffeehauskultur mit Tradition – als Erfinder des literarischen Cafés eröffnet Les Deux Magots seit 85 Jahren die Saison der Literaturpreise mit dem Prix des Deux Magots im Januar.

»DAS PARADIES DER DAMEN«

... nannte Émile Zola 1883 seinen Kaufhausroman über die schillernde Warenwelt des **Bon Marché**, das seine Kundinnen in den Kaufrausch und Einzelhändler in die Pleite trieb. Kein Geringerer als Gustave Eiffel hatte am Entwurf für das älteste Kaufhaus der Welt mitgewirkt, das 1852 in Paris seine Glastüren öffnete. Wo sich betuchte Pariser einst mit Hüten und Handschuhen eindeckten, locken heute Luxuslabels und die größte Feinkostabteilung der Stadt: La Grande Épicerie mit edlen Produkten aus aller Welt (Le Bon Marché, 24, Rue de Sèvres, Tel. 06 14 13 59 08, www.lebonmarche.com).

ten Ofen des Cafés, waren die Mansarden und Zimmer der Künstler und Literaten doch kalt und bescheiden. Sartre war es auch, der die intellektuellen Hauptquartiere charakterisierte. Café Flore: junge Literatur, Café Deux Magots: alte Literatur, Lipp: Politik. Markenzeichen des Chansonniers und Romanciers **Boris Vian** war beißende Ironie und makaberer Spott. Zusammen mit seiner Frau Michelle, Jacques Prévert und **Juliette Gréco**, die noch heute im Viertel lebt, verbrachte Vian seine Nächte in den überfüllten Jazzkellern von Saint-Germain. Seine Skandalwerke riefen die Zensur auf den Plan – und machten den »Prinz von Saint-Germain« zum Bestsellerautor. Mit 39 Jahren starb Vian 1959 während der Verfilmung seines umstrittenen Romans »Ich werde auf eure Gräber spucken«.

Lire et partir: zweistündige Rundgänge auf den Spuren von Schriftstellern und Philosophen | 15 € | www.lireetpartir.wordpress.com

Junge Treffpunkte und Shopping-Adressen

Das schönste Viertel zum Bummeln und Stöbern — Heute genießt man im **Kult** (▶S. 298) Bistronomie vom Feinsten oder im **Ze Kitchen Galerie** asiatisch inspirierte Köstlichkeiten. Seit 1955 original erhalten ist die erste Micro-Bar des Viertels. Heute ist **Le Dix Bar** wieder très branché, sehr angesagt: Werfen Sie eine Münze in die Jukebox und hören Sie die Hits von Goldman, Brassens und Ferré zur hausgemachten Sangria. Haute-Couture und Prêt-à-porter liegen in Saint-Germain-des-Prés dicht beieinander. In der **Rue de Rennes** sind Marken wie H&M, GAP und Kookaï vertreten. Am **Bou-**

levard **Saint-Germain** und in der Rue Grenelle finden Sie Mode von Armani, Dior und Sonia Rykiel, Karl Lagerfeld residiert in Nr. 194, Caroll in Nr. 156. Antiquitätenläden drängen sich in der Rue des Saints Pères, Rue du Bac und der Rue de Seine. Schuhfans müssen in die **Rue du Cherche Midi**. In der Markthalle von Saint-Germain verkaufen Twiggy und Michel Sanders Frankreichs beste Käsesorten. Dienstag bis Sonntag verspricht der **Freiluftmarkt in der Rue de Buci** frisches Obst und Gemüse nebst charmantem Pariser Flair.

Benediktinerabtei mit dem Grab Descartes'

Schon im 6. Jh. stand auf den Wiesen (prés) an der Seine eine Kirche, die Grabstätte der Merowingerkönige Childerich I., Chlothar II. und Childerich II. war. Nach der Heiligsprechung von Germanus (frz. Saint-Germain) erhielt die Abtei 754 den Namen des Pariser Bischofs. Im 9. Jh. von den Wikingern niedergebrannt, wurde die Abtei wieder errichtet, in der Französischen Revolution aber geschleift – und erst im 19. Jh. so aufgebaut, wie sie heute zu erleben ist. Aus jener Zeit stammt das Gemälde »Einzug Christi in Jerusalem« im Chor, das Hippolyte Flandrin geschaffen hat – von ihm hängt im ▶Louvre das bekanntere Werk »Jüngling am Meeresufer«. In der dem hl. Benedikt geweihten Seitenkapelle sind die Grabplatten des Philosophen René Descartes (†1650) und der beiden Gelehrten Johannes Mabillon († 1707) und Bernard de Montfaucon († 1719) zu sehen.
Neben der Abteikirche birgt ein winziger, von Haselnusssträuchern umstandener Park die Skulptur »Hommage à Apollinaire« von **Picasso**, der sein Atelier ganz in der Nähe in der Rue des Saints-Augustins hatte, wo er 1937 sein berühmtes »Guernica« vollendete.

Église Saint-Germain-des-Prés

Musée National Eugène Delacroix

Benannt wurde der kleine Platanenplatz nach dem deutschen Graf von Fürstemberg, der erst Bischof von Straßburg und später Kardinal der Abtei des hl. Germanus war. 1857–1863 wohnte Eugène Delacroix in der Rue de Furstemberg 6, als er die Fresken für die Kirche Saint-Sulpice schuf. Heute sind hier Gemälde, Zeichnungen und Druckgrafiken des romantischen Malers zu sehen sowie Kunst aus Nordafrika, die Delacroix von seinen Reisen mitbrachte.
Mi. – Mo. 9.30 –17.30, Führung Sa. 10.30 Uhr | Erw. 7 €, Kombiticket mit Louvre 15 €, EU-Bürger bis 26 J. frei | www.musee-delacroix.fr

Place de Furstemberg

Fotoagentur Magnum

Vor 70 Jahren gründeten Henri Cartier-Bresson, Robert Capa, David Seymour und George Rodger die legendäre Fotoagentur Magnum, die heute ihr Schaufenster in der Rue de l'Abbaye 13 hat. Im puristischen Ambiente zeigt sie jährlich vier Werkschauen ihrer 80 Vertragsfotografen, darunter Martin Parr, Lisa Sarfati und Marc Riboud.
Di. – Sa. 11 – 19 Uhr | www.magnumphotos.com, Eintritt frei

Magnum Gallery

Beim Shoppingausflug in der City kommt keine an Saint-Germain-des-Prés vorbei.

Delacroix' Fresken

Saint-Sulpice

Mit dem Chor der Abtei Saint-Sulpice wurde 1646 begonnen, aber erst 120 Jahre später kam die klassizistische Fassade zur Ausführung. In der ersten Kapelle der Südseite zeigen Fresken des 19. Jh.s von Delacroix den Kampf des hl. Michael mit dem Drachen, die Vertreibung Heliodors aus dem Tempel und Jakobs Ringen mit dem Engel. Sonntags um 16 Uhr erklingen Konzerte auf der klanggewaltigen **Cavaillé-Coll-Orgel**. 1822 gaben sich in dieser Kirche **Victor Hugo** und Adèle Foucher das Jawort, 1841 heiratete **Heinrich Heine** hier seine Mathilde, die Schuhverkäuferin Crescencia Eugénie Mirat. Seit **Dan Browns** Bestseller »Sakrileg« ist St-Sulpice gut besucht. Die Spur der esoterischen Mordgeschichte führt mitten durch das Gotteshaus, das den Schlüssel zum Heiligen Gral bergen soll.
Tgl. 7.30 – 19.30 Uhr | www.stsulpice.com

Skulptur als sinnliche Erfahrung

Musée Maillol

Kunstfreunde erhalten in der Rue de Grenelle 61 Einblick in Leben und Werk von Aristide Maillol (1861 – 1944). **Rodins großer Gegenspieler** sah im Einfachen immer wieder Neues. Sein Thema war mit wenigen Ausnahmen der Frauenkörper. Die Skulpturen, Zeichnungen und Gravuren stammen aus der Privatsammlung seiner Muse Dina Vierny. Außerdem zeigt das Museum Werke von Matisse, Degas, Picasso, Cézanne, Rodin, Kandinsky und Raoul Dufy.
Tgl. 10.30 –18.30, Fr. bis 21.30 Uhr |Erw. 13€ | http://museemaillol.com

KÖNIGIN DER BÄCKER

Bauernbrot statt Baguette? Das beste Brot in Paris kommt für viele von Apollonia Poilâne. Wenn ihr herzhaftes Bauernbrot seine Öfen verlässt, stehen die Hauptstädter Schlange.

Apollonia Poilâne war 18 Jahre alt, als sie 2002 nach dem Unfalltod ihrer Eltern die berühmteste Bäckerei von Paris erbte. 16 Jahre später herrscht sie über ein Brot-Imperium mit 160 Mitarbeitern und 18 Mio. € Umsatz. Nachdem ihr Vater Lionel Poilâne 1970 den väterlichen Betrieb in der Rue du Cherche Midi 8 übernommen hatte, verließ kein Baguette mehr die kleine, 200 Jahre alte Bäckerei. Dafür und in stetig wachsender Zahl die runden, zwei Kilo schweren, mit Natursauerteig fermentierten **Boules**, die dem Berufsstand schließlich auch seinen Namen gegeben hatten: »boulanger«.

Hefe oder Sauerteig?

Das mit Hefe zubereitete **Baguette** trat nämlich erst nach dem Ersten Weltkrieg seinen Siegeszug auf Frankreichs Tischen an. Mitte des 19. Jh.s brachten Wiener Bäcker das Rezept für die länglichen Hefebrötchen in die französische Hauptstadt mit, und schon 1870 sorgten mehr als 400 österreichische und deutsche Gastbäcker für die Deckung des Bedarfs vor allem der oberen Klassen. Durch das Inkrafttreten des Nachtbackverbots von 1920 wurde das zeitaufwendige Sauerteigverfahren zum wahren Luxus, während der Hefeteig eine nächtliche Präsenz vor der Frühbackung überflüssig machte.

Das Nachtbackverbot ist längst aufgehoben, und so setzen Poilânes Bäcker heute in drei Schichten im Keller des ehemaligen Klosters Sauerteig an, kneten Vor- und Backteig und schieben die bemehlten Teiglaibe in die großen Backöfen mit Holzfeuerung, wo zur Würze von Weizen aus dem Marne-Tal und Meersalz noch die der Eichen- und Pappelklötze tritt. Alle zwei Stunden werden Brote fertig, die auch an **prominente Stammkunden** wie Catherine Deneuve und die Starköche Alain Ducasse und Joël Robuchon gehen.

Rund um den Globus

Längst gibt es weitere Bäckereien am Boulevard de Grenelle 49 und in der Rue Debelleyme 38. Im Vorort Bièvres verschickt eine Manufaktur mit 24 Holzöfen täglich mehr als 5000 Laibe an Graubrotfreunde – die runden »Miche« werden weltweit an über 1500 Orten verkauft, darunter Bosten, New York und Tokio. Apollonias Erfolgsstory macht Mut und beweist, dass Brot auch ohne Fertigteig profitabel verkauft werden kann (www.poilane.fr).

Die Jahreszeiten bestimmen das Dekor der herzhaften Sauerteigbrote.

★★ SEINE

Verlauf: Die Seine entspringt im Burgund und mündet nach 780 km bei le Havre in den Ärmelkanal. Sie teilt Paris in das nördliche Rive Droite (rechtes Ufer) und das südliche Rive Gauche (linkes Ufer).

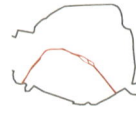

Bürgermeisterin Anne Hidalgo erklärte, es sei eine historische Entscheidung: Seit 2018 sind beide Seineufer im Zentrum für Autos gesperrt. Die Lebensader von Paris, seit Jahren entschleunigt, säumen heute Promenaden zum Flanieren, Radeln und Joggen. Die Pariser lieben ihren Fluss. Die Seine bedeutet Erholung, Entspannung und Lebensfreude im Herzen der Kapitale.

Wer die Hauptstadt auf der Seine durchquert, atmet Paris. Wie eine Perlenkette reiht der viel besungene Fluss die schönsten Bauwerke der Hauptstadt auf, die sich in seinen Fluten spiegeln. Seit 1991 gehören die Ufer zwischen Pont de Sully und Pont d'Iena zum Welterbe. Entdecken Sie Paris auf einer Seine-Rundfahrt, die von Bateaux Parisiens, Vedettes de Paris und den Bateaux Mouches angeboten werden. Alternative: der Batobus, eine Art Wasserbus, ▶S. 337.

Unesco-Welterbe

Wie für die Ewigkeit gemacht

Seinebrücken — Manche erinnern an einen Katzenbuckel, andere liegen brettschwer über dem Wasser oder häkeln so zart Ufer an Ufer, als wären sie von Feenhand gemacht. Einst vom Hochwasser gefährdet, erscheinen sie heute wie für die Ewigkeit in den Flussgrund gepflanzt: die Pariser Brücken. Im Stadtgebiet wird die Seine von 37 Brücken überspannt, drei davon für Fußgänger und Radfahrer. Im mittelalterlichen Paris waren die Brücken mit Läden und Wohnungen der Kaufleute bebaut. Ein Jahr nach der Hochwasserkatastrophe von 1740 wurde es verboten, neue Häuser auf den Seinebrücken zu bauen. Die alten fielen beim Ausbau zu Verkehrswegen dem Abriss zum Opfer.
Älteste Pariser Brücke ist die **Pont Neuf**. Auch die schmiedeeiserne **Pont des Arts** haben die Pariser besonders ins Herz geschlossen: An lauen Sommerabenden picknicken sie auf der Brücke. Als schönste Seine-Brücke gilt jedoch die **Pont d'Alexandre III** mit ihren opulenten Kandelabern, die das Grand Palais mit der Esplanade des Invalides verbindet und herrliche Ausblicke auf Invalidendom und Eiffelturm eröffnet (▶Abb. S. 94, 200, Baedeker Wissen S. 202).

Summer in the City

Badespaß an und auf der Seine — Im drückend heißen Sommer 1609 führte Heinrich IV. eine neue Mode ein: Er badete regelmäßig nackt im Fluss. Mehr als 4000 Männer folgten seinem Beispiel – und bereiteten den Damen ein ausgesprochenes Vergnügen. Schwimmen in der Seine ist heute nicht

mehr möglich, wohl aber, auf der Seine: Das Freibad **Piscine Jose-phine Baker** lädt vor der Nationalbibliothek zum Bahnenschwimmen auf einem Ponton in der Seine. Strandurlaub am Seineufer ermöglicht jeden Sommer **Paris-Plages** (▶Das ist Paris S. 24)
Piscine Josephine Baker: 8, Quai François Mauriac | Mo – Fr. 7 bis 8.30, 13 – 21, Sa., So. 11 – 19 Uhr | Erw. 3,60 € | www.piscine-baker.fr

Größte Freiluftbuchhandlung der Welt

Sie gehören seit mehr als 150 Jahren zum Stadtbild: die Pariser Bouquinisten. In traditionellen grünen Holzkästen, die abends verschlossen werden, verkaufen 240 Buchhändler unter freiem Himmel alte Bücher und kultige Comics, Poster und Postkarten, Landkarten und Stiche. Maximal 8 m darf der Stand für »bouquins« (Bücher) lang sein, wurde 1931 festgelegt – und daran hat sich seitdem nichts geändert. Geöffnet haben sie bei gutem Wetter von März bis Oktober, meist werden erst nachmittags die Stände geöffnet.

⭐ **Bouquinisten**

Rive Droite zwischen Pont Marie und Quai du Louvre, Rive Gauche zwischen Quai de la Tournelle und Quai Voltaire | Infos zu Standorten, Literaturpreis und Bouquinistenjournal »Le Parapet«: www.bouquinistedeparis.com

Stadt unter der Stadt

In das 2500 km lange Labyrinth der Abwasserkanäle von Paris geht es gegenüber vom Quai d'Orsay 93. Gut 5 m unter der Erde erklären Pläne, Dokumente und eine audiovisuelle Schau in mehreren Gängen die **Geschichte der Kanalisation** von Lutetia über den Speicher Siphon de l'Alma, der unter Napoleon III. vom Ingenieur Belgrand angelegt wurde, bis zum heutigen Paris.

Egouts de Paris

Pont de l'Alma | Place de la Résistance | 7. Arr.
Métro: Alma-Marceau, RER: Pont de l'Alma
Sa. – Mi. 11 – 17, Okt. – April bis 16 Uhr
Erw. 4,20 € | www.egouts.tenebres.eu

Kultur, Kommerz und Kulinarik

Wo früher Münzen geprägt wurden, locken heute Lebensart und Genuss in klassizistischem Ambiente. Philippe Prost verwandelte die 1775 erbaute französische Münze in »**La MétaL-morphose**«: Ausstellungen präsentieren Schätze der einst königlichen, 2001–2017 staatlichen Münzanstalt. Ein Concept Store begeistert mit luxuriösen Lifestyleprodukten des Comité Colbert, das der Parfümhersteller Guerlain ins Leben rief. Hier beweisen junge französische Designer, Grafiker und Kunsthandwerker ihr Talent. Stilgerecht stillt Guy Savoy dazu den Hunger im Sternerestaurant und einer stylischen Brasserie. Seine Münzen lässt Frankreich heute in Pessac herstellen, wo seit 1998 auch der Euro geprägt wird.

Monnaie de Paris

11, Quai de Conti | tgl. 11 – 19 Uhr | www.monnaiedeparis.fr

Magie einer lauen Sommernacht: Ein Blick auf die glitzernde Seinemetropole genügt. Zu Stein gewordene Geschichte, eine Weltstadt am Wasser, die ihren Fluss ins Zentrum des urbanen Lebens gestellt hat.

LEBENSADER DER HAUPTSTADT

Ein Spaziergang am Ufer der Seine entlang lohnt immer. Die schönsten Pariser Prachtbauten säumen den träge dahinströmenden Fluss. Doch es gibt noch viele andere Möglichkeiten, den Fluss zu genießen, als »nur« zu Fuß.

Platz der drei Opfer
Der Place de l'Alma, wo eine Flamme wie auf der New Yorker Freiheitsstatue brennt, ist Pilgerstätte für Besucher aus aller Welt, die hier Prinzessin Dianas gedenken – sie war 1997 unterhalb im Straßentunnel tödlich verunglückt.

Im Dreivierteltakt
Neben der Pont Alexandre III dümpelt eine Guinguette – hier tanzen die Hauptstädter Musettewalzer.

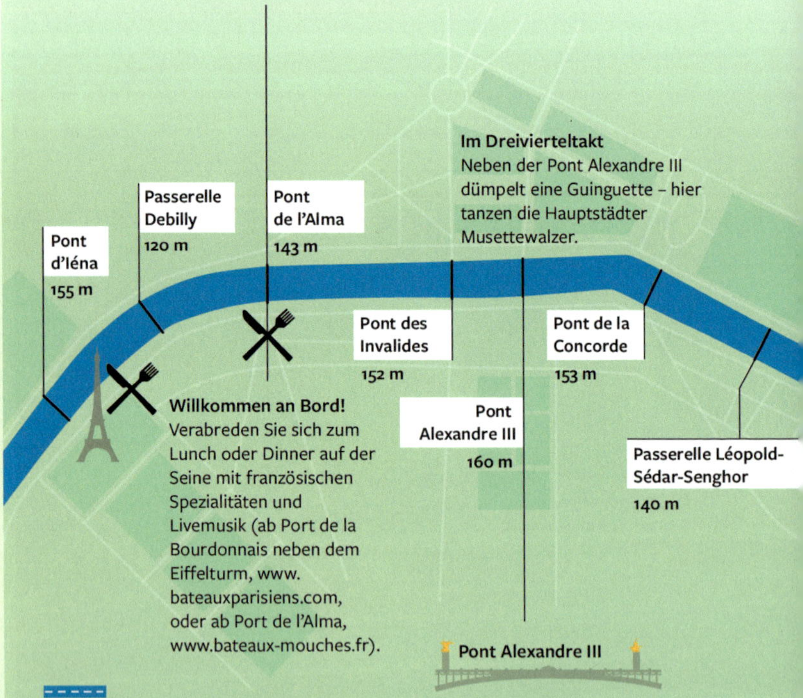

Pont d'Iéna
155 m

Passerelle Debilly
120 m

Pont de l'Alma
143 m

Pont des Invalides
152 m

Pont de la Concorde
153 m

Pont Alexandre III
160 m

Passerelle Léopold-Sédar-Senghor
140 m

Willkommen an Bord!
Verabreden Sie sich zum Lunch oder Dinner auf der Seine mit französischen Spezialitäten und Livemusik (ab Port de la Bourdonnais neben dem Eiffelturm, www.bateauxparisiens.com, oder ab Port de l'Alma, www.bateaux-mouches.fr).

Pont Alexandre III

Batobus
Im 15- bis 30-Min.-Takt pendelt der Batobus zwischen Eiffelturm und Jardin des Plantes. Mit einer Tageskarte kann man an neun Stationen beliebig oft aus- und einsteigen (www.batobus.com).

Der nach Zar Alexander III. benannte Brückenbogen ist dekorativ mit vergoldeten Statuen geschmückt, die für vier große Epochen der französischen Geschichte stehen: die Zeit Karls des Großen, der Renaissance, des Sonnenkönigs Ludwig XIV. und der Moderne.

▶ Flanieren am Seineufer

In den letzten Jahren hat Paris vermehrt Anstrengungen unternommen, um die von Schnellstraßen gesäumten Ufer als Freizeitbereich zu gewinnen, als autofreie Flaniermeile mit Radweg, schwimmenden Gärten, Inselcafés, Kulturbereich und Orten, um zu schauen und zu träumen (http://lesberges.paris.fr).

Pont Neuf

»Welche Brücke ist die älteste von Paris?« »Die neue Brücke!« (Pont Neuf). Sie wurde 1578 – 1607 erbaut und im 19. Jh. restauriert. Oft besungen, gemalt und Schauplatz von Filmen, ist sie die schönste und mit 330 m zugleich auch die längste der alten Seinebrücken. Sie überspannt beide Flussarme an der Westspitze der Île de la Cité.

Pont au Change

Während der Französischen Revolution wurden die zum Tode Verurteilten von der Conciergerie über die Pont au Change zum Place de la Concorde gekarrt, wo die Guillotine auf sie wartete.

Les Vedettes du Pont Neuf
Entdecken Sie Paris auf einer einstündigen Seinefahrt!
www.vedettesdupontneuf.com

Strand in der Stadt
Ab Mitte Juli baut die Aktion »Paris Plages« für zwei Monate Holzterrassen am Seineufer auf, stellt Palmen und Liegestühle bereit und lädt zum Strandvergnügen zwischen Louvre und Pont de Sully ein (http://quefaireparis.fr/parisplages).

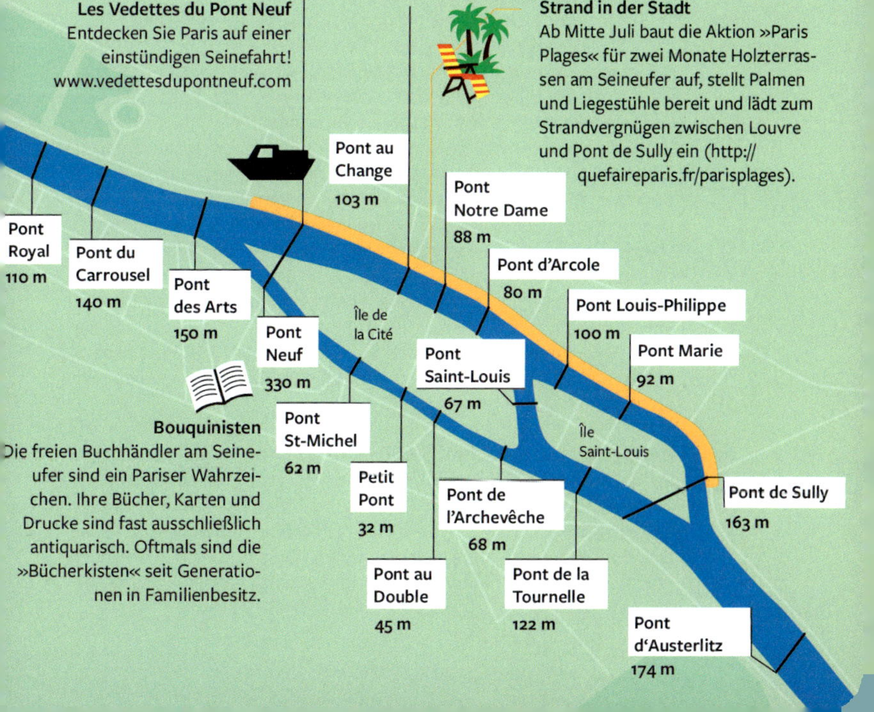

Bouquinisten
Die freien Buchhändler am Seineufer sind ein Pariser Wahrzeichen. Ihre Bücher, Karten und Drucke sind fast ausschließlich antiquarisch. Oftmals sind die »Bücherkisten« seit Generationen in Familienbesitz.

Pont Royal 110 m

Pont du Carrousel 140 m

Pont des Arts 150 m

Pont Neuf 330 m

Pont St-Michel 62 m

Petit Pont 32 m

Pont au Double 45 m

Pont au Change 103 m

Pont Notre Dame 88 m

Pont d'Arcole 80 m

Pont Louis-Philippe 100 m

Pont Marie 92 m

Pont Saint-Louis 67 m

Pont de l'Archevêche 68 m

Pont de la Tournelle 122 m

Pont de Sully 163 m

Pont d'Austerlitz 174 m

Île de la Cité

Île Saint-Louis

SORBONNE

Lage: 47, Rue des Écoles (5. Arr.) | **Métro:** Cluny-la-Sorbonne
www.sorbonne.fr

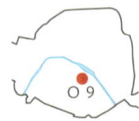

Sie gilt als Königin der französischen Unis und gehört zu den ältesten der Welt: La Sorbonne. Thomas von Aquin, Marie Curie und Simone de Beauvoir büffelten unter dem Stuckgewölbe des Grande Salle de la Bibliothèque.

Doch der Uni, 1257 auf Initiative von Robert de Sorbon, Domherr und Beichtvater Ludwigs IX., mit Unterstützung des Königs als Kolleg für 20 mittellose Theologiestudenten gegründet, geht es schlecht: Es fehlt an Platz und finanziellen Mitteln. Gebüffelt wird nicht mehr nur vor getäfelten Holzwänden, sondern auch in fensterlosen Kellern. Büroräume für Lehrende gibt es nicht; Sprechstunden werden auf Fluren oder in freien Hörsälen abgehalten. Wer im Bibliothekssaal recherchieren will, erhält maximal zwei Werke. Und sucht vergeblich eine Steckdose für den Laptop. Begehrt sind daher Studienplätze an einer Grande École, Kaderschmieden der Eliten von morgen.

Mythos mit Problemen

Aus Eins mach Dreizehn

Pariser Universität

Im Sprachgebrauch steht »Sorbonne« bis heute für die Pariser Universität. Allerdings wurde sie nach den Studentenunruhen von 1968 in **13 selbstständige Hochschulen** aufgeteilt, die sich auf das Stadtgebiet verteilen. Die historische Keimzelle im 5. Arr. teilen sich die drei Universitäten Paris Panthéon-Sorbonne, Paris III. Sorbonne Nouvelle und Paris IV Paris-Sorbonne, die – im Gegensatz zu anderen Ausgliederungen – international großes Ansehen genießen.

Genießen Sie das Flair der Alma Mater im Innenhof der Sorbonne oder in Studentcafés wie L'Écritoire am kleinen Platz vor der Hochschule. Die Hauptfassade schmücken Allegorien der Wissenschaft. Literatur, Naturwissenschaft und Kunst sind auch Thema des klassizistischen Wandbildes »Der heilige Hain« von Puvis de Chavannes im Grand Amphithéâtre, dem größten Hörsaal. In der kleinen Kapelle Ste-Ursule im Ehrenhof hat Kardinal Richelieu († 1642) in einem prunkvollen Barockgrab seine letzte Ruhe gefunden – Richelieu war ab 1622 Rektor der Uni gewesen.

Kolleg der drei Sprachen des klassischen Altertums

Collège de France

Franz I. wollte 1530 mit dem Collège des Trois Langues ein kirchenunabhängiges wissenschaftliches Kolleg schaffen, in dem Hebräisch, Griechisch und Latein wieder an den Urtexten studiert werden sollten. Entlohnt wurden die Gelehrten vom König und nicht, wie sonst üblich, von den Studenten. Das daraus hervorgegangene Collège de

France ist eine der berühmtesten akademischen Lehr- und For-schungsstätten Frankreichs. Bis heute gibt es keine Examen, und alle Vorlesungen sind **für jeden kostenlos zugänglich**. Und das bei so lillustren Professoren wie dem Dichter Paul Valéry, dem Philosophen Michel Foucault und dem Literaturkritiker Roland Barthes!

11, Pl. Marcelin-Berthelot | Besuch n. V. | www.college-de-france.fr

TOLBIAC

Lage: 11, Quai F. Mauriac (13. Arr.) | **Métro:** Bibliothèque François Mitterrand | **www.parisrivegauche.com**

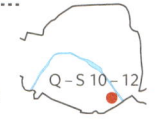

Angesagte Guinguettes, Musiklokale, und prestigeträchtige »Grands Travaux« sorgen im Pariser Osten für Dynamik, die Künstlern und Galeristen, Studenten und Szenegängern gefällt.

Tolbiac? Ist das nicht der Ort, wo Chlodwig 496 die Alemannen be-siegte und Kommissar Maigret knifflige Fälle löste? War! Vor 20 Jah-ren begann auf dem linken Seineufer die Revitalisierung der Hafen-und Industrieflächen zwischen Gare d'Austerlitz und der Stadtgrenze von Ivry-sur-Seine. Unter Federführung von Christian de Portzam-parc entstehen auf 130 ha Büros, Wohnungen und Erholungsflächen.

Aufbruch im Osten

La Maison des Projets »Paris Rive Gauche«: 11, Quai Panhard et Levassor | 13. Arr. | Di. – Sa. 12 – 18 Uhr | www.parisrivegauche.com

Babel der Bücher

Wahrzeichen des neuen Pariser Ostens wurde 1995 die Nationalbib-liothek von Dominique Perrault, der lieber Landschaften als Gebäude schaffen wollte. Er gruppierte seine vier 78 m hohen Türme aus Glas und Stahl um einen Garten mit Tannen, Eichen und Birken – ihre Sil-houette gleicht einem aufgeschlagenen Buch. In Analogie zum Gar-ten Eden symbolisiert auch das Grün den Griff zum Wissen. Und das ist hier so reich gespeichert wie sonst nur in Washington und Lon-don: Die Nationalbibliothek gehört neben der British Library und nach der US-Kongressbibliothek zu den größten Bibliotheken der Welt. Auf 430 Regalkilometern lagert **jede französische Neuer-scheinung seit 1945**: mehr als 30 Millionen Werke – gut 150 000 kommen jedes Jahr hinzu. Die kostbarsten Schriften ruhen klimati-siert im Betonsockel und Erdinnern. Die Bestände in den Türmen werden mit Mehrfachverglasung in isolierten Containern bei kons-tanter Temperatur und Luftfeuchtigkeit gehalten.

Bibliothèque Nationale de France François Mitterrand (BnF)

Mo. – Sa. 10 – 20, So. 13 –18 Uhr | Tagesticket Bibliothek & Lesesäle 3,50 €, Ausstellungen Erw. 9 € | www.bnf.fr

Musikschiffe, Mode und ein Megabahnhof

Am alten Freihafen Im Sommer säumen Guinguettes die Kailinie bei der Nationalbiblio-thek, schwimmende Musikbars mit Tanzflächen. Zu den schönsten gehört das knallrote Feuerschiff **Batofar**, wo man zu Hip-House, House und Electro-Pop abhottet, sich So. 11.30 – 16.00 Uhr zum Brunch trifft und von Mai – Sept. auf der Terrasse an Land lässig chillt (www.batofar.org). Die alten Zoll- und Lagerhallen des Freihafens haben eine knallige Hülle in Neongrün erhalten und die Magasins Gé-néraux von 1907 in ein Mekka der Kreativen verwandelt. In der **Cité de la Mode et du Design** zeigt der Nachwuchs bei Modenschauen und Festivals seine Entwürfe, sorgen Szene-Bars wie das Wanderlust mit ausgefallenen Events für Abwechslung im Pariser Nachtleben. Das 1921 von der SNCF errichtete Kühlhaus für Waren der Pariser Märkte ist nach Jahren der Hausbesetzung offizielles Domizil von 200 Malern, Musikern, Schauspielern und anderen Künstlern, die in **Les Frigos** Ausstellungen und Konzerte organisieren und ihre Ateliers bei den »Portes Ouvertes« öffnen. Jean Nouvel und Jean-Marie Duthill-eul machen den **Gare d'Austerlitz** bis 2020 fit für TGV-Züge – dann sollen Tours und Bordeaux mit 350 km/h angefahren werden.

Cité de la Mode: 34, Quai d'Austerlitz | www.citemodedesign.fr
Les Frigos: 19, Rue des Frigos, http://les-frigos.com

 TOUR EIFFEL

Lage: Quai Branly (7. Arr.) | **Métro:** Bir Hakeim, Trocadero
Juni – Mitte Sept. 9 – 24, sonst 9.30 – 23 Uhr | Erw. Treppe 7 €,
Lift bis 2. Etage 11 €, Lift zur Spitze 17 € | um die oft mehrstündigen Wartezeiten zu umgehen, sollte man sein Ticket vorab online buchen
www.toureiffel.paris | www.ticketzz.com

J 7

Er ist das Pariser Wahrzeichen schlechthin: der Eiffelturm. Seine Ausblicke auf Paris, sein abendliches Funkeln, seine Restaurants – und sein neuer Glasboden – sorgen für unvergessliche Augen-blicke von früh bis spätnachts.

Stahl in seiner schönsten Vollendung

Kein Wahrzeichen ist mehr auf Instagram verewigt, lockt häufiger zum Selfie-Schnappschuss: Was Google verraten hat, bestätigen all-jährlich mehr als sieben Millionen Besucher. Für sie ist es kaum vor-stellbar, dass die kühne Stahlkonstruktion von **Gustave Eiffel** zu-nächst auf massive Kritik stieß – oder gar hätte abgerissen werden sollen. »Monströs!« »Geschmacklos!« »Lächerlich!«, schimpften

Das Feuerwerk am Eiffelturm ist reserviert für den »Quatorze Juillet« im Juli.

DIE EISERNE DAME

Erst wenn man ihn gesehen hat, ist man wirklich in Paris angekommen: der Eiffelturm, eines der höchsten, bizarrsten und schönsten Bauwerke der Welt.

▶ **Nicht mehr der Höchste, aber immer noch der Schönste**
Der Eiffelturm im Vergleich

1889 Eiffelturm, Paris	1958 Tokyo Tower, Tokio	1969 Fernsehturm, Berlin	1976 CN Tower, Toronto	2010 Burj Khalifa, Dubai	2020 Kingdom Tower, Dschidda
327 m	332 m	368 m	553 m	828 m	1007 m

500 m · 400 · 300 · 200 · 100

▶ **Der Eiffelturm in Zahlen**

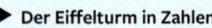

18 000 Stahlteile,
2,5 Mio. Nieten

10 100 Tonnen schwer

704 Stufen bis zum 2. Stock
1665 Stufen bis zum 3. Stock

über 7 Mio. Besucher pro Jahr

Alle 7 Jahre Lackanstrich mit 60 Tonnen Farbe
1889 > »Venedig-Rot«
1899 > »Gelb-Orange«
1960er > »Eiffel-Braun«

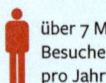

Bauzeit:
2 Jahre
2 Monate
5 Tage

Beleuchtung:
336 Projektoren,
20 000 Glühbirnen,
40 km Lichterketten
und Kabel

▶ **Weitere Bauwerke von Alexandre Gustave Eiffel (Auswahl)**

Garabit-Viadukt (Brücke), Frankreich

Souleuvre-Viadukt (Brücke; zerstört), Frankreich

Ponte Maria Pia (Brücke), Portugal

Budapest Nyugati pályaudvar, (Westbahnhof), Budapest

Tragwerk der **Freiheitsstatue,** USA

Bahnhof von Maputo, Mozambiqu

Casa de Fierro (Eisenhaus), Peru

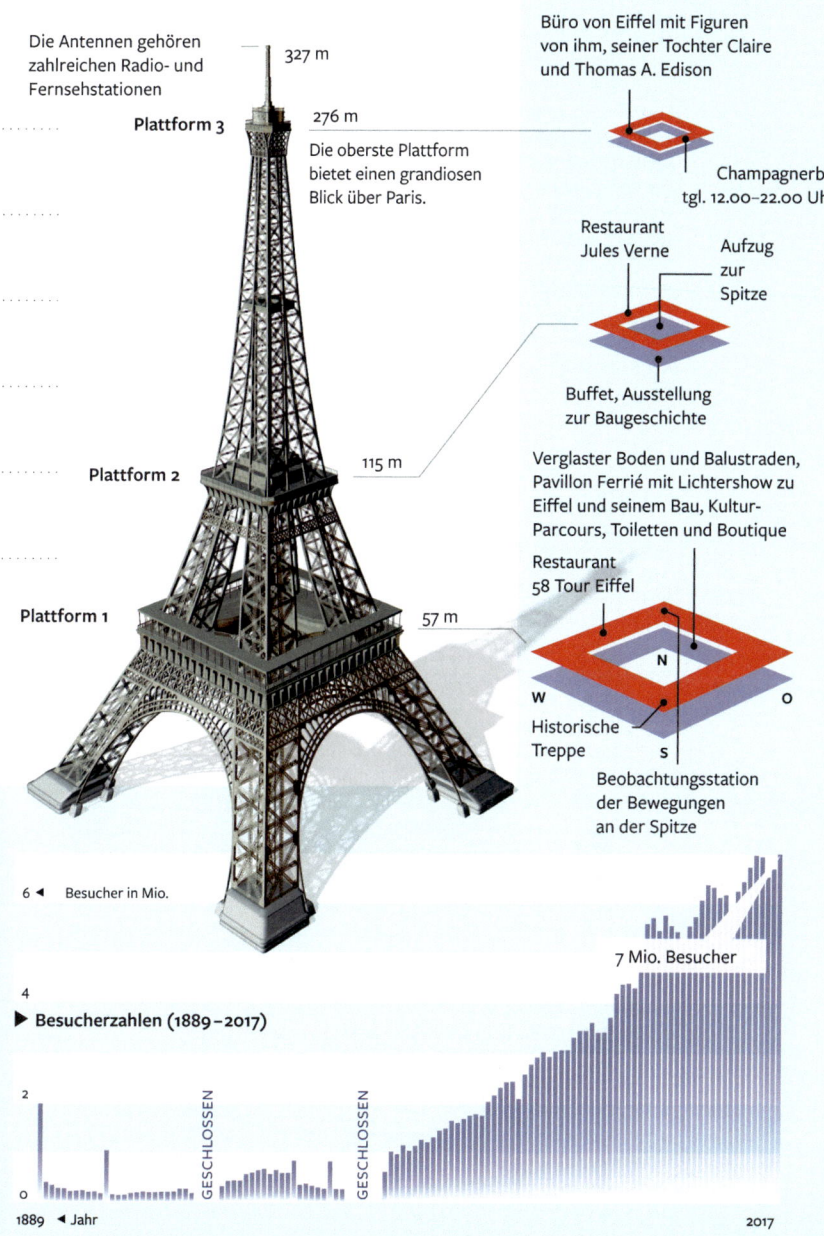

Die Antennen gehören zahlreichen Radio- und Fernsehstationen

327 m

Büro von Eiffel mit Figuren von ihm, seiner Tochter Claire und Thomas A. Edison

Plattform 3

276 m

Die oberste Plattform bietet einen grandiosen Blick über Paris.

Champagnerbar tgl. 12.00–22.00 Uhr

Restaurant Jules Verne

Aufzug zur Spitze

Buffet, Ausstellung zur Baugeschichte

Plattform 2

115 m

Verglaster Boden und Balustraden, Pavillon Ferrié mit Lichtershow zu Eiffel und seinem Bau, Kultur-Parcours, Toiletten und Boutique

Plattform 1

57 m

Restaurant 58 Tour Eiffel

N

W   O

Historische Treppe

S

Beobachtungsstation der Bewegungen an der Spitze

6 ◄ Besucher in Mio.

7 Mio. Besucher

4

► Besucherzahlen (1889–2017)

2

GESCHLOSSEN

GESCHLOSSEN

0

1889 ◄ Jahr

2017

209

Künstler und Intellektuelle über den Bau. Und waren doch so fasziniert, dass sie die kühne Konstruktion auf die Leinwand bannten. Signac, Utrillo, Chagall und besonders Robert Delaunay versuchten, mit Farben und neuen Formen die Dynamik des Turmes einzufangen. Schon während der zweijährigen Bauzeit galt die eigenwillige Eisenkonstruktion als Gipfel des Fortschritts. Eiffels zeitgemäßes Symbol für den Freiheitsgedanken der Revolution und Sieg über die Materie schlechthin gewann 1887 die offizielle Ausschreibung. Den Rang des **höchsten Bauwerks der Erde** musste der Eiffelturm allerdings schon 1930 an das 319 m hohe Chrysler Building in New York abgeben – seit 2010 ist Dubais Burj Khalifa mit 828 m das höchste Gebäude der Welt, 2020 soll der Kingdom Tower im saudi-arabischen Dschidda den Höhenrekord mit 1007 m brechen. Bis zur Antennenspitze 327 m hoch entstand »La dame de fer« **zur Weltausstellung 1889**. Das Tragwerk seines Turms hatte Eiffel so ausgelegt, dass auch bei extremer Windbelastung das reine Konstruktionsgewicht von 7300 t ausreichte, ein Umkippen zu verhindern. Durch die Vergitterung reduzierte sich der für Vollflächen berechnete Staudruck etwa um die Hälfte, also eine doppelte Absicherung.

Glitzerndes Wunder

Glanz-
voll mit
Glas-Kick

Seit 2015 liefern Solarpaneele und zwei Windturbinen 10 000 Kilowatt für die spektakuläre LED-Beleuchtung. Sobald es dämmert, erzeugen 20 000 Sparlampen das berühmte **Funkeln des Turmes** – erleben Sie es fünf Minuten vor jeder vollen Stunde bis ein Uhr nachts, im Sommer sogar bis 2 Uhr. Zur Beleuchtung am Abend gehört das Leuchtfeuer auf der Turmspitze, das bei klarem Wetter noch in 80 km Entfernung zu sehen ist. Hinauf geht's per Fahrstuhl – oder teilweise zu Fuß. Nur per Aufzug ist die dritte und kleinste Plattform in 276 m Höhe erreichbar – am besten buchen Sie vorab online ein »Ticket ohne Anstehen« bis zur Spitze. Ein 32 mm dicker **Glasboden** und schräge Balustraden eröffnen auf der ersten Etage unverstellte Ausblicke auch in die Tiefe. Völlig verglast ist auch das **Restaurant 58 Tour Eiffel,** das mittags im legeren, abends im eleganten Ambiente zum »picnique chic« rund um die offene Küche lädt. Deutlich teurer sind die Menüs im **Gourmetsrestaurant Jules Verne** im zweiten Stock. Wer dort einen unvergesslichen Abend verbringen möchte, muss lange im Voraus servieren (▶S. 294). Von 12 bis 22 Uhr schenkt die **Champagnerbar** perlende Schaumweine von Sternechef Alain Ducasse aus – Paris prickelt hier oben ganz besonders!

Einsatz für den Frieden

Champ
de Mars

Picknicken, Musik machen oder das Funkeln des Eiffelturms bewundern: Das Marsfeld, 1765 als Exerzierplatz der École Militaire angelegt und zwischen 1867 und 1937 Schauplatz der legendären Weltausstellungen, ist heute eine Parkanlage – und sehr beliebt für Frei-

EISZEIT AUF DEM EIFFELTURM

Cooler geht's kaum: Jeden Winter erhält der Eiffelturm auf der ersten Etage eine 200 m² große Eisbahn, auf die beim Gleiten um einen eisigen Mini-Eiffelturm Infrarotsensoren ausgelöst und Bilder auf das Eis projiziert werden. Und das Schönste daran: Das Eislaufvergnügen für alle ab vier Jahren ist kostenlos, selbst Leihschuhe gibt's gratis. Und wer eine Atempause braucht, kann sich an der Polarbar stärken oder auf breiten Holzbänken ausruhen.

luftkonzerte zum Nationalfeiertag. Am Ostende weihte Jacques Chirac im neuen Millennium vor der Militärschule eine Mauer des Friedens ein. Vorbild für die **Mur pour la Paix** war die Klagemauer in Jerusalem. In Paris ist es ein Pavillon aus Glas, Holz und Stahl, den 32 Säulen umgeben – in 32 Sprachen, auch auf Deutsch, steht auf ihnen das Wort »Frieden«. Doch von Frieden kann keine Rede sein: Seit seiner Aufstellung wurde das Monument wiederholt Opfer von Rassismus und Vandalismus. Über Spenden, um die Schäden zu beheben, freut sich www.murpourlapaix.org.

Kaderschmiede des Königs

»Statt eine zahlreiche Dienerschaft zu unterhalten und Mahlzeiten mit zwei Gängen, sollte man die Schüler an Selbstbedienung gewöhnen, Zwieback sollte man ihnen vorlegen, und sie an das Putzen ihrer Stiefel gewöhnen.« Erst 16 Jahre alt war der junge Soldat, der der königlichen Militärschule 1785 diesen Reformplan vorlegte. Nur ein Jahr statt der üblichen zwei hatte er die angesehenste Militärausbildung Frankreichs genossen und war als Leutnant entlassen worden mit den Worten »Sie können es unter Umständen weit bringen« – es war **Napoleon Bonaparte**, der spätere erste Kaiser der Franzosen. Ähnlich wie bei der Führungsakademie der Bundeswehr, fokussiert die École Militaire auf Fortbildung. Hinter die Kulissen kann man einmal im Jahr bei den Journées de la Patrimoine im September blicken. Einzige Ausnahme sind die Gottesdienste der **Chapelle Saint-Louis**, sonntags um 11 Uhr sind auch Außenstehende bei der Messe willkommen. Die dem hl. Ludwig geweihte Kapelle gehört zu den Meisterwerken von Jacques-Ange Gabriel im Stil Ludwigs XVI., den weißen Kirchensaal zieren Reliefs von Pajou und Gemälde mit Szenen aus dem Leben des Heiligen (https://dioceseauxarmees.fr).

École
Militaire

211

> »
>
> ### Frieden muss – wenn er nicht scheitern soll – in der geistigen und moralischen Solidarität der Menschheit verankert werden.
>
> «
>
> *Verfassung der UNESCO*

Bau mit Signalwirkung

UNESCO-Zentrale Es sollte ein monumentales Musterbeispiel der Moderne werden, das die Ideen der UNESCO hinausträgt, die 1945 in London von 37 Staaten ins Leben gerufen wurde. 1958 bezog die **UN-Organisation für Bildung, Wissenschaft und Kultur** (United Nations Educational, Scientific and Cultural Organization) in Paris ihren Stammsitz. Ein kühnes Y, erschaffen von Marcel Breuer (USA), Pier Luigi Nervi (Italien) und Bernard Zehrfuss (Frankreich). Die internationale Kooperation, die den Geist der Kulturorganisation wiederspiegelt, bestätigt großartige Kunst. Die Eingangshalle beherrscht Picassos »Sieg von Licht und Frieden über Finsternis und Tod«. Die »Mauern des Mondes und der Sonne« nach Entwürfen von Joan Miró zieren die Wände. Bronzereliefs von Hans Arp, Wandteppiche von Le Corbusier, ein Stahlmobile von Alexander Calder und eine »Liegende« von Henry Moore sind weitere Schmuckstücke. Im japanischen Garten erinnert ein Engelskopf an das von der Atombombe zerstörte Nagasaki.

7, Place de Fontenoy | z. Zt. keine Führung | www.unesco.org

Promenade am grünen Seineufer

Allée des Cygnes Ein schöner Spaziergang folgt südwestlich vom Eiffelturm der baumbestandenen »Schwanenallee«. An der Südspitze der Insel grüßt die **Freiheitsstatue**. Die kleine Kopie des New Yorker Originals erinnert daran, dass die Statue of Liberty 1886 ein Geschenk Frankreichs an die USA war und in Paris vom Elsässer Bartholdy angefertigt wurde.

★ TUILERIES

Lage: Zwischen Louvre und Place de la Concorde (1. Arr.)
Métro: Tuileries, Concorde

M/N 7

Heller Kies knirscht unter den Schritten. Im Bassin lassen Kinder Boote fahren. Den Eiffelturm im Blick, setzen sich Besucher ins Gras. Oder auf typisch französische Fermob-Stühle, die zwischen Statuen und Baumriesen im Jardin des Tuileries zum Abschalten und Auftanken à la Parisien einladen.

Erst unter Präsident Mitterrand erhielt der 25 ha große **Jardin des Tuileries** sein ursprüngliches Aussehen aus dem 17. Jh. zurück. Ab 1664 hatte **André Le Nôtre**, der später auch den Schlosspark von ▶Versailles entwarf, ihn für die Stadtresidenz der französischen Könige gestaltet – als Barockgarten mit geometrischen Rasenflächen, zentraler Kastanienallee, hufeisenförmigen Rampen und achteckigem Wasserbecken, das zwei Brunnen flankieren. Das Tuilerienschloss, in dem einst das Revolutionsparlament residierte und Napoleon seine Feldzüge plante, ging 1871 in Flammen auf und wurde geschliffen. Mitte des 19. Jh.s kamen das Ballspielhaus »Jeu de Paume« und die Orangerie hinzu, wo im Zweiten Kaiserreich Orangenbäume, Oleander und andere südländische Pflanzen überwinterten. Verschönert wurde der Park damals wie heute mit Skulpturen. Rodin, Maillol und Moore sind ebenso vertreten wie Plastiken von Gegenwartskünstlern wie Tony Cragg und Lawrence Weiner. Im Sommer gastiert die **Fête des Tuileries** im Park mit Riesenrad, Wildwasserbahn und XXL-Bungee, Crêpes, Churros und Burgunderbraten. Das ganze Jahr hindurch dreht das nostalgische Karussell seine Runden. Sportlicher ist die Trampolinanlage für den Nachwuchs. Drei Cafés im Grünen laden ein, die Mußestunden zu verlängern.

Tgl. 7.30 – 21.00, im Winter bis 19.00 Uhr, Eintritt frei

Barocke Grün-anlage

Monets Seerosen faszinieren durch die Farbgebung und Kühnheit der Pinselführung.

Ein Sommer, der niemals endet

Musée Nationale de l'Orangerie

Am Tag des 11. November 1918, dem Ende des Ersten Weltkriegs, erreichte den damaligen französischen Premier Georges Clemenceau ein Brief seines Freundes Claude Monet. Darin erklärte der 78-jährige Impressionist, dem französischen Staat als Zeichen der Freude über den Sieg seine **Seerosenbilder** schenken zu wollen. Auf den Wänden zweier ovaler Räume in der Orangerie wurde Monets monumentale Wasserlandschaft angebracht, die begeisterte Kritiker von der »Sixtinischen Kapelle der modernen Kunst« sprechen ließ. Das Motiv für die »Nympheas«-Kompositionen in Blau, Grün und Rosé fand Monet zwischen 1914 und 1917 in seinem Garten in Giverny. Sieben Gärtner waren hier damit beschäftigt, die Blätter der Seerosen zu putzen, die Monet selbst gepflanzt hatte. In weniger groß-zügigen Kabinetten mit Kunstlicht sind außerdem Arbeiten von Rousseau, Renoir, Picasso, Matisse, Derain, Modigliani und anderen Meistern der klassischen Moderne aus der Sammlung Guillaume-Walter zu bewundern.

Mi. – Mo. 9 – 18 Uhr | Erw. 9 €, 1. So. im Monat freier Eintritt
www.musee-orangerie.fr

Fotografie und künstlerischer Film

Jeu de Paume

Für besondere Erlebnisse sorgt das einstige Ballspielhaus Jeu de Paume (paume = Handfläche zum Schlagen des Balles), das zur Nationalgalerie umgestaltet wurde. Sie zeigt neben renommierten visuellen Künstlern auch Nachwuchstalente.

Di. – So. 11 – 19, Di. bis 21 Uhr| Erw. 10 €, am letzten Di. im Monat 17 – 21 Uhr freier Eintritt für EU-Bürger unter 26 Jahren
www.jeudepaume.org

★★ VERSAILLES

Lage: 20 km südwestlich von Paris | **Einwohnerzahl:** 86 000

Wie verschwenderisch der Glanz, was für geniale Wasserspiele, welch eine Gartenarchitektur: Mit dem Château de Versailles hat Ludwig XIV. eine Barockresidenz hinterlassen, die Vorbild für viele Königsschlösser wurde. Doch keines symbolisiert so opulent die absolute Macht wie das Schloss des Sonnenkönigs, das Bürgerkönig Louis Philippe zum »Museum für alle« machte.

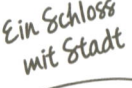

Ein Schloss mit Stadt

Mit einem der ehrenamtlichen **Versailles Greeter** können Sie außerdem dem Schloss auch die alten Viertel der eleganten Hauptstadt des Département Yvelines entdecken, heute ein reizvoller Wohnort im

Grünen, den zweistündige Touren vorstellen – kostenlos! Im Stadtteil Saint-Louis ließ der Sonnenkönig die **Salle du Jeu de Paume**, eine höfische Spielstätte für den Vorläufer des Tennis, anlegen und den **Potager du Roi**, den Küchengarten des Hofes. 1754 folgte der Bau der **Cathédrale St-Louis,** deren historische Orgel von Clicquot und Cavaillé-Coll bei Konzerten mit ihrem gewaltigen Klangvolumen überrascht und berauscht (www.cathedrale-versailles.org). Im nördlichen Teil der Stadt ließ der Sonnenkönig einen der schönsten Märkte Frankreichs erbauen: Der **Marché Notre-Dame** ist ein Schlaraffenland feinster französischer Produkte und Spezialitäten. Nach dem Marktbummel lohnen auch die 1684 –1686 von Jules Hardouin-Mansart errichtete Église Notre-Dame, die Antiquitätenläden rund um den ehemaligen Kerker sowie das stadtgeschichtliche **Musée Lambinet** mit Möbeln, Gemälden, Waffen und charmantem Teesalon einen Besuch. Hauptverkehrsader ist die breite Avenue de Paris. Sie endet am weiten Place d'Armes, den die im Osten 1679 – 1685 von Mansart erbauten Marställe säumen. Ein schwarzgoldenes Tor öffnet sich zur Hauptattraktion: Schloss Versailles.

Versailles Greeters: www.versailles-tourisme.com/greeters
Musée Lambinet: 54, Bd de la Reine 54 | Sa.– Do. 14 – 18 Uhr
Dauerausstellung Erw. 4 € | Sonderschau Erw. 6 €
www.versailles.fr

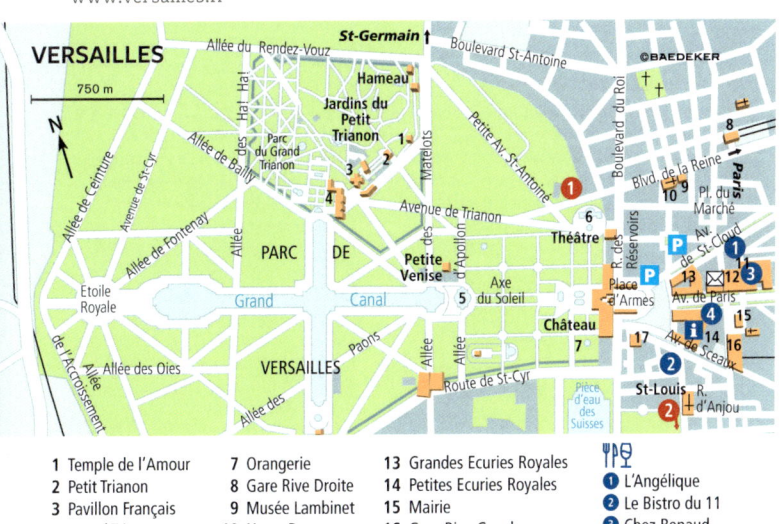

1	Temple de l'Amour	7	Orangerie	13	Grandes Ecuries Royales
2	Petit Trianon	8	Gare Rive Droite	14	Petites Ecuries Royales
3	Pavillon Français	9	Musée Lambinet	15	Mairie
4	Grand Trianon	10	Notre-Dame	16	Gare Rive Gauche
5	Bassin d'Apollon	11	Préfecture	17	Palais de Congrès
6	Bassin de Neptune	12	Palais de Justice		

❶ L'Angélique
❷ Le Bistro du 11
❸ Chez Renaud
❹ À la Ferme

❶ Trianon Palace
❷ Le Home St-Louis

215

VERSAILLES ERLEBEN

OFFICE DU TOURISME
2 bis, Avenue de Paris
F – 78000 Versailles
Tel. 01 39 24 88 88
www.versailles-tourisme.com
www.chateauversailles.fr

DIE WELT DES PARFUMS
Tauchen Sie ein in die Welt der
Aromen, aus denen Profis Parfums
komponieren. Im Herzen ihrer Aus-
bildungsstätte, dem Conservatoire
International des Parfums, lernen
Sie bei Workshops der Osmothèque
die Bedeutung der Rose für die Duft-
herstellung und die Geheimnisse
königlicher Parfüms kennen.
36, Rue du Parc de Clagny
Kurse: www.osmotheque.fr

ANFAHRT VON PARIS
RER C bis Versailles Rive Gauche –
Château de Versailles | SNCF: Tran-
silien N ab Montparnasse, U ab La
Défense Grande Arche bis Versailles-
Chantiers, L ab Saint-Lazare bis Versailles Rive Droite, RATP-Bus 171
vom Pont de Sèvres zum Schloss

EVENTS
Le Mois Molière im Juni mit Open-
Air-Theater auf Plätzen und Straßen,
die Promenades Contées im Juni bis
Aug. und Les Grandes Eaux, ▶S. 223

❶ TRIANON PALACE €€€€
Wahrhaft königlich logiert man im
eleganten Gründerzeitpalais. Gourmets lassen sich von der michelin-

besternten Küche Gordon Ramsays
verwöhnen, Entspannung pur verhei-
ßen die Massagen im Spa Guerlain.
1, Boulevard de la Reine
Tel. 01 30 84 50 00, 166 Z.
www.hiltonhotels.com

❷ LE HOME SAINT-LOUIS €€
Sehr gepflegtes Haus im charmanten
Saint-Louis-Viertel südl. vom Schloss
28, Rue Saint-Louis
Tel. 01 39 50 23 55
www.lehomestlouis.com

❶ L' ANGÉLIQUE €€€€
Sternechef Regis Douysset serviert
Traditionsküche mit Taube, Ochs
und Krebs. Die obere Etage seines
Lokales ist ruhiger und stilvoller.
27, Avenue de Saint-Cloud
Tel. 01 30 84 98 85
www.langelique.fr

❷ LE BISTRO DU 11 €€€€/€€€
Allerbeste saisonale Bistronomie:
2017 hat Sternekoch Jean-Baptiste
Lavergne-Morazzani in neuen Räumen beim Schloss wiedereröffnet.
10, Rue de Satory | Tel. 01 75 45
63 70 | www.lebistrotdu11.com

❸ CHEZ RENAUD €€/€
Leckere junge Bistroküche – mittags
für 18 €, abends für 25 €. Auf der
Karte: Foie Gras, Lamm und Rind
4, Rue Philippe de Dangeau
Tel. 01 85 15 22 39
www.restaurantchezrenaud.com

❹ A LA FERME €
Nahe der Saint-Louis-Kathedrale gibt
es im »Bauernhof« Grillküche und
Deftiges aus dem Südwesten.
3, Rue du Maréchal Joffre
Tel. 01 39 53 01 81
www.alaferme-versailles.com

★★ Château de Versailles

Kommen Sie früh, kaufen Sie **Tickets** vorab online und planen Sie einen ganzen Tag – so umgehen Sie die mehrstündigen Warteschlangen. Haupteingang A ist für Besucher mit Eintrittskarte, Eingang B für Gruppen, Führungen starten gegenüber vom Ticketoffice. Erw. 18 € für Palast, Park & Audioguide | www.chateauversailles.fr Am Grand Canal beginnen Segway-Touren durch den Park (www.versaillesevents.fr, ab 35 €/1 Std.) und Shuttlefahrten im Petit Train (www.train-versailles.com, April – Okt. Mo. 11.10 – 17.10, Di. – So. 10.10 – 18.10, Nov. – März Di. – So. 11.10 – 17.10 Uhr, Erw. 7,50 €) zwischen Schloss und Trianon vorbei an 18 Stationen im Park. Achtung: Koffer und Reisetaschen dürfen aus Sicherheitsgründen nicht mitgenommen werden | Den Hunger stillt seit dem Jahr 1900 La Flotille – in der € Brasserie mit Burgern, Steak und Salaten, im €€ Restaurant mit traditioneller französischer Küche (http://la flottille.fr). Zweites Terrassenlokal mitten im Park ist €/€€ La Petite Venise (Tel. 01 39 53 25 69, www.lapetitvenise.com) Virtuelle Tour: http://bienvenue.chateauversailles.fr

Gigantischer Märchenpalast

Das kleine Jagdschloss Ludwigs XIII. verwandelte sein Sohn ab 1661 über 50 Jahre in einen Palast der Superlative: glanzvolles **Symbol des Absolutismus**, Paradebau des Hochbarock – und Ausdruck einer Gigantomanie, die Frankreich in den Ruin trieb. Zuständig für den Ausbau war der Architekt Louis Le Vau, der den Vorgängerbau nicht abreißen ließ, sondern geschickt ummantelte. 18 Jahre später übernahm Jules Hardouin-Mansart das Projekt. Die Innenausstattung schuf Charles Le Brun, Garten und Park gestaltete André Le Nôtre. Wie teuer der Riesenbau war, verraten die Rechnungen, die komplett erhalten sind: 25 386 Livres, rund 100 Mio. Euro. 36 000 Menschen und 6000 Pferde wirkten am Bau mit. Nichts wurde in Versailles dem Zufall überlassen, alles war genau geplant. Seine Architektur spiegelt die absolutistische Hierarchie wider: Im zentralen Mitteltrakt lebte der König, in den Seitenflügeln der Adel – hochgestellte Aristokraten hatten Blick zum Garten, niederer Adel zur Stadt. Von den 10 000 Bediensteten wohnte die Hälfte im Schloss, der Rest in der Stadt. Abgeschottet wie heute war der Palast damals nicht: Der Sonnenkönig inszenierte sein Leben auch für Untertanen und Besucher – Marie-Antoinette soll bei der Geburt eines ihrer Kinder angesichts der vielen Schaulustigen vor Aufregung fast gestorben sein.

Die Nachfolger Ludwigs XIV. haben nur wenig verändert. Die Rokokogemächer und das klassizistische Kleine Trianon gab Ludwig XV. in Auftrag, die Erweiterung des Parks veranlassten Ludwig XV. und Ludwig XVI., der 1789 durch die Revolution zur Rückkehr nach Paris ge-

Vom Jagdschloss zum Welterbe

CHÂTEAU DE VERSAILLES

*Nirgendwo sonst ist ein Herrschafts-
gedanke so konsequent und beeindru-
ckend und gleichzeitig so geschmackvoll
und harmonisch umgesetzt worden wie
in der glanzvollen, stilprägenden Barockresidenz des Sonnenkönigs.*

Öffnungszeiten
und Preise: ▶S. 217

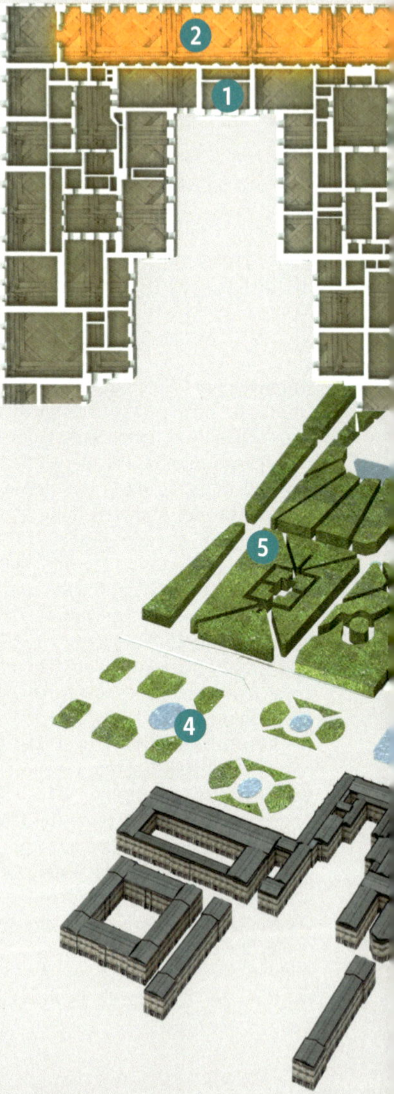

❶ Chambre du Roi
Im Zentrum des Schlosses liegt das Schlafzimmer des Sonnenkönigs mit opulentem
Skulpturendekor – der Schauplatz des
»lever (bzw. coucher) du roi«. Enge Ver-
traute brachten die neuesten Nachrichten,
während der König aufstand, vom Hofarzt
untersucht, dann rasiert und gepudert
wurde. Dann folgte das »Grand Lever« vor
Dutzenden von »Zuschauern«, bei dem er
seine Schokolade trank und sich fertig an-
kleidete. Eine Balustrade teilte den »privaten« vom »öffentlichen« Teil des Raums.

❷ Schicksalsort Europas
Gleich zweimal wurde im prunkvollen
Spiegelsaal die deutsche Geschichte fest-
geschrieben: 1871 wurde hier der deutsche
Kaiser proklamiert und 1919 der Versailler
Friedensvertrag unterzeichnet.

❸ Wasserparterre
Flussgötter, anmutige Nymphen und
verspielte Putti bevölkern die Wasserbecken
vor der Hauptfassade.

❹ Orangerie
Unterhalb des Südparterres, zwischen den
»Treppen der 100 Stufen«, hat Hardouin-
Mansart die Orangerie versteckt. Dank der
Doppelverglasung sank die Temperatur nie
unter 5°C. Über 1000 in Kübel gepflanzte
exotische Bäume geleiten zum fast 700 m
langen »Schweizer Teich«.

⑤ Boskette

Zu beiden Seiten der Hauptachse bilden romantische »Wäldchen« aus Buchenhecken intime Räume für höfische Festlichkeiten und Vergnügungen .

⑥ Opéra Royale

Nach nur zweijähriger Bauzeit wurde der prächtige Opernsaal 1770 mit Goldstuck zwischen Spiegelwänden und Marmor als Imitat vollendet. Ganz aus Holz liefert er eine ausgezeichnete Akustik. Durch eine raffinierte Technik lässt sich der Zuschauerraum mit Platz für mehr als 700 Gäste auch in einen Ballsaal verwandeln. Besichtigen lässt sich die Oper außerhalb der sehr sehenswerten Vorstellungen nur auf Führungen im Aug. Di. – So. 9.45 Uhr n. V., Tel. 01 30 83 78 00, www.chateau versailles-spectacles.fr.

OBEN: Touristenmagnet
Ludwig XIV. – als »Sonnenkönig«
ging er in die Geschichtsbücher
ein. Sein Schloss feiert mit
Prunk und Pracht den Absolutismus.
UNTEN: Zum Inbegriff von Glanz und
Prestige wurde der berühmte
Spiegelsaal. Hier werden
das Tageslicht wie das Licht von
Kronleuchtern und Kristallüstern
in 357 Spiegeln reflektiert, um den
Raum noch größer wirken zu lassen –
ein technisches Wunderwerk
des Hochbarock.

zwungen wurde. Versailles verlor seine Bedeutung, bis es deutsch-
französische Geschichte schrieb: Im Krieg 1870/71 war das Schloss
Hauptquartier der deutschen Armee, am 18. Januar 1871 wurde im
Spiegelsaal das Deutsche Reich proklamiert, am 28. Juni 1919 der
Versailler Friedensvertrag unterzeichnet. Bis 2020 wird das Gesamtkunstwerk Versailles, das seit 1979 **UNESCO-Weltkulturerbe**
ist, restauriert. Wer die Sanierung der Gartenanlagen unterstützen
möchte, kann Baum, Statue oder Bank im Park adoptieren und wird
zum Dank auf einer Plakette verewigt.

Glanz, Glorie, Sonnenstaat

Die Place d'Armes geht über in den Cour d'Honneur mit dem **Reiter-** — Entstehung
standbild Ludwigs XIV. von 1835. Hinter dem vergoldeten Gitter- — der Barock-
zaun liegt der Cour Royale, der einst der königlichen Familie vorbe- — residenz
halten war. Den Marmorhof mit Schwarz-Weiß-Kacheln aus dem
Château Vaux-le-Vicomte hatte Ludwig XIII. anno 1623 für sein Jagdschloss anlegen lassen, das ihn u-förmig umfasst – die königlichen
Privatgemächer lagen im ersten Stock. Le Vau legte um das U einen
zweiten Gebäudering mit Wohnräumen der Thronfolger und Thronfolgerinnen im Erdgeschoss und großen Appartements im ersten
Stock. Mansart fügte den Spiegelsaal, Nord- und Südflügel hinzu. Zur
Stadt hin misst die Schlossfront 700 m, 2300 Räume birgt das Innere!
Vollendet wurde der Prachtbau durch Schlosskapelle und Oper.

Museum für alle

Erst im 19. Jh. wurde die 120 m lange **Schlachtengalerie** im Süd- — Galeries des
flügel im Auftrag von Bürgerkönig Louis Philippe angelegt. Er ließ — Batailles
hier für alle die wichtigsten Werke zum Ruhme Frankreichs ausstellen: Gemälde und Büsten berühmter Heerführer. Davids Gemälde
»Die Krönung Napoleons « gab dem **Krönungssaal** seinen Namen.

Gemächer der Königin

Vielfarbiger Marmor und vergoldete Bronzereliefs schmücken das — Apparte-
Treppenhaus zu den Gemächern der Königin, die mit dem Gardesaal — ments de
beginnen. Im Antichambre, dem Vorzimmer der Königin, warteten — la Reine
Besucher, bis sie von der Königin im Schlafzimmer oder Audienzsaal
empfangen wurden. Drei Königinnen und zwei Thronfolgerinnen
Frankreichs bewohnten das Chambre de la Reine und gebaren hier 19
Prinzen und Prinzessinnen. Vom Schlafzimmer aus zugänglich sind
die Privatgemächer der Königin, die Petits Appartements.

Frankreich als Friedensbringer

Der Salon des Friedens wurde 1680 – 1686 als Gegenstück zum Salon — Salon
des Krieges auf der anderen Seite der Spiegelgalerie ausgeführt. Das — de la Paix
Deckengemälde von Le Brun zeigt Frankreich als Friedensbringer,
das Kaminbild von Lemoyne Ludwig XVI. als 17-Jährigen.

Der weltberühmte Spiegelsaal

Galerie
des Glaces
▶Abb. S. 220

Im Jahr 1678 beschloss Ludwig XIV. den Bau einer Galerie, die beide Salons verbinden und mit monumentalen Deckengemälden seine ersten 17 Regierungsjahre von der Machtübernahme 1661 bis zum Frieden von Nimwegen 1678 feiern sollte. Die Zahl 17 gliedert auch den großen Spiegelsaal, ein technisches Wunderwerk der Epoche des Hochbarock – wegen der Ausdünstungen des Quecksilbers bei längerem Aufenthalt aber durchaus mit gesundheitlichen Gefahren verbunden. 17 Fenster öffnen sich zum Garten, deren Licht 17 gegenüberliegende Spiegel reflektieren – was für eine Raumwirkung, die Mansart für die 73 m lange, gute 12 Meter hohe Galerie mit fast 1000 Quadratmetern Fläche und **357 Spiegeln** ersonnen hatte! Le Brun, der Direktor der staatlichen Gobelin-Manufakturen, entwarf die Inneneinrichtung. Damals fanden nur selten Festlichkeiten im Prunksaal statt – meist wurde die Galerie als Durchgangsraum zwischen den Gemächern Ihrer Majestäten genutzt, in dem die Höflinge ihre Aufwartung machten. Heute aber können Sie die besondere Magie bei den **Fêtes Galantes** im Mai und den **Sérénades Royales** Juni bis Sept. erleben (www.chateauversailles-spectacles.fr).

Gemächer des Sonnenkönigs

Chambre
du Roi

Zentrum des Staates war das zeremonielle Schlafgemach des Monarchen. Ludwig XIV. ließ es 1701 genau dort einrichten, wo ihn die Sonne als Ersten begrüßen konnte. Morgens (Lever du Roi) und abends (Coucher du Roi) hielt seine Majestät dort seine berühmten Audienzen ab. Am 1. September 1715 verstarb der Sonnenkönig hier. Zwischen Schlafgemach und Spiegelgalerie wurde 1755 unter Ludwig XV. das Cabinet du Conseil eingerichtet. Das Beratungskabinett war auch unter Ludwig XV. **Mittelpunkt des politischen Lebens**. Vom Zimmer des Staatsrates aus sind die Privatgemächer Ludwigs XV. zugänglich, der dort am 10. Mai 1774 verstarb – beide Gemächer gelten als Meisterwerke des Rokoko.

Leben bei Hofe

Grands
Apparte-
ments

In den acht großen Gemächern des Königs spielte sich das öffentliche Leben ab. Von 1678 bis zum Tod des Sonnenkönigs wurden hier immer montags, mittwochs und donnerstags von 19 bis 22 Uhr Soirées zelebriert, bei denen **man tanzte, spielte, speiste** und musizierte. Der Thronsaal Ludwigs XIV. ist dem Gott Apollo gewidmet. Seine Wandbespannung wechselte mit den Jahreszeiten. Wo heute der aus Goldfäden gewirkte Gobelin eine Allegorie des Feuers zeigt, stand bis 1689 der 3 m hohe Silberthron, dann wurde er, wie das gesamte Silbermobiliar zur Finanzierung eines Krieges eingeschmolzen und durch einen vergoldeten Holzsessel ersetzt. Über dem Kamin hängt eine Kopie des bekannten Porträts von **Ludwig XIV. im Hermelinmantel**, gegenüber ist Ludwig XVI. zu sehen.

VISUELLE SYMPHONIE

Wie der Sonnenkönig seine **glanzvollen Gartenfeste**
feierte, lassen die Jardins Musicaux, Les Grandes
Eaux Musicales und Les Grandes Eaux Nocturnes an den
Wochenenden von April bis Oktober erahnen. Barocke
Musik begleitet die fantastischen Wasserspiele, Opern-,
Theater- und Ballettaufführungen, die mit einem Feuer-
werk enden (Jardins Musicaux, Fr. 9 – 19 Uhr, April – Mitte
Mai, Juli – Okt. auch Di., 8,50 €; Grande Eaux Musicales, Sa.,
So. 9 – 19 Uhr, 9.50 €; Grandes Eaux Nocturnes,
Mitte Juni – Mitte Sept, 20.30 – 23 Uhr, 26 €, Kombiticket
mit Sérénade Royale 42 €, Online-Buchung:
www.chateauversailles-spectacles.fr .

In Weiß und Gold

Die barocke Schlosskapelle war das letzte große Werk von Jules Hardouin-Mansart, das Robert de Cotte 1710 vollendete. Jeden Morgen
gegen 10 Uhr wohnte der Hof der **Messe des Königs** bei, der die
seiner Familie vorbehaltene Empore von den Königsgemächern aus
direkt erreichen konnte. Besichtigt werden kann die Kapelle nur auf
Führungen. Ein Erlebnis sind die kostenlosen **Jeudis Musicales**, bei
denen donnerstags um 17.30 Uhr Chorgesänge erklingen und Musik
der Cliquot-Orgel von 1710 die Kapelle erfüllt.

Chapelle
Royale

Opern, Ballett und Konzerte

Opéra

Zur Hochzeit des späteren Königs Ludwig XVI. mit Marie-Antoinette wurde die prachtvolle Oper bis 1770 fertiggestellt. Was wie Marmor wirkt, ist Holz – Ludwig musste sparen und ließ ihn einfach präzise nachmalen. Sept. – Juni sind fast täglich Vorstellungen.
www.chateauversailles-spectacles.fr

Wer gerne kocht …

Potager du Roi

Jean Baptiste de La Quintinie brauchte fünf Jahre, um bis 1683 schweres Marschland in den Küchengarten des Sonnenkönigs zu verwandeln. An Spalieren und in 30 Gärten züchtete La Quintinie erfolgreich das ganze Jahr frisches Obst und Gemüse für den Hof, brachte Früchte früher zur Reife und schaffte es, dass selbst Exoten in Versailles gediehen. Heute liefern die Gärten vor allem **alte Gemüse- und Obstsorten** des 17. – 19. Jh.s, die im Hofladen verkauft werden.
10, Rue du Maréchal Joffre | Jan. – März Di. – Fr., Apr. – Dez. Di. bis So. 10 – 18, Sa. bis 13 Uhr | Erw. 4,50 € | www.potager-du-roi.fr

Es duftet nach Heu im Marstall des Königs

Grande Écurie du Roy

Seit Napoleon standen hier keine Pferde mehr – bis der französische Pferdeliebhaber Bartabas kam und dort seine Akademie aufbaute. Am Morgen laufen die Vorbereitungen für die Matinale, das öffentliche Training. Die Pferde werden geputzt und gesattelt. In der Reithalle finden sich die Zuschauer ein. Sie wurde in ein Theater umgebaut. Spiegel stehen an den Seiten der Manege, von der Decke hängen Lüster aus venezianischem Murano-Glas. Wahrhaft königlich ist das Pferdeballett, die Bartabas eine Stunde lang in der Manege der Grande Écurie aufführt – samstags um 18, sonntags um 15 Uhr.
www.bartabas.fr/Academie-du-spectacle-equestre

Disziplinierte Natur in Vollendung

Parc de Versailles

Nach den Tuilerien und dem Schlosspark von Vaux-le-Vicomte schuf **André Le Nôtre** sein Meisterstück: den 815 ha großen Park von Versailles, den einst eine 44 km lange Mauer umgab. Dafür ließ Le Nôtre Sumpfland trockenlegen, Hügel abtragen, andere aufschütten, das Gelände in strenger Symmetrie ordnen und natürlichen Wuchs in geometrischen Formen bändigen. Während das Schloss die absolute Macht des Monarchen über die Menschen symbolisierte, ist der Park Sinnbild des Sonnenkönigs als Bezwinger der Natur. Breite **Freiterrassen** mit Bronzestatuen, ornamentale Rasen, Buchsbäume und Marmorskulpturen dienten dazu, den Adel beim Blick aus der Bel Étage zu erfreuen. Das Wasser-Parterre schmückte Charles Le Brun mit Bronzestatuen der wichtigste Flüsse Frankreichs, Nymphen und Kindergruppen. Über den fünf Becken des **Parterre de Latone** flüchtet Leto (lat. Latona), die Geliebte des Zeus, mit ihren Kindern Diana und Apollo vor den bösen Bauern Lykiens. Die Südachse endet an der

Orangerie und dem See Pièces d'Eau des Suisses, das die königliche Schweizer Garde anlegte. Das Ende der Nordachse markiert das **Bassin de Neptune**, dessen Brunnenskulpturen von 1740 den Meeresgott Neptun mit dem Dreizack und seine Gemahlin Amphitrite mit dem Zepter zeigen, flankiert von Okeanos auf einem Einhorn und Proteus mit Seetieren. Zu Zeiten Ludwigs XIV. wurde der Grand Canal von goldenen Gondeln befahren, die ein Geschenk der Republik Venedig waren. Heute können Sie sich Ruderboote ausleihen oder die Fische füttern, die gierig nach Futter schnappen.

Ohne höfische Etikette

Um ganz privat leben zu können, ließ Ludwig XIV. sich von Mansart und Robert de Cotte zwischen 1678 und 1688 ein zweites Schloss errichten. Im Grand Trianon war ein Flügel ihm, der andere seiner Mätresse, Madame de Maintenon, vorbehalten. Das Kleine Trianon-Schlösschen wurde 1763 – 1767 von Gabriel für Madame de Barry, Favoritin Ludwigs XV., erbaut. Ludwig XVI. schenkte es später Königin Marie-Antoinette. Sie zog sich gerne ins Kleine Trianon zurück und ließ für sich und ihre Kinder in nächster Nähe einen »englischen Garten« samt **Hameau de la Reine** anlegen, ein Miniaturdorf mit Bauernhof, Molkerei, Mühle und Taubenhaus – heute eine beliebte Kulisse für Hochzeitsfotos (Di. – So. 12.30 – 18.30 Uhr).

Grand und Petit Trianon

★★ LA VILLETTE

Lage: Nordosten (19. Arr.) | **Métro:** Porte de Pantin, Porte de la Villette | **https://lavillette.com**

Tricks der Natur, freche Kunst, Kuriositätenkabinett oder alles zum Thema Chanson – der Technik- und Kulturpark La Villette im einstigen Pariser Schlachthof begeistert die ganze Familie mit tollen Museen und spannenden Events.

Ihr Gewicht auf der Erde kennen Sie – doch wie viel wiegen Sie im All? Oder auf dem Mars? Andere Experimente in der **Cité des Sciences et de l'Industrie** laden kreativ und multimedial ein, einmal selbst Pilot zu sein, mit Robotern zu reden, seinen Geruchssinn zu testen oder optische Täuschungen am eigenen Leib zu erfahren. Die Dauerausstellung **Explora** widmet sich auf drei Ebenen der Kommunikation, Energie, Medizin, Verkehrsmitteln, Luftfahrt und Weltraum, den Ozeanen und Ressourcen der Erde. Singen, fühlen, entdecken – in der **Cité des Enfants** lernen Kinder spielerisch die Grundprinzipien der Naturwissenschaften. Unter der 21 m hohen Kuppel des **Plane-**

Stadt der Wissenschaften

Setzen knallrote Akzente im grünen Park: die Folies von La Villette vor
der glasverhängten, futuristischen Cité des Sciences et de l'Industrie.

tariums simulieren Spezialprojektoren die Welt der Sterne und den
Lauf der Planeten. Gesundheit und Berufswahl sind Themen im Untergeschoss. Vor dem Museum können Sie einen Blick durch das Pe-
riskop und auf das Radar des 1957 gebauten **U-Boots** L'Argonaute
werfen, das 250 000 Seemeilen unter Wasser zurückgelegt hat.
Tgl. außer Mo. 10 – 18, So. bis 19 Uhr | Dauerausstellung Erw. 12 €, €,
Kombitickets mit 1 oder 2 Attraktionen 16/24 € | L'Argonaute bis
17.30, So. bis 18.30 Uhr, Erw. 12 € | www.cite-sciences.fr

XXL-Kinowelt

La Géode   Im Mantel des Kugel-Kinos, das aus 6433 Chromdreiecken besteht,
spiegeln sich Himmel und Parkanlagen. Nachts wird die Metallkugel
angestrahlt und erzeugt ihren eigenen Sternenhimmel. Außerge-
wöhnlich wie die Architektur des IMAX-Kinos ist auch sein Inneres:
Legen Sie sich in den Schalensitz und genießen Sie auf einem 1000 m²
großen Riesenbildschirm Dokumentarfilme in 3D oder **Liveübertra-
gungen von Opern und Konzerten** im 12-Kanal-Stereoton.
Vorstellungen Di. – So. 10.30 – 20.30 Uhr, Erw. 12 €, www.lageode.fr

Barbara, Brel und die Rolling Stones

In der einstigen Kantine der Schlachter begeistert das **Centre Natio-nal du Patrimoine de la Chanson** mit Multimedia-Shows: Barbara, Brassens und Brel – wer sich für das französische Chanson interessiert, sollte hier vorbeischauen (▶Das ist Paris S. 17). Umgeben von rotem Plüsch, dunklem Holz und tausend Spiegeln speisen Sie im Zelttheater des **Cabaret Sauvage**, und plötzlich schwebt ein Trapezkünstler zur Erde und … Ein Labor für urbane Kunst (WIP = Work In Progress) ist die alte Rotunde der Schlachthof-Veterinäre am Eingang Porte de la Villette. Rockkonzerte, Musicals oder Varietés – der 1983 von Philippe Chaix und Jean-Paul Morel konzipierte Konzertsaal **Le Zenith** hat Platz für 6400 Zuschauer. In-Location für Jazz, Blues,

Chansons, Kabarett und Weltmusik

PARC DE LA VILLETTE

227

Funk und Weltmusik ist die Bühne des **Trabendo**, das die Finnen Ahonen und Lamberg einrichteten. Den Rolling Stones gefiel es so gut, dass sie hier vor fünf Jahren einen Clip drehten. Auf der Terrasse servieren Food Trucks beim Konzert Street Food aus aller Welt.
Chanson: www.lehall.com | Le Zenith: www.le-zenith.com
Trabendo: www.trabendo.fr

Staunen, toben, entdecken

La Grande Halle

Jules de Mérindol entwarf 1865 mit La Grande Halle Frankreichs größte Halle für 4600 Rinder als elegante Gusseisenkonstruktion. Glas und Eisen prägen sie auch nach dem Umbau von Bernhard Reichen und Philippe Robert, die den Bau 2007 für Ausstellungen, Konzerte, Theater und Modenschauen revitalisierten. Aus weißem Marmor erbaute der Katalane Oscar Tusquets die Ausstellungshalle **Little Villette** für moderne Kunst. Heute tobt hier Mittwoch und am Wochenende nachmittags der Nachwuchs, baut mit Lego, entdeckt Holzspielzeug von einst, staunt im Kuriositätenkabinett, malt und liest. Als Sprungbrett für junge Autoren gilt das **Théâtre Paris-Villette**, das in der neoklassizistischen Lederbörse residiert.
Théâtre Paris-Villette: Tel. 01 40 03 72 23
www.theatre-paris-villette.com

Musiziert wird mitten im Saal

Philharmonie de Paris

Jean Nouvel, der auch das ▶Institut du Monde Arabe und das ▶Musée Quai Branly entworfen hat, erbaute mit den Akustikspezialisten Harold Marschall und Yasuhisa Toyota die neue Pariser Philharmonie. Seit 2015 begeistert sie als Sitz des Pariser Orchesters mit einem hochklassigen Programm. Das futuristische Gebäude aus Beton und geschwungenem Aluminium besitzt einen großen Konzertsaal mit 2400 Plätzen samt Bühne mitten im Saal – kein Sitzplatz ist mehr als 30 m von den Musikern entfernt! Angeschlossen ist die **Cité de la Musique** von Christian de Portzamparc. Instrumente aus aller Welt, darunter ein Klavier von Chopin, die Gitarre von Georges Brassens und sechs Violinen von Stradivari, zeigt das **Musée de la Musique** und lässt sie bei Nachmittagskonzerten von 14 bis 17 Uhr erklingen. Schönstes der vier Lokale der Musikstadt ist Le Balcon in der sechsten Etage der Philharmonie mit Traumaussicht von der Terrasse. Kostenlose Fernblicke eröffnet das begehbare Dach. Zeitgenössische Musik präsentieren die Konzerte im **Centre de Documentation de la Musique contemporaine**, das in seiner Mediathek Zugriff auf 16 000 Werke zum zeitgenössischen Musikschaffen bietet.
http://philharmoniedeparis.fr | **Musée de la Musique**: tgl. außer Mo. 12 – 18, Sa., So. ab 10 Uhr | Erw. 7 €, unter 26 Jahren Eintritt frei Sound-Touren, auch für Kinder 12 € | **Centre de Documentation de la Musique contemporaine**: www.cdmc.asso.fr | €€ **Le Balcon**: Tel. 01 40 32 30 01, www.restaurant-lebalcon.fr

Wer liegt näher am hölzernen Ziel-»Schweinchen«? Von Frühjahr bis Herbst
hört man im Park von La Villette das metallische Klack-Klack der Boule-Kugeln.

Verspielt, nostalgisch oder Avantgarde

Wände aus beweglichen Segeln, Wellen aus Luftkissen und Schiffs-
rümpfe – der Jardin des Dunes ist einer der zehn Themengärten, die
La Villette begrünen und überraschen. Wer im **Jardin des Miroirs**
auf die 28 Monolithen aus Beton zurückblickt, sieht plötzlich eine
Landschaft mit Kiefern und Buchen in 28 Spiegeln reflektiert. Auf den
Wiesen spielt und picknickt man und genießt im Sommer Freilichtki-
no und das große Jazzfestival – dazu werden auch Liegestühle vermietet. Sonntags können Sie im Juli und August um 17.30 Uhr am
Musikpavillon zu Livemusik tanzen.

*Themen-
gärten*

Festival de Cinéma: Juli, Aug., tgl. 22 Uhr | Filmklassiker Open Air
Eintritt frei | www.cinema.arbo.com | **Jazz Festival:** Ende Aug. bis
Mitte Sept. | www.jazzalavillette.com

Leinen los!

Im Bassin de la Villette endet nach 108 km der Canal de l'Ourq, dessen Häuser wie beim anschließenden ▶Canal St-Martin zur angesagten Wohnadresse aufgestiegen sind. Eine Institution am Kai ist die
BarOurcq (http://barourcq.free.fr). Genießen Sie im Liegestuhl einen Café oder spielen Sie eine Runde Boule – Leihkugeln gibt es am
Bartresen. Im Juli und August verkehren während des **Festivals Été
du Canal** zwischen Paris und Seine-Saint-Denis Ausflugsschiffe.

*Canal
de l'Ourq*

Été du Canal: Bootsfahrt Erw. Sa. 1 €, So. 2 €, unter 10 Jahren frei
www.tourisme93.com

★ VINCENNES

Lage: östl. Vorort, grenzt an das 12. Arr. | **Métro:** Porte-Dorée, Château de Vincennes | **www.vincennes-tourisme.fr**

Ein herrliches Schloss, ein wunderschöner Wald mit Zoo und Blumenpark sowie eine Trabrennbahn machen die Stadt im Val-de-Marne, das nahtlos an den Pariser Osten grenzt, zu einem beliebten Ausflugsziel der Hauptstädter.

★ Château de Vincennes

Wehrhafte Residenz
Mittelalterliche Festungsbaukunst und barocke Schlossarchitektur verbinden sich in der **neuntürmigen Anlage** an der Avenue de Paris. Das letzte wehrhafte Schloss im Großraum Paris verrät, wie einst die bau- und zeitgleich errichtete ▶Bastille ausgesehen hat – und ist daher beliebte Filmkulisse. Auch Vincennes diente als Staatsgefängnis für Gegner des Absolutismus. Diderot, Mirabeau und der Marquis de

Im Schloss Vincennes verbrachte der Sonnenkönig 1660 die Flitterwochen mit Maria Theresia von Österreich – die Ehe brachte Frankreich den Frieden mit Spanien.

Sade saßen hier im Kerker! Am Morgen des 15. Oktober 1917 wurde im Festungsgraben die mysteriöse Meisterspionin **Mata Hari** hingerichtet. Nein, sie benötige keine Augenbinde, soll die schöne Striptänzerin und Edelprostituierte mit einem Faible für Offiziere dem Exekutionskommando zugerufen haben. Ob sie so starb und ob sie tatsächlich eine Doppelagentin war, ist bis heute ungeklärt.

Bis zu 3 m dicke Mauern, Wehrgang und Graben sicherten den 52 m hohen **Wohnturm**. Besichtigen Sie im Erdgeschoss Küche und Vorratskammern, im ersten Stock den Audienzsaal, und steigen Sie dann die Wendeltreppe hinauf zum zweiten Stock: Hier starb 1422 Heinrich V. von England im Schlafgemach. Der dritte Stock birgt die Gemächer der königlichen Familie und die Schatzkammer, der vierte Räume des Gefolges, der fünfte die Waffenkammer. Ihr Lohn für die Treppen? Ein fantastischer Rundblick von der Dachterrasse!

Die ▶Sainte-Chapelle auf der ▶Île de la Cité war Vorbild für die gotische **Königskapelle**, deren Bau im 14. Jh. begonnen, aber erst im 16. Jh. vollendet wurde – aus dieser Zeit stammen die prachtvollen Renaissancefenster der Apokalypse im Chor. In den **Pavillons Royales** der Königsfamilie logierte Ludwig XIV. 1660 während seiner Hochzeitsreise mit Maria Theresia von Österreich. Auch der Sonnenkönig war in der Wahl seiner Gemahlin an die Staatsräson gebunden – wäre es nach seinem Willen gegangen, hätte er sich vermutlich gegen die Habsburgerin entschieden, die schon bald im Schatten wechselnder Mätressen stand. Der Pavillon de la Reine war Wohnsitz von Königin Anna von Österreich, der Mutter Ludwigs XIV. Im Pavillon du Roi, dem Königspavillon, starb 1661 der Bauherr der barocken Schlosserweiterung, Kardinal Mazarin.

21. Mai – 21. Sept. tgl. 10 – 18, 22. Sept. – 20. Mai tgl. 10 – 17 Uhr | Erw. 9 €, unter 18 Jahren frei | kostenlose Führung auf Französisch tgl. 10.30, 14.15 und 15 Uhr | www.chateau-vincennes.fr

 Bois de Vincennes

Drei Seen, Zoo, Trabrennbahn und Theater

Das Gegenstück zum ▶Bois de Boulogne gehört zu den beliebtesten Ausflugszielen im Pariser Osten. Der Stadtwald wurde im 12. Jh. unter Philipp II. Augustus mit einer 12 km langen Mauer umgeben, damit der König mit seinen Gästen ungestört jagen konnte – dann wurden Hirsche und Rehe aus anderen Revieren für sie hier ausgesetzt. Napoleon III. ließ den Königswald von Jean-Charles Alphand zum Volkspark umgestalten mit künstlichen Hügeln, Bächen und Seen, Lichtungen und Reitwegen. Zu den Olympischen Sommerspielen im Jahr 1900 wurden Sportstätten angelegt. Familien treffen sich gerne an den Seen, wo sie im Sommer ein Boot oder Fahrrad mieten. Am

Grüne Oase

Lac Daumnesnil birgt der tibetanische **Kagyu-Dzong-Tempel** die 9 m hohe, größte Buddha-Statue Europas (http://kagyu-dzong.org).

Seerosen, Storyteller und Wild der Savanne

Parc Floral und Parc Zoologique

Rund um einen großen Seerosenteich erstreckt sich die 28 ha große botanische Garten von Vincennes – verabreden Sie sich am Sonntag zum Brunch im Restaurant €€**Les Magnolias** (Tel. 01 48 08 33 88, www.restaurant-lesmagnolias-paris.com). In den vier Gartenlandschaften gedeihen heimische und exotische Pflanzen, das Vallée des Fleurs wechselt sein Kleid mit den Jahreszeiten. Im Sommer spielen das Théâtre Astral und das Théâtre Guignol abenteuerliche Geschichten für Kinder – Alternativen: Boot fahren, reiten, auf dem großen Spielplatz toben oder mit dem Petit Train eine Runde drehen. Von Juni bis September feiert der Park das Jugendfestival Les Pestacles mit Literatur, Tanz, Theater und Musik (www.lespestacles.fr). Im traditionsreichen **Tierpark** am Daumnesnil-See wurden fünf Habitate mit naturnahen Gehegen nachgebaut. In der Sahel-Sudan-Biozone erwarten Sie Panoramablicke auf die afrikanische Savanne mit Giraffen, Nashörnern, Zebras und Löwen.

Parc Zoologique: Eingang Ecke Ave. Daumesnil/Route de la Ceinture du Lac | Mai – Aug. tgl. 9.30 – 20.30, Sept./Okt. Mo., Mi. – Fr. 9.30 – 18, Sa./So. bis 19, Nov.–April Mi. – Mo. 10 – 17 Uhr | Erw. 22 €, Kinder 14 €

Pferde und Landleben

Hippodrome

Auf dem Hippodrome wird seit 1920 der Sieger des Prix d'Amérique gekürt. Des Sommers dient die **Trabrennbahn** auch als Konzertbühne – Bruce Springsteen, AC/DC und U2 gehören zu den Mega-Stars, die hier aufgetreten sind. Gegenüber lockt Landluft: Auf dem 5 ha großen Erlebnisbauernhof **Ferme de Paris** kann man jedes Wochenende Landleben erleben und mithelfen, eine Kuh zu melken, Rüben zu ziehen oder bei der Ernte anpacken.

Hippodrome: 2, Route de la Ferme | www.hippodrome-vincennes. com | **Ferme de Paris**: Route du Pesage | April – Okt. Sa., So. 13.30 bis 19, Okt. – März bis 17 Uhr, Juli/Aug., Ferien Di. – So. | Eintritt frei http://equipement.paris.fr/ferme-de-paris-6597

Vorhang auf!

Cartoucherie de Vincennes

Die Cartoucherie de Vincennes, in der einst Schießpulver und Munition hergestellt wurde, nahm Ariane Mnouchkine 1970 als Domizil für ihr Théâtre du Soleil (Tel. 01 43 74 24 08 ,www.theatre-du-soleil.fr). Später entdeckten weitere Schauspieltruppen das Terrain – das Théâtre de la Tempête (www.la-tempete.fr), das Théâtre de l'Aquarium (www.theatredelaquarium.com) und das Théâtre Epée de Bois (www.epeedebois.com). Abgestimmt auf die Vorstellungen verkehrt ein Shuttlebus zwischen dem Busbahnhof am Schloss in der Avenue de Nogent und der Cartoucherie (www.cartoucherie.fr).

BAEDEKER ÜBERRASCHENDES

6x

DURCHATMEN

Entspannen, wohlfühlen, durchatmen

1.
FREILUFT-PARADIES

Zu Fuß oder per Fahrrad, allein, zu zweit, mit Freunden oder mit der ganzen Familie – gönnen Sie sich eine Auszeit im **Bois de Vincennes**, der grünen Oase im Osten der Hauptstadt. Schlendern Sie im Schatten uralter Bäumen zum Bauernhof und zum Maison Paris Nature. (▸**S. 231**)

2.
SOMMERZEIT

Wenn es in der Hauptstadt richtig heiß wird, möchten alle eigentlich nur eins: an den Strand. Sonnenschirme, Liegen, kühlende Wasserspiele und Eisverkäufer warten am Stadtstrand **Paris-Plages**. (▸**S. 24**)

3.
PARADE-PARK

Glühende Füße nach dem Mega-Sightseeing? Am Rive Gauche muss das nicht sein. Dort lässt sich im **Jardin de Luxembourg** herrlich entspannen. Setzen Sie sich auf eine der Bänke mitten im Grünen und genießen Sie einfach unverplante Zeit. (▸**S.116**)

4.
1001 NACHT

Die **Mosquée de Paris** ist nicht nur die schönste Moschee Frankreichs, sondern auch ein orientalischer Wellnesstempel. Wohltuend nach dem Dampfbad im Hamam: ein Thé à la Menthe mit süßem Gebäck. (▸ **S. 100**)

5.
NOSTALGIE-TÖRN

Schippern Sie durch Paris! Nein, nicht auf der Seine – sondern auf dem romantischen **Canal Saint-Martin** mit seinen alten Schleusen und Uferstraßen, die Cafés und Boutiquen säumen. (▸**S.69**)

6.
GRÜN MIT AUSSICHT

Bienvenue zum Höhen-Walk: Über den Gewölben des **Viaduc des Arts** lässt die begrünte Spazierstrecke der Promenade Plantée in verträumte Hinterhöfe des Pariser Ostens blicken. (▸ **S. 56**)

H
HINTER-GRUND

Direkt, erstaunlich, fundiert

Unsere Hintergrundinformationen beantworten (fast) alle Ihre Fragen zu Paris.

DIE STADT UND IHRE MENSCHEN

Verlockende Bilder, Düfte und Klänge verbinden sich mit dem Namen Paris. Die Seinemetropole gilt als Kapitale der Super-lative, als Inkarnation der großen Welt und gehört zu den beliebtesten Destinationen des Städtetourismus weltweit.

Eine echte Weltstadt
Trotz aller Dezentralisierungsversuche wird bis heute in Paris ent-schieden, was Frankreich denkt, wer Politik macht und was in ist. Frankreichs Hauptstadt ist Sitz des Staatspräsidenten und der Regie-rung. Jeder fünfte Franzose lebt in Paris, hier erhalten Wirtschaft und Kunstszene ihre Impulse, bekommt der Zeitgeist seinen europä-ischen Schliff. Paris verführt mit unnachahmlicher Eleganz und wun-derbaren Eigenheiten, mit Historizität und steter Verwandlung.

Frau Bürger-meisterin
Paris ist zugleich Kommune und Département. Alle sechs Jahre wählen die Hauptstädter einen 163-köpfigen Stadtrat, den Conseil de Paris, der zum einen den ersten Bürgermeister (Maire) bestimmt, zum anderen für das Département zuständig ist. 2014 wurde die So-zialistin **Anne Hidalgo** als erste Frau Bürgermeisterin von Paris. An der Spitze des Département steht der von der Regierung eingesetzte Préfet de Paris.

Arrondiss-ments und Quartiers
Das Département Ville de Paris gliedert sich in **20 Arrondissements** (Bezirke), jedes davon wiederum in vier Quartiers (Viertel). Die An-ordnung der Arrondissements gleicht einer Spirale, die sich vom Lou-vre (1. Arr.) im Uhrzeigersinn zweimal um den historischen Stadt-kern der Île de la Cité zum 20. Arr. beim Place de la Nation windet. »Faubourgs«, wörtlich außerhalb der Burg, sind Vorstädte, die meist nach dem nächstgelegenen Dorf benannt wurden – Montmartre war z. B. die Vorstadt in Richtung des Dorfes Montmartre.

Multikulti-Metropole
Fast ein Fünftel aller Franzosen lebt im Großraum Paris, mehr als die Hälfte der 7,4 Mio. Ausländer in Frankreich lebt in der Île-de-France. In Paris beträgt der Anteil ausländischer Mitbürger 14 %, im 2., 10., 18. und 19. Arrondissement jedoch gut das Doppelte. Im 13. Arr. liegt **Europas größte Chinatown**. Belleville und Goutte d'Or zeigen, wie Christen, Juden und Muslime einträchtig zusammenleben können. Nicht der Glaube, sondern ihre Herkunft verbindet sie – fast alle stammen aus den ehemaligen französischen Kolonien in Nordafrika. Größte Religionsgemeinschaft nach den Katholiken mit mehr als 100 Gemeinden sind die Muslime mit drei Großmoscheen und der 1922 erbauten Mosquée de Paris, der ältesten Moschee Frankreichs.

Weltmetropole: Paris ist das Herz der Grande Nation und das Ballungszentrum Frankreichs. Jeder siebte Bewohner hat ausländische Wurzeln.

Nach Brüssel steht Paris weltweit an zweiter Stelle, was den Sitz internationaler Organisationen betrifft. Die drei bekanntesten sind die UNESCO, das Sekretariat der Organisation für wirtschaftliche Zusammenarbeit und Entwicklung (OECD) sowie INTERPOL, die Europa-Zentrale der nationalen Kriminalpolizeien. Ebenfalls von Paris aus agieren die Europäische Weltraumbehörde (ESA), die Internationale Handelskammer und die Internationale Energie-Agentur (IEA).

International aufgestellt

Biotechnologie und Automobilindustrie, Aeronautik, IT- und Medienwelt, Einzelhandel und diverse Dienstleistungen: Der breit aufgestellte Branchenmix machen Paris und die Île-de-France zum größten Beschäftigungszentrum Europas. Fast **alle französischen Konzerne** und 39 der 500 weltweit umsatzstärksten Unternehmen sind im Großraum Paris ansässig. Die Konzentration von Unternehmenssitzen macht Paris zum **führenden europäischen Arbeitsmarkt**, der

Boomregion mit breitem Branchenmix

▶ Ville de Paris

Hauptstadt der Französischen Republik

Lage:
Mitten in der Île-de-France liegt
die Ville de Paris mit 20 Arrondissements
und 80 Quartiers.

Fläche:
105,4 km²

Einwohner: **2,25 Mio.**
Im Vergleich:
London: 8,8 Mio.
New York: 8,6 Mio.
Berlin: 3,5 Mio.
Hamburg: 1,9 Mio.

Paris hat mit rund
21 000 Einwohner pro km²
die höchste Bevölkerungsdichte
einer europäischen Großstadt.

2° 21' 07''
östlicher Länge

BREST ■ ◄ 506 km

PARIS

48° 51' 24''
nördlicher Breite

589 km

687 km

TOULOUSE ■

■ NICE (NIZZA)

▶ Île-de-France

Ville de Paris + 7 Départements

12 012 km²
Im Vergleich: Schleswig-
Holstein: 15 763 km²

12,01 Mio.

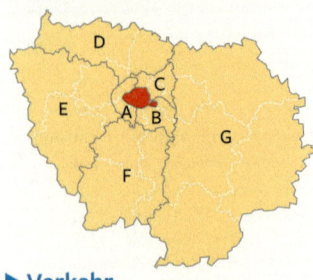

▶ Wappen

Fluctuat nec mergitur
»Heftig umwogt, aber
unsinkbar« sagt das
Pariser Wappen. Die
geschützte Lage an der
schiffbaren Seine war
wichtigster Faktor für
die Gründung der
Hafenstadt.

Ville de Paris
und 7 Départements:
A: Hauts-de-Seine   E: Yvelines
B: Val-de-Marne   F: Essonne
C: Seine-Saint-Denis   G: Seine-et-Marne
D: Val-d'Oise

▶ Verkehr

Drei internationale Flughäfen:
Charles de Gaulle, Orly, Paris-Beauvais
Métro (U-Bahn und RER):
14 Linien, 220 km Streckennetz, 303 Stationen
im Bau: vollautomatisierte U-Bahn
Grand Paris Express
RER (S-Bahn):
5 Linien (A–E), 587 km Streckennetz, 257 Bahnhöfe
Tram: 8 Linien; Standseilbahn (Montmartre)

▶ Adressen

Getrennt durch Null(en), geben
die ersten beiden Ziffern der
Postleitzahl das **Département**
an, die letzte(n) Ziffer(n)
das **Arrondissement**.

 1. Arrondissement
(Paris)

▶ Wirtschaft

Île de France: mit einem BIP
von 395,2 Mrd € auf Platz 1 im
regionalen Vergleich
Paris: bekannt für Banken und
Versicherungen, Haute Couture,
Luxusgüter, Medien, Auto- und
Elektronikindustrie
Ports de Paris: zweitgrößter
Binnenhafen Europas nach
Duisburg-Ruhrort, Umschlag:
22 Mio. Tonnen (2016)
BIP im Vergleich
Angaben in Milliarden Euro

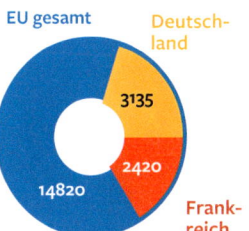

EU gesamt

Deutsch-
land

3135

2420

14820

Frank-
reich

▶ Das Wetter

Durchschnittstemperaturen

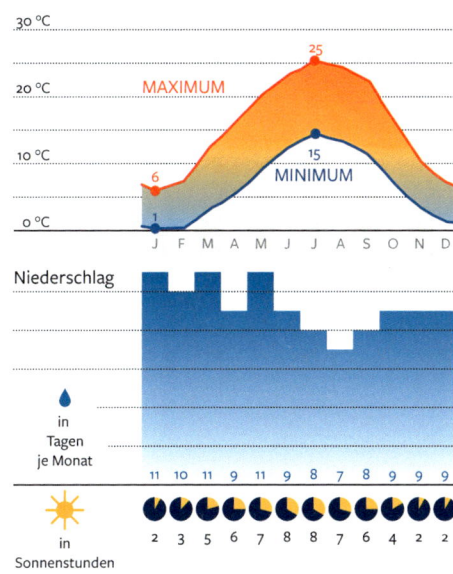

▶ Hochburg der Feinschmecker

Paris gilt als die Stadt der Gourmets schlechthin, was man schon daran erkennt,
dass es in Paris (Stand 2017) genauso viele Dreisterne-Köche gibt wie in Deutschland.

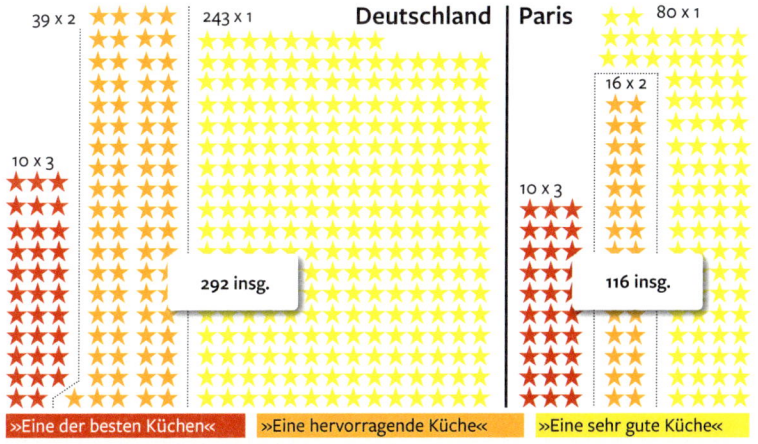

PARISER ARRONDISSEMENTS

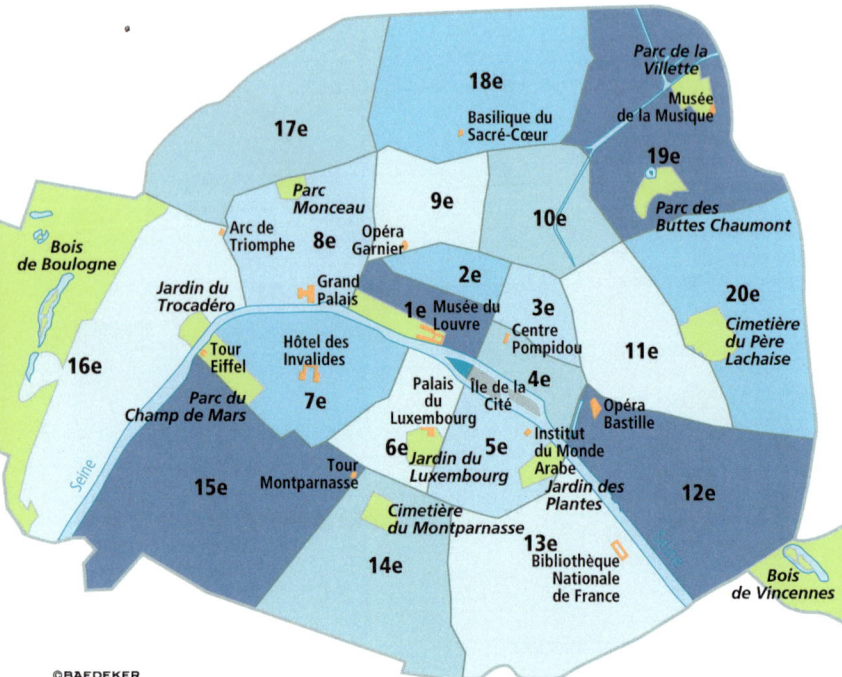

©BAEDEKER

nicht nur 6,3 Millionen Menschen beschäftigt, sondern auch über die Hälfte der französischen Führungskräfte. Sie arbeiten meist für **multinationale Konzerne** – fast ein Fünftel aller Beschäftigten sind bei ihnen tätig. Schwerpunkte sind neben Medien, Informations- und Kommunikationstechnologie, Luxusgütern, Pharma-, Biotech- und Nanotechnologie auch klassische Industriefelder wie die Automobil- und Luftfahrtindustrie. Innovative **Zukunftstechnologien** wie die Erneuerbaren Energien werden im Großraum Paris durch acht »Pôles de Compétitivité«, staatliche Spitzencluster, gefördert. Wichtiger Wirtschaftsfaktor ist der **Tourismus**. Der Schock über die Pariser An-schläge sorgte für empfindliche Rückgänge bei den Besucherzahlen. Urlauber aus aller Welt meiden Frankreich aus Angst vor Anschlägen. Vor allem die zahlungsstarke Klientel aus den USA und Asien hat darauf reagiert. Mit jährlich fast 15 Mio. Besuchern liegt Paris nach London aber immer noch auf Platz zwei der beliebtesten Städte Europas.

GESCHICHTE

Vom Inseldorf zur pulsierenden Hauptstadt der Grande Nation: In der bewegten Vergangenheit von Paris spiegelt sich die Geschichte Frankreichs wider, dessen Geschicke die Seinemetropole bis heute bestimmt.

Fünf kleine Seine-Inseln, von denen drei durch das Sinken des Flusspegels zu Uferteilen wurden, bilden den Ursprung der heutigen Weltstadt. In Bercy entdeckten Archäologen Schmuck und Gebrauchsgegenstände aus dem Neolithikum um 4000 v. Chr. Im 3. Jh. v. Chr. bauten keltische Parisii ihre Hütten auf der Île de la Cité und nannten ihren Hauptort **Lucotesia** bzw. »louk-teih«, den »Ort der Sümpfe«. Die Kelten lebten vom Fischfang und erhoben Wegezölle an diesem wichtigen Kreuzpunkt für den Handel.

Frühzeit

▌ Vom antiken Lutetia zur Königsresidenz

Nach der Eroberung Galliens durch Julius Cäsar entwickelte sich ab 52 v. Chr. die Kolonialstadt **Lutetia Parisiorum** hauptsächlich am linken Seineufer. Stadthäuser, Theater, Thermen und Tempel wurden errichtet, denn Baumaterial gab es genug: Kalksandstein und Sand am linken, Gips am rechten Seineufer. **Dionysius**, der »Apostel Galliens« und erste Bischof von Paris, predigte um 250 n. Chr. das Christentum, wurde um 280 enthauptet und fand sein Grab in St-Denis, der späteren Nekropole französischer Könige. Im 4. Jh. wurde erstmals der Name **Civitas Parisiorum** erwähnt.

Römische Herrschaft

Das friedliche Nebeneinander von Galliern und Römern endete im späten 5. Jh., als die Merowinger unter **Chlodwig** die Römer zurückdrängten, die Alemannen unterwarfen, die restlichen germanischen Stammesfürsten besiegten und ein einheitliches Reich schufen. 508 erhoben sie Paris zur Hauptstadt.

Merowinger 6. Jh.

Unter den Karolingern verlagerte sich der politische Schwerpunkt des Frankenreiches nach Osten. Paris, das um 800 bereits mehr als 20 000 Einwohner zählte, verlor seinen politischen Rang, boomte aber als Handelsplatz. Der Reichtum der Stadt lockte die **Wikinger** an, die Paris mehrfach plünderten – bis Graf Odo aus dem Hause der Robertiner 885 die Stadt erfolgreich verteidigte.

Karolinger (843 – 987)

Nach dem Tod des letzten Karolingers Ludwig V. wurde der Herzog von Franzien, **Hugo Capet**, 987 zum König gewählt. Paris profitierte von seiner neuen Rolle als Königsresidenz und dehnte sich zügig auf

Kapetinger (987 – 1328)

STADTGESCHICHTE

VOM RÖMISCHEN LUTETIA ZUR KÖNIGLICHEN RESIDENZ

52 v. Chr	Römische Kolonialstadt Lutetia
508	Chlodwig erhebt Paris zur Hauptstadt des Merowingerreiches.
Mitte 11. Jh.	Paris wird Königsresidenz.

RELIGIONSKRIEGE, REFORMATION & ABSOLUTISMUS

1337 – 1453	Englische Besetzung von Paris
1572	Hugenotten-Morde in der Bartholomäusnacht
um 1600	Städtebauliche Radikalkur unter Heinrich IV.
1680	Versailles wird Regierungssitz.

REVOLUTION UND EMPIRE

1789	Sturm auf die Bastille
1792	Erste Republik
1804	Kaiserkrönung Napoleons
1848	Straßenkämpfe in Paris.

BEGINN DER MODERNE, BELLE ÉPOQUE UND WELTKRIEGE

1851	Zweites Kaiserreich unter Napoleon III.
1852 – 1870	Neugestaltung von Paris durch Baron Haussmann
1871	Aufstand der »Kommune von Paris«
1870 – 1940	Dritte Republik
1940 – 1944	Deutsche Truppen besetzen Paris.

VON DE GAULLE BIS MITTERRAND

1946 – 1958	Vierte Republik
seit 1958	Fünfte Republik
1968	Studentenrevolte

DAS NEUE MILLENNIUM

2001	Bertrand Delanoë wird Bürgermeister von Paris – und 2008 für weitere sechs Jahre im Amt bestätigt.
2007	Nicolas Sarkozy wird Staatspräsident.
2014	Als erste Frau wird Anne Hidalgo Bürgermeisterin von Paris.

ATTENTATE UND ZUKUNFTSPLÄNE

2015	UN-Klimakonferenz in Paris
2015 – 2017	7. Jan.: Anschlag auf »Charlie Hebdo«
	13. Nov.: koordinierte Anschläge an mehreren Orten in der Stadt kosten 130 Menschen das Leben
2017	Am 7. Mai gewinnt Emmanuel Macron die Stichwahl gegen die rechtsextreme Präsidentschaftskandidatin Marine Le Pen und wird neuer Präsident von Frankreich.

beide Flussufer aus. Das Seine-Monopol der Pariser Binnenschiffer ließ den Flusshandel florieren. Einen **ersten Schutzgürtel** erhielt die ausufernde Stadt 1190 – 1210 unter König Philippe Auguste II. Der Mauerring mit der Schutzburg des Louvre umschloss die Île de la Cité mit Königspalast und Kathedrale, die Handwerker- und Händlersiedlung la Ville am Nordufer und die Université mit Gelehrtenzentrum und Kathedralschule am Südufer.

Unter König **Ludwig IX.** erlebte Paris bis 1270 seine bis dahin glanzvollste Zeit. Er richtete eine effiziente Verwaltung und ein oberstes Hofgericht (Parlament) ein und gestattete den Bürgern der Hauptstadt statt der königlichen Wache eine eigene (Polizei-)Truppe. Ludwig »der Heilige« häufte einen erlesenen Reliquienschatz an, für den er auf der Île de la Cité die Hofkapelle Sainte-Chapelle erbauen ließ. 1257 gründete der Domherr Robert de Sorbon ein Kolleg für mittellose Theologiestudenten, die spätere Sorbonne.

▌Neuer Glanz für die umkämpfte Residenz

Als die Kapetingerdynastie erlosch, erhoben sowohl Philipp VI. von Valois, der Neffe des französischen Königs Philipp IV., als auch sein Enkel, der englische König Eduard III., Ansprüche auf den französischen Thron, was zum Ausbruch des **Hundertjährigen Krieges** (1337–1453) führte. Hungersnöte, Epidemien und die Besetzung durch die Engländer, die erst 1437 von Karl VII. endgültig vertrieben wurden, dezimierten drastisch die Bevölkerung und warfen die Stadt in ihrer Entwicklung erheblich zurück. Aufgrund ständischer Machtkämpfe und Rivalitäten zwischen Bürgertum und König zog Karl V., der Weise, beim Regierungsantritt 1364 nicht in den Palast auf der Île de la Cité, sondern in die Louvrefestung.

Haus Valois (1328 – 1498)

Erst **Franz I.** machte machte Paris 1527 wieder zur offiziellen Residenz. Ihm verdankt die Stadt den Renaissancebau des Hôtel de Ville, die ersten Banken, die Börse, den Neubau des Louvre und das Collège de France. Im Sumpf (Marais) des rechten Seineufers errichtete der Adel seine Häuser. In der zweiten Hälfte des 16. Jh.s erfüllten religiöse Unruhen Stadt und Land. In Paris gipfelten die **Religionskämpfe** zwischen Ignatius von Loyola, Begründer des Jesuitenordens, und dem protestantischen Reformer Jean Calvin, die beide zeitweilig in der Stadt lebten, im Blutbad der **Bartholomäusnacht**. Vom 23. auf den 24. August 1572 wurden die Anführer der protestantischen Eidgenossen und 3000 Glaubensgenossen ermordet.

Haus Orléans-Angoulême (1498 – 1589)

Beruhigung trat erst ein, als 1589 **Heinrich IV.** (1589 – 1610; ▶Abb. S. 245) den Thron bestieg und im Edikt von Nantes 1598 den Protestanten eingeschränkte Religionsfreiheit zusicherte. Das Zentrum der

Haus Bourbon (1589 – 1792)

auf 400 000 Einwohner angewachsenen Hauptstadt unterzog Heinrich IV. einer städtebaulichen Radikalkur. Neben große feudale Projekte traten Bauten für die Bürger. Straßen wurden begradigt, erweitert und gepflastert, die Pont-Neuf vollendet und mit Trottoirs ausgestattet, der Place des Vosges – damals noch Place Royal – angelegt sowie Louvre und Tuilerienschloss ausgebaut.

Nach der Ermordung Heinrichs IV. begann mit König Ludwig XIII. (1610 – 1640) das **Grand Siècle** der Seinestadt. **Kardinal Richelieu**, seit 1624 Premierminister, schuf eine straffe, vom Adel unabhängige Ministerialverwaltung, gründete im Jahr 1635 die Académie Française und machte Paris zum **Zentrum der Gegenreformation** und des Absolutismus.

» Sonnenkönig «
Ludwig XIV.
(1643 – 1715)

Ludwig XIV. verwirklichte ab 1661 mit Hilfe eines stehenden Heeres, zentraler Verwaltung, abhängiger Gesetzgebung und Justiz, gelenkter Wirtschaft und der katholischen Staatskirche – das Edikt von Fontainebleau 1685 verbot die protestantische Religionsausübung – die Idee vom **absoluten Herrscher von Gottes Gnaden.** Obwohl der König wegen des Widerstandes der Pariser Bürger und des Adels gegen den Absolutismus seine Residenz vom Louvre ins neu errichtete Barockschloss von **Versailles** verlegte, wuchs die Stadt als wirtschaftlicher Mittelpunkt der Nation unaufhörlich. Der Tuileriengarten erhielt seine heutige Form, es entstanden die Champs-Élysées, der Place Louis-le-Grand (Place Vendôme) und Place des Victoires und das Hôtel des Invalides. Die Baulust und immensen Hofhaltungskosten sowie die zahlreichen Kriege des Sonnenkönigs zerrütteten die Staatsfinanzen, die auch die Finanzexperimente des Notenbankchefs John Law 1716 bis 1720 nicht aufbessern konnten.

▌ Revolution und Empire

Ludwig XV.
(1715 – 1774)

Während der langen Regierungszeit Ludwigs XV. nahm die Willkürherrschaft immer unerträglichere Formen an, 1771 wurden sogar die **Parlamente abgeschafft.** Paris wurde durch die École Militaire, die Münze, den Place de la Concorde und die Kirche der hl. Genoveva (Panthéon) weiter verschönert, doch das Gros der 500 000 Einwohner lebte in Armut. In den Salons wurden die kritischen Stimmen der Aufklärung laut, auf den Straßen wuchs der Unmut der Bevölkerung.

Französische Revolution

Am **14. Juli 1789** erstürmte das Pariser Volk die Bastille, als Staatsgefängnis Symbol absolutistischer Unterdrückung. Am 5. Oktober 1789 wurde **Ludwig XVI.** samt Familie zur Rückkehr ins Tuilerienschloss

Der Bourbonenkönig Henri IV gab Paris als Hauptstadt ein neues Gesicht. Als Urheber des Edikts von Nantes ging er in die Geschichte ein – und als Frauenheld.

▶Baedeker
Wissen
S. 52/53

nach Paris gezwungen. Anfangs war die Französische Revolution von liberalen Kräften aus allen Schichten getragen. Nach der Erklärung der allgemeinen Menschenrechte am 26. Aug. 1789 erarbeitete die Nationalversammlung 1790 die Verfassung für eine **konstitutionelle Monarchie**. Der Fluchtversuch der Königsfamilie verschärfte die innenpolitischen Gegensätze zwischen den großen Parteien (Girondisten und Montagnards) und den Clubs der Jakobiner (Cordeliers und Feuillants) und führte zum Sturm auf die Tuilerien. Am 21. September 1792 schaffte der Nationalkonvent das Königtum ab und rief die **Republik** aus. Ludwig XVI. starb am 21. Januar 1793 unter der Guillotine (▶Abb. S. 42), die in den nächsten Jahren auf dem Place de la Révolution (seit 1795 Place de la Concorde) nicht zur Ruhe kommen sollte. Die immer gewalttätigeren Ausschreitungen der Massen, die Terrorherrschaft des Wohlfahrtsausschusses und die Bedrohung durch die royalistische Allianz im Ausland stürzten Paris in ein politisches Chaos und soziales Elend.

Kaum ein politisches Ereignis hat die Welt so verändert wie der Sturm auf die Bastille, der Beginn der Französischen Revolution (Lithografie 1840).

Im Sommer 1799 setzte sich der Feldherr **Napoleon Bonaparte** in einem Staatsstreich an die Spitze des Staates. Er übertrug die Errungenschaften der Revolution in Politik und Verwaltung, schuf das bürgerliche Gesetzbuch »Code Napoléon«, die Département-Einteilungen und das Amt des Polizeipräfekten. Paris verdankt dem 1804 in Notre-Dame zum **Kaiser** gekrönten Napoleon I. den Arc de Triomphe, die einheitliche Anlage der Rue de Rivoli und die Erweiterung des Louvre, seit 1793 öffentliches Museum, das er mit seiner Kriegsbeute füllte.

Napoleon I.
(1799 – 1815)

Die Restauration nach dem Wiener Kongress 1814/15 gab dem Großbürgertum politischen Einfluss. Nach dem Intermezzo König Ludwigs XVIII. (1814 – 1824) und König Karls X. (1824 – 1830) kam es nach der **Julirevolution 1830** zur Herrschaft des bis 1848 regierenden **»Bürgerkönigs« Louis Philippe**, der den Kapitalismus vorantrieb. 1837 wurde die erste Bahnlinie Frankreichs von Paris nach Saint-Germain-en-Laye eröffnet, Gaslaternen beleuchteten die 1834 asphaltierten Boulevards der Seinestadt. Unter Ministerpräsident Thiers erhielt Paris 1841 – 1845 einen neuen Befestigungsgürtel.

Revolutionen

Die **Industrialisierung** verstärkte die Klassengegensätze. Dem glanzvollen Zentrum standen die Elendsquartiere in den Außenbezirken gegenüber. Eine Choleraepidemie forderte 1831 in den übervölkerten Altstadtvierteln 20 000 Opfer. Im Februar **1848** entluden sich die Spannungen in Straßenkämpfen. Binnen weniger Monate schlug jedoch das bürgerliche Lager den Aufstand des Pariser Proletariats nieder und etablierte die **Zweite Republik**.

Zweite
Republik

▌ Aufbruch in die Moderne

Im Dezember 1851 ließ sich der Neffe Napoleons I., Louis Napoleon Bonaparte, nach einem Putsch als **Napoleon III.** zum Kaiser des **Zweiten Empire** küren. Bis 1870 wuchs die Einwohnerzahl auf über zwei Millionen, erlebte die Metropole eine rasante Umgestaltung durch die Stadtplanung des **Präfekten Baron Georges Haussmann**. Auf Sichtachsen angelegte Boulevards, die das mittelalterliche Stadtbild auslöschten, machten Paris zur **mondänen Metropole**. Gleichzeitig dienten die Prachtboulevards militärischen Aufmärschen und zur besseren Kontrolle von Revolten. Napoleon III. ließ den Bois de Boulogne und den Bois de Vincennes zu öffentlichen Parks umgestalten und versah die Stadt mit Markthallen, Bahnhöfen und Kanalisation (▶Baedeker Wissen S. 248). Repräsentative Monumentalbauten wie die Oper von Charles Garnier und Passagen in Eisenarchitektur wurden errichtet. Jenseits der alten Zollgrenze von 1785 entstanden neue Stadtteile und Paris wurde in 20 teilautonome

Zweites
Kaiserreich

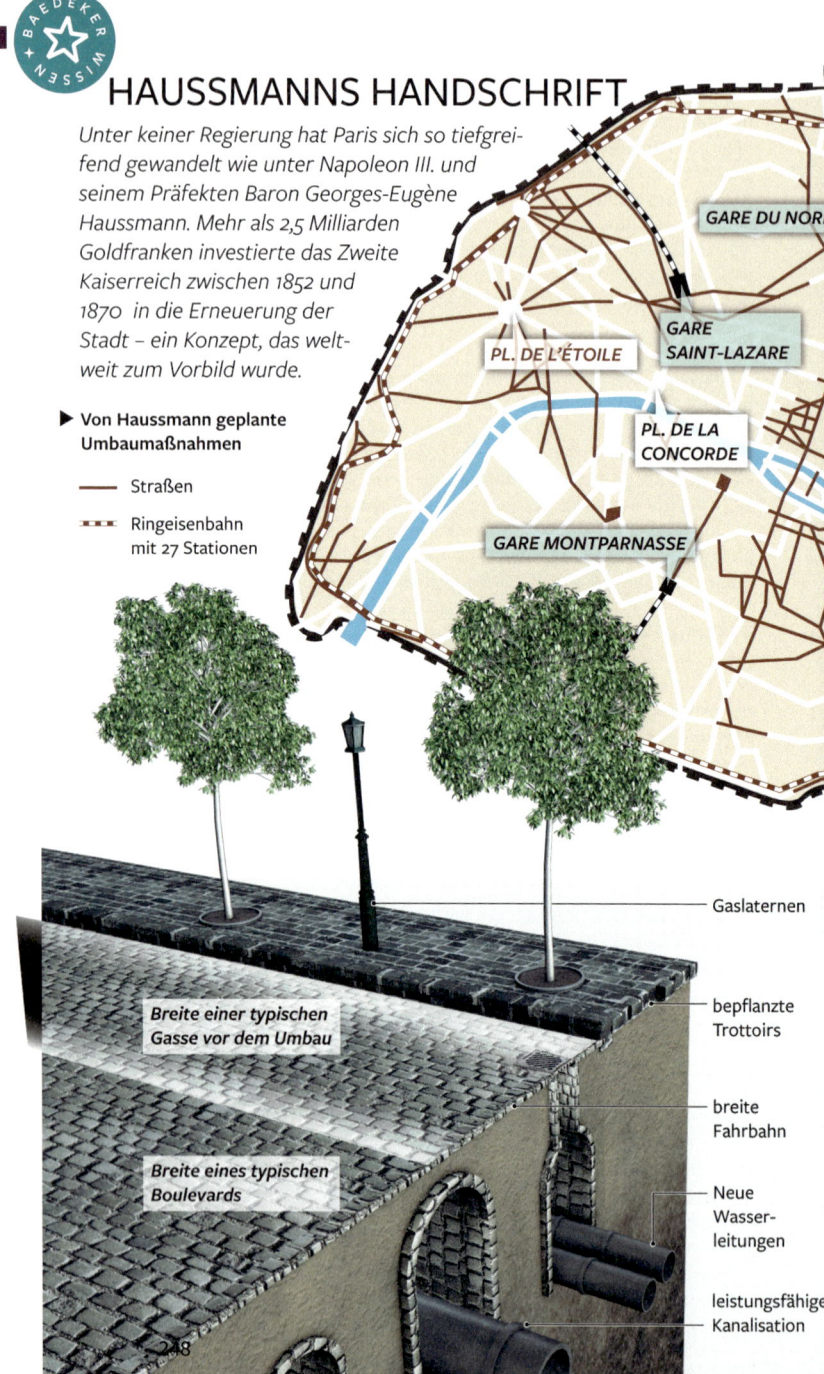

HAUSSMANNS HANDSCHRIFT

Unter keiner Regierung hat Paris sich so tiefgreifend gewandelt wie unter Napoleon III. und seinem Präfekten Baron Georges-Eugène Haussmann. Mehr als 2,5 Milliarden Goldfranken investierte das Zweite Kaiserreich zwischen 1852 und 1870 in die Erneuerung der Stadt – ein Konzept, das weltweit zum Vorbild wurde.

▶ Von Haussmann geplante Umbaumaßnahmen

── Straßen

┅┅┅ Ringeisenbahn mit 27 Stationen

GARE DU NORD

PL. DE L'ÉTOILE

GARE SAINT-LAZARE

PL. DE LA CONCORDE

GARE MONTPARNASSE

Gaslaternen

bepflanzte Trottoirs

breite Fahrbahn

Neue Wasserleitungen

leistungsfähige Kanalisation

Breite einer typischen Gasse vor dem Umbau

Breite eines typischen Boulevards

GARE DE L'EST

PL. DE LA RÉPUBLIQUE

GARE DE LYON

PL. DE LA NATION

GARE D'AUSTERLITZ

▶ **Das Ende des mittelalterlichen Paris**

Haussmanns erste Maßnahmen waren die Fertigstellung des Louvre und der Abriss der Armenviertel, die bis an den Palast reichten. Danach verschwand fast die gesamte mittelalterliche Bebauung auf der Île de la Cité, die durch eine neue Nord-Süd-Achse mit beiden Seineufern verbunden wurde.

Bevölkerungsanstieg
Zwischen 1850 und 1870 nahm die Bevölkerung um fast 70 % zu.

| 1850 | 1 200 000 |
| 1870 | 2 000 000 |

▶ **Zwei städtebauliche Pole**

Als Mittelpunkt des westlichen Rive Droite legte Haussmann rund um den Arc de Triomphe den sternförmigen Place de l'Étoile an, von dem aus zwölf Alleen in die Stadt strahlen. Östliches Gegenstück wurde der Place de la Nation mit deutlich weniger Prunk – er lag mitten im Arbeiterviertel.

25 000 Häuser wurden abgerissen.

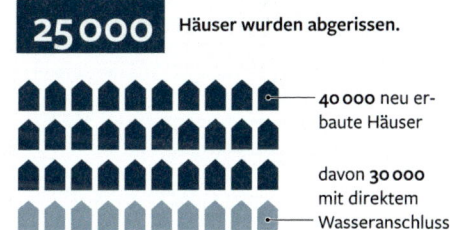

40 000 neu erbaute Häuser

davon **30 000** mit direktem Wasseranschluss

▶ **Prachtboulevards**

An die Stelle enger, verwinkelter Gassen traten breite, geradlinige Straßen, weite Sichtachsen mit einheitlichen Fassaden, die fast immer an einem monumentalen Bauwerk enden.

▶ **Verschuldung**

Die 2,5 Mrd. Francs, die von der Stadt als Bankkredite für die Baumaßnahmen aufgenommen werden mussten, waren erst 1929 getilgt.

▶ **Pariser Kanalisation**

Das modernste Kanalsystem der Welt nahm unter den Boulevards die Abwässer auf – eine Zukunftsinvestition, von der Paris noch heute profitiert.

Länge der Kanalisation nach den Umbauten **560,6 km**

Länge der Kanalisation vor Haussmann **107,4 km**

Arrondissements aufgeteilt. Paris entwickelte sich zur modernsten Stadt seiner Zeit, was die Weltausstellungen von 1855, 1867, 1878, 1889 und 1900 belegen.

Deutsch-Französischer Krieg

Die Niederlage von Sedan und die Gefangennahme Napoleons III. beendeten das Zweite Kaiserreich. Eine provisorische Regierung rief im Pariser Rathaus am 4. September 1870 die **Dritte Französische Republik** aus, konnte aber die Belagerung und deutsche Besetzung von Paris am 28. Januar 1871 nicht verhindern. Von März bis Mai 1871 erhob sich die kommunistisch und sozialistisch organisierte Arbeiterschaft als »**Kommune von Paris**« gegen die bürgerlich-monarchistische Nationalversammlung. Erbarmungslos schlugen die Regierungstruppen die Arbeiterrevolte nieder.

❙ Belle Époque bis Zweiter Weltkrieg

Belle Époque (1871 – 1914)

Während Frankreich seine politische Führungsrolle in Europa verlor, erstrahlte Paris zwischen 1871 und 1914 im Glanz der Belle Epoque. Neben opulenten Warenhäusern und anderen Palästen setzten **spektakuläre Bauten** wie der Eiffelturm (1889 erbaut und bis 1930 das höchste Gebäude der Erde), die Maison Hennebique als erster mehrgeschossiger Stahlbetonbau (1899), das Grand Palais und Petit Palais (1900), die Pont Alexandre III., die Basilika Sacré-Cœur (1900) und die Métro zwischen Maillot und Vincennes um 1900 städtebauliche Akzente.

Zwischen den beiden Weltkriegen

Der Sieg über das Deutsche Reich, dokumentiert im **Versailler Friedensvertrag** von 1919, machte Frankreich wieder zur Großmacht. Die **Goldenen Zwanzigerjahre** mit Paris als Zentrum der Mode und des Designs im Art déco, als Schauplatz der Boheme und Pioniere der modernen Kunst fanden ihr abruptes Ende in der **Weltwirtschaftskrise**. Die Stadtentwicklung in der 3-Millionen-Metropole stagnierte. Dafür kulminierte der politische Kampf bei Demonstrationen, Streiks und Straßenkämpfen.

Vichy-Regime und Résistance (1940 – 1944)

Am 14. Juni **1940 besetzten deutsche Truppen Paris**. Die Regierung des freien Frankreich hatte sich unter Führung des greisen Marschall Philippe Pétain nach Vichy zurückgezogen. Die Nation stand vor einer Zerreißprobe zwischen besetztem und unbesetztem Gebiet, zwischen Résistance und Kollaboration. Linke und rechte Kräfte kämpften teils blutig um die Macht im Land. **General Charles de Gaulle** organisierte von London und Algier aus den Widerstand, der im Sommer 1944, als die Alliierten die Seine erreicht hatten, im offenen Aufstand gipfelte. Der deutsche Stadtkommandant von Choltitz verweigerte Hitlers Befehl, die Stadt zu zerstören. Am 26. August

Mit wohlgesetzten Worten installierte de Gaulle sich in Paris bei der Befreiungs-
feier 1944 endgültig als zentrale Figur, um Frankreich in die Zukunft zu führen.

1944 zog General de Gaulle mit seinen Truppen in Paris ein und bildete eine provisorische Regierung, bis die Nationalversammlung am
13. Okt. **1946 eine neue Verfassung** verkündete.

▍Von De Gaulle bis Mitterrand

Die Nachkriegszeit brachte der Nation eine unbeständige Vierte Republik mit Wiederaufbau und Konflikten mit den Kolonien, die in die
Union Française umgewandelt wurden. Gleichzeitig erfolgte eine Ab-
kehr von der Sowjetunion, die Hinwendung nach Westeuropa und die
Aussöhnung mit Deutschland in den **Pariser Verträgen** von 1954.

IV. Republik
(1946 – 1958)

251

Staats- präsident de Gaulle (1958 – 1969)	Für die Mehrheit der Franzosen besaß de Gaulle, der sich längst aus dem politischen Leben zurückgezogen hatte, immer noch die Integrationskraft, um die Staatskrise 1958 zu beenden. So wurde er zum Regierungschef der **fünften Republik** (seit 1958) mit außerordentlichen Vollmachten berufen und eine Verfassung mit weitreichenden Kompetenzen für den Staatspräsidenten erlassen.

Die wirtschaftsfreundliche Politik der Regierung de Gaulle brachte Frankreich den Durchbruch zur **modernen Industriegesellschaft**. Das Büroviertel La Défense, das UNESCO-Gebäude und das Haus von Radio France repräsentierten Anfang der 1960er die ökonomische Potenz Frankreichs. Die Umwandlung von Wohn- in Büroraum und steigende Mieten verdrängten viele Pariser in die Trabantenstädte; die Einwohnerzahl sank auf 2 Millionen. 1962 erließ der Schriftsteller André Malraux als Kultusminister ein Denkmalschutzgesetz, das jedoch den Abriss von Les Halles und die Auslagerung des Großmarktes nach Rungis 1969 nicht verhindern konnte.

Studenten- revolte 1968	Im Mai 1968 erschütterten **Studentenunruhen** gegen die Kultur- und Sozialpolitik de Gaulles das Land, denen sich Arbeiter in zum Teil wilden Streiks den Demonstrationen anschlossen. Dennoch wurden die Gaullisten bei vorzeitig anberaumten Neuwahlen in der Regierung bestätigt. Nach einem verlorenen Referendum über die Regionalisierung trat de Gaulle jedoch im April 1969 zurück.

Staats- präsident Pompidou (1969 – 1974)	De Gaulles Nachfolger **Georges Pompidou** pflegte die große präsidiale Geste im Pariser Städtebau. Die alten Markthallen (Les Halles) wurden 1969 durch das Forum des Halles über einem riesigen Métroknotenpunkt ersetzt. In unmittelbarer Umgebung eröffnete 1977 die Kulturfabrik Centre Pompidou. Im gleichen Jahr erhielt die Stadt ihren ersten vom Volk gewählten **Bürgermeister, Jacques Chirac**. Zuvor hatte ein von der jeweiligen Regierung eingesetzter Präfekt die Verwaltung geleitet.

Staats- präsident Mitterrand (1981 – 1995)	Nach der Regierungszeit **Valéry Giscard d'Estaings** brachten die Präsidentschaftswahlen des Jahres 1981 mit **François Mitterrand** erstmals einen Sozialisten an die Staatsspitze. Mit fast monarchischer Erhabenheit führte er 14 Jahre seine Amtsgeschäfte, stattete Paris mit herrschaftlichen Großbauten aus, erwirkte die Abschaffung der Todesstrafe und zeigte große Integrationskraft bei der Einbindung in Europa. Für die Kulturmetropole Paris beauftragte er die Prestigebauten der **Grands Projets**. 1986 wurde das Wissenschafts- und Technikmuseum Cité des Sciences et de l'Industrie im Parc de la Villette eröffnet und der Gare d'Orsay in ein Museum für Kunst des 19. Jh.s umgewandelt. Mit dem Institut du Monde Arabe entstand 1988 ein arabisches Kulturzentrum als Forum der Versöhnung und Verständigung zwischen Frankreich und seinen ehemaligen Kolonien.

▎ Das neue Millennium

Viele der von Mitterrand initiierten Kulturmonumente wurden im 200. Jubiläumsjahr der Französischen Revolution 1989 fertiggestellt: die große **Glaspyramide** im Ehrenhof des Louvre, die Volksoper am Place de la Bastille, die **Grande Arche** in La Défense. Seit 1991 sind die Seineufer zwischen Eiffelturm und Île Saint-Louis sowie die Kathedrale Notre-Dame **UNESCO-Weltkulturerbe**. Zur Jahrtausendwende war der Umbau des Louvre zum größten Kunstmuseum der Welt vollendet, 2006 eröffnete das **Musée du Quai Branly**, 2011 war die Neugestaltung der Impressionistensammlung des Musée d'Orsay abgeschlossen, 2014 der Umbau des Picasso Museums beendet. Ebenfalls 2014 eröffnete die **Fondation Louis Vuitton** ihre »Wolke aus Glas« für moderne Kunst, die Frank Gehry gestaltet hat. Im Januar 2015 folgte die Eröffnung von Jean Nouvels **Philharmonie de Paris** im Park von La Villette. {.column-marginnote} *Monumentalbauten*

La Péripherique, die Ringautobahn um Paris, ist zu einer Demarkationslinie geworden, an der sich Wohlstand, Luxus und Lifestyle vom **Niemandsland der tristen Wohnsilos** mit vermüllten Plätzen und verbauten Zukunftschancen scheidet. Am 27. Okt. 2005 starben in der Pariser Vorstadt Clichy-sous-Bois zwei Jugendliche auf der Flucht vor der Polizei – Auslöser für wochenlange schwere Unruhen, die erst den Großraum Paris und dann 300 weitere Gemeinden im ganzen Land erfassten. Ursache der Krawalle waren die immer schlechteren Lebensbedingungen in der »Betonwüste der Banlieue« mit hohem Ausländeranteil, hoher Arbeitslosigkeit, Drogen- und Alkoholproblemen, Armut, Diskriminierung und Gewalt. Der damalige Innenminister Sarkozy machte durch hartes Durchgreifen von sich reden. Als Präsident kündigte er 2007 mehr Sozialprogramme an – doch die staatlichen Hilfen zeigen bis heute kaum Wirkung. {.column-marginnote} *Brennpunkt Banlieue*

Authentisch, warmherzig und lebensklug schreibt **Faiza Guène**, die selbst als Tochter algerischer Einwanderer im Banlieue-Département Seine-Saint-Denis aufwuchs, in Romanen wie »Paradiesische Aussichten« und »Träume für Verrückte« über das harte Leben in den grauen Vorstädten, über ratlose Sozialarbeiter, Ausgrenzung und Gewalt, aber auch über Hoffnung, Lichtblicke und wahre Freunde. Auch das Kino befasst sich mit den Vorstädten der Seinemetropole: Mit »**Banlieu 13**« (»Ghettogangs – Die Hölle von Paris«), das 2010 in einer eingemauerten Verbrechervorstadt spielt, brachte Luc Besson das Thema auf die Leinwand und schuf zugleich eine filmische Hommage an einen Sport, der zwischen den Pariser Hochhaustürmen seinen Ursprung und seine Heimat hat: **Parcours**. Elegant und waghalsig zugleich überwindet der »Traceur« die ihm auf dem direkten Weg von A nach B stehenden Hindernisse: Bänke und Blumenbeete, Mülltonnen, Wände, selbst Hochhäuser und Hochhausschluchten.

Pariser Bürgermeister

2001 gewann **Bertrand Delanoë** als erster Sozialist seit 100 Jahren das Amt des Pariser Bürgermeisters. Bei den Kommunalwahlen 2008 wurde der sich offen als Gay bezeichnende Algerienfranzose, der mit ungewöhnlichen Events wie »Paris Plage« und der Einführung von Vélib das Herz der Hauptstädter erobert hatte, für eine zweite Amtszeit bestätigt. Die Wahl 2014 gewann mit 54,5 Prozent seine frühere Stellvertreterin **Anne Hidalgo** – die Andalusierin ist die erste Bürgermeisterin im Pariser Rathaus.

Das höchste Amt im Staat

Staatspräsident **Jacques Chirac** übergab 2007 im Elysée-Palast sein Amt an **Nicolas Sarkozy**. 2012 gelang dem sozialistischen Herausforderer **François Hollande** ein knapper Sieg. Während Hollandes von Krisen und Affären überschatteten Regierungszeit stieg landesweit die rechtspopulistische Front National von **Marine Le Pen** zur zweitstärksten politischen Kraft auf.

Am 7. Mai **2017** wurde **Emmanuel Macron** jüngster Präsident in der Geschichte Frankreichs. Der 39-jährige Senkrechtstarter und proeuropäische Sozialliberale setzte sich in der Stichwahl mit unerwartet klarer Zweidrittelmehrheit gegen seine Kontrahentin Marine Le Pen durch. Macrons Wahl wendete auch eine Existenzkrise der EU ab. Le Pen hatte im Wahlkampf ein Referendum über die EU-Mitgliedschaft versprochen, die die Union nach dem Brexit der Briten tief hätte treffen können. Im zweiten Wahlgang der **Parlamentswahl** am 18. Juni 2017 holte Macrons Bewegung »La République en marche« zusammen mit der verbündeten Zentrumspartei MoDem die absolute Mehrheit und stellt nun 350 der 577 Abgeordneten in der französischen Nationalversammlung. Schwaches Wirtschaftswachstum, hoher Reformbedarf, Arbeitslosigkeit, Terrorgefahr und Politikverdrossenheit – Macron steht vor enormen Herausforderungen.

| Attentate und Zukunftspläne

Terroranschläge

Seit den Anschlägen, die die Terrororganisation »Islamischer Staat« 2015 auf das Pariser Satiremagazin »Charlie Hebdo«, einen jüdischen Supermarkt, die Umgebung des Stade de France, auf den Konzertsaal Bataclan sowie Bars und Restaurants verübte, herrscht in Frankreich **Ausnahmezustand** – nach dem Anschlag von Nizza im Sommer 2016 wurde er unbefristet verlängert. Grenzkontrollen, schwer bewaffnete Polizei und Sicherheitskontrollen vor Sehenswürdigkeiten und Museen gehören seitdem zum Alltag. Taschen größer als Handgepäck dürfen nicht mehr in Museen und Sehenswürdigkeiten mitgenommen werden.

Pariser Klimavertrag

In diesem Klima der Angst war Paris zwei Wochen nach den Attentaten Gastgeber des **UN-Klimagipfels**. Und schaffte mit dem neuen

Machtwechsel 2017: Präsident Emmanuel Macron und Bürgermeisterin Anne Hidalgo feiern in Paris den Wahlsieg. Frankreich zeigt sich indes so gespalten wie selten.

Pariser Lebensgefühl »Jetzt erst recht!«, das seit den Attentaten das Leben prägt, den Durchbruch: Alle 195 Regierungschefs der COP 21 unterschrieben 2015 das Paris-Protokoll. Der neue internationale Klimavertrag verpflichtet alle Staaten, die Weltwirtschaft klimafreundlich zu verändern. Das Ziel: Die Erderwärmung soll im Vergleich zum vorindustriellen Niveau auf deutlich unter zwei Grad Celsius begrenzt werden. Diese Obergrenzen sind seit Paris erstmals vertraglich verankert, ein Meilenstein im Kampf gegen den Klimawandel. Im Juni 2017 verkündete US-Präsident Trump den Ausstieg aus dem Klimaabkommen. Die gravierende Entscheidung – die USA sind der weltweit zweitgrößte Verursacher von Treibhausgasen – würde allerdings frühestens Ende 2020 wirksam – dann steht die nächste US-Wahl an.

Mit der Sperrung des rechten Seineufers für den Verkehr, dem ersten Pariser Öko-Viertel Clichy-Batignolles und einem Klimaschutzplan, der binnen 35 Jahren die Treibhausgase um 75 Prozent senken will, setzt Bürgermeisterin Anne Hidalgo konsequent den **ökologischen Umbau der Kapitale** fort, die ihr Vorgänger Bertrand Delanoë begonnen hatte. Sport kommt bei der »Smart City Paris« eine Schlüsselrolle zu – **2024** wird die Seinemetropole **Olympia**-Gastgeber sein, zum dritten Mal nach 1904 und 1924. Profitieren wird davon besonders Saint-Denis: Das Olympische Dorf wird nach den Spielen der nördlichen Vorstadt 5000 neue Sozialwohnungen bescheren.

Smart City

KUNSTGESCHICHTE

Wo findet man noch Ruinen aus der Römerzeit? Wer machte Paris zur modernsten Stadt seiner Zeit? Wie verewigte Präsident Mitterrand seine Regierungszeit in der Hauptstadt und wer sind die Zukunftsmacher in der Seinemetropole? Lesen Sie es nach!

▎ Die Anfänge Lutetias

Erbe der Römer und Merowinger

Nach der Eroberung Galliens durch die Römer erhielten die von den Kelten besiedelten Seineinseln ein neues Gesicht. Am linken Ufer entwickelte sich die Kolonialstadt **Lutetia Parisiorum** im linearen Raster römischer Straßenzüge. Zwischen dem Boulevard Saint Michel,

Mit mehr Glas und weniger Stein schufen die gotischen Baumeister lichtdurchflutete Kathedralen wie die ehrwürdige Notre-Dame auf der Île de la Cité.

der Rue St Jacques und der Rue Cujas lag das römische Forum mit Podiumstempel, Gerichts- und Marktbasilika sowie Säulengängen mit Ladenreihen. Unterhaltung wurde in den Arènes de Lutèce geboten. Im 6. Jh. errichteten die Merowinger zu Ehren des hl. Stephan auf der Île de la Cité eine gewaltige romanische Kirche mit Vorhalle, Westbau und fünf Schiffen – ihre Fundamente sind unter dem Vorplatz von Notre-Dame erhalten. Über dem Grab des hl. Dionysius entstand 775 die Abtei Saint-Denis.

▌Gotik

Die Abteikirche von ▶**Saint-Denis** gilt als Geburtsstätte der Gotik, die innerhalb kurzer Zeit auf Frankreich und Europa ausstrahlte. Mit seiner »Gott ist Licht«-Idee begeisterte Abt Suger die Bauleute, die beim Neubau der Abteikirche ab 1132 die blockhaften romanischen Formen für untergeordnete Bauteile nutzten. Die neuen gotischen Elemente – Spitzbogen, Kreuzrippe und äußeres Strebewerk – setz-

Farbige Fenster statt massiver Mauern

ten sie hingegen an herausragenden Stellen wirkungsvoll in Szene. Erstmals wurde beim Bau von Saint-Denis mit maßstabsgetreu verkleinerten Planzeichnungen gearbeitet, die Lastabtragung und -verteilung der früher halsbrecherisch konstruierten Gewölbe vorab statisch berechnet und technische Neuerungen beim Bau eingesetzt – Sägen, Kräne und Winden. Typisch wurde die Hierarchisierung ganzer Räumen und einzelner Bauteile – und auch die Häufigkeit ihrer Verwendung teilte den Gläubigen, meist des Lesens unkundig, religiöse Inhalte mit. Die Ziffer zwölf war in der Gotik eine beliebte Referenz für die zwölf Apostel, die zwölf Jungfrauen und das Himmlische Jerusalem. Die Drei symbolisierte die Dreifaltigkeit – und ordnete die mittelalterliche Ständegesellschaft. Die Zahl sieben stand für Vollkommenheit, die Schöpfungsgeschichte und den Heiligen Geist. Die bunt bemalten Wände der Romanik ersetzten in der Gotik große farbige Glasfenster – betrachten Sie die berühmten Rosenfenster der Kathedrale ▶**Notre-Dame** (1163 – 1240), wo die Fensterrosen im »Style rayonnant« im nördlichen und südlichen Querhaus die gesamte Breite einnehmen. Ein Wunderwerk aus filigranem Maßwerk, Farbglas und Licht ist auch die doppelstöckige ehemalige Palastkapelle ▶**Sainte-Chapelle** (1245 – 1248).

Mächtige Bollwerke

1190 erhielt der nördliche Teil von Paris einen Mauerring, 1210 wurde der Befestigungsgürtel im Süden geschlossen. Nach Westen wurde der Ring mit der vorgelagerten Festung des Louvre verstärkt, gen Osten schützte das mächtige Bollwerk der Bastille die Stadt. Unter Etienne Marcel, königlichem Vogt der Kaufmannschaft, wurde Paris **größte Festung des Königreichs** – nur 60 km vom nächsten englischen Stützpunkt entfernt. Ebenfalls im 14. Jh. entstand die Conciergerie mit großen gotischen Sälen und der Tour de l'Horloge.

Hofmalerei und Skulpturenschmuck

Buch-, Glas- und Tafelmalerei boten ein weites Betätigungsfeld für die Pariser Kunsthandwerker. Erst im 15. Jh. wandelte sich der derbe Realismus der Pariser Malschulen zu einem höfisch-grazilen Stil. Zunächst erhoben die Maler vor meist flachen Hintergründen das Geschehen in eine übernatürliche Welt, bis **Jean Fouquet** (1420 bis 1480) durch die Berührung mit Italien als Hofmaler Ludwigs XI. Wirklichkeitsnähe mit Dekorationssinn verband. Die Bildhauer waren mit Wasserspeiern, Portalskulpturen, Reliefs und Kirchenausstattungen wie Taufbecken, Kanzel, Lettner und Grablegen beschäftigt. Besonders reichhaltigen Skulpturenschmuck zeigt Notre-Dame.

▌ Renaissance und Manierismus

Italienische Einflüsse

Die Italienkriege unter Franz I. brachten Frankreich mit der italienischen Renaissancekunst in Kontakt. Jean Clouet und sein Sohn

François arbeiteten als Hofmaler für Franz I. Ihre Spezialität waren Bleistift-Bildnisse, die häufig auf Leinwand übertragen wurden. 1530 berief der König florentinische Künstler, zunächst Rosso Fiorentino, dann Primaticcio und Niccoló dell' Abate, zur Ausschmückung seines Schlosses nach Fontainebleau. Starke Helldunkelkontraste, gewagte Verkürzungen und Untersichten sowie ungewöhnliche Lichtwirkungen setzten auch die Künstler der **Schule von Fontainebleau** ein, die mit der Galerie Franz' I. im Schloss von ▶Fontainebleau ihr Meisterwerk schufen.

Bildhauer und Baumeister Jean Goujon ist Frankreichs Renaissance-Purist. Keiner hat so stilrein wie der Hugenotte Bauplastiken für den Louvre und andere Schlösser und figurenreiche Darstellungen geschaffen – betrachten Sie seine Flachreliefs an der Fontaine des Innocents (1547 – 1549) und die Karyatiden der Louvrefassade. Sein jüngerer Kollege Germain Pilon bereicherte die Grabmalkunst mit tempelartigen Mausoleen – bewundern Sie seine Marmor-Grabmale für Franz I., Heinrich II. und seine Frau Caterina de' Medici in der Abteikirche von ▶Saint-Denis – die Grazien schlug Pilon aus einem einzigen Block!

Reliefs der Renaissance

▌ Der Glanz des Grand Siècle und Rokoko

Den Auftakt zum **Grand Siècle**, wie das 17. Jh. in Paris auch genannt wird, bildeten neue stadtplanerische Akzente unter Heinrich IV.: die Pont Neuf über die Seine und der arkadenumsäumte Place Royale (heute Place des Vosges; 1605 – 1612). Mit seinem Mauerwerk aus Natur- und Ziegelstein sind der Place Dauphine und das Hôpital St-Louis typisch für den Louis-treize-Stil. Putz und waagerechte Fugenschnitte beleben die Fassade des Hôtel de Sully (1624 – 1640). Bei der Gestaltung des Palais du Luxembourg verband Salomon de Brosse italienische und französische Formen. Im Marais entstand unter den Baumeistern François Mansart, Delamair und Le Muet das **Hôtel**, das elegante, adlige Stadtschloss mit meist u-förmiger Flügelanlage, Hof und Garten.

Urbane Akzente

Die Architekten des Sonnenkönigs schufen im Louis-quatorze-Stil nicht nur ab 1661 die epochemachende Dreiflügelanlage mit Ehrenhof und geometrisch geplanter Gartenanlage in ▶**Versailles**, sondern bewiesen auch in Paris ihr Können: Jules Hardouin-Mansart errichtete das **Hôtel des ▶Invalides**, entwarf den ▶**Place Vendôme** und Place des Victoires, erbaute das Hôtel Conti und bereicherte die Dachgeschosse durch die nach ihm benannte **Mansarde**. Le Vau gestaltete die Kirchen Saint-Louis-en-l'Île und Saint-Sulpice, baute das Hôtel Lambert und das Collège des Quatre Nations. Jacques Lemer-

Louis-quatorze-Stil

cier setzte mit den kuppelmächtigen Kirchen der ▶**Sorbonne** und des Val-de-Grâce sowie mit dem Palais Cardinal städtebauliche Akzente. Perrault versah den Louvre zwischen 1667 und 1674 mit einer Kolonnade aus paarigen Säulen mit Figurennischen, Gabriel entwarf die École Militaire und den weiten ▶**Place de la Concorde** in Verbindung mit großen Straßenachsen wie den späteren Champs-Élysées.

Von Régence bis Louis XVI
Im **Régence-Stil** (1715 – 1723) erhielten die Wohnräume eine exquisite Ausstattung. Im anschließenden **Louis-quinze-Stil** bis 1774 erhielten die Innenräume des Hôtel de Soubise 1735 überschwängliche, zart naturalistische Dekors wie Bandelwerk und Rocaille-Muscheln. Der **Louis-seize-Stil** legte bei der Innendekoration Wert auf Girlanden, Stäbe, Bänder und Vasenmotive.

Religiöse Themen, Landschaftsbilder und Porträts im 17. und 18. Jh.
In der französischen Malerei des 17. Jh.s. verband sich der Manierismus mit Einflüssen des flämischen und italienischen Barock. Die drei Brüder Antoine, Louis und Mathieu **Le Nain** schufen in kräftig realistischem Stil Bildnisse, religiöse Themen und bäuerliche Szenen. In seinen frühen Werken zeigte **Georges de la Tour** eine Vorliebe für raffiniert ausgeleuchtete Nachtszenen, im Alterswerk griff er religiöse Themen auf und bereitete den Weg zum Klassizismus – ihn begründete **Nicolas Poussin**. Bereits als junger Mann war er nach Rom gegangen, von wo aus er den französischen Hof mit Gemälden belieferte, in denen die Harmonie der Formen und die Strenge der Komposition das Studium der Antike bezeugen. Heldentum und heroische Landschaften prägen auch die Werke von Claude Gellée, genannt Le Lorrain. Offizieller Hofmaler Ludwigs XIV. war **Charles le Brun**, der nicht nur pompös idealisierende Gemälde des Sonnenkönigs schuf, sondern für die gesamte Innendekoration der Schlösser von Versailles, Le-Vaux-Vicomte und Louvre verantwortlich war – von den Monumentalgemälden bis zum Mobiliar.
Mit dem Tod Ludwigs XIV. endete das strenge Reglement der Kunst. Auftraggeber waren nicht mehr nur die Krone, sondern zunehmend Adel und Bürgertum. Sie verlangten nach weniger monumentalen Werken für ihre Stadtpalais. Pierre Mignard war versiert im kleinen Format und lieferte die nach ihm benannten Mignardes in elegantrealistischer Manier. Im Rokoko bezauberte **Antoine Watteau** mit galanten Milieuschilderungen die Zeitgenossen, **François Boucher** und sein Schüler Jean-Honoré Fragonard feierten Lebens- und Sinnesfreuden mit Gemälden, die mythologische, erotische und idyllische Themen aufgreifen.

Hofbildhauer
Pierre Puget, François Girardon und Antoine Coyzevox waren die bedeutendsten Hofbildhauer im 17. Jh., die Gartenskulpturen, Denkmäler, Porträtbüsten und Grabmäler meißelten. Im 18. Jh. fertigte die Bildhauerfamilie **Coustou** religiöse Bildwerke und allegorische

Evangelisieren mit Erotik: Die Schönheit, das Lebendige und Schöpferische in Bouchers »Dianas Ruhe nach dem Bad« (1742) sollte auf Göttliches verweisen.

Figuren für die königlichen Schlösser und Gärten. Jean-Baptiste Lemoyne, ab 1798 Direktor der Kunstakademie, spezialisierte sich auf die Bildnisbüste. Sein Schüler Jean-Baptiste Pigalle schuf neben lebensnahen Porträtbüsten eindrucksvolle Grab- und Denkmäler in pathetischer Monumentalität.

▌ Die Antike als Vorbild

Empire nannte man die **Epoche Napoleons**, in der auf dem Hintergrund imperialer Ideen Stilmischungen aus altägyptischer, orientalischer und antik-klassischer Kunst Eingang fanden in Möbeln, Inneneinrichtungen und Kunsthandwerk. Der Arc de Triomphe du Carrousel (1806–1808) von Percier und Fontaine ist ein typisches Beispiel für die Übernahme antik-römischer Bauideen jener Zeit.

Stilmischungen des Empire

261

Vom Klassizismus zur Romantik

Der Klassizismus griff im späten 18. und frühen 19. Jh. auf das strenge Formenvokabular der griechisch-römischen Antike zurück. Eine klar gegliederte Architektur prägte den Bau von öffentlichen und privaten Bauten. Soufflot schmückte den Sakralbau des ▶**Panthéon** (1758 – 1789) mit einem Portikus und Tambourkuppel mit Säulenumgang, und auch die 1777 vollendete Fassade der Kirche Saint-Sulpice ziert eine Abfolge der klassischen Säulenordnungen. Die ▶**Madeleine**-Kirche (1806 – 1842) erbauten Vignon und Huve als fensterlosen Ringhallentempel mit Oberlichtern. Am ehemaligen Sternplatz setzte der 1836 vollendete Triumphbogen von J. F. Chalgrin auf der Achse Louvre – Concorde – Champs-Élysées städtebauliche Akzente. In der Malerei politisierte die Französische Revolution die Kunst. Keine idealisierten Landschaften oder Genrebilder mehr, sondern gemalte Ideologien, die an die Vernunft und gesellschaftliche Verantwortung appellierten, waren jetzt gefragt. Und keiner verband besser antike Ideale mit dem Geist der Republik wie Jacques Louis **David**, und auch Jean Auguste **Ingrès** feierte mit Porträts, Akten oder allegorischen Darstellungen große Erfolge. Für die Romantiker waren ihre Werke zu kalt, zu vernunftsorientiert. Théodore Géricault und **Eugène Delacroix** gaben der Farbe mehr Eigenleben und sprachen mit dynamischen Formen die Emotion an.

▌ 19. Jahrhundert: Aufbruch in die Moderne

Radikale Stadtplanung

Unter Napoleon III. und seinem Präfekten Baron Georges-Eugène **Haussmann** erlebte Paris ab 1835 eine Umgestaltung, die bis heute den Stadtcharakter bestimmt (▶Baedeker Wissen S. 248). Für die Weltausstellungen 1855, 1867, 1878, 1889 und 1900 entstanden Architektur-Ikonen wie **Eiffelturm**, Grand und Petit Palais. Prunkvollstes Beispiel des »Belle-Époque-Stils«, der als Stilmix vergangene Epochen zitiert, ist die Pariser **Oper von Charles Garnier**. Zu den Meisterwerken des Historismus gehören auch die Bahnhöfe Est, Nord und Orsay und das Kaufhaus Le Printemps. Nach dem Brand des **Hôtel de Ville** 1871 wurde das Rathaus von Paris im Neurenaissancestil wiederaufgebaut. Im Kirchenbau setzte der neuromanisch-byzantinische Kuppelbau von **Sacré-Cœur** (1876 – 1910) auf dem Montmartre einen eigenwilligen Akzent.

Realismus

Auf Anregung von Théodore Rousseau ließen sich 1847 die Landschaftsmaler Daubigny, Corot, Troyon und Dupré als »**Schule von Barbizon**« im gleichnamigen Dorf am Wald von Fontainebleau nieder, um im Freien stimmungsvolle Naturausschnitte auf der Lein-

Steht als historisches Monument unter Denkmalschutz: das prachtvolle Pariser Rathaus, wie die Loire-Schlösser im Stil der Neorenaissance erbaut.

wand festzuhalten. Ab 1850 proklamierte **Gustave Courbet** die Malerei als Spiegelbild von »nur realen und wirklich existierenden Dingen« – wie auch Honoré Daumier und François Millet wollte er mit einem sozial engagierten, kritischen Realismus das saturierte Bürgertum aufrütteln.

Fontaines Wallace

Es war Sir Richard Wallace, dem Paris seine typischen nostalgischen **Trinkbrunnen** aus grünem Gusseisen verdankt. Der wohlhabende Londoner hatte Frankreichs Hauptstadt zu seiner neuen Heimat gemacht. Nach den Zerstörungen von 1870/1871 entwarf Wallace für Paris einen nach Vorbild der Renaissance preiswerten wie robusten Trinkbrunnen. An den 2,70 m hohen Wasserspeiern konnte die Bevölkerung kostenlos ihren Durst stillen. Die erste der 108 Fontaines Wallace wurde 1872 auf dem Boulevard de la Villette eingeweiht. Die Menge war begeistert. »Pleurer comme une fontaine Wallace« sagt man an der Seine, wenn jemand bittere Tränen vergießt. Und bis heute lieben die Pariser ihre Brunnen – das hätte Sir Wallace sicher sehr gefallen.

Impressionismus

Die Geburtsstunde des Impressionismus fällt auf den 15. April 1874, als eine Malergruppe im Atelier des Fotografen Nadar in Paris eine Ausstellung eröffnete, zu der auch das Bild des jungen **Claude Monet** »Impression – soleil levant« (Impression – aufgehende Sonne) gehörte, das den Hafen von Le Havre im Morgennebel zeigt. Als ein Journalist in seiner Ausstellungsbesprechung in Anlehnung an Monets Bild die Maler höhnisch als »Impressionisten« betitelte, war der Name der neuen Kunstströmung kreiert. Als Antwort auf die akademische Ateliermalerei setzten ihre Vertreter wie Claude Monet, Camille Pissarro, Auguste Renoir und Alfred Sisley auf die **Freilichtmalerei**, um ihre Motive als subjektive Impression in Farb-Licht-Fülle zu transformieren und Flüchtiges wie Wolken, Nebel oder Sonnenstrahlen in Stimmungsbildern festzuhalten – entdecken Sie ihre Werke im ▶Musée d'Orsay!

Art nouveau, Nabis und Symbolismus

Mit natürlich fließenden Formen und ornamentalen Linienspielen trat Ende des 19. Jh.s der Jugendstil, in Frankreich Art nouveau genannt, gegen den Historismus an. Unverwechselbar sind die um 1900 von **Hector Guimard** entworfenen Pariser Métro-Eingänge in vegetabilem Glasgitterwerk am Boulevard Saint-Michel (▶Abb. S. 9), Place des Abbesses und Place Dauphine, seine Wohnbauten wie das Castel Béranger in der Rue de la Fontaine 14 und seine Tulpenlampen. Mit dem Jugendstil verbunden waren Künstler des inhaltsschweren Symbolismus wie Odile Redon oder Gustave Moreau und Mitglieder der Pariser Nabis (hebr. Propheten). Sie entwickelten ab 1888 um Pierre Bonnard, Eduard Vuillard und Félix Vallotton eine flächig-dekorative Malerei, die m ▶Musée d'Orsay ausgestellt ist.

Zauber des Augenblicks: Mit flirrenden Farben und stimmungsvollem
Licht fing Auguste Renoir 1876 den »Ball im Moulin de la Galette« ein.

20. Jahrhundert: Bühne der Weltkunst

Der Maler und Fotopionier **Charles Nègre** beobachtete den Alltag
der einfachen Leute in den Straßen der Metropole. Edouard Boubat,
Izis und Brassaï fingen das Nachtleben ein, Jacques-Henri Lartigue
hielt die quirligen 1920er mit der Kamera fest, Henri **Cartier-Bres-**
son schrieb Geschichte als Landschaftsfotograf und Porträtist, **Ro-**
bert Doisneau schoss poetische Momentaufnahmen der pulsierenden Großstadt (▶Baedeker Wissen S. 272).

Momente
einer
werdenden
Weltstadt

Plakativ und wild
Guillaume-Sulpice Garvani illustrierte mit Schwarz-Weiß-Plakaten das Leben der armen Leute. Jules Chéret verwendete erstmals farbige Lithografien, mit denen auch **Toulouse-Lautrec** auf Revuen, Cabaret und Theater aufmerksam machte. **Alphonse Mucha**, der 1887 von Prag nach Paris kam, überdeckte seine Plakate mit ornamental-dekorativen Motiven im Jugendstil. Als im Jahr 1905 Bilder öffentlich präsentiert wurden, auf denen die »Farben wie Dynamitpatronen explodierten«, bezeichneten Kritiker die Gemälde von **Henri Matisse**, Maurice de Vlaminck und André Derain als Werk von »**Fauves**« (wilden Tieren) und gaben der farb- und formdynamischen Malerei ihren Namen.

Ausbruch von Form und Farbe
Die freie Entfaltung von Farben, Formen und Perspektive prägen die Werke der **Expressionisten** – in Paris sehen Sie Georges Rouaulti im Musée Moreau und Chaïm Soutine in der ▶Orangerie. Beide thematisieren in ihren Bildern die existenziellen Grundfragen und soziale Spannungen Anfang des 20. Jh.s. Noch weiter gingen Pablo Picasso und Georges Braque. Die Begründer des **Kubismus** zerlegten den Bildgegenstand in viele Facetten, hoben die illusionistische Raumwirkung auf und gruppierten die Elemente völlig neu auf der Bildfläche. Später integrierten sie Realitätspartikel wie Holzstücke und Zeitungsfetzen in die Malerei – typisch für den synthetischen Kubismus. Entdecken Sie ihre Werke im ▶**Musée National Picasso-Paris**!

Surrealismus
Guillaume Apollinaire prägte 1917 den Begriff, **André Breton** lieferte 1924 mit dem »Manifest des Surrealismus« das Programm: Alltagserlebnisse, Spontanhandlungen, Traumsequenzen und tiefenpsychologische Deutungen wurden zu Kunstwerken jenseits der logischen Bewertung verarbeitet. Im ▶**Centre Pompidou** können Sie Bretons »Atelier« bewundern sowie Meisterwerke der Surrealisten Max Ernst, Joan Miró, Salvador Dalí und René Magritte.

Spontane Kreation statt starrer Regeln
Vom Zweiten Weltkrieg bis um 1960 sammelten sich in der **École de Paris** verschiedene Bewegungen der abstrakten Malerei. Die Malrichtung Informel lehnte feste Kompositionsregeln ab und gab der impulsiven Farbrhythmik, den Farbflecken und -rinnsalen Entfaltungsraum. Antoni Tàpies sprach von der »Bedeutsamkeit des Formlosen«. Malerei als spontan vollzogener Akt war in den 1950er- und frühen 1960er-Jahren auch das Anliegen des **Tachismus** – von tache = Fleck – mit Künstlern wie Georges Mathieu und Jean Fautrier. Jean Dubuffet wandte sich besonders den Ausdrucksformen von Geisteskranken, Kindern oder Laienmalern zu, um in der **Art Brut** (unverbildeten Kunst) den professionellen Stilwillen durch spontan-schöpferische Quellen anzureichern. Parallel zur amerikanischen Pop-Art setzten sich die Künstler des **Nouveau Réalisme** mit der Alltagswelt auseinander, ob in den blauen Schwammreliefs von Yves Klein oder

den gepressten Blechfahrzeugen bei César. Mit eigenen kinetischen Schrottobjekten und bunt-drallen, fantasievollen Figuren seiner Lebenspartnerin **Niki de Saint-Phalle** schuf **Yves Tinguely** den Igor-Strawinsky-Brunnen am Centre Pompidou.

Ab Mitte der 1960er wurden fünf **Trabantenstädte** um Paris herum aus dem Boden gestampft: Marne-la-Vallée und Cergy-Pontoise im Norden, Melun-Sénart, Evry und Saint-Quentin-en-Yvelines südlich der Seine, die zum Synonym für architektonische Experimente und soziale Spannungen wurden. In Marne-la-Vallée schuf der Katalane **Ricardo Bofill** 1982 den mit Baukunstzitaten gespickten Wohnkomplex Palacio d'Abraxas. Gegenüber: El Teatro, ein surrealistischer Apartmentturm mit 600 Wohnungen auf 19 Etagen. Wahrzeichen von Noisy-le-Grand ist seit 1985 die riesige Wohnhausanlage Arènes de Picasso von Manolo Nuñez-Yanowsky. Die futuristische Kathedrale von Evry erbaute **Mario Botta** 1988 – 1995. Villes Nouvelles

Viele staatliche Bauaufträge gingen seit den 1960ern an internationale Architekturbüros. Paul Andreu war Chefarchitekt des Flughafens Charles de Gaulle. Das 1977 eingeweihte ▶**Centre Pompidou** ist eine Schöpfung des Briten Richard Rogers und des Italieners Renzo Piano. Im Stadtviertel ▶La Défense rahmen Hochhäuser aus Stahl und Glas die ▶**Grande Arche** des Dänen Johan Otto von Spreckelsen ein. Für den Umbau des **Gare d'Orsay** zum Kunstmuseum zeichnete 1986 die Italienerin Gae Aulenti verantwortlich. Die 1989 eröffnete ▶**Opéra de la Bastille** hat der aus Uruguay gebürtige Carlos Ott geschaffen. Der US-Chinese Ieoh Ming Pei kreierte im selben Jahr die **Glaspyramide** im ▶Louvrehof. Die gewaltige ▶**Bibliothèque Nationale de France** François Mitterrand von Dominique Perrault nahm 1995 den Betrieb auf. Pritzker-Preisträger Jean Nouvel entwarf 1994 die ▶Fondation Cartier, 2006 das ▶**Musée du Quai Branly** und die 2015 eröffnete ▶**Philharmonie de Paris** von La Villette. Ehrgeizige Großprojekte

▌ 21. Jahrhundert: Weltkapitale »Grand Paris«

Um Paris den Erfordernissen des 21. Jh.s anzupassen, hatte Staatspräsident Nicolas Sarkozy 2007 das Projekt »Grand Paris« angestoßen, das über die historischen Stadtgrenzen hinausgeht: Paris braucht seine Vororte, um aus der Hauptstadtregion eine smarte, dynamische »Global City« zu machen, die mit ihrer Strahlkraft zum Wachstum des gesamten Landes beiträgt und es bei **Wirtschaft, Innovation und Wissen** an die Spitze bringt. Global City
Das Traggerüst bilden acht Projektgebiete: Geprägt von der Luftfahrt und Logistik, fungiert **Roissy-Villepinte** als Tor für den Welthandel und Schaufenster französischer Talente. **Le Bourget** soll zur Kern-

stadt im Norden der Metropole ausgebaut werden. **Paris-Saclay**, Heimat des Teilchenbeschleunigers Synchrotron Soleil, soll sich zum französischen Silicon Valley wandeln mit Campus-Uni und sieben Ingenieursschulen. Weitere 5 Mrd. € werden in das **Vallée des Biotech** investiert, das sich im Süden von Paris bis nach Evry als »Tal der Biotechnologie« erstreckt. Le Havre im Mündungsgebiet der Seine wird als Container- und Kreuzfahrthafen von Paris ausgebaut, ▶**La Défense** als Finanzzentrum durch weitere Büros und der Verlängerung der RER-Linie E neu belebt. Bis 2024 werden dort für die Hermitage Plaza die beiden höchsten Wohn- und Bürotürme Europas gebaut. Im Herzen des ersten Pariser Ökoquartiers Clichy-▶Batignolles errichtete Renzo Piano für die Pariser Gerichte 2017 den neuen **Palais de Justice**. Und das nicht nur mit Fassaden aus Stahl und Glas, sondern dank der Kampagne »Réinventer Paris« von Anne Hidalgo als grüne Giganten – mit vertikalen Gärten, Dachgärten, Balkonen voller Bäume und einer Architektur, die Vorsprünge, Erker und andere architektonische Details liebt. Hochhäuser wachsen auch am linken Seineufer empor. Neues Wahrzeichen des größten Pariser Messegeländes an der **Porte de Versailles**, bis 2024 in eine nachhaltig grüne Ausstellungsfläche verwandelt, wird die Tour Triangle der Schweizer Architekten Herzog & de Meuron.

Grand Paris Express

Zum Projekt Grand Paris gehört auch die **vollautomatische U-Bahn** Grand Paris Express, die mit hoher Geschwindigkeit, kurzen Taktzeiten und 72 Bahnhöfen auf 205 km rund um die Uhr verkehrt. Bedient wird die Super-Metro von sechs Linien: den bereits existierenden führerlosen Linien 11 und 14, die verlängert werden, sowie den neuen Linien 15 – 18. Wer auf tolle Aussichten hofft, wird jedoch enttäuscht: Dreiviertel der Neubaustrecken sollen unterirdisch verlaufen. Durch die neue Metro werden die Flughäfen Orly und Roissy-Charles de Gaulle noch enger an Paris angebunden. Dadurch verkürzen sich die Fahrzeiten auf 22 Minuten zwischen Gare de Lyon und Aéroport d'Orly sowie 30 Minuten zwischen Aéroport CDG T2 und La Défense. Seit 2017 nimmt der Grand Paris Express sukzessive Fahrt auf. Die endgültige Fertigstellung ist für 2030 geplant.

Kreation und Kultur: die Zukunftsmacher

Als erstaunlich krisenfest hat sich Frankreichs Kultur- und Kreativwirtschaft erwiesen – sie gehört zu den Wachstumsbranchen, schafft Arbeitsplätze und fördert Innovation. Nicht nur der Staat, sondern auch Unternehmen unterstützen die Kreativwirtschaft – mit Stipendien, Förderprogrammen und spektakulären Neubauten. Anfang 2017 eröffnete mit **Le Tremplin** das weltgrößte Gründerzentrum; bereits wenige Monate zuvor hatte mit **Le Cargo** ein ähnlich ambitioniertes Projekt für Start-ups im Pariser Norden eröffnet. In die fast 100 Jahre alte Eisenbahnhalle **Halle Freyssinet** zwischen dem Gare d'Austerlitz und der Nationalbibliothek sind 2017 ebenso tausend

Eines der eindrucksvollsten Pariser Großprojekte: Über dem Haupteingang
des Musée du Louvre wölbt sich die gigantische Glaspyramide.

Start-ups eingezogen. Mit Workshops, offenen Werkstätten und großem Restaurant, das rund um die Uhr geöffnet sein soll, wird der
Gründercampus »**Station F**« auch Besucher anlocken. Publikumsmagnet und Inkubator der Kunstszene ist die **Fondation Louis Vuitton** für zeitgenössische Kunst im ▶Bois de Boulogne, die Frank
Gehry entworfen hat. Nach Plänen von Jean Nouvel entstand bis
2015 im Park von ▶La Villette die Pariser Philharmonie. Nouvel wurde auch mit der Revitalisierung der **Seineinsel Seguin** in Boulogne-
Billancourt beauftragt. Wo Renault bis 2005 seine Autos baute, wird
bis 2020 eine Kunst- und Ökostadt realisiert mit Ausstellungshalle,
Galerien, Künstlerateliers, Konzertsälen, Multiplexkino und Zentrum
für digitale Kunst. Solarzellenfelder, Windräder, ein Wasserkraftwerk
und die Nutzung von Erdwärme sollen eine weitgehend autonome
Energieversorgung ermöglichen.

INTERESSANTE MENSCHEN

▌ Wortgewaltiger Romancier: Honoré de Balzac

1799–1850
Schriftsteller

Balzac, in Tours geboren, gilt als Begründer des soziologischen Realismus im Roman. Entgegen der romantischen Manier seiner Zeit beschrieb er seine Figuren im Zusammenspiel von gesellschaftlichen Kräften und persönlichen Leidenschaften. Sein Hauptwerk ist die ab 1829 entstandene »**Comédie Humaine**« (Die menschliche Komö-

die), ein mehr als 40 Bände umfassendes Panorama der französischen Gesellschaft von der Revolution bis zur Restauration. Balzacs Gesamtwerk umfasst knapp 90 Romane und Novellen, 30 Erzählungen und fünf Theaterstücke. Die Familie mütterlicherseits betrieb im Marais einen lukrativen Tuchhandel und Balzac, der seit 1814 in Paris wohnte, wuchs in eine Welt hinein, in der Geld eine wichtige Rolle spielte. Misserfolge als Unternehmer, gewagte Spekulationen und ein luxuriöser Lebensstil zwangen den ausgebildeten Juristen und wortgewaltigen Romancier zu der immensen literarischen Produktion, die seine Gesundheit ruinieren sollte. Nacht für Nacht schrieb er stundenlang an seinen Werken, immer in der Hoffnung, den Schuldenberg abtragen zu können. Beseelt von seiner Liebe zur polnischen Gräfin Evelina Hanska-Rzewuska und blindem Optimis-

mus, stürzte er sich in neue Schulden und kaufte ein prachtvolles Haus in einer Nebenstraße der Champs-Élysées. Von Krankheit gezeichnet, zog er nach seiner Hochzeit mit Madame Hanska dort ein – und starb drei Monate später mit nur 51 Jahren an Erschöpfung.

Mutter des Feminismus: Simone de Beauvoir

Die Begegnung mit **Jean-Paul Sartre** prägte Simone de Beauvoirs Leben – anfangs als Kommilitonin, später als Lebensgefährtin. Die Pariserin studierte Philosophie und arbeitete bis 1943 als Lehrerin, bevor sie sich ganz der Schriftstellerei widmete. Für ihren Schlüsselroman »Les Mandarins« (Die Mandarins von Paris) über den linksintellektuellen Pariser Kreis um Sartre erhielt sie 1954 den Prix Goncourt. Ihre moralphilosophischen Thesen über individuelle Freiheit und Verantwortung im Sinne von Sartres Existenzialismus verband Beauvoir mit sozialem und politischem Engagement. Mit ihrem von der katholischen Kirche verbotenen Roman »Le deuxième sexe« (Das andere Geschlecht, 1949) wurde sie eine führende Theoretikerin der **Frauenbewegung**, die die passive Rolle der Frau auf sexueller, sozialer und intellektueller Ebene als Produkt einer patriarchalischen Gesellschaft begriff und ihre Veränderung mit dem emanzipatorischen Ziel der Selbstverwirklichung der Frauen forderte. Viele Jahre der Freundschaft verbanden Beauvoir und Alice Schwarzer, die in ihrem Porträt »Weggefährtinnen im Gespräch« Romane, Essays und Briefen an Sartre vorstellt. Klarheit des Denkens, Gerechtigkeitssinn und Kühnheit der Visionen sind nur drei von Schwarzers Komplimenten an die schillernde Französin, die keineswegs ihre Aktualität verloren hat (Kiepenheuer & Witsch 2007).

1908 – 1986
*Schrift-
stellerin*

Garant für ausverkaufte Häuser: Georges Bizet

Ihm verdankt die Oper ihre erotischste Figur überhaupt: Georges Bizet, Frankreichs bekanntester Opernkomponist. Seine Zeitgenossen hielten den aufgeweckten Jungen aus der Pariser Musikerfamilie – sein Vater war bereits Komponist, seine Mutter die Schwester des damals renommierten Gesangslehrers François Delsarte – für ein Wunderkind: Bereits zwei Wochen vor seinem 10. Geburtstag bestand Bizet die Aufnahmeprüfung für das Pariser Musikkonservatorium. Seine erste Symphonie schrieb er mit nur 16 Jahren als studentische Hausaufgabe, die danach in den Akten landete. Erst 1935 wurde die Partitur wieder entdeckt und sogleich als frühes Meisterwerk des begnadeten Komponisten gefeiert. 1869 heiratete er Geneviève Halévy, die Tochter seines Musiklehrers am Konservatorium. Am sechsten Hochzeitstag jedoch beendete ein Herzinfarkt abrupt Bizets Leben. So konnte der 36-Jährige nicht mehr den Erfolg seines berühmten Werkes miterleben, das er im Todesjahr nach einer Romanvorlage von Prosper Mérimée vollendet hatte: »**Carmen**« – von den Zeitgenossen verhalten aufgenommen, von Komponisten wie Brahms, Tschaikowsky und Debussy enthusiastisch gelobt, und bis heute eines der populärsten Werke der gesamten Opernliteratur.

1838 –1875
Komponist

AUGENBLICKE

Eine Pariser Chronik besonderer Art hat Robert Doisneau der Millionenstadt hinterlassen. Seine einfühlsamen Momentaufnahmen wurden zum Inbegriff der Seinemetropole.

Ein Schnappschuss in Schwarz-Weiß: Am Pariser Rathaus strömen Menschen vorbei, ein Mann sitzt am Bistrotisch. Im Zentrum des Bildes küsst sich, wie beiläufig und doch leidenschaftlich, ein Paar: »**Le Baiser de l'Hôtel de Ville**« (Der Kuss, 1950) von Robert Doisneau, eine Momentaufnahme aus der Stadt der Liebe, millionenfach als Postkarte und Poster reproduziert. Für solche Augenblicke wartete Doisneau oft stundenlang, verborgen in der Menge, inkognito auf die Darsteller seiner Pariser Szenen. Unzählige Bilder waren längst im Kopf fertig, ehe er auf den Auslöser drückte. Und manchmal half er nach. Auch »Der Kuss« ist eine gestellte Szene.

Seine Kamera nannte er »Zeitschneidemaschine«, das Fotografieren einen »Handgriff, mit dem man aus der fliehenden Zeit ein Bild herausgreift, das man als Beweis für die Existenz der eigenen Welt hochhalten wird.« Seine eigene Welt und Zeitrechnung begann 1912 im schäbigen Pariser Vorort Gentilly. Hier lernte Doisneau die Armut kennen, und die ersten drei Jahrzehnte seines Lebens kämpfte er darum, ihr zu entfliehen. Seine Waffe:

eine Rolleiflexkamera. Ein Jahr nach dem Diplom für Lithografie und Gravur, mit dem er 1928 die École Estienne verlassen hatte, fing er an zu fotografieren. 1932 wurden seine ersten Reportagen abgedruckt, 1934 erhielt er eine Anstellung als Werksfotograf bei Renault, die er fünf Jahre später aufgab, um freiberuflich zu arbeiten. Als Fotograf der Résistance dokumentierte er die Besetzung und Befreiung von Paris und lernte Charles Rado kennen, den Gründer der Fotoagentur Rapho, die ihn ab 1949 vertrat.

Dem Milieu des kleinen Mannes und der grauen Landschaft der Pariser Banlieue ist der fotografierende Flaneur Doisneau aber immer treu geblieben. Die Hochglanzfotos für Vogue, Paris Match und andere Illustrierten sicherten sein Auskommen. Sein Herzblut indes galt den Bewohnern der Vorstädte und dem Leben in den Straßen von Paris. Mit liebevoll-nachdenklichem Blick schaute er durch den Sucher. Diese visuelle Reflexion verschaffte ihm Freunde unter den Intellektuellen. Blaise Cendrars und Jacques Prévert standen ihm zur Seite und begleiteten seine Buchpublikationen.

Nach dem Zweiten Weltkrieg stellten sich Erfolg und Anerkennung ein. Furore machte Doisneau 1949 mit dem Band »La Banlieue de Paris«. Zwei Jahre später folgte die erste internationale Ausstellung im Museum of Modern Art

»
Heute gilt es als Gipfel der Ungeschicklichkeit, von Geduld zu sprechen; und dennoch gibt es keine andere Methode, den glücklichen Zufall zu zähmen.
«

Robert Doisneau

Wie beiläufig und doch leidenschaftlich: »Der Kuss vor dem Rathaus« der Seinemetropole – fast ein halbes Jahrhundert lang hat Robert Doisneau die kleinen Pariser Geschichten porträtiert.

in New York. Als Doisneau 1994 starb, hinterließ er mit mehr als 325 000 Negativen eine ganz persönliche Chronik seiner Heimatstadt.

Kleine Gesten

»Les Parisiens sont tel qu'il sont« lautet der Titel eines seiner frühen Fotobände: die Pariser, so wie sie sind. Er könnte genauso gut als Motto für sein gesamtes Werk stehen, das humorvoll und poetisch ein halbes Jahrhundert Paris porträtiert. Doisneau dokumentierte das Leben in Les Halles, zeigte die kleinen Bistros um die Ecke, die Cabarets am Boulevard de Clichy, die Tristesse der Trabantenstädte und fing kleine Gesten ein, die viel erzählen. In »Le petit balcon« (1953) sitzt eine Tänzerin auf dem Boden eines Cabarets, ihr matter Arm ruht auf dem Schenkel eines älteren Herrn. Im »Walzer zum 14. Juli« (1949) tanzt ein Paar vor den Schemen der Geschäfte selbstvergessen auf der Straße. Auch wenn das Paris, das Doisneaus Fotografien verewigt haben, längst verschwunden ist, mitunter entdeckt man auch heute noch solche Szenen, und dann hört man vielleicht Doisneau sagen: »Paris ist ein Theater, in dem man seine Eintrittskarte mit verlorener Zeit bezahlt.« www.robert-doisneau.com

▌ Ikone des französischen Kinos: Catherine Deneuve

*1943
Schau-
spielerin

Sie ist eine Spielerin, sie raucht, trinkt und sitzt in Zocker-Hinterzimmern als einzige Frau, vom Leben gezeichnet und den Tod vor Augen – 2017 brillierte Catherine Deneuve in »Sage Femme« als exzentrische Béatrice, zusammen mit Catherine Frot als Hebamme Claire, zwei widersprüchliche Charaktere, die ziemlich beste Freundinnen werden. Im wirklichen Leben feiert Deneuve 2018 ihren 75. Geburtstag. Nach eigenen Worten ist die in einen Künstlerhaushalt hineingeborene Catherine Fabienne Dorléac sehr behütet aufgewachsen. Der Durchbruch gelang der 21-jährigen Pariserin mit dem Musikfilm »Die Regenschirme von Cherbourg«, für den sich die Brünette ihre Haare färbte – der blonde Goldton wurde ebenso ihr Markenzeichen wie die Darstellung von unnahbaren Frauen, Grande Dame und Femme Fatale zugleich. »Sie ist so schön, dass ein Film, in dem sie spielt, auch ohne Geschichte auskommt« sagte François Truffaut über sie, und gab ihr die Hauptrolle in seinem Meisterwerk »Die letzte Metro« – für die Rolle als Theaterleiterin, die während der deutschen Besetzung von Paris ihren jüdischen Ehemann im Keller versteckt, erhielt Deneuve 1981 den französischen Filmpreis César. Immer wieder hat

Helles Licht in dunkler Zeit: Catherine Deneuve mit Heinz Bennent
in Truffauts preisgekröntem Filmdrama »Die letzte Metro«

Deneuve das Klischee der »kühlen Blonden« zu unterwandern versucht, als Verführerin und Verbitterte, Kriminelle und Komödiantin. In »Belle de Jour« (1967) lebte sie dunkle erotische Fantasien aus, in »Begierde« (1983) war sie bisexuelle Vampirin, in »Indochine« gebieterische Kolonialherrin (1992, mit der einzigen Oscar-Nominierung), in Lars von Triers »Dancer in the Dark« (2000) Fabrikarbeiterin. Die Grande Dame des Films wurde das Gesicht von Chanel und **Modell der Marianne-Büste** – und führte dabei ein unvermutet unkonventionelles Privatleben mit Affären und unehelichen Kindern (von Regisseur Vadim und Schauspieler Mastroianni), Nacktfotos im Playboy und dem öffentlichen Bekenntnis, abgetrieben zu haben. Und Deneuve hat mehr zu bieten als eine gefällige Fassade. Sie unterstützt Amnesty in der Forderung nach Abschaffung der Todesstrafe, wirbt um Spenden für Opfer von Landminen und setzt sich mit Waris Dirie gegen die Genitalverstümmelung von Mädchen und Frauen ein.

Vitaler Monarch und Friedensstifter: Henri IV

»Er bezauberte durch seinen Elan, seine gute Laune und ungezwungene Manieren, seinen Geist, Witz, verzeihenden Großmut und durch seine Fähigkeit, Befehle als Bitten zu formulieren«, schreibt der Historiker Guillaume-André de Bertier de Sauvigny in seiner »Geschichte der Franzosen« über Henri Quatre (▶Abb. S. 245). Von 1594, dem Jahr seines Einzugs in Paris, bis 1610, dem Jahr seiner Ermordung, bescherte Heinrich von Navarra, als König Heinrich IV. der erste Bourbone auf dem Thron, Frankreich eine Ära des inneren Friedens. Es war eine Zeit des Wohlstands mit genug Geld in den Kassen des Königs, um in Paris die Pont Neuf und den Louvre zu bauen. In den letzten Jahren seiner Regentschaft konnten sich sogar die unteren Stände sonntags das Huhn im Topf leisten, das ihnen »der gute König« versprochen hatte. Die jahrelangen Religionskriege endeten bei seiner Vermählung mit der katholischen Prinzessin Margarete von Valois am 24. August 1572 in der blutigen **Bartholomäusnacht**, der Tausende von Protestanten zum Opfer fielen – Heinrich gelang die Flucht. »Paris ist eine Messe wert« meinte der weitsichtige Hugenottenführer und trat bei seiner Rückkehr 1593 zum Katholizismus über. 1598 sicherte der Monarch im **Edikt von Nantes** den Protestanten Glaubensfreiheit, Zugang zu Ämtern und gerechte Gerichte zu. In seine Regierungszeit fällt auch der Beginn der Kolonialisierung Kanadas – 1608 wurde Québec gegründet.

Alles über Heinrich IV. erzählt Robert Merle in »Paris ist eine Messe wert« (AufbauTB 2006). Zum 400. Todestag Heinrichs IV. verfilmte Jo Baier 2010 Heinrich Manns historischen Roman »Henri Quatre«. Gleichzeitig erschien von Uwe Schultz eine facettenreiche Biografie »Henri IV – Machtmensch und Libertin« (Insel 2010).

1553 –1610
König von
Frankreich

275

▌ Mythos, Militär und Machthaber: Napoleon I.

1769 –1821
Erster
Kaiser der
Franzosen

Wenige haben die Weltgeschichte so beeinflusst wie Napoleon Bonaparte. Der Sohn eines Rechtsanwalts aus Korsika besaß den eisernen
Willen zur Macht, stieg vom Offizier zum **gefeierten Feldherrn** auf,
putschte sich an die Spitze des revolutionären Frankreichs, erhob
sich zum Alleinherrscher und krönte sich schließlich 1804 selbst zum
Kaiser – nur 15 Jahre nach dem Sturm auf die Bastille.

Mit raschen Angriffskriegen unterwarf er Österreich und Preußen,
Portugal und Spanien, um durch eine Kontinentalsperre – den ersten
Wirtschaftskrieg der Geschichte – den alten Erzfeind England zu be-
zwingen. Mit dem Krieg gegen das riesige Zarenreich Russland streb-
te er die Herrschaft über ganz Europa an – und überdehnte seine
Macht. Das Scheitern des Russlandfeldzuges, die Niederlage in der
Völkerschlacht von Leipzig 1813 und die Besetzung von Paris durch
die Alliierten zwangen Napoleon 1814 zur Abdankung und zum Exil
auf der Insel Elba. 1815 versuchte er in »100 Tagen«, die Herrschaft
zurückzugewinnen, doch seine Truppen wurden bei Waterloo ge-
schlagen und Napoleon auf die Insel **Sankt Helena** verbannt, wo er
1821 starb – laut Totenschein soll Napoleon 1,66 m gemessen haben.
1840 werden seine Gebeine im ▸**Invalidendom** beigesetzt. »Ich
habe die Revolution auf die Füße gestellt«, behauptete Napoleon,
und tatsächlich haben erst seine Sanierung der Staatsfinanzen durch
eine neue Währung und ein geregeltes Steuersystem, seine Verwal-
tungs- und Bildungsreform, sein Konkordat mit dem Papst und
sein berühmter **Code Civil**, das erste bürgerliche Gesetzbuch von
1804, zur Sicherung der bürgerlichen Gesellschaft Frankreichs beigetragen und erklären bis heute den großen Ruhm des kleinen Korsen.

▌ Seine Geliebte war die Schönheit: YSL

1936 –2008
Mode-
schöpfer

Er steckte als Erster die Frau in einen Smoking und sorgte zeitlebens
mit kreativer Mode, innovativen Düften und ausgefallenen Werbeide-
en für Furore: **Yves Saint Laurent**. Seine Maxime lautete: »Mode ist
vergänglich, Stil ewig«. Und so schockierte der Pariser Designer
nicht mit marktschreierischen Kreationen, sondern überzeugte
durch **perfekte Schneiderkunst im Gewand der Avantgarde**. Seine Karriere begann der Sohn eines Kinokettenbesitzers im Modehaus
von Christian Dior, dessen künstlerische Leitung er 1957 nach dem
Tod Diors übernahm. 1960 wurde Laurent zum Algerienkrieg eingezogen. Nach nur wenigen Tagen erlitt er einen Nervenzusammen-
bruch. Die Folgen der »Rehabilitation« in einer Psychiatrie: lebens-
lange Drogensucht und gerichtliche Auseinandersetzung mit Dior,
die für YSL mit einem Sieg und dem Startkapital für ein eigenes Modehaus endete. 1966 eröffnete YSL als erster Couturier einen Laden

für Prêt-à-porter-Mode, die das Label »Rive Gauche« erhielt. 2008 verstarb Laurent nach langer Krankheit angeblich an einem Hirntumor – Gerüchte meinen, es sei Aids gewesen. Noch kurz vor seinem Tod hatte er seinen langjährigen Lebensgefährten **Pierre Bergé** geheiratet. Der publikumsscheue Modemacher hinterließ neben einzigartigen Kreationen eine erlesene Kunstsammlung. Ihre Versteigerung für 374 Mio. € bildete das Grundkapital für zwei Stiftungen, von denen eine die Aidsforschung unterstützt, die zweite das 2017 eröffnete **Museum** des Modemachers. Entdecken Sie hier, wie der Mann mit dem Augenaufschlag von »unerträglicher Sanftheit«, wie Schriftstellerin Marguerite Duras ihn beschrieb, zu dem wurde, was er war: der vielleicht größte Modeschöpfer seiner Zeit (▶Das ist Paris S. 29). Dass bis heute die Legende lebt, ist auch dem Film »YSL« (2014) von Jalil Lespert zu verdanken, in dem Pierre Niney den Ausnahme-Couturier spielt, der mit 21 Jahren an die Spitze des Hauses Dior berufen wurde – Niney selbst hatte im gleichen Alter seine Karriere als jüngstes Ensemblemitglied bei der Comédie-Française begonnen.

❙ Der Erfinder des Reiseführers: Karl Baedeker

Als Buchhändler kam Karl Baedeker viel herum, und überall ärgerte er sich über die »Lohnbedienten«, die die Neuankömmlinge gegen Trinkgeld in den erstbesten Gasthof schleppten. Nur: Wie sollte man sonst wissen, wo man übernachten könnte und was es anzuschauen gäbe? In seiner Buchhandlung hatte er zwar Fahrpläne, Reiseberichte und gelehrte Abhandlungen über Kunstsammlungen. Aber wollte man das mit sich herumschleppen? Wie wäre es denn, wenn man all das zusammenfasste? Gedacht, getan: Zwar hatte er sein erstes Reisebuch, die 1832 erschienene »Rheinreise«, noch nicht einmal selbst geschrieben. Aber er entwickelte es von Auflage zu Auflage weiter. Mit der Einteilung in »Allgemein Wissenswertes«, »Praktisches« und »Beschreibung der Merk-(Sehens-)würdigkeiten« fand er die klassische Gliederung des Reiseführers, die bis heute ihre Gültigkeit hat. Bald waren immer mehr Menschen unterwegs mit seinen **»Handbüchlein für Reisende, die sich selbst leicht und schnell zurechtfinden wollen«.** Die Reisenden hatten sich befreit, und sie verdanken es bis heute Karl Baedeker. Die Seinemetropole beschreibt er erstmals im 1855 erschienenen Band »Paris«.

1801 – 1859
Verleger

> »
>
> Nichts ist unterhaltender, als mit der Cigarre bei einer Demi-tasse in den Kaffeehäusern der Boulevards die Menge an sich vorüberwogen zu lassen.
>
> «
>
> *Baedekers Paris 1855*

E

ERLEBEN & GENIESSEN

Überraschend, stimulierend, bereichernd

Mit unseren Ideen entdecken Sie
das besondere Flair und neue Seiten
der Seinemetropole

AUSGEHEN

Paris versteht es, die Nacht zum Tag zu machen. Die Auswahl ist überwältigend, der Sound global. Und das gilt keineswegs bloß für Musik. Kino, Kabarett und Theater, Oper, Ballett oder Discothek – für jeden Geschmack wird etwas geboten.

Bis zum frühen Morgen
Nach Einbruch der Dunkelheit inszeniert sich die Seinemetropole genauso glanzvoll und spektakulär wie am Tag. Das beginnt mit der **stimmungsvollen Beleuchtung** von 180 Prachtbauten, Brücken und Kirchen, die aus Paris Nacht für Nacht einem magischen Ort voller Romantik machen. Und wer sich nicht damit begnügt, an den Quais der Seine die Stimmung zu genießen oder in einem der unzähligen Pariser Cafés und Restaurants bis spät abends zu schlemmen, findet eine unerschöpfliche Auswahl an Unterhaltung.

Szeneviertel
Nachts ist Paris ein leuchtendes Feuerwerk an Partyvierteln, die sich in Publikum und Charakter deutlich unterscheiden. VIPs, Promis und Politiker treffen sich in den Bars und Clubs **um die Champs-Élysées** und den Palais Royal, wo strenge Türsteher dafür sorgen, dass man unter sich bleibt. Am Butte von **Montmartre** paart sich das Rotlichtmilieu mit einer innovativen Szene. Im Studentenviertel **Quartier Latin** drängen sich in alten, verwinkelten Gassen Imbisse, Bars und Lokale jeder Preisklasse, auch wochentags wird es hier abends voll. **Saint-Germain-des-Prés** punktet mit Jazzclubs und kreativen Neobistros, das **Bastilleviertel** begeistert mit modernen Tanztempeln, **Belleville** und die Straßen am **Canal Saint-Martin** versprechen lebendige Subkultur und alternative Locations. In der **Rue Oberkampf** haben sich trendige Cafés und Clubs niedergelassen. Was, wann und wo in Pariser Kinos, Theatern, Museen, Cabarets und Konzerthäusern, Kirchen und Sehenswürdigkeiten geboten wird, findet man als mobile App oder online bei **L'Officiel des Spectacles** (www.offi.fr).

Die letzte Metro
»Le dernier Métro« lautet nicht nur ein Filmklassiker von François Truffaut, sondern auch die Anzeige der U-Bahn, wenn nachts gegen 0.15 – 0.30 Uhr die letzte **Metro** aus dem Zentrum zur jeweiligen Endhaltestelle der Linie aufbricht. Die Stunden bis zum Betriebsbeginn gegen 5.30 Uhr früh überbrücken die **Nachtbusse** Noctilien (www.noctilien.fr). Nur samstags verkehrt die Métro bis 2.15 Uhr.

Der Zug durch die Pariser Nacht ist teuer
Je nach Lokal, Wochentag und Veranstaltung kostet der Eintritt in Clubs und Discos zwischen 10 und 30 €. Im August ist vieles geschlossen. Entscheidend ist das richtige Outfit. Wer nicht schick, hip oder elegant angezogen ist, hat wenig Chancen, die strengen Türsteher der angesagten Tanzschuppen zu passieren.

»LAISSEZ-NOUS DANSER!«

Die Jazzbegeisterung der Pariser ist legendär, die Liebe zu Rock und Pop lässt tout Paris bis in die frühen Morgenstunden in Clubs, Bars und Discos abhotten. Und sommers drehen sich die Hauptstädter auf den Guinguettes an Seine und Marne zu gefühlvollen Liedern im Walzertakt. Das französische Chanson haben Namen wie Edith Piaf, Yves Montand und Gilbert Bécaud berühmt gemacht.

Heute erobern **Chansons** von Askehoug, Benjamin Biolay und Zaz die Charts (▸Das ist Paris S. 16). Mehr denn je heizen Jazz, Rock und Pop die Pariser Clubs auf. Schon vor dem Zweiten Weltkrieg war Paris Hochburg des Jazz, wo Josephine Baker mit ihren Nackttänzen die Welt in Atem hielt und Django Reinhardt im Hot Club europäischen Jazz spielte. In den 1950ern galt die Stadt an der Seine als **Jazzmetropole** schlechthin. Verehrt wurden hier nicht nur französische Stars wie Juliette Gréco, Barbara und Boris Vian. Auch amerikanische Jazzgrößen wie Miles Davis, Billie Holiday und Count Basie traten in den Clubs von Saint-Germain-des-Prés vor begeistertem Publikum auf und ließen sich, mitunter für Jahre, in der Hauptstadt nieder.

Mit der Discowelle verflog das Interesse, bis Mitte der 1980er die Renaissance einsetzte. Heute finden Fans von Blues, Swing, Bebop und New Orleans Jazz ihr Glück in zahlreichen Jazzclubs der Hauptstadt. Für einen außergewöhnlichen Jazzabend kann man an Bord der »Melody Blues« gehen, die jeden Mittwochabend ab Pont de Bercy ein Jazzdinner auf der Seine anbietet (www.melodyblues.com).

Der »Spatz von Paris«: Edith Piaf

Glück im Dreivierteltakt

Als Frankreich 1906 den arbeitsfreien Sonntag einführte, eröffnete an der Marne ein Musiklokal nach dem nächsten, strömten die Hauptstädter mit der Dampfeisenbahn zum Tanzen im Takt der Musette an den Fluss. Von den fast 200 **Guinguettes**, die einst als Kranz von Ausflugslokalen die Metropole umgaben, gab es bis vor Kurzem nur noch ein Dutzend. Doch mit dem Aufschwung des Pariser Ostens ist der Tanz am Fluss très branché geworden – und mitten ins neue Herz der Hauptstadt gezogen. Im Schatten der Nationalbibliothek wird heute auf Musikschiffen an der Seine bis in die frühen Morgen getanzt (www.culture-guinguette.com). Auch **Tango** ist Trendtanz auf dem Dancefloor. Im Sommer kann man abends am Seineufer Vals und Milonga sogar unter freiem Himmel üben (▸Das ist Paris S. 25).

CLUBS, BARS, REVUETHEATER
UND CHANSONBÜHNEN ▶KARTE S. 296/297

JAZZCLUBS

❶ AU DUC DES LOMBARDS
Der gemütliche Jazzclub, in dem
schon John Coltrane, Charlie Parker
und Lester Young auftraten, bietet
alles vom Free Jazz bis Hardbop. Kostenlose Jamsessions Fr. und Sa. ab
Mitternacht. Jeden Mo. um 20 Uhr
sendet TSF aus dem Jazzclub.
42, Rue des Lombards (1. Arr.)
Tel. 01 42 33 22 88
www.ducdeslombards.com
Métro: Châtelet-Les Halles

❷ CAVEAU DE LA HUCHETTE
▶S. 184

❸ NEW MORNING
Ob die ehemalige Fabrikhalle mit
Platz für 600 Personen der beste
Jazzclub der Stadt ist, muss jeder
selbst entscheiden. Tatsache ist, dass
im »Niou« fast alle, die im Jazz Rang
und Namen haben, schon aufgetreten sind wie Miles Davis, Chet Baker
und Oscar Peterson. Heute hört man
bekannte Musikgrößen wie Molly
Johnson und Grammy-Preisträger
Stanley Clarke, aber auch junge
Talente wie Madeleine Peyroux.
7 – 9, Rue des Petites Écuries
(10. Arr.) | Tel. 01 45 23 51 41
www.newmorning.com
Métro: Château d'Eau

Stimme des Jazz im New Morning: Songs von Molly Johnson gehen unter die Haut.

❹ LE PETIT JOURNAL MONTPARNASSE

Auf der großen Bühne wechseln sich Bigbands und Gospelchöre ab, die Akustik ist hervorragend und auch das Ambiente stimmt: holzgetäfelte Wände und eine 10 m lange Bar. Gratis sind die Jamsessions an der Piano Bar tgl. 18.30 – 21.30 Uhr.
13, Rue du Commandant Mouchotte (14. Arr.)
Tel. 01 4 21 56 70 | http://petitjournalmontparnasse.com
Métro: Montparnasse

❺ LE PETIT JOURNAL SAINT-MICHEL

Zum Dinner gibt's gibt's ab 21 Uhr New-Orleans-Swing, Blues oder Dixie.
71, Boulevard St-Michel (5. Arr.)
Tel. 01 43 26 28 59 | www.petitjournalsaintmichel.com
Métro: Luxemburg

❻ LE RÉSERVOIR

Restaurant, Club und Konzertsaal in einer ehemaligen Schmiede. Kult am So.: der Live-Brunch mit Cool Jazz, Soul, Classics und Gospel
16, Rue de la Forge Royale (11. Arr.) | Tel. 01 43 56 39 60
www.reservoirclub.com
Métro: Faidherbe - Chaligny

ROCK UND POP

❼ LE BATACLAN

Auch nach den Terroranschlägen 2015 wird im Bataclan, dessen Wiedereröffnung ein Jahr später mit einem Live-Konzert von Sting gefeiert wurde, weiter Musik gemacht.
50, Boulevard Voltaire (11. Arr.)
Tel. 01 47 00 39 12
www.bataclan.fr
Métro: Oberkampf

❽ LE NOUVEAU CASINO

Livemusik im Barockdekor mit ungewöhnlichem Programm von Pop und Deep House bis Rock

109, Rue Oberkampf (11. Arr.)
Tel. 01 43 75 57 40
www.nouveaucasino.net
Métro: Parmentier

❾ OLYMPIA

Edith Piaf, Gilbert Bécaud, Patricia Kaas und Zaz sind in der berühmten Konzerthalle aufgetreten.
28, Boulevard des Capucines
Tel. 08 92 68 33 68
www.olympiahall.com
Métro: Madeleine, Opéra

❿ POINT ÉPHÉMÈRE

In der alten Lagerhalle am Canal Saint-Martin lebt die Kultur: Ausstellungen, Bar-Restaurant und Konzertbühne, die Elektro, Jazz und Rock vereint.
200, Quai de Valmy
Tel. 01 40 34 02 48 (10. Arr.)
www.pointephemere.org
Métro: Jaurès, Louis-Blanc

⓫ ZÉNITH

James Blunt, Carmina Burana oder »Rock meets Classic« – die wichtigste Halle für Rock, Pop, Musicals und Varietés hat 6400 Plätze.
211, Ave Jean-Jaurès (19. Arr.)
Tel. 01 42 40 60 00
www.le-zenith.com
Métro: Porte de Pantin

GUINGUETTES

⓬ LA DAME DE CANTON

Zigeunerjazz, Chanson und Salsa erklingen an Bord der chinesischen Dschunke; am Wochenende legt abends der DJ auf.
11, Quai François-Mauriac
Tel. 01 53 61 08 49
www.damedecanton.com
Métro: Quai de la Gare

⓭ LA GUINGUETTE A ROLAND

Wie seine Lebenspartnerin Christine trägt Roland Vigué die Kluft der Canotiers, der Fährleute: Strohhut,

Streifentrikot und dunkle Seemannshose. Traditionell ist auch die Musik der Tanzlaube: Musette und andere Melodien, die Corinne mit ihrem Akkordeon spielt.
103, Chemin du Contre-Halage
Champigny-sur-Marne
Tel. 01 47 06 00 91

SZENE, BARS UND DISCOS

⓮ LE BALAJO
Legendärer Tanzpalast, in dem Di. Bachata, Mi. Rock'n'Roll, Do. Salsa, Fr. und Sa. Dancefloor getanzt wird – jeder Tanztag beginnt mit einer einstündigen Einführung. Traditionell und doch im Trend ist Mo. von 15 bis 19 Uhr der Tanztee mit Akkordeon.
9, Rue de Lappe (11. Arr.)
Tel. 01 47 00 07 87
www.balajo.fr | Métro: Bastille

⓯ FLOW
Das schwimmende Ausgehschiff mit Restaurant, Bar und Nachtclub ist an der Pont Alexandre III. vertäut.
4, Port des Invalides (7. Arr.)
Tel. 01 44 05 39 60 | www.flow-paris.com | Métro: Invalides

⓰ HARRY'S NEW YORK BAR
Schon Hemingway, Scott Fitzgerald und Quentin Tarantino haben ihren Whisky in der Piano Bar geschlürft, in der 1921 die »Bloody Mary« erfunden wurde.
5, Rue Daunou (2. Arr.)
Tel. 01 42 61 71 14
www. harrysbar.fr | Métro: Opéra

⓱ KULT
Junges, stylisches Neobistro mit angesagter Cocktailbar
3, Rue du Pré aux Clercs (7. Arr.)
Tel. 01 85 15 27 95
www.restaurant-kult.fr/de
Métro: Rue du Bac

⓲ NÜBA PARIS
Auf dem Dach der Cité de la Mode et du Design eröffneter Bar-Club mit Restaurant, abendlichen Happenings, Live-Konzerten und Blick auf die Seine samt Sternenhimmel von Paris.
36, Quai d'Austerlitz (13. Arr.)
Tel. 01 76 77 34 85
http://lenuba.com
Métro: Gare d'Austerlitz

⓳ TIGER
Die erste Gin-Bar von Paris mit mehr als 100 Marken und zwei Dutzend ausgefallener Cocktails
13, Rue Princesse (6. Arr.)
Tel. 01 84 05 81 74, www.tiger-paris.com | Métro: Mabillon

⓴ SHOWCASE PARIS LIVE CLUB
Live-Musik in einem alten Bootsschuppen unter der Pont Alexandre III-Brücke, in dem Weltklasse-DJs bis in den frühen Morgen einheizen
Port des Champs-Élysées (8. Arr.)
Tel. 01 45 61 25 43
www.showcase.fr | Métro: Champs-Élysées-Clemenceau

㉑ SIX SEVEN
Die Partys, die der Nachtclub regelmäßig für Frauen organisiert, gelten als heißeste Events für weibliche Nachtschwärmer – Männer sind natürlich auch willkommen.
65, Rue Pierre Charron (8. Arr.)
Tel. 01 58 56 20 51
www.sixseven.fr
Métro: George V

REVUETHEATER

㉒ CRAZY HORSE
Anmut, Schönheit, Humor und Fantasie – seit über 60 Jahren sind die bildschönen Mädchen der ästhetischen Erotikshow das Markenzeichen. Hier startete Charles Aznavour seine Karriere.
12, Avenue Georges V (8. Arr.)
Tel. 01 47 23 32 32
www.lecrazyhorseparis.com
Métro: Alma-Marceau

LINKS: Basil Punch, Cosmopolitan oder Tommys Margarita? Das »Kult« mixt coole Cocktails in Saint-Germain-des-Prés. UNTEN: Erleben Sie im Lido ein magisches Paris zwischen Traum und Wirklichkeit.

㉓ FOLIES BERGÈRE

Musicals und Varieté im ältesten
Pariser Varieté, das 1867 eröffnete
32, Rue Richer (9. Arr.)
Tel. 01 44 79 98 90
www.foliesbergere.com
Métro: Cadet

㉔ LIDO DE PARIS

Erleben Sie bei »Paris Merveilles«
eine funkelnde Tanzreise durch Paris
mit Akrobatik, Lasershow und den
berühmten Bluebell Girls und Lido
Boys. Unter Leitung von Christian
Lacroix werden zum Dinner-Spektakel
Hochgenüsse serviert, ▶Abb. S.285.
116, Avenue des Champs-
Élysées (8. Arr.)
Tel. 01 40 76 56 10
www.lido.fr
Métro: George V

㉕ MOULIN ROUGE

▶Pigalle, S. 173

㉖ PARADIS LATIN

Kein Geringerer als Gustave Eiffel
entwarf 1889 das Cabaret. Tolle
Revue rund um die Liebe – auch
der Cancan fehlt nicht.
28, Rue du Cardinal Lemoine
(5. Arr.) | Tel. 01 43 25 81 81
www.paradislatin.com
Métro: Cardinal Lemoine

CHANSONBÜHNEN

㉗ BOBINO

Die Bühne des Rive Gauche für One-
Man-Shows, Comedy und Chanson
20, Rue de la Gaîté (9. Arr.)
Tel. 01 43 27 75 75 | http://
bobino.fr | Métro: Edgar-Quinet

㉘ LA JAVA

Wo einst Edith Piaf auftrat und
Django Reinhardt jazzte, stehen
heute Weltmusik, Rock, Elektro und
Chanson auf dem Programm.
105, Rue du Faubourg-
du-Temple (10. Arr.) | Tel. 01
42 02 20 52 | www.la-java.fr
Métro: Belleville, Goncourt

㉙ LES TROIS BAUDETS

Seit über 60 Jahren das Sprungbrett
berühmter Chansonniers, von Jacques Brel bis zu Shootingstar Anne
Darban; Sa. auch für junges Publikum
Kino und Konzerte um 11 und 15 Uhr
64, Boulevard de Clichy
(18. Arr.) | Tel. 01 442 62 33 33
www.lestroisbaudets.com
Métro: Blanche

TANGO

Gute Übersicht der »Milongas«,
der Pariser Tango-Clubs:
http://tango-argentin.fr/paris

▌ Theater, Oper und Ballett

Theater
Paris besitzt fast 140 Bühnen, die allabendlich französische Klassiker
und zeitgenössische Komödien, leichte Unterhaltung und avantgar-
distisches Experiment, Vaudeville und Boulevardtheater, One-Man-
Shows, Tanz und Poesie bieten. Highlights für Paris-Besucher mit
guten Französischkenntnissen sind die Klassiker der **Comédie Française** und die innovativen Inszenierungen der **Bouffes du Nord.**

Oper,
Ballett und
Konzerte
Beliebte Opern wie Carmen, La Bohème und La Traviata bilden das
Repertoire der Opéra de la Bastille. In der Opéra Garnier werden
hauptsächlich Ballett und Gastspiele gezeigt. Eng verknüpft mit der

Garnier-Oper ist der Name von **Roland Petit**, der als Neunjähriger dort zu tanzen begann, 1970 für sechs Monate ihr Ballettdirektor war, entnervt zum Pariser Casino wechselte, und der Garnier-Oper doch zeitlebens verbunden blieb. Für sie schuf er elf Choreografien, darunter »Notre Dame de Paris«, »Le Rendez-vous« und »Le Jeune homme et la mort«. Opern und Operetten werden auch in der **Opéra Comique** und im **Théâtre des Champs-Élysées** inszeniert. Namhafte Konzertsäle für klassische Musik sind **Salle Gaveau** und **Salle Pleyel**. Megakonzerte von David Guetta bis Zaz finden im **Olympia** (▶S. 16, 283), **Zénith** (▶S. 283) und in der **AccorHotels Arena** in Bercy statt (▶S. 63). Aktuelle Musik und digitale Kunst prägen das Programm der **Gaîté Lyrique**, einem Belle-Époque-Theater für 800 Zuschauer. Das Orchestre de Paris ist das Residenzorchester der **Philharmonie de Paris**, die sich seit 2015 als Vorreiter neuer musikalischer Ausdrucksformen engagiert. Orgelkonzerte und Kammermusik erleben Sie in großen Kirchen wie Notre-Dame, Sainte-Chapelle oder Madeleine.

Film ab!

Kino ist eine echte Leidenschaft der Hauptstädter und Paris einer der beliebtesten Drehorte weltweit. Schon im Paris der 1920er entstanden künstlerisch bedeutende Filme wie Man Rays »Le retour à la raison«, Fernand Légers »Ballet méchanique« oder »Un chien andalou« von Luis Buñuel und Salvador Dalí. Nach der Machtergreifung Hitlers kamen viele Prominente der Berliner Filmstudios auf ihrem Weg ins Exil in die Seinemetropole, darunter Fritz Lang, Billy Wilder und Max Ophüls. Sie nahmen die Atmosphäre aus René Clairs poetischen Bildern von Paris – »Der 14. Juli«, »Unter den Dächern von Paris« – mit nach Hollywood, wo verklärende Komödien wie Minellis »Ein Amerikaner in Paris« produziert wurden. Viele preisgekrönte **Filme** spielen in der französischen Hauptstadt, von Frühwerken wie Marcel Carnés »Kinder des Olymp« (1942) über »Die letzte Métro« (1981) mit Catherine Deneuve und »Die fabelhafte Welt der Amélie« (2001) bis zu Woody Allens »Midnight in Paris« (2011) und der erfolgreichen Tragikkomödie »Ziemlich beste Freunde« (2012). Wo weltbekannte Regisseure wie Claude Chabrol, Jean-Luc Godard, François Truffaut und Guillaume Canet drehten, verrät **www.paris faitsoncinema.com**. Fast 400 Kinosäle zeigen gut 500 Filme pro Woche und veranstalten Retrospektiven zu Regisseuren, Schauspielern und Filmepochen. Fast ein Dutzend Filmfestivals feiern die cineastische Vielfalt der Seinemetropole. An einem Tag der Woche – meist Montag oder Mittwoch – ist der Eintritt um bis zu 30 % billiger. Das **Kinoprogramm** von Paris findet man online auf www.offi.fr/cinema sowie auf www.allocine.fr.

Filmmetropole von Weltrang

VORHANG AUF!

THEATER, OPER, BALLETT

BOUFFES DU NORD
Briefe von Kafka, Gedichte von Jacques Prévert oder das betrügerische Krokodil (Dido et Énée) – Olivier Mattei und Olivier Poubelle sind in große Fußstapfen getreten. 1974 bis 2010 hatte mit Peter Brook, einer der größten Regisseure des Welttheaters, die Bühne geleitet.
37 bis, Boulevard de la Chapelle (10. Arr.), Tel. 01 46 07 34 50
www.bouffesdunord.com
Métro: La Chapelle

CARTOUCHERIE ZDE VINCENNES
▶S. 232

COMÉDIE FRANÇAISE
▶S. 168

GAÎTÉ LYRIQUE
Junges Zentrum der digitalen Kunst und aktuellen Musik
3 bis, Rue Papin (3. Arr.)
Tel. 01 53 01 51 51 | www.gaite-lyrique.net | Métro: Réaumur-Sébastopol, Arts et Métiers

OPÉRA BASTILLE
▶S. 51

OPÉRA COMIQUE
Wo Georges Bizets »Carmen« 1875 uraufgeführt wurde, hört man heute französische Opern und Operetten von Debussy, Offenbach und Ravel.
5, Rue Favart (2. Arr.)
Tel. 01 47 42 57 50
www.opera-comique.com
Métro: Richelieu-Drouot

OPÉRA GARNIER
▶S. 159

PHILHARMONIE DE PARIS
Musik für alle vom klassischen Symphonieorchester bis zu Rap, Rock- und Weltmusik sowie spannenden Verbindungen von U- und E-Musik, ▶S. 228
221, Ave Jean-Jaurès (19. Arr.)
Tel. 01 44 84 44 84
http://philharmoniedeparis.fr

SALLE GAVEAU
Hier sind Weltstars wie Anna Netrebko, Rolando Villazón und Erwin Schrott häufig zu Gast.
45, Rue La Boëtie (8. Arr.) | Tel. 01 45 63 20 30 | www.sallegaveau.com | Métro: Saint-Augustin

SALLE PLEYEL
Konzertsaal im Stil des Art déco, in dem nicht nur Bruckner, Mozart oder Brahms zu hören sind, sondern auch Jazz und Chanson.
252, Faubourg St-Honoré (8. Arr.)
Tel. 01 45 61 53 00
www.sallepleyel.com
Métro: Charles de Gaulle – Étoile

THÉÂTRE DE LA HUCHETTE
▶S. 184

THÉÂTRE DES CHAMPS-ÉLYSÉES
Mozarts »Zauberflöte«, Andrea Bocelli und Gastspiele vom Sankt Petersburger Ballett – das elegante Theater inszeniert von Barock bis Moderne und ist außerdem Spielstätte des Orchestre National de France.
15, Avenue Montaigne (8. Arr.)
Tel. 01 49 52 50 50
www.theatrechampselysees.fr
Métro: Franklin-Roosevelt

THÉÂTRE ÉQUESTRE ZINGARO
Hoch zu Ross entführt das Pferdetheater in eine farbig-fantastische

Märchenwelt – ein unvergessliches Erlebnis für die ganze Familie.
Eingang: 176, Ave Jean-Jaurès, Aubervilliers | Tel. 01 48 39 54 17
http://bartabas.fr/theatre-zingaro
Métro: Fort d'Aubervilliers

THÉÂTRE NATIONAL DE CHAILLOT
▶S. 164

THÉÂTRE NAT. DE L'ODÉON (THÉÂTRE DE L'EUROPE)
Neuinszenierungen französischer Klassiker und Theater aus Europa prägen das Programm der zweiten Bühne der Comédie Française.
2, Rue Corneille (6. Arr.)
Tel. 01 44 85 40 40 | Métro: Odéon
www.theatre-odeon.eu

THÉÂTRE DE LA VILLE PARIS
Städtische Bühne unter Leitung von Emmanuel Demarcy-Mota, ▶S. 79
2, Place du Châtelet (4. Arr.)
Tel.01 42 74 22 77
Métro: Châtelet
www.theatredelaville-paris.com
Zweite Spielstätte ist das Théâtre des Abbesses: 31, Rue des Abbesses (18. Arr.) | Tel. 01 48 87 54 42

VORVERKAUF

TICKETS ONLINE
www.ticketmaster.fr
www.theatreonline.com
www.pariskarten.de

FNAC
www.fnactickets.com
Tel. *08 92 68 36 22
Forum des Halles:
1-7, Rue Pierre Lescot (1. Arr.)
Mo. – Sa. 10 – 19.30 Uhr
Gare de L'Est, Place du 11 novembre (10. Arr.)
Mo. – Sa. 7 – 21 Uhr
74, Av. des Champs-Élysées
Métro: George V, tgl. 10 – 23.45, So. ab 12 Uhr

KINOPALÄSTE

CHAMPO
Filmfestivals und Retrospektiven
51, Rue des Écoles (5. Arr.)
Tel. 01 43 54 51 60
www.cinema-lechampo.com

FORUM DES IMAGES
▶S. 79

GRAND REX
Schönster Kinopalast ist das 1932 eröffnete, denkmalgeschützte Grand Rex mit Jugendstilfassade, Neobarockdekor und Riesenleinwand für 2650 Zuschauer. Die humorvolle, 50-min.-Entdeckungsreise »Les Étoiles du Rex« erweckt mit Spezialeffekten und nachgestellten Szenen die Kulissen und Filmstars zum Leben.
1, Boulevard Poissonière (2. Arr.)
Tel. 08 92 68 05 96
Besichtigung: Mi. – So. 10 – 19 Uhr
www.legrandrex.com

LA GÉODE
▶ S. 226

MAX LINDER PANORAMA
Modernes Filmtheater in kühlem Design mit 700 Zuschauerplätzen auf drei Etagen. Im Gästebuch stehen Serge Gainsbourg, Sting und Wim Wenders, der hier seinen Film »Bis ans Ende der Welt« vorstellte.
24, Boulevard Poissonière (9. Arr.) | Tel. 08 92 68 50 52
http://maxlinder.com

PICK-UP VR CINÉMA
2016 eröffnete das erste Virtual-Reality-Kino von Paris. Mit seinen Brillen können 16 Zuschauer vier Kurzfilmreihen in 3D und erste Filme im 360°-VR-Format erleben.
Mi. – Fr. 19 – 22,
Sa., So. 14 – 22 Uhr
113, Rue de Turenne (3. Arr.)
www.pickupvrcinema.com
Métro: Filles du Calvaire

OBEN: Die Biene, Napoleons Wappen-
tier und Symbol der Regentschaft,
wurde Namensgeber für die besternte
Feinschmeckeroase L'Abeille, die
erlesene Gaumenfreuden verspricht.
LINKS: Schlemmerhalle der französischen Lebensart ist die Brasserie
Bofinger, 1864 das erste Haus der
Hauptstadt, in dem es Bier vom Fass
gab. Aus dieser Zeit stammt auch
die wunderschöne Glaskuppel im
Stil des Art déco.

ESSEN UND TRINKEN

»Savoir vivre« heißt stilvoll zu genießen, und gutes Essen gehört in Frankreich immer dazu. Die UNESCO hat die französische Küche sogar zum Weltkulturerbe erklärt, und Paris ist der beste Ort, um sie zu entdecken. Nirgendwo sonst finden Sie eine solche Dichte an Sternerestaurants, trendigen Versuchsküchen und legendären Traditionslokalen.

Essen bedeutet für die Franzosen weit mehr als bloße Nahrungsaufnahme. Es ist auch ein unverzichtbares Mittel der sozialen Begegnung. In den Gourmettempeln der **Haute Cuisine** stehen wahre Künstler am Kochherd. Authentische Pariser Küche versprechen die stimmungsvollen **Brasserien** und angesagten **Neobistros** (▶Das ist Paris S. 21, 298), für viele Pariser das zweite Zuhause. Wer mag, kann auf **kulinarische Weltreise** gehen, bei Asiaten und Afrikanern die Küche einstiger französischer Kolonien oder das gastronomische Erbe der Emigranten aus anderen Teilen Frankreichs kennenlernen. Zum Essen gehört französischer Wein. Oder kosten Sie ein frisch Gezapftes: Das 0,2 l-Glas wird als »demi« bezeichnet, eine Halbe als »véritable«, der Liter als »formidable«. »Très parisien« sind die **Straßencafés**. Hier taucht man ein in das Pariser Leben, sieht man und wird gesehen, zelebriert man Lebensfreude, wird geplaudert, heiß diskutiert – und natürlich geflirtet.

Hauptstadt des guten Geschmacks

Beim Essen lässt man sich an der Seine gern ganz viel Zeit, beim Frühstück allerdings sind die Pariser schnell. Eine große »bol«, Porzellanschale mit Kakao oder Milchkaffee, dazu eine »Tartine beurré«, eine getoastete Baguettehälfte mit Marmelade, die in den Kaffee getunkt wird, »ça suffit«. Wird das »**petit déjeuner**« im Café eingenommen, besteht es aus Kaffee, Tee oder Schokolade, Croissant oder Brioche und einem Glas Orangensaft. Die meisten Hotels bieten zum Frühstück auch Müsli, Käse, Schinken, Joghurt und Ei. Das Mittagessen (**déjeuner**) wird in den Restaurants zwischen 12 und 14.30 Uhr entweder als festes Menü mit Vorspeise, Hauptgericht und Nachspeise serviert oder à la carte selbst zusammengestellt. Günstiger ist der »plat du jour«, der Tagesteller mit Café, oder ein »formule« mit einem Hauptgericht und wahlweise Vor- oder Nachspeise. Französinnen wählen mittags gern einen der üppigen Salate auf der Karte. Das Abendessen (**dîner**) ist reichhaltiger und deutlich teurer als das gleiche Menü zu Mittag. Gute Lokale zeichnen sich auch immer durch eine umfassende Weinkarte aus. Kostenlos gereicht werden eine carafe d'eau (Karaffe mit Leitungswasser) und frisch aufgeschnittenes Bauernbrot oder Baguettes. **Abends muss man reservieren**! Viele Restaurants öffnen zum Dinner nicht vor 20 Uhr.

Die drei Mahlzeiten des Tages

TYPISCHE GERICHTE

Wenn die Hauptstädter in ihrem Lieblingsbistro sitzen, um die wichtigen Momente im Leben zu feiern, gehören Klassiker der Cuisine française dazu, köstliche Spezialitäten aus allen Teilen des Landes.

Soupe à l'oignon: Schon im 18. Jh. aßen Händler wie Kunden in den Pariser Markthallen eine heiße Zwiebelsuppe. Dafür werden dünne Zwiebelringe mit Knoblauch in Butter angebräunt, mit Mehl bestäubt und dann mit Weißwein und Brühe weich gegart. In die gefüllten Suppenteller kommen geröstete Weißbrotscheiben, die mit geriebenem Käse bestreut und überbacken werden; bis der Käse geschmolzen ist. Bon appÉtit!

Für **Coq au vin** ruht das Huhn 24 bis 36 Stunden in einer Marinade aus Suppengrün, Kräutern und Spätburgunder, bevor es scharf angebraten und mit Mehl bestäubt zweimal 1,5 Stunden schmort. Kurz vor Schluss kommen noch Speck und Pilze dazu. Voilà!

Steak au poivre: Manche mögen's scharf, und viel Pfeffer ist das Wichtigste beim Pariser Pfeffersteak, das mit Pommes frites und gedünsteten Champignons auf den Tisch kommt. Bereits vor dem Braten werden die Rinderfilets in grobem Pfeffer gewendet und dann in heißem Butterschmalz gebraten – »saignant« (im Kern noch roh), »à point« (halbrosa) oder »bien cuit« (durchgebraten). Für die Soße wird

Gibt es in so vielen Variationen wie es Köche gibt: das französische Nationalgericht Coq au vin

Herzhaft, süß oder pur? Crêpe heißt die schlanke Schwester des deutschen Pfannkuchens.

der Fond mit Cognac und Rotwein abgelöscht, dann reduziert und mit Crème double verfeinert, noch etwas frischer Pfeffer, parfait!

Langouste à la Parisienne: Im Dezember stapeln sich auf den Fischständen in der Hauptstadt große Spankörbe mit Austern, Krebsen und Atlantik-Hummern. Letztere sind das traditionelle Festessen der Pariser zu Weihnachten oder Silvester. Für »Langouste à la Parisienne« wird der Hummer im Fischfond nur ganz kurz gegart. Hat sich die Schale durch das Kochen rot verfärbt, wird das Tier auf eine Platte gelegt, die mit kalten Blumenkohlröschen, Karotten, Brechbohnen, Spargel und Mayonnaise garniert ist. Dazu schmeckt am besten Champagner.

Bœuf bourguignon: Nicht nur Kommissar Maigret liebte den Eintopf, auch Meryl Streep schwärmte in der Filmkömodie »Julie & Julia« vom Bœuf bourguignon. Sein Geheimnis liegt in der langen Garzeit. Auf kleiner Flamme schmoren das Rindfleisch, Speck, Schalotten, Knoblauch und Karotten stundenlang im vollmundigen roten Burgunderwein.

Aus einem Vorort von Versailles kommt der Likör Grand Marnier, den Alexandre Marnier-Lapostolle 1880 aus Bitterorangen und Cognac erstmals herstellte. Ein Muss ist der **Grand Marnier** für **Crêpes Suzette**, hauchdünne Eierpfannkuchen, die mit dem Likör beträufelt und dann flambiert werden. Wahrscheinlich wurden die Crêpes Ende des 19. Jh.s nach einer hübschen Schauspielerin der Comédie Française namens Suzette benannt, für die der Koch des benachbarten Restaurants Marivaux die Pfannkuchen noch heiß anlieferte. Auf der Rue du Montparnasse, der Pariser **Crêpe-Meile**, gibt es die französischen Pfannkuchen in allen Variationen, die salzig wie süß überraschende Füllungen enthalten.

AUSGESUCHTE RESTAURANTS ▶KARTE S. 296/297

PREISKATEGORIEN

€€€€ über 100 €
€€€ 50 – 100 €
€€ 30 – 50 €
€ 15 – 30 €
Menü ohne Getränke

GOURMETTEMPEL MIT AUSSICHT

❶ LE JULES VERNE €€€€

Extraklasse wie der Blick aus der zweiten Etage des Eiffelturms ist auch die Sterneküche von Starkoch, Buchautor und Gastrounternehmer Alain Ducasse, der zu seinen Überraschungs-Menüs ausschließlich französische Weine serviert – rechtzeitig reservieren!
Tour Eiffel (7. Arr.)
Tel. 01 45 55 61 44
www.lejulesverne-paris.com

❷ L'ABEILLE €€€€

Zarte Grautöne, gelbe Farbtupfer und hier und dort das namensgebende Lieblingsmotiv Napoleons, goldene Bienen – das elegante Sternelokal überzeugt mit französischem Flair und Blick in einen herrlichen Garten. Foie Gras, Hummer von den Chausey-Inseln und zum Abschluss ein schokoladiger Pacamara-Kaffee? Christophe Moret vereint frische Zutaten mit Fantasie zu völlig neuen kulinarischen Höhenflügen.
10, Avenue d'Iéna (16. Arr.)
Tel. 01 53 67 19 90, ▶S. 290
www.shangri-la.com/paris

❸ LA MAISON BLANCHE €€€€ – €€€

Schneeweiß richtete Philippe Starck den Hotspot auf dem Théâtre des Champs-Élysées ein. Auf der Dachterrasse und hinter hohen Panoramafenstern begeistert Bruno Franck mit kreativen Versionen traditioneller Rezepte. Nippen Sie Champagner mit Panoramablick auf den Eiffelturm.
15, Avenue Montaigne (8. Arr.)
Tel. 01 47 23 55 99
www.maison-blanche.fr

❹ LE CIEL DE PARIS €€€

Sensationell wie die Aussicht auf das Häusermeer der Hauptstadt und die stylische Einrichtung ist auch die Küche, die Christophe Marchais im höchsten Restaurant der Seinemetropole serviert – den »Pariser Himmel« finden Sie im 56. Stock des Tour Maine Montparnasse.
33, Avenue du Maine (15. Arr.)
Tel. 01 40 64 77 64
www.cieldeparis.com

TRADITIONSLOKALE UND JUNGE KÜCHE

❺ BENOIT €€€

Michelinbesternte Institution von Alain Ducasse für Liebhaber traditioneller französischer Küche, ▶S. 298
20, Rue Saint-Martin (4. Arr.)
Tel. 01 42 72 25 76
www.benoit-paris.com

❻ CLÉO €€€

Sie verkörperte die elegante Pariserin und inspirierte Klimt, Nadar und Lau-trec: die bildhübsche Ballerina Cléo de Mérode, der die neue Feinschmeckeradresse neben dem Invalidendom ihren Namen verdankt. Küchenchef Zachary Gavillier kocht kreativ, raffiniert und mit biologischen Zutaten. Die Speisekarte folgt dem Lauf der Jahreszeiten – zum Dahinschmelzen ist die Mousse au Chocolat au lait.
19,Boulevard de la Tour-Maubourg (7. Arr.)
Tel. 01 40 60 44 32
www.restaurantcleo.fr

OBEN: Alain Ducasse,
der Star der Sterne,
rückt die reinen
Zutaten ins Zentrum.
UNTEN: Eine wunderbare
Adresse für alle Anlässe
ist das junge Cléo.

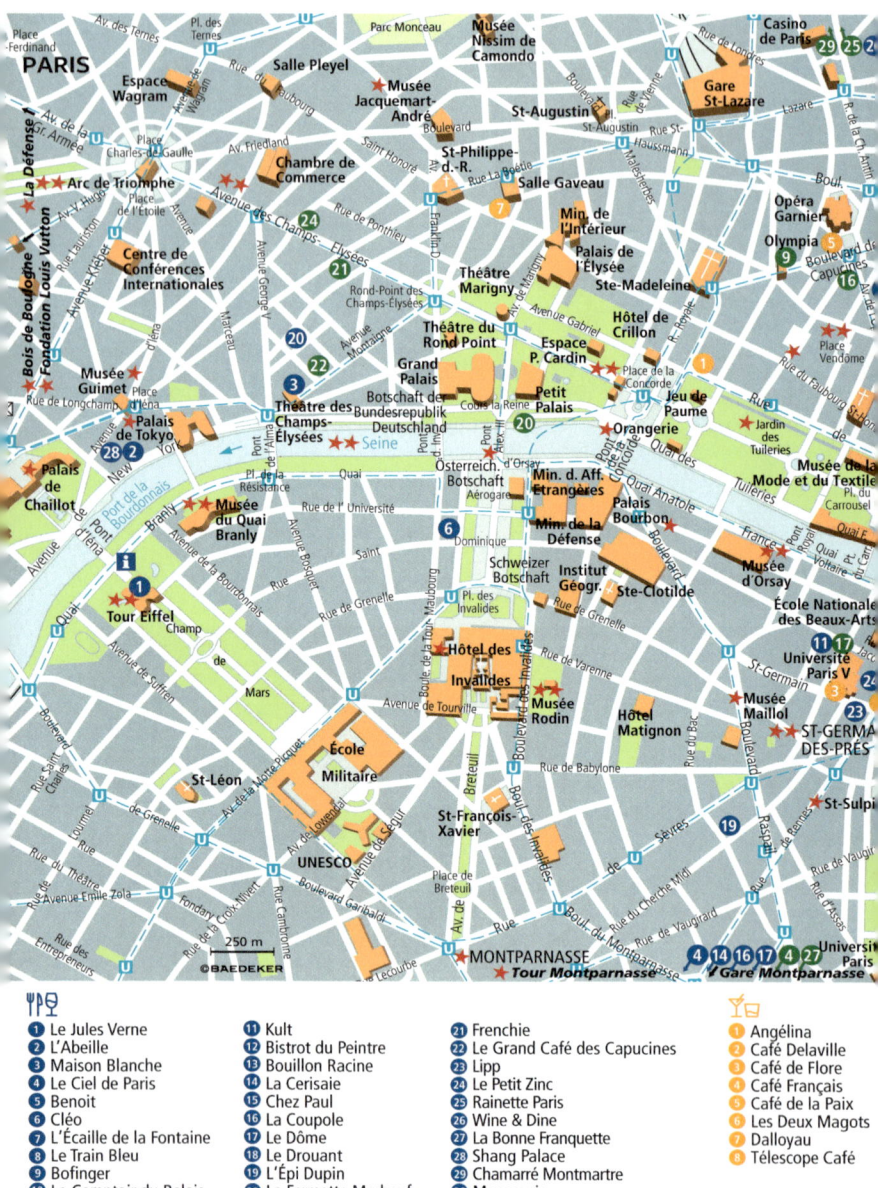

▼♥ 🍴
1. Le Jules Verne
2. L'Abeille
3. Maison Blanche
4. Le Ciel de Paris
5. Benoit
6. Cléo
7. L'Écaille de la Fontaine
8. Le Train Bleu
9. Bofinger
10. Le Comptoir du Relais

11. Kult
12. Bistrot du Peintre
13. Bouillon Racine
14. La Cerisaie
15. Chez Paul
16. La Coupole
17. Le Dôme
18. Le Drouant
19. L'Épi Dupin
20. La Fermette Marbeuf

21. Frenchie
22. Le Grand Café des Capucines
23. Lipp
24. Le Petit Zinc
25. Rainette Paris
26. Wine & Dine
27. La Bonne Franquette
28. Shang Palace
29. Chamarré Montmartre
30. Mansouria

🍷🍸
1. Angélina
2. Café Delaville
3. Café de Flore
4. Café Français
5. Café de la Paix
6. Les Deux Magots
7. Dalloyau
8. Téléscope Café

🍷🍴

1. Au Duc des Lombards
2. Caveau de la Huchette
3. New Morning
4. P. J. Montparnasse
5. P. J. St-Michel
6. Le Réservoir
7. Le Bataclan
8. Le Nouveau Casino
9. Olympia
10. Poin Éphémère
11. Zénith
12. La Dame de Canton
13. La Guinguette
    à Roland
14. Le Balajo
15. Flow
16. Harry's
    New York Bar
17. Kult
18. Nüba Paris
19. Tiger
20. Showcase Paris
    Live Club
21. Six Seven
22. Crazy Horse
23. Folies Bergère
24. Lido de Paris
25. Moulin Rouge
26. Paradis Latin
27. Bobino
28. La Java
29. Les Trois Baudets

BRASSERIEN UND BISTROS

Kaum etwas verkörpert das Lebensgefühl der Pariser so wie »le bistrot«. Klein, gemütlich, mit persönlicher Atmosphäre erfreut es das Pariser Herz. Ein Bistro lebt im Rhythmus seines Viertels. Die Seele des Bistros aber ist der Patron, den alle im Quartier kennen und der die Gäste behandelt, als seien sie bei ihm zu Haus.

Im **Bistro** nehmen die Pariser morgens schnell ein Croissant zum Café, essen sie mittags den Plat du Jour mit Kollegen, treffen sie sich nach der Arbeit auf einen Apéritif und später mit Freunden zum Dîner. Auf der Karte stehen Speisen, seit Jahren bewährt – weniger raffiniert als im Restaurant, aber nicht weniger schmackhaft. Alles ist hausgemacht und kommt in anständigen Portionen auf den Tisch. Auch Sterneköche haben den Charme der Bistros entdeckt und kochen dort zu günstigeren

Preisen, wie Alain Ducasse im Bistro Benoit, das 2017 seinen 105. Geburtstag feierte (▶S. 294). Wunderschönes **Jugendstildekor** aus der Zeit um 1900 und gute Küche verbinden mitten in Saint-Germain-des-Prés das Bouillon Racine und Le Petit Zinc, im Bastille-Viertel das Bistrot du Peintre (▶S. 301, 302). In den angesagten **Neobistros** wie dem Les Fauves, Kult oder Frenchie (▶S. 132, 301, 302) wird vorzüglich, innovativ, saisonal und unprätentiös gekocht. Die Preise sind, für Pariser Verhältnisse, korrekt – und deshalb sind sie immer proppenvoll.
Emigranten aus dem Elsass verdankt Paris seine berühmten **Brasserien**. Nachdem Elsass-Lothringen 1871 an das Deutsche Kaiserreich gefallen war, kamen viele Elsässer in die französische Hauptstadt. Wie in ihrer Heimat eröffneten sie Brauereigaststätten, die »Brasseries«. In den geräumigen

Les Fauves, wilde Tiere, haben David und Lionel ihr junges Neobistro am Montparnasse genannt. Tierisch gut sind hier nicht nur Biorind und Wildlachs, sondern auch die Salate und Cocktails.

Grande Dame der Gastronomie: die Brasserie La Coupole im Stil des Art déco

Schankstuben kam frisches Bier, Riesling und Silvaner auf den Tisch. Zu den glanzvollsten Brasserien der Belle Époque gehört das denkmalgeschützte **Bofinger**. Der junge Elsässer Frédéric Bofinger war 1864 der Erste, der in Paris Bier vom Fass ausschenkte. Das süffige Blonde hatte sofort Erfolg. Aber vor allem seine Sauerkrautgerichte wie das sahnige »Choucroute de la mer« mit Lachs, Lotte und Langusten sprachen sich schnell herum. Heute werden Gäste auch mit zartem Zitronenzander und sanft gegarter Lammkeule verwöhnt. Schmuckstück des Speisesaals ist seit 1919 die Glaskuppel von Néret und Royer (▶S. 300).

Fayencen von Léon Fargues mit exotischen Farnen, Deckengemälde mit afrikanischen Motiven und abgeschrägte Wandspiegel zieren seit 1880 die Brasserie **Lipp**, ein bevorzugter Treffpunkt von Literaten und Politikern – Präsident Mitterrand wurde hier in Begleitung einer jungen Dame gesichtet,

deren Existenz selbst die Boulevardpresse geheim hielt, bevor das Mädchen als seine uneheliche Tochter Mazarine bekannt wurde. Im Lipp speisten Hemingway, Picasso, Jacques Chirac und Madonna. Deftige Spezialität: Sauerkraut mit Räucherwurst, Bauchfleisch und Salzkartoffeln (▶S. 302).

»Im Lipp«, so heißt es, »werden Regierungen gebildet und im **La Coupole** wieder aufgelöst.« Begonnen wurde mit der größten Pariser Brasserie 1927. Für die Einrichtung wählte Paul Solvet 33 kunstvoll bemalte Säulen, Mosaikfußböden, Jugendstilleuchten und gepolsterte Nischen. Hier feierte Camus den Nobelpreis und Chagall Geburtstag. 2008 bemalten vier Künstler die Glaskuppel neu. Dass die Edelbrasserie bis heute die Pariser begeistert, bestätigte die Verfilmung von Anna Gavaldas Bestseller »Zusammen ist man weniger allein«, als Audrey Tatou im La Coupole mit Crêpes das Glück der wahren Freundschaft feierte (▶S. 301).

Chez Paul verspricht beste bodenständige Bistroküche und herzlichen Service.

❼ L'ÉCAILLE DE LA FONTAINE €€€

Ein idealer Ort, um sich mitten in Paris dem Meeresrauschen hinzugeben, ist Gérard Dépardieus Bistro und Edellokal. Bretonische Austern, Taschenkrebse und Seeschnecken, dazu ein spritziger Weißwein – und das Glück ist perfekt! Der leidenschaftliche Mime, Koch und Genussmensch Dépardieu hat mit »Le Bien Décidé« auch ein Weinbistro in der Rue du Cherche Midi 117 (6. Arr.).
15, Rue Gaillon (2. Arr.)
Tel. 01 47 42 02 99, www.restaurant-la-fontaine-gaillon.com

❽ LE TRAIN BLEU €€€

Das wunderschöne Bahnhofsrestaurant befindet sich in dem um 1900 erbauten Gare de Lyon. Benannt wurde es nach dem legendären »Blauen Zug«, der 1922 – 1960 zwischen Paris und der Côte d'Azur verkehrte. Zu Lyoner Spezialitäten erzählen prächtige Deckengemälde von einer Bahnreise ans Mittelmeer.
20, Boulevard Diderot, Gare de Lyon, 1. Stock (12. Arr.) | Tel.

01 43 43 09 06 | ▶Abb. S. 63
www.le-train-bleu.com

❾ BOFINGER €€€/€€

Die Meeresfrüchteplatte mit frischen Austern, Crevetten, Seeschnecken und Miesmuscheln reicht bestens für zwei.
3, Rue de la Bastille (3. Arr.)
Tel. 01 42 72 87 82, ▶S. 290, 299
www.bofingerparis.com

❿ LE COMPTOIR DU RELAIS €€€/€€

Yves Camdeborde hat im Hotel Crillon gelernt, heute betreibt er das sympathische Neobistro mitten in Saint-Germain-des-Prés. Mittags werden die Gäste im Avant-Comptoir mit wahren Leckerbissen als Appetithäppchen verwöhnt, abends gibt es im Comptoir authentische Bistroküche aus marktfrischen Zutaten und dazu ausgesuchte, aber erschwingliche Weine.
9, Carrefour de l'Odéon (6. Arr.)
Tel. 01 44 27 07 97
www.hotel-paris-relais-saint-germain.com

⓫ KULT €€€/€€

Foie Gras, Meeresfrüchte und dann eine Mousse au Chocolat? Das Ambiente des jungen Neobistros erinnert an die 1930er, gekocht wird wunderbar mit frischen saisonalen Zutaten.
3 Rue du Pré aux Clercs (7. Arr.)
Tel. 01 85 15 27 95 | ▶S. 21
www.restaurant-kult.fr

⓬ BISTROT DU PEINTRE €€

Das »Bistro des Malers« ist ein Jugendstiljuwel mitten im angesagten Bastille-Viertel.
116, Avenue Ledru Rollin
(11. Arr.), Tel. 01 44 00 34 39
www.bistrodupeintre.com

⓭ BOUILLON RACINE €€

Im Jugendstilbistro von 1906 wird die Gänseleber mit bretonischem Guérande-Salz abgeschmeckt und mit Feigenkompott gereicht. Zum Dahinschmelzen: das Schokoladeneis mit 72 % Valrhona-Schokolade.
3, Rue Racine (6. Arr.)
Tel. 01 44 32 15 60
www.bouillonracine.com

⓮ LA CERISAIE €€

Familie Lalanne hat zwar nur 20 Plätze, aber sie servieren das Beste aus Frankreichs Südwesten zu akzeptablen Preisen. Unser Tipp: Wildschweinragout – unbedingt reservieren!
70 Boulevard Edgar Quinet
(14. Arr.) | Tel. 01 43 20 98 98
http://restaurantlacerisaie.pagesperso-orange.fr

⓯ CHEZ PAUL €€

Kaninchen-Rillettes mit Rosmarin, Kalbsbries, Pfeffersteak an Kartoffelgratin und stundenlang in Rotwein geschmortes Bœuf bourguignon, kurzum typisch französische Landküche, dazu eine gute Auswahl an offenen Weinen – und Vintagemöbel.
13 Rue de Charonne (11. Arr.)
Tel. 01 47 00 34 57
www.chezpaul.com

⓰ LA COUPOLE €€

Überbackene Entenleber an Feigen oder lieber mit Cognac flambiertes Rinderfilet? Zum Nachtisch auf jeden Fall einen mit Moccacreme gefüllten Windbeutel, der mit Schokoladensoße übergossen wird, ▶S. 299.
102, Boulevard du Montparnasse
(14. Arr.) | Tel. 01 43 20 14 20
www.lacoupole-paris.com

⓱ LE DÔME €€

Das romantische Fischlokal im Stil des Art déco war und ist der Platz zum Austernessen! Dazu serviert Franck Graux aromatisches Brot und Rohmilchbutter – und das auch noch nach Mitternacht.
108, Boulevard du Montparnasse
(14. Arr.) | Tel. 01 42 63 48 18
www.restaurant-ledome.com

⓲ LE DROUANT €€

Weil man in dem Lokal im Stil der 1930er so ausgezeichnet tafeln kann, tagt hier alljährlich die Jury für den Literaturpreis Prix Goncourt.
16-18, Place Gaillon (2. Arr.)
Tel. 01 42 65 15 16
www.drouant.com

⓳ L'ÉPI DUPIN €€

Bistronomie, mittags wie abends zur 39-Euro-Pauschale, bieten François Pasteau, Erwan Lévêque und Florent Mavit an den 10 Tischen ihres stilvoll-rustikalen Neobistros in Saint-Germain-des-Prés.
11, Rue Dupin (6. Arr.) | Tel. 01 42 22 64 56 | www.epidupin.com

⓴ LA FERMETTE MARBEUF €€

Emil Hurté entwarf das schöne Lokal 1898 im Stil des Art nouveau. Heute wird man hier mit heißen Austern in Champagnersoße, Burgunderschnecken und einem luftig-leichten Soufflé mit Grand Marnier beglückt.
5, Rue Marbeuf (8. Arr.)
Tel. 01 42 86 00 88
www.fermettemarbeuf.com

㉑ FRENCHIE €€

Der Name verrät's: Gekocht wird Im Neobistro à la française: Foie gras, baskische Schweinebrust mit roter Beete, Makrele mit wildem Spinat und zum Dessert Haselnuss-Tarte.
5, Rue du Nil (2. Arr.)
Tel. 01 40 39 96 19
www.frenchie-restaurant.com

㉒ LE GRAND CAFÉ DES CAPUCINES €€

Hier veranstalteten die Brüder Lumière am 28. Dezember 1895 mit ihrem Kinematografen die erste öffentliche Filmvorführung. Tipp: die Entenbrust mit Himbeeren und Olivenpolenta.
4, Boulevard des Capucines
(9. Arr.) | Tel. 01 43 12 19 00
www.legrandcafe.com

㉓ LIPP €€

Von Frankreichs Politikern, Literaten und Journalisten war vermutlich schon fast jeder hier, ▶S. 299
151, Boulevard St-Germain
(6. Arr.) | Tel. 01 45 48 53 91
www.brasserielipp.fr

㉔ LE PETIT ZINC €€

Jugendstildekor und Spitzenküche mit bretonischen Austern, Schneckenravioli und Fasan an Selleriemus
11, Rue St. Benoît (6. Arr.) | Tel. 01 42 86 61 00 | www.petit-zinc.com

㉕ RAINETTE PARIS €€

Nichts als Froschschenkel serviert mitten im Marais die erste »Bar à Grenouilles« – die Pariser sind geradezu süchtig nach dem aromatisch milden Traditionsfleisch, das in Vergessenheit geraten war und vom Geschmack her an Pute erinnert. Les Rainettes serviert die Spezialität als Snack zum Teilen oder Hauptgang – gegrillt, mariniert, gedünstet, in der Suppe oder auf dem Salat. Dazu munden Bioweine und köstliche Cocktails.
5, Rue Caron | Tel. 09 86 59 63 85
www.rainettes.com

㉖ WINE AND DINE €€

Giovanni Passerini gehört zur jungen Generation Pariser Köche, die eine hervorragende neue Bistroküche ohne jeden Gastroschnickschnack anbieten. Inspiriert durch seine italienischen Wurzeln kreiert Passerini authentische mediterrane Gerichte aus Produkten kleiner lokaler Betriebe. Auf der Karte stehen über 200 gute, erschwingliche Weine vom sizilianischen Nero d'Avola de Gulfi bis zu den Barolos von Burlotto.
29 Rue Victor Massé (9. Arr.)
South Pigalle | Tel. 01 85 73 12 02
www.grandpigalle.com

㉗ LA BONNE FRANQUETTE €

»Lieben, essen, trinken & singen« ist das Motto des gemütlichen Lokals am Montmartre. Frische französische Bistroküche, eine lauschige Terrasse, 150 Weine und regelmäßig französische Musiker live.
2, Rue des Saules (18. Arr.)
Tel. 01 42 52 02 42
www.labonnefranquette.com

AUS ALLER WELT

Als Schmelztiegel der Kulturen präsentiert sich Frankreichs Hauptstadt auch im Kochtopf.

㉘ SHANG PALACE €€€

Samuel Lees kantonesische Haute Cuisine ist mit einem Michelinstern ausgezeichnet. Raffinierte Kreationen mit Lachs, Qualle und Seeohren kitzeln den westlichen Gaumen.
10, Avenue d'Iéna (16. Arr.)
Hotel Shangri-La | Tel. 01 53 67 19 92 | www.shangri-la.com

㉙ CHAMARRÉ MONTMARTRE €€€/€€

Fast alle Gerichte des maurizianischen Chefkochs Antoine Heerah enthalten Fisch oder Meeresfrüchte.
52, Rue Lamarck (18. Arr.)
Tel. 01 42 55 05 42
www.chamarre-montmartre.com

Kulinarisches Reich der Sonne mit kantonesischer Haute Cuisine: Den nach der Tang-Dynastie benannten Shang Palace zieren Mahagoni und Säulen mit Jade.

❸⓿ MANSOURIA €€

Ein Fest für die Sinne: das geschmorte Lamm mit Couscous im marokkanischen Lokal von Fatéma Hal
11, Rue Faidherbe (11. Arr.)
Tel. 01 43 71 00 16
www.mansouria.fr

CAFÉ-KULTUR

Eine Bastion urfranzösischer Lebensart sind die Cafés, wobei der Übergang zum Bistro fließend ist. Inzwischen ist aber auch die angelsächsische Coffee Culture in Paris angekommen mit flat white, mocchacino und anderen Kreationen, die dem grand crème und petit noir Konkurrenz machen.

❶ ANGÉLINA

Im Belle-Époque-Salon unter den Arkaden der Rue de Rivoli genossen Coco Chanel und Audrey Hepburn eine Auszeit von der Hektik der Großstadt, heute trifft sich hier die Modeszene und genießt Angélinas berühmte afrikanische Schokoladen mit viel Schlagsahne vom Silbertablett. Kuchentipp: die Meringue »Mont Blanc« mit Maronencreme
226, Rue de Rivoli (1. Arr.)
Tel. 01 42 60 82 00
www.angelina-paris.fr

❷ CAFÉ DELAVILLE

Der Mix aus Moderne und Art déco, gepaart mit duftendem Café, Appetithäppchen oder gegrilltem Entrecôte machen das Café zur gefragten Adresse der Grands Boulevards. Sonntags trifft man sich auf der Terrasse zum Brunch.
34, Boulevard Bonne Nouvelle (10. Arr) | Tel. 01 48 24 48 09
www.delavillecafe.com

❸ CAFÉ DE FLORE

Art déco-Spiegel, rotes Leder und Mahagoni – auch wenn der Kaffee ein kleines Vermögen kostet, lohnt das Literatencafé. Wo Sartre und Beauvoir einst philosophierten (▶S.192), trifft sich heute trotz aller Touristen die Fashion-Elite – nach der Stilikone

OBEN: Besitzt Kultstatus, und der hat seinen Preis: Im Café de Flore saßen schon Sartre, Picasso und Juliette Gréco, Roman Polanski und Karl Lagerfeld. Heute wird hier einmal im Jahr der begehrte Prix de Flore an begabte junge Literaten vergeben.
LINKS: Himbeere, lockere Vanille-mousse oder gesalzenes Butter-karamell? Bei Ladurée gehören zum Kaffee die köstlichen Macarons in vielen verführerischen Variationen.

Sonia Rykiel ist sogar ein Klubsandwich benannt, ein fast kalorienfreies.
172, Boulevard Saint-Germain (6. Arr.) | Tel. 01 45 48 55 26
http://cafedeflore.fr

❹ CAFÉ FRANÇAIS

Das jüngste Projekt der Gebrüder Costes schmückt Gold an den Wänden und französisches Blau-Weiß-Rot. Toller Treffpunkt zum Frühstück.
1-3, Place de la Bastille (4. Arr.)
Tel. 01 40 29 04 02
http://cafe-francais.fr

❺ CAFÉ DE LA PAIX

▶S. 160

❻ CAFÉ LES DEUX MAGOTS

Gide, Breton und Picasso waren Gäste im 1881 eröffneten Terrassencafé, wie das Flore gegenüber eine Pariser Legende mit guter französischer Küche. Seit 1933 wird hier der Literaturpreis Prix des Deux Magots verliehen.

6, Place de St-Germain-des-Prés (6. Arr.) | Tel. 01 45 48 55 25 | Abb.
▶S. 193 | www.lesdeuxmagots.fr

❼ DALLOYAU

Feinste Backkunst seit 1682. Kultstatus haben die Millefeuilles aus hauchfeinem Blätterteig mit Krokantkruste und Karamellbuttercreme sowie »La Réligieuse de Rêve«, eine wahrhaft göttliche Schokoladentorte.
101, Rue du Faubourg St-Honoré (1. Arr.) | sieben weitere Filialen in Paris | www.dalloyau.fr

❽ TELESCOPE CAFÉ

Nicolas Clerc, der seine Kaffeebohnen aus Afrika und Nicaragua selber röstet, hat die Croissants ins Nirvana verbannt. Bei ihm gibt es zum Koffeinkick hausgemachtes Banana Bread und Chocolate-Chip Cookies.
5, Rue Villedo (1. Arr.)
Tel. 01 42 61 33 14
www.telescopecafe.com

Zum Reinbeißen

Sie inszenieren ihre farbenfrohen Macarons, Eclairs, Millefeuilles, Tartes und Timbales wie Haute Couture: die Pâtissiers von Paris. Zu den Stars der süßen Szene gehören **Arnaud Larher** mit seinem Mandel-Carrée »Pavé de Montmartre« (53, Rue Caulain-Court, http://arnaudlarher.com), **Arnaud Delmontel** mit Klassikern wie Mont-Blanc (39, Rue des Martyrs, www.arnaud-delmontel.com) und **Jacques Genin** mit den besten Karamell-Éclairs der Stadt (133, Rue de Turenne, http://jacquesgenin.fr). Cremig und knusprig zugleich sind die Millefeuilles von Philippe Conticini in seiner **Pâtisserie des Rêves** (111, Rue de Longchamp, www.lapatisseriedesreves.com).
Die kleinen **Macarons** aus Mandelmehl gab es bereits im Mittelalter und es heißt, Marie-Antoinette sei eine Liebhaberin der luftig-leichten Baiserekekse gewesen. Die cremig gefüllten Makronen sind etwas größer als ein Zwei-Euro-Stück – und kosten mindestens genauso viel. In zig Variationen von Kaffee, Karamell und Pistazie bis zu Himbeere, Champagner und Mousse au Chocolat werden sie in den eleganten Patisserien von **Pierre Hermé** (72, Rue de Bonaparte, www.pierre herme.com) und **Ladurée** (18, Rue Royale, www.laduree.fr) gebacken. Wunderschön in bunten Schachteln verpackt, sind sie in Paris ein beliebtes Geschenk, wenn man zum Essen eingeladen ist.

Pâtissiers

FEIERN

Das ganze Jahr ist der Pariser Veranstaltungskalender prall gefüllt. Die Metropole bietet für jeden etwas. Viele Veranstaltungen der Stadtverwaltung können kostenlos besucht werden. Fragt man jedoch Franzosen, so gibt es ein Event, das alle überstrahlt: die Feier des Quartorze Juillet, des 14. Juli.

Im Rhythmus der Hauptstadt

Am Vorabend des **Nationalfeiertages** wird in den Kasernen der Feuerwehren bei den beliebten Bals Populaires von 21 Uhr bis 4 Uhr früh getanzt. Um 10 Uhr am 14. Juli verkünden Trompeten und Signalhörner auf der Champs-Élysées die Ankunft des Präsidenten der Republik. Zu Trommelwirbeln marschieren die Streitkräfte den Prachtboulevard entlang. Kostenlose Konzerte überbrücken auf dem Champs de Mars die Zeit bis zum grandiosen Finale: dem Feuerwerk am Eiffelturm, einer atemberaubenden Farbexplosion am Pariser Nachthimmel. Ähnlich farbenfroh zeigt sich der Turm nur zu **Silvester**. Nach einem Dîner mit Freunden trifft man sich am 31. Dezember um Mitternacht am Eiffelturm, der mit einer Lasershow zum Funkeln gebracht wird, und stößt mit wildfremden Menschen mit einem Glas Champagner auf das neue Jahr an: Bonne Année! Auch am Arc de Triomphe wird das Jahr mit einer Lichterschau eingeleitet.

Im Stechschritt marschieren die Streitkräfte am 14. Juli über die Champs-Élysées, während Kunstflugstaffeln die blau-weiß-rote Tricolore in den Himmel zeichnen.

VERANSTALTUNGSKALENDER

TRENDS, TREFFS UND EVENTS
Online und als App informieren
www.offi.fr, www.paris cope.fr,
www.pariscapitale.com und
www.novaplanet.com über Veranstaltungen in der Hauptstadt.

FEIERTAGE
1. Januar (jour de l'an)
Ostermontag
Himmelfahrt
1. Mai (fête du travail)
8. Mai (fête de l'armistice de 1945)
14. Juli (fête nationale)
15. August (Assomption)
1. November (Toussaint)
11. November (fête de
   l'armistice 1918)
25. Dezember (Noël)

EVENTS IM JANUAR

PRIX D'AMÉRIQUE
Pferderennen im Hippodrome de
▶Vincennes am letzten Sonntag
www.prix-amerique.com

HAUTE COUTURE
Internationale Modenschau mit Topdesignern wie Karl Lagerfeld, Diego
della Valle und Sarah Burton
www.modeaparis.com

FEBRUAR

CHINESISCHES NEUJAHR
Anfang Feb. begrüßt die chinesische
Gemeinde in Paris das neue Jahr mit
zwei Umzügen: Der erste zieht vom
Hôtel de Ville durch das Marais, der
zweite Umzug durch Chinatown.
www.mairie13.paris.fr

CHOIR FESTIVAL PARIS
Großes Chortreffen mit Sängern aus
ganz Europa Ende Januar
www.choirfestivalparis.net

SALON INTERNATIONAL DE L'AGRICULTURE
Die Landwirtschaftsmesse bricht alle
Publikumsrekorde, und Präsidenten
müssen hier ihre Bodenhaftung beim
Tätscheln der Vierbeiner beweisen
www.salon-agriculture.com

MÄRZ

CARNAVAL DE PARIS
Ausgelassen wie in Rio:
der Fasching an der Seine
www.carnaval-paris.org

PRIX DU PRÉSIDENT DE LA RÉPUBLIQUE
Pferderennen im Hippodrome
d'Auteuil am Palmsonntag

BLUE NOTE FESTIVAL
Topevent mit internationalen Jazz-
Stars, die überall in Paris auftreten
www.bluenotefestival.fr

BANLIEUES BLEUES
Jazz, Blues und Funk bei
45 Konzerten in St-Denis
www.banlieuesbleues.org

PARIS FASHION WEEK
Sieben Tage, über 90 Prêt-à-porter-
Shows mit so großen Namen wie
Dior, Chanel und Louis Vuitton
www.modeaparis.com

MAI

FRENCH OPEN
Internationale Tennismeisterschaften
www.rolandgarros.com

LA NUIT DES MUSÉES
»Lange Nacht der Museen« an einem
Sa. Mitte Mai, bis ein Uhr nachts
http://nuitdesmusees.culture
communication.gouv.fr

PORTES OUVERTES
Tage der offenen Tür bei Galerien und
Künstlern in Belleville, gefolgt von
Père Lachaise (Mai), Ménilmontant
(Sept.) und Montmartre (Nov.)
www.parisgratuit.com

FESTIVAL DU JAZZ DE
SAINT-GERMAIN-DES-PRÉS
Neue Talente, Ausstellungen und
Begegnungen mit Künstlern in Saint-
Germain, der Wiege des Pariser Jazz
www.festivaljazzsaintgermain
paris.com

JUNI

LA FETE DE LA MUSIQUE
21. Juni in ganz Paris Straßenmusik,
Bälle, Live-Acts in Clubs und Bars,
kostenlose Konzerte in Parks und
auf Open-Air-Bühnen
http://fetedelamusique.culture.fr

PARIS JAZZ FESTIVAL
Jazzfestival im Parc Floral de Paris
mit internationalen Stars
bis Juli, www.parisjazzfestival.fr

DDAYS
Schaufenster für zeitgenössisches
Design mit renommierten Ausstellern
aus dem In- und Ausland
www.ddays.net

MARCHE DE FIERTES
(GAY PRIDE)
Große schwul-lesbische Parade
Ende Juni, www.inter-lgbt.org/
marche-des-fiertes

JULI

FETE NATIONALE
Nationalfeiertag am 14. Juli
Quatorze juillet, ▶S. 207, 306

HAUTE COUTURE
Internationale Modenschau
mit allen Pariser Topdesignern
www.modeaparis.com

LES ÉTÉS DE LA DANSE
Ballett-Festival mit
Stars aus aller Welt
www.lesetesdeladanse.com

TOUR DE FRANCE
Zieleinlauf des Radrennens
auf den Champs-Élysées
www.letour.fr

AUGUST

ROCK EN SEINE
Auf dem berühmten Rockfestival auf
der Domaine St-Cloud traten schon
Oasis, Radiohead und Morrissey auf
www.rockenseine.com

PARIS QUARTIER D'ÉTÉ
Musik, Tanz, Performance und
Straßenkunst open-air von
150 Künstlern aus aller Welt
www.quartierdete.com

JAZZ À LA VILLETTE
Freiluftfestival im Park
von La Villette
www.jazzalavillette.com

SEPTEMBER

JOURNÉES DU PATRIMOINE
An einem Wochenende im Sept. sind
viele Kulturdenkmäler kostenlos oder
ermäßigt zu besichtigen, darunter
auch sonst unzugängliche Gebäude
wie das Palais Royal, der Élysée-Palast
und das Hôtel de Matignon.
www.journeesdupatrimoine.
culture.fr

BIENNALE DE PARIS
Ausstellungen und Aktionen junger
Avantgardekünstler der bildenden
Künste, alle geraden Jahre, bis Nov.
www.biennale-paris.com

FESTIVAL D'AUTOMNE
Herbstfestival: moderne Musik, Jazz,
Theater und Folklore, bis Dezember
www.festival-automne.com

Zweimal pro Jahr präsentieren Topdesigner wie Karl Lagerfeld auf der Pariser Fashion Week die neuesten Trends der Modewelt.

PARIS FASHION WEEK
Internationale Prêt-à-porter-Shows
www.modeaparis.com

TECHNO PARADE
Mit mehr als 500 000 Techno-Fans
www.technoparade.fr

OKTOBER

LA NUIT BLANCHE
Pariser Kunstnacht von 19 bis 7 Uhr früh: Lesungen, Konzerte und Performances an mehr als 20 illuminierten Orten in der Stadt
http://de.france.fr/de/veran staltung/nuit-blanche-paris

VENDANGES DE MONTMARTRE
1. Samstag im Okt. Weinfest am Montmartre mit Musik, Tanz und Festzug. Weinverkauf auf der Straße
www.fetedesvendanges demontmartre.com

PRIX DE L'ARC DE TRIOMPHE
Pferderennen von Longchamp
www.prixarcdetriomphe.com

LES PUCES DU DESIGN
Designklassiker und feinster Trödel aus den 1950er- bis 1990er-Jahren
www.pucesdudesign.com

NOVEMBER

11. NOVEMBER
Jahrestag des Waffenstillstands 1918 mit großer Feier zum Gedenken der Gefallenen am Arc de Triomphe

MOIS DE LA PHOTO
135 Fotoausstellungen in Paris
www.parisphoto.com

DEZEMBER

MARCHÉS DE NOËL
Ein Dutzend Märkte verbreiten Weihnachtsstimmung in der Hauptstadt – zu den schönsten gehören die Hüttendörfer im Gare de l'Est, auf dem Place du Tertre von Montmartre, in La Défense und am Trocadéro. Einige haben sogar Eislaufplätze!

KINDER

Kleine Abenteurer können auf der Seine durch Paris schippern, in Funparks Mickey Mouse und Asterix begegnen oder lernen, wie Picasso und Monet zu malen.

Ermäßigungen & Kinderprogramme

In Bus und Métro fahren Kinder unter fünf Jahren umsonst, bis zehn Jahre zahlen sie die Hälfte des Fahrpreises. Kindertarife und Familienkarten gibt es auch bei Museen und anderen Sehenswürdigkeiten. Staatliche Museen wie ▶Louvre, ▶Musée d'Orsay, ▶Musée du Quai Branly und das ▶Centre Pompidou gewähren EU-Bürgern bis 26 Jahre freien Eintritt und haben extra für Kinder organisierte **Ausstellungen, Kurse und Ferienprogramme**. In der Cité des Enfants von ▶La Villette können Sprösslinge Knöpfe und Hebel bewegen und durch eigene Experimente die Wissenschaften für sich entdecken – hin kommen Sie erlebnisreich mit einem Törn auf dem ▶Canal Saint-Martin. Von der Geburtstagsparty bis zu Malkurs und Märchenstunde reicht das Angebot der Ateliers Tok-Tok im ▶Palais de Tokyo.

Da kommt Freude auf!

Immer eindrucksvoll ist der Blick von oben auf die Stadt – vom Eiffelturm, Arc de Triomphe, von Notre-Dame, Sacré-Cœur, vom Tour de Montparnasse oder dem Ballon de Paris im Parc André Citroën. Auch Rundfahrten in den offenen Doppeldeckerbussen oder eine Bootsfahrt auf der Seine machen dem Nachwuchs Spaß. In fast allen Pariser Parks gibt es Kasperl- oder Marionettentheater sowie Platz zum Toben. Manche verfügen auch über **Abenteuerspielplätze**, wie der Jardin Nelson Mandela im Hallenviertel. Den ▶**Bois de Boulogne** kann man mit Leihrädern erkunden und auf dem unteren See Boot fahren. Im Norden des Stadtwaldes lockt der Jardin d'Acclimation mit Kasperltheater, Karussell, Spiegeltempel und Kinderanimation. Wer mit Roller Skates oder Skateboard umgehen kann, zeigt auf der Terrasse des Trocadéro sein Können. Im **Jardin du ▶Luxembourg** werden kleine Segelboote für das runde Wasserbecken verliehen. In Frankreich gibt es die Ganztagsschule. Außerhalb der Ferien finden daher nur Mi., Sa. und So. Nachmittag Kinderprogramme und Aufführungen von Kindertheatern statt. Im **Wachsfigurenmuseum Grevin** treffen Kinder Spiderman, Musikstars und Fußballlegenden, im **Musée de la Poupée** gibt es einen Puppendoktor und Puppenkurse ab 4 Jahre, die Krönung der **Choco Story** ist eine Schokoladenprobe (alle drei Museen: ▶S. 319). Immer ein Erlebnis ist der Besuch im **Zirkus** (www.cirquedhiver.com). Zwischen Louvre und Les Halles begeistert das **Musée en Herbe** Familien mit altersgerechten Ausstellungen und kreativen Workshops zu Picasso, Leonardo da Vinci und Niki de Saint Phalle. Mit Liedern und Anekdoten, Fragen und Geschichten bringen die Zwerge Lila und Philou den Kids bei einer

SPANNUNG, SPASS & SPIEL

© Disney

Jede Menge Fun und Abenteuer versprechen Wildgehege und Erlebnisparks rings um Paris, allen voran die magischen Märchenwelten von Disneyland und der Asterixpark.

Bis 2020 werden die Studios von **Disneyland Paris** rund um Walt-Disney-Blockbuster wie Toy Story, Ratatouille, Twilight und Stitch ausgebaut. Beliebteste Attraktionen sind die neue Achterbahn im »Star Wars Hyperspace Mountain«, Dornröschens Schloss, der Dreimaster von Kapitän Hook, das Höhlenlabyrinth der Karibikpiraten, die Show Micky und der Zauberer, Star Tours und der Rock' n' Roll Rollercoaster mit eigens von Aerosmith komponierter Musik. Aufgrund der Größe ist es kaum möglich, alles an einem Tag zu erleben – deutlich schneller wird der Zutritt durch den Fast Pass.
Marne-la-Vallée | 35 km östl. von Paris Kernzeit: tgl. 10 – 19, im Sommer bis 22 Uhr | Ticket für Disneyland Park &

Walt Disney Studios ab 81 €
www.disneylandparis.de

Zum **Parc Astérix** gehören sechs Zauberwelten von der antiken Via Appia und dem gallischen Dorf der unbesiegbaren Freunde Asterix & Obelix bis zu einer Römerstadt mit einer Zeitreise durch 1000 Jahre gallische Geschichte.
30 km nördl. von Paris | April – Okt. tgl. 10 – 18/19, gallische Nächte Ende Okt. bis 23 Uhr | Shuttle-Bus vom Louvre, Abfahrt 8.45, Rückkehr 18.30 Uhr Ticket ab 41 € | www.parcasterix.fr

Große Tiere für kleine Strolche

Preiswert ist ein Besuch auf dem Bauernhof im Bois de ▶**Vincennes** mit Kälbern, Schweinen, Schafen und Ziegen. Vincennes lockt zudem mit dem Pariser Zoo und einem großen Spielplatz im Parc Floral.

Leoparden, Löwen, Geparde und weiße Tiger lassen sich in den weitläufigen Gehegen des 60 ha großen **Parc des Félins** bestaunen – oder hautnah auf der 20-min. Rundfahrt im Panoramazug
Domaine de la Fortelle, Nesles 52 km südöstl. von Paris | Mai, Juni, Sept. tgl.10 – 17, Juli, Aug. tgl. 9.30 bis 19.30, Nov. – April Di. – So. 10 – 17 Uhr 19,50 € | www.parc-des-felins.com

Im **Parc Zoologique de Thoiry** leben

auf 150 ha Elefanten, Löwen, Giraffen, Nilpferde, Nashörner und Zebras rund um ein Bilderbuchschlösschen, durch das der Musikaffe Tulu führt.
Parc et Château de Thoiry, Thoiry 56 km westl. von Paris | tgl. 10 – 17, Juli, Aug. bis 18 Uhr, Dez., Jan. geschl. | Erw. 29 €, Kinder 23 € | www.thoiry.net.

einstündigen **Croisière Enchantée Paris** näher – einfach märchenhaft. Damit Eltern auf dem romantischen »**River Café**« auf der Seine in Ruhe schlemmen können, wird Sa./So. 13 – 15.15 Uhr ein Kinderprogramm angeboten mit Girlanden basteln, Zauberworkshop, Schminken und Angeln. Das Kindermenü mit Frikadelle, Pommes und Nutella-Crêpe kostet 16 €.

Musée en Herbe: 21, Rue Hérold (1. Arr.) | tgl. 10 – 19, Do. bis 21 Uhr | 1-std. Kinderführungen ab 5 Jahre 11, 14, 15, 16 und 17 Uhr | Kinder 10 €, Erw. 6 € | http://museeenherbe.com

Croisière Enchantée: tgl. 15.45 Uhr ab Anleger Tour Eiffel ab 15 € p. P. | www.bateauxparisiens.com/croisiere-promenade-paris/croisiere-enchantee.html

River Café: 146 Quai de Stalingrad | Issy-les-Moulineaux Tel. 01 40 93 50 20 | Métro: Issy-Val de Seine | http://rivercafe.fr

AUSKUNFT, KINDERKLINIK
UND BABYSITTER

KIOSQUE JEUNES
Jugend-Pavillons mit Infos zu Sport und Kultur von 13 bis 30 Jahre
Canopée: 10, Passage de la Canopée (1. Arr.) | **Champs de Mars**: 101, Quai Branly (4. Arr.)
Goutte d'Or: 1, Rue Fleury (18. Arr.) | www.paris.fr

HÔPITAL NECKER-ENFANTS MALADES
Kinderklinik
149 – 151, Rue de Sèvres (15. Arr.)
Tel. 01 44 49 40 00
http://hopital-necker.aphp.fr

BABYSITTER IN PARIS
www.baby-sitter-paris.fr

MUSEEN

In Paris gibt es eine so große Anzahl spannender Museen, Superlative wie Schmuckkästchen, dass die Auswahl schwer fällt – und jeder Regentag wunderschön gestaltet werden kann.

Ermäßigungen und Eintrittskarten

Ruhetage sind meist Montag oder Dienstag, einmal pro Woche haben viele Museen bis spät in den Abend geöffnet. Jeden ersten Sonntag im Monat ist der Eintritt in die **staatlichen Museen** frei, für EU-Bürger unter 26 Jahren ist er immer kostenlos. In den Museen der Ville de Paris ist der Eintritt für die Dauerausstellungen frei. Die häufig langen Warteschlangen, besonders bei Sonderschauen, umgehen Sie mit **Online-Tickets**, die inzwischen häufig nur mit festem Zeitfenster verkauft werden. Am wenigsten Gedränge herrscht morgens und an winterlichen Wochentagen – dies gilt besonders für die äußerst beliebten Museen Louvre, Quai d'Orsay und Quai Branly. Der **Pass de la Cité** bietet einen verbilligten und bevorzugten Zugang zur Cité de l'Architecture. Der Pass, als Download auf der Website erhältlich, ist ein Jahr lang gültig (www.citechaillot.fr).

Anfang Oktober dreht sich bei der »**Nuit Blanche**« alles um die Kunst. Eine ganze Nacht lang werden außergewöhnliche Kunstwerke, Performances und Installationen open-air an ungewöhnlichen Orten präsentiert. Zusätzlich öffnen einige Museen bis Mitternacht ihre Pforten. Mit 130 Museen nimmt Paris alljährlich im Mai teil an der »**Nuit Européenne des Musées**«. Alle Events stellt die offizielle Website nach Arrondissements sortiert vor (http://nuitdesmusees. culturecommunication.gouv.fr). Auch hier gilt: rechtzeitig dort sein und sich nicht zu viel vornehmen – der Andrang ist enorm!

»Weiße Nacht« und »Lange Nacht der Museen«

▌ Pariser Museen

Den direkten Zugang zu den Dauerausstellungen von 50 Museen, Sehenswürdigkeiten und Denkmälern in Paris und seiner Umgebung gewährt der Pariser Museumspass für **2, 4 oder 6 Tage** (48, 62 bzw. 74 €), der online sowie bei der FNAC und beim Office de Tourisme de Paris bestellt werden kann (www.parismuseumpass.com).

Pariser Museumspass

GESCHICHTE /
KULTURGESCHICHTE

CITÉ NATIONALE DE L'HISTOIRE
DE L'IMMIGRATION
▶Bercy, S. 64

CITÉ DE LA MODE
ET DU DESIGN
▶Tolbiac, S. 206

GRAND MUSÉE DU PARFUM
Welche Duftpalette passt zu mir?
Das verrät das neue Parfummuseum
mit Geruchsorgeln und 60 Düften,
die Sie beim Rundgang probieren
dürfen. Nach dem Gang durch die
Geschichte geht's ins Lab, wo Sie die
Arbeit des Parfümeurs erleben.
73, Rue du Faubourg St-Honoré
(8. Arr.) | Di. – So. 10.30 – 19, Fr.
bis 22 Uhr | Erw. 14,50 € | Métro:
Champs-Elysées – Clemenceau,
Franklin D. Roosevelt | www.
grandmuseeduparfum.fr

L'ADRESSE – MUSÉE
DE LA POSTE
Die Geschichte der Post und
Philatelie auf fünf Etagen
34, Bd. de Vaugirard (15. Arr.)
Métro: Montparnasse-Bienvenue,
Pasteur | derzeit wegen
Umbau geschlossen |
www.ladresse musee
delaposte.com

MUSÉE CARNAVALET
▶Marais, S. 123

MUSÉE D'ART ET
D'HISTOIRE DU JUDAïSME
▶Marais, S. 122

MUSÉE DE LA MODE
DE LA VILLE DE PARIS
▶S. 165

MUSÉE DE
L'HISTOIRE DE PARIS
▶Marais, Musée Carnavalet, S.123

Schauen und Staunen im Musée du Louvre: Das berühmteste und weitläufigste Kunstmuseum der Welt will mit Bedacht erobert werden – weniger ist mehr!

MUSÉE DE L'HOMME
▶Palais de Chaillot, S. 164

MUSÉE DES ARTS DECORATIFS
▶Rue de Rivoli, S. 184

MUSÉE DE LA PREFECTURE DE POLICE
Im Polizeimuseum dokumentieren über 2000 Objekte Attentate, Revolutionen und Kriminalfälle, die Frankreich in Atem hielten.
4, Rue de la Montagne Sainte-Geneviève (5. Arr.) | Mo. – Fr. 9.30 – 17, 3. Sa. im Monat 10.30 bis 17 Uhr | Eintritt frei | Métro: Maubert-Mutualité | www.prefec turedepolice.interieur.gouv.fr

MUSÉE DU PARFUM
▶S. 160

MUSÉE DU QUAI BRANLY
▶S. 142

MUSÉE NATIONAL DE LA LÉGION D'HONNEUR ET DES ORDRES DE CHEVALERIE
Dokumente und Auszeichnungen der Ritterorden vom Mittelalter bis zu heutigen Staatsorden
Hôtel de Salm | 2, Rue de la Légion d'honneur (7. Arr.) Mi. – So. 13 – 18 Uhr
Eintritt und Audioguide frei Métro: Solférino, Gare d'Orsay www.legiondhonneur.fr

MUSÉE YVES SAINT LAURENT
▶S. 165

PAVILLON DE L'ARSENAL
Stadtgeschichte und aktuelle urbane Projekte sowie ein 40 m² großes Modell der Hauptstadt im Maßstab 1 : 2000
21, Boulevard Morland (4. Arr.)
Di. – So. 11.00 – 19.00 Uhr
Eintritt frei | Métro: Sully Morland | www.pavillon-arsenal.com

KUNST & ARCHÄOLOGIE

CENTRE POMPIDOU
▶S. 71

ÉCOLE NATIONALE SUPÉRIEURE DES BEAUX-ARTS
Sammlungen der königlichen Kunstakademie und École des Beaux-Arts
14, Rue Bonaparte (6. Arr.)
Mo. – Fr. 13 – 18 Uhr | Métro: St-Germain-des-Prés | Erw. 5 € | www.beauxartsparis.com

ESPACE DALÍ
▶Montmartre, S. 129

FONDATION CARTIER POUR L'ART CONTEMPORAIN
▶Montparnasse, S. 134

FONDATION LE CORBUSIER/ MAISON LA ROCHE
Die 1925 von Le Corbusier vollendete Maison La Roche, typisch für die experimentelle Architektur der 1920er-Jahre, zeigt kubistische Maler.
10, Square du Docteur Blanche (16. Arr.) | Mo. 13.30 – 18, Di. bis Sa. 10 – 18 Uhr | Eintritt 8 € | Métro: Jasmin, Michel-Ange Auteuil | www.fondationlecorbusier.fr

FONDATION LOUIS VUITTON
▶S. 67

GRAND PALAIS
▶S. 88

JEU DE PAUME
▶Tuileries, S. 213

LE CENTQUATRE (104)
▶Das ist Paris S. 13, 71

LE THÉÂTRE-MUSÉE DES CAPUCINES
Gleich um die Ecke seines Musée du Parfum (▶S. 313) hat Fragonard noch ein Theater von 1895 zum Museum umgebaut – bewundern Sie alte Rezepturen und kostbare Flakons!
39, Boulevard des Capucines (9. Arr.) | Mo. – Sa. 9 – 18 Uhr
Eintritt frei
Métro: Opéra
www.fragonard.com

LOUVRE
▶Musée du Louvre, S. 101

MANUFACTURE ROYALE DES GOBELINS
1607 von Heinrich IV. gegründet, war die Manufaktur unter Sonnenkönig Ludwig XIV. für die Innenausstattung der Schlösser zuständig. Bis heute werden mit den Bild-, Wand- und Bodenteppichen die französischen Botschaften ausgestattet.
42, Ave. des Gobelins (13. Arr.)
Galerie: Di. – So. 11 – 18 | freier Eintritt am letzten So. im Monat | Manufaktur-Führungen Di. – Do. 13, zu Ferienzeiten auch 15 Uhr | Ticketvorverkauf: www.fnac.fr | Tageskasse: Galerie des Gobelins
Erw. 8 €, Manufaktur 15 €, bei Ausstellungen 18 €
www.mobiliernational. culture.gouv.fr

MUSÉE BACCARAT
Kostbares Baccarat-Kristall von 1828 bis heute
11, Place des États-Unis (16. Arr.) | außer Di., So. tgl. 10 – 18 Uhr | Erw. 10 €, unter 18 J. frei | Métro: Iéna
www.baccarat.fr

MUSÉE BOURDELLE

Skulpturen von Antoine Bourdelle, einem Schüler Rodins
18, Rue Antoine-Bourdelle
(15. Arr.) | Di. – So. 10 – 18 Uhr
Dauerausstellung Eintritt frei |
Métro: Montparnasse-Bienvenue,
Falguière |www.bourdelle.paris.fr

MUSÉE HEBERT

Im Hôtel de Montmorency sind
Werke des Porträtmalers Ernest
Hébert (1817 – 1908) zu sehen.
85, Rue du Cherche-Midi
Mi. – Mo. 10 – 18 Uhr | Eintritt frei
Métro: Sèvres-Babylone, Vaneau
www.musee-hebert.fr

MUSÉE NISSIM DE CAMONDO

Comte Moïse de Camondo stiftete
1935 Möbel, Wandteppiche und
Rokoko-Porzellan des 18. Jh.s. und
benannte die Sammlung nach seinem
1917 gefallenen Sohn Nissim.
63, Rue de Monceau (8. Arr.)
Mi. – So. 10 – 17.30 Uhr | Erw. 9 €
Métro: Villiers, Monceau
www.lesartsdecoratifs.fr/
francais/nissim-de-camondo

MUSÉE CERNUSCHI

Chinesische Kunst vom 14. Jh.
bis zur Gegenwart
7, Avenue Vélasquez (8. Arr.)
Di. – So. 10 – 18 Uhr | Dauerausstellung frei, Sonderausstellung Erw. 8 – 15 €
Métro: Villiers, Monceau
www.cernuschi.paris.fr

MUSÉE COGNACQ-JAY

▶Marais, Hôtel de Donan, S. 124

MUSÉE DAPPER

Der holländische Humanist Olfert
Dapper war im 17. Jh. einer der
Ersten, der sich für die Kunst
Afrikas interessierte. Das nach ihm
benannte Museum präsentiert die
Kultur Afrikas und der Karibik mit
Plastiken, Gemälden, Fotos, Tanz,
Theater und Musik.
35, Rue Paul Valéry (16. Arr.),
Außer Di., Do. 11 – 19 Uhr
Erw. 6 €, unter 26 J. sowie am
letzten Mi. im Monat Eintritt frei
Métro: Étoile | www.dapper.fr

MUSÉE JACQUEMART-ANDRÉ

▶S. 161

MUSÉE D'ART MODERNE DE LA VILLE DE PARIS

▶Palais de Tokyo, S. 165

MUSÉE DE LA VIE ROMANTIQUE

▶Montmartre, S. 130

MUSÉE D'ORSAY

▶S. 136

MUSÉE DE MONTMARTRE ET JARDINS RENOIRS

▶Montmartre, S. 129

MUSÉE GUIMET

Den Grundstein zum größten Museum asiatischer Kunst in Europa legte
1889 der Industrielle Emile Guimet,
der seine Sammlung Paris schenkte.
Zu den mehr als 50 000 Objekten aus
17 Ländern Asiens gehören die weltweit größte Nepal- und Tibetsammlung, feinstes China-Porzellan sowie
die Monumente aus Hadda, die um
1920 von Afghanistan nach Paris gebracht wurden. Die zweite Etage stellt
Literaten von der Song- bis zur Qing-
Dynastie und chinesische Malerei vor.
Aus Japan stammen die Kopien von
23 Statuen des Toji-Tempels in Kyoto.
Erleben Sie im japanischen Garten
Do. nachmittag traditionelle Teezeremonien, Sa. asiatische Kunstkurse.
6, Place d'Iéna (16. Arr.)
Mi. – Mo. 10 – 18 Uhr
Erw. Dauerausstellung 7,50 €,
mit Sonderschau 9,50 €, unter 18
Jahren frei | Métro: Iéna,
Trocadéro | www.guimet.fr

MUSÉE MAILLOL
▶Saint-Germain-des-Prés, S. 196

MUSÉE
MARMOTTAN MONET
▶Bois de Boulogne, S. 67

MUSÉE MOREAU
Wohnhaus und Atelier des symbolisti-
schen Malers Gustave Moreau (1826
bis 1898) sind heute ein Museum mit
8000 Gemälden und Zeichnungen.
14, Rue de la Rochefoucault
(9. Arr.) | Di., Mi., Do. 10 – 12.45,
14 – 17.15, Fr. – So. 10 – 17.15 Uhr
Erw. 6 €, unter 18 Jahren frei
Métro: Trinité
www.musee-moreau.fr

MUSÉE DU QUAI BRANLY
▶S. 142

MUSÉE NAT. D'ART MODERNE
▶Centre Pompidou, S. 72

MUSÉE NATIONAL
EUGÈNE DELACROIX
▶Saint-Germain-des-Prés, S. 195

MUSÉE NAT. DE L'ORANGERIE
▶Tuileries, S. 213

MUSÉE NATIONAL
JEAN-JACQUES HENNER
Bilder des Elsässers Jean-Jacques
Henner (1829 – 1905)
43, Avenue de Villiers (17. Arr.)
Mi. – Mo. 11 – 18 Uhr | Erw. 6 €
Métro: Malesherbes, Wagram
http://musee-henner.fr

MUSÉE PICASSO
▶S. 145

Museum der Superlative im Marais: Das Musée Picasso besitzt die weltgrößte
Sammlung des Meisters der Moderne, darunter auch seine »Ziege« von 1979.

MUSÉE RODIN
▶S. 147

MUSÉE ZADKINE
Arbeiten des russisch-französischen
Bildhauers Ossip Zadkine (1890 bis
1967) und seiner Frau Valentine Prax
(1897 – 1981).
100 bis, Rue d'Assas (6. Arr.)
Di. – So. 10 – 18 Uhr | Daueraus-
stellung Eintritt frei | Métro:
Vavin, Notre-Dame des Champs,
Port-Royal | www.zadkine.paris.fr

LITERATUR, MUSIK UND FILM

CITÉ DE LA MUSIQUE
▶La Villette, S. 228

MAISON DE BALZAC
Wohnung des Schriftstellers Honoré
de Balzac (▶Interessante Menschen,
S. 270) mit Manuskripten, Dokumen-
ten und einer Bibliothek von und
über den wortgewaltigen Romancier
47, Rue Raynouard (16. Arr.)
Di. – So. 10 – 18; Bibliothek Di.
bis Fr. 12.30 – 17.30., Sa. 10 – 13,
14 bis 17.30 Uhr | Dauerausstel-
lung Eintritt frei, Sonderschauen
8 € | Métro: Passy, Muette
http://maisondebalzac.paris.fr

MAISON VICTOR HUGO
▶Place des Vosges, S. 179

MUSÉE DE LA MUSIQUE
▶La Villette, S. 228

MUSÉE DES LETTRES
ET MANUSCRITS
Das Autografen-Museum versammelt
alles, was dem literarischen Frankreich Stimme gab – fast 136 000
Briefe, Skizzen, Erstausgaben und sogar eine Enigma-Chiffriermaschine.
222, Boulevard Saint-Germain
(7. Arr.) | Di. – So. 10 – 19, Do.
bis 21.30 Uhr | Erw. 7 €
Métro: Saint Thomas d'Aquin
www.museedeslettres.fr

MUSÉE EDITH PIAF
▶Belleville, S. 61

SALON CHOPIN/BIBLIOTHÈQUE
POLONAISE DE PARIS
Die polnische Bibliothek, die Memo-
rabilia von Chopin besitzt, ließ nach
einem Aquarell von Teofil Kwiat-
kowski die letzte Pariser Wohnung
des Komponisten rekonstruierten.
6, Quai d'Orléans (4. Arr.)
Erw. 5 € | Führungen Di. – Fr. 14,
15, 16 und 17 Uhr auf Anfrage
Tel. 01 55 42 83 85 | Métro: Pont-
Marie | www.bibliotheque
polonaise-paris-shlp.fr

MILITÄR

MUSÉE DE LA MARINE
▶Palais de Chaillot, S. 164

MUSÉE DE L'ARMEE
▶Invalides, S. 96

NATUR UND TECHNIK

CITÉ DES SCIENCES
▶La Villette, S. 225

MUSÉE CURIE
Hier eröffnete 1914 das Radium-
Institut, das anfangs von der
Nobelpreisträgerin Marie Curie
(1903 Physik, 1912 Chemie) geleitet
wurde. Besucher können Pipetten,
Laborkittel u. a. Utensilien der
Curies bewundern.
11, Rue Pierre et Marie Curie
(5. Arr.) | Mi. – Sa. 13 – 17 Uhr
Eintritt frei, Spende erbeten
RER: B | http://musee.curie.fr

MUSÉE DE LA CHASSE
▶Marais, Hôtel Guénégaud, S. 124

MUSÉE DE L'AIR
ET DE L'ESPACE
Flugsimulator, Spitfire, Boeing 747,
Concorde, Dakota und ein Super
Frelon Hubschrauber – das Luftfahrt-

museum ist ein Erlebnis für die ganze Familie.
Aéroport de Paris · Le Bourget
BP 173 | Métro: Linie 7 bis La Courneuve, dann Bus 152 |
Di. – So. April – Okt. 10 – 18, Nov. – März 10 – 17 Uhr
Dauerausstellung frei, Animationen 9 – 21 €
www.museeairespace.fr

MUSÉE DES ARTS ET MÉTIERS
▶Place de la République, S. 177

MUSEUM NATIONAL D'HISTOIRE NATURELLE
▶Jardin des Plantes, S. 99

PALAIS DE LA DÉCOUVERTE
▶Grand Palais, S. 88

SONSTIGES

MUSÉE DE LA CONTREFAÇON
Chanel No.5, Louis-Vuitton-Gepäck oder Bronzeplastiken von Rodin – das Museum zeigt über 300 Fälschungen von Parfüms, Modeartikeln und Automobilen.
16, Rue de la Faisanderie (16. Arr.) | Di. – So. 14 – 17.30 Uhr, im Aug. Sa., So. geschlossen
Erw. 6 € | Métro: Porte Dauphine
https://musee-contrefacon.com

MUSÉE DE LA POUPÉE
Zierliche Porzellanpüppchen des 19. Jh.s, Barbie und Asterix – hier sind alle vertreten. Die Besitzer Guido und Samy Odin spielen auch gerne Puppendoktor.
Impasse Berthaud (4. Arr.)
Di. – Sa. 13 – 18 Uhr | Erw. 8 €
Metro: Rambuteau | www.museedelapoupeeparis.com

MUSÉE DE LA VIE ROMANTIQUE
▶Montmartre, S. 130

MUSÉE DU VIN
Nach Besichtigung der Ausstellung in den mittelalterlichen Kellergewölben der Abtei von Passy darf probiert werden.
Rue des Eaux (16. Arr.)
Caveau des Échansons
Di. – So. 10 – 18 Uhr
Eintritt Erw. 10 €
Verkostung eines AOP-Weines: 5 €, Verkostung von drei Weinen mit Beratung eines Sommeliers 25 €
Métro: Passy
www.museeduvinparis.com

MUSÉE GREVIN
300 Wachsfiguren lassen Epochen und Ereignisse aufleben, aus Paris, Frankreich und der Welt – von Napoleon bis Einstein, Marilyn Monroe, George Clooney und Brad Pitt. Neuzugänge 2016/2017: Frankreichs erfolgreicher Jungkomiker Kev Adams, Klassikstar und Tastenkünstler Lang Lang, Rockidol Mick Jagger sowie die Ausnahme-Fußballer Lionel Messi und Christiano Ronaldo.
10, Boulevard Montmartre (9. Arr.) | Mo. – Fr. 10 – 18.30, Sa./So. 10 – 19, letzter Einlass eine Std. vor Schließung, Juli, Aug. ab 9 Uhr | Erw. 22,50 €
Métro: Montmartre
www.grevin.com

CHOCO STORY LE MUSÉE GOURMAND DU CHOCOLAT
Schwarz, weiß, aus Milch, mit oder ohne Nüsse, geschmolzen oder knackig – auf drei Etagen erzählt das Museum die 4000 Jahre alte Kulturgeschichte von Kakao und Schokolade – am Ende gibt's natürlich eine Kostprobe.
20, Bd. Bonne Nouvelle (10. Arr.)
Führungen tgl. 10.30 – 17.30 Uhr
Erw. 11 €, Schüler 10 €, 6 – 12 Jahre 8 € | Métro: Bonne Nouvelle
www.museeduchocolat.fr

SHOPPEN

Paris gehört zu den schönsten Einkaufsmetropolen der Welt.
Modebewusste finden hier ebenso exklusive Haute Couture
wie junge Avantgarde. Heiß begehrt sind auch Antiquitäten,
Delikatessen und erlesene Duftstoffe.

Im Januar und Juli ist in Paris die Zeit der **»Soldes«**, des Schlussverkaufs, bei dem die Mode der Saison bis zu 70 Prozent reduziert wird. Bei diesen »soldes permanents« handelt es sich meist um Modeartikel der letzten Saison oder Waren mit kleinen Fehlern. Die **Rue d'Alésia** im 14. Arrondissement ist die Straße der »Stocks«, in der Lagerware und Kollektionen aus dem Vorjahr wesentlich billiger angeboten werden. Hinter dem Begriff »Dégriffés« verbergen sich stark reduzierte Markenprodukte, während »Fripes« Secondhand-Artikel sind. Die meisten Geschäfte sind Montag bis Samstag von 9 bis 19 Uhr durchgehend geöffnet. Kleinere Läden haben häufig am Montag geschlossen. Die großen Kaufhäuser sind einmal pro Woche länger offen, Donnerstag oder Freitag schließen sie meist erst um 21 Uhr. An ausgesuchten Terminen im Advent haben sie außerdem sonntags von 13 – 18 Uhr geöffnet. Auf den Champs-Élysées, im Marais und entlang des Canal St-Martin öffnen viele Geschäfte auch sonntags ihre Türen. Im Juli und August hat das Gros der inhabergeführten kleinen Läden geschlossen – dann genießen die Pariser ihre Sommerferien am Meer.

Wichtig
zu wissen

Die großen **Couturiers** und schönsten Schaufenster sind in der Rue du Faubourg-St-Honoré und zwischen der Avenue Montaigne und den Champs-Élysées zu Hause. Junge **Avantgardemode** findet man um den Place des Victoires und im SoPi-Viertel südlich von Pigalle. Gute Modeboutiquen gibt es in Saint-Germain-des-Prés und im Marais zwischen der Rue des Rosiers und dem Place des Vosges. In der Rue de Grenelle, Rue de Cherche-Midi und Rue de Rennes bekommt man die feinsten **Schuhe**, die teuersten **Juwelen** am Place Vendôme und in der Rue de la Paix. Kristall, **Porzellan** und **Silber** sind v. a. in der Rue du Paradis erhältlich, Tischdecken, Kissen und Vasen rund um den Place de la Madeleine. Hochwertige **Antiquitätengeschäfte** haben sich in Saint-Germain-des-Prés angesiedelt, Kunstgalerien und Buchhandlungen gruppieren sich um die Rue de Seine. Wer sich für Möbel interessiert, ist in der Rue du Faubourg-Saint-Antoine richtig. Edle **Delikatessenläden** finden sich rund um den Place de la Madeleine. Wie Sie Ihr Zuhause in einen grünen Indoor-Garten verwandeln, zeigt die Green Factory in der Rue Lucien Sampaix.

Shopping-
Tipps

Zufällig erscheinende Eleganz gepaart mit Lässigkeit – Pariser Chic hat Stil.

GESCHLOSSENE GESELLSCHAFT

Seit über 150 Jahren machen die Haute-Couture-Schauen Paris zum Mode-Mittelpunkt der Welt. Ob sich ein Modehaus »Haute Couture« nennen darf, entscheidet das »Chambre Syndicale de la Couture Française«. Es legt die Kriterien fest, nach denen sich die Designer jedes Jahr aufs Neue bewerben.

▶ **Wann gehört man zur Haute Couture?**

1 Nur auf Empfehlung

Alle Haute-Couture-Häuser sind in einer Innung zusammengefasst. Neue Mitglieder können nur auf Empfehlung von alten Mitgliedern aufgenommen werden.

2 Hauptsitz in Paris

3 Mindestzahl von Angestellten

Die Modefirma muss ein Maß-Atelier mit mind. 25 Vollzeit-Angestellten betreiben.

4 Unikate sind gefragt

Ein Modeschöpfer muss mind. 35 verschiedene, von Hand genähte Modelle vorweisen.

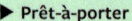

Vom Laufsteg in die Läden

▶ **Haute Couture**

Exklusive, schöpferische Mode mit handgearbeiteten Maßkleidern in der höchsten Preiskategorie.

▶ **Prêt-à-porter**

Mode, die zeitgemäß auf neue Märkte und Modeimpulse reagiert und in der Pariser Fashion Week vorgestellt wird.

5 Kreationen je nach Anlass

Verlangt werden verschiedene Looks für Tages- und Abendmode.

6 Schau ist Pflicht

Die Mitglieder präsentieren ihre Kollektionen zweimal jährlich auf den saisonalen Haute-Couture-Schauen der Presse.

7 Die Kreation

erhält den jurististisch geschützten Namen:

▶ **www.modeaparis.com**
Modenschauen und Premieren (Fédération française de la Couture et du Prêt-à-porter)

9 Der Modeschöpfer

hat nun den Titel:

8 Das Unternehmen

führt den Titel:

▶ **Im Katalog und online**
Ausgesuchte Modelle kommen in Kataloge oder Online-Shops wie www.net-a-porter.com.

▶ **Mode-Events:**

PARIS FASHION WEEK
Februar und September

PARIS HAUTE COUTURE
Januar und Juli

LONDON FASHION WEEK
Februar und September

ALTAROMA FASHION WEEK
Januar und September

MILANO MODA
Januar und September

BERLIN FASHION WEEK
Januar und Juli

NEW YORK FASHION WEEK
Februar und September

GLASÜBERDACHTE NOSTALGIE

Walter Benjamin verstand sie als »die wichtigste Architektur des 20. Jahrhunderts«, als »Phantasmorgien eines utopischen Ziels«, Louis Aragon nannte sie »Menschenaquarien« und »große Glassärge«, Julio Cortázar beschrieb sie als »falsche Himmel aus Stuck und schmutzigen Oberlichtern«: les Passages de Paris.

Die ersten Passagen kamen gegen Ende des 18. Jh.s auf, die Blütezeit der überdachten Ladenstraße lag zwischen 1800 und 1860. Es war die Zeit, als in den schmalen, ungepflasterten Straßen Lärm, Schmutz und Gestank immer mehr überhand nahmen und als sich dank der Erfindung des Eisenträgers lange Glasdächer mit Oberlicht konstruieren ließen. Es war die Zeit, als clevere Spekulanten erkannten, welche wirtschaftlichen Vorteile Einkaufspassagen in einem Stadtbezirk – in der Nähe des Palais Royal – bieten konnten, wo der Handel und auch das Amüsement schon vorher geblüht hatten. Es war die Zeit, als der Typ des flanierenden Müßiggängers aufkam, der hier vor dem Dreck und dem Krach der Gosse sowie den Unbilden der Natur sicher war und dessen Bewegungen, wie Benjamin in seinem »Passagen-Werk« schrieb, »vom Tempo einer Schnecke bestimmt wurden«.

Auch Heinrich Heine spazierte »mit dem Kopf im Nacken und der Brille auf der Nase« erstaunt unter der ersten Gasbeleuchtung durch die Seinemetropole. Weit mehr als 100 Einkaufsmeilen mit Restaurants und Teesalons führten ein glanzvolles Dasein im 1., 2. und 9. Arrondissement. Dann setzte schlagartig der Niedergang ein. Ab 1853 wurden unter Baron Haussmann, dem Präfekten von Paris, Boulevards mit verbreitertem Trottoir und elektrischem Licht angelegt, an denen die ersten großen Warenhäuser standen. Die überdachten Prachtstraßen verkamen zu bloßen Durchgängen, zu Abkürzungen zwischen den Boulevards, zu düsteren und schmutzigen Orten mit Dealern und Dirnen. Seit einigen Jahren erleben besonders die 16 sorgsam restaurierten Passagen eine prachtvolle Renaissance.

Die gute, alte Zeit

Zu den meistbesuchten und schönsten Passagen gehört die 176 m lange und nur 3 m breite **Galerie Vivienne** an der Rue des Petits-Champs Nr. 4 im 2. Arrondissement mit schicken Schuhen von Comprures, eleganten Cocktailkleidern von Ana Quasoar, Trendmode von Jean-Paul Gaultier, dem Antiquariat Jousseaume, der netten Teestube A priori Thé und der Weinhändlerfamilie

Abseits der großen Boulevards lädt die Passage Jouffroy zum Stöbern und Entdecken ein.

Legrand Filles et Fils, die die Degustation ihrer ausgezeichneten Weine mit leckeren Kleinigkeiten begleitet (www.galerie-vivienne.com).
Auch die benachbarte **Galerie Colbert**, ebenfalls 1826 eröffnet, ist ein architektonisches Meisterwerk mit Mosaikböden im klassizistischen Stil, Flachreliefs in Holz, Spitzbögen im Empire-Stil und einem Glasdach mit mächtiger Kuppel – heute gehört sie zur Nationalbibliothek.
Weitere Kleinode aus der gleichen Zeit sind die **Galerie Véro-Dodat** im Hallenviertel mit schwarz-weißen Fliesen, Holzvertäfelungen an den Wänden und Spiegeln zwischen den Ladenfronten sowie die neoklassizistische **Passage du Grand Cerf** (2. Arr.) mit kleinen Kunsthandwerkerläden.
Beim Wachsfigurenmuseum Grévin am Boulevard Montmartre beginnt die viel besuchte **Passage Jouffroy** mit Frankreichs bestem Fachgeschäft

für Spazierstöcke: Das Sortiment der Galerie Fayet reicht vom Wanderstock für 100 € über spanische Fabrikate mit Schildpatt und Silberknauf für 8000 € bis zum Ebenholz-Faltstock für 14 000 € (www.galerie-fayet.com). Das Spielwarengeschäft Pain d'Épices ist ein Paradies für handgefertigte Puppen, Teddybären und andere Traditionsspielwaren (www.paindepices.fr). Gegenüber bietet das €€ Hôtel Chopin 37 nostalgische Zimmer (http://hotel chopin-paris-opera.com).
In der 1799 eröffneten **Passage des Panoramas** versteckt sich zwischen Philatelie-, Münzhändlern und dem seit 1870 bespielten Théâtre des Variétés (www.theatre-des-varietes.fr) ein tolles junges Lokal: Drei Freunde haben in ihrem »Canard et Champagne« die Klassiker der französischen Küche und süffige Weine auf die Karte gesetzt (57, Passage des panoramas, Tel. 09 81 83 95 69, http://frenchparadox.paris).

MODE, PARFÜMS & DELIKATESSEN

MEHRWERTSTEUER

Auf Waren und Dienstleistungen werden **20 %** Mehrwertsteuer (Taxe sur la Valeur Ajoutée/TVA) erhoben. Nicht-EU-Bürger können sich die TVA bei der Ausreise erstatten lassen, wenn sie sich in **Tax Free**-Geschäften eine Bescheinigung ausstellen lassen. Der ermäßigte Steuersatz von 5,5 % gilt z. B. für Nahrungsmittel.

ANTIQUITÄTEN

CARRÉ RIVE GAUCHE

Am linken Seineufer zwischen Quai Voltaire, Rue du Bac und Rue des Saints-Pères bieten 120 Händler und Kunstgalerien Mobiliar im Louis-XV-Stil, Skulpturen, Gobelins und Kunst aus Fernost. An den »Cinq jours de l'Object Extraordinaire« im Frühsommer öffnen die Galerien ihre Türen. www.carrerivegauche.com

PLACE DES VOSGES

Antiquitätengeschäfte und Galerien in den Arkaden, ▶S. 179

VILLAGE SAINT-PAUL

Kleinmöbel, Bilder, Schmuck im ▶Marais, S. 123

LE LOUVRE DES ANTIQUAIRES

Auf drei Etagen verkaufen 250 Antiquitätenhändler hochpreisige Möbel und Kunst aller Epochen.
2, Place du Palais-Royal (1. Arr.)
Métro: Palais-Royal
www.louvre-antiquaires.com

LE VILLAGE SUISSE

Seit 1920 verkaufen 150 Händler im Schatten des Eiffelturms Kunst und Möbel der gehobenen Preisklasse.
78, Avenue de Suffren (15. Arr.)
Métro: La Motte-Picquet
www.villagesuisse.com

HÔTEL DES VENTES DROUOT RICHELIEU

Eines der ältesten Auktionshäuser der Welt mit 21 Sälen
9, Rue Drouot (9. Arr.) | Métro: Richelieu-Drouot, Le Peletier
www.drouot.com

BÜCHER UND CDS

BOUQUINISTEN
▶Seine, S. 199

FNAC

Frankreichs größte Buch- und Medienhandelskette ist auch größter nationaler Tickethändler; u. a. Filialen am Flughafen und Gare de l'Est.
Forum des Halles | 1 Rue Pierre-Lescot (1. Arr.) | www.fnac.com

SHAKESPEARE & COMPANY
▶Quartier Latin, S. 184

DELIKATESSEN

CHOCOLATIERS & PATISSIERS
▶Zum Reinbeißen, S. 305

DEBAUVE ET GALLAIS

Hochburg allerfeinster Pralinen
30, Rue des Sts-Pères (7. Arr.)
33, Rue Vivienne (2. Arr.)
www.debauve-et-gallais.com

FAUCHON

Gourmettempel mit göttlichen Pralinen, Weinkeller und Teesalon
26, Pl. de la Madeleine (8. Arr.)
www.fauchon.com

FROMAGERIE ALLÉOSSE

200 Sorten bester Kuh-, Schafs- und Ziegenrohmilchkäse, veredelt in vier Reifekellern der Innenstadt
13, Rue Poncelet (17. Arr.)
www.fromage-alleosse.com

IZRAËL

Exotische Gewürze und
Spirituosen aus aller Welt
30, Rue François Miron (4. Arr.)
So., Mo. geschlossen

ERIC KAYSER

Pariser Meisterbäcker. Tipp:
Aprikosenbrot mit Pistazien
10, Rue de l'Ancienne Comédie
(6. Arr.) und weitere 15 Läden
www.maison-kayser.com

NINA'S PARIS

Erlesene Tees, die zu 100 % mit
natürlichen Aromen versetzt wurden – die Duftstoffe für den Marie-
Antoinette-Tee stammen aus dem
Potager du Roi in ▶Versailles.
29, Rue Danielle Casanova
(1. Arr.) | www.ninasparis.com

PATRICK ROGER

Schoko-Shop mit Trüffelträumen
108, Boulevard Saint-Germain
(6. Arr.) | www.patrickroger.com

POILÂNE

▶Königin der Bäcker, S. 197

DESIGN UND LIFESTYLE

CARROUSEL DU LOUVRE

Esprit, L'Occitane und Apple:
Entdecken Sie 45 In-Labels
gegenüber vom Louvre!
99, Rue de Rivoli (1. Arr.)
www.carrouseldulouvre.com

CHRISTOFLE

Kostbares Tafelgeschirr und
erlesenes Silberbesteck
24, Rue de la Paix (2. Arr.)
www.christofle.com

COLETTE

Trendige Designermode und Life-
styleprodukte. Erfrischend: Mineral-
wasserbar mit 80 Sorten!
213, Rue Faubourg Saint-Honoré
(1. Arr.), www.colette.fr

FLEUX

Leuchten, Deko und Design-Must-
Haves: Pariser Lifestyle für daheim
39 und 52, Rue Sainte-Croix
de la Bretonnerie (4. Arr.)
www.fleux.com

LA MANUFACTURE PARISIENNE

Stylisches von Pariser Kreativen
wie Kerzen von Alixx oder Geschirr
von Atelier des Garçons
93, Rue Marcadet (18. Arr.)
www.lamanufactureparisienne.fr

LE 66

Concept Store im Baustellen-Ambien-
te mit Trend-Buchladen und Mode
von 130 angesagten Labels
66, Avenue des Champs-Élysées
www.le66.fr

FLOHMÄRKTE

MARCHÉ AUX PUCES DE SAINT-OUEN

Neben Neuware und Secondhand
gibt es auf dem riesigen Markt
reichlich Ramsch und Markenplagiate.
Achtung, Taschendiebe!
Avenue de la Porte de Clignan-
court (18. Arr.) | Sa. - Mo. 9
bis 18 Uhr | www.marcheaux
puces-saintouen.com

MARCHÉ AUX PUCES DE LA PLACE D'ALIGRE

Place d'Aligre (12. Arr.)
Métro: Ledru-Rollin
Di. - Sa. 8.00 – 13.00, 16.00 bis
19.30., So. 8.00 – 13.00 Uhr
http://pucesaligre.unblog.fr
80 Stellplätze für Trödler

KAUFHÄUSER

BAZAR DE L'HÔTEL DE VILLE

Urban Outfitters, TopShop, Ted
Baker – trendige Designer-Feinkost,
Lifestyle und Roof Top Bar
52–64, Rue de Rivoli (4. Arr.)
BHV: www.bhv.fr.

BON MARCHÉ
▶Magischer Moment S. 194

GALERIES LAFAYETTE
Luxus und erlesene Lebensart von
Chanel und Dior bis Cartier und
Vuitton. Alle angesagten Düfte.
Auf der »Galerie des Galeries«
präsentiert das Warenhaus Talente
von Heute und Morgen aus den Be-
reichen Mode, bildende Künste und
Design. Highlight: die LED-Beleuch-
tung der Fassade von Lichtkünstler
Yann Kersale.
40, Bd. Haussmann (9. Arr.)
Tel. 01 73 71 93 56, http://
haussmann.galerieslafayette.com

GRAND BAZAR
Das Ambiente erinnert an Aldi, die
Auswahl lässt die Herzen von Fashio-
nistas höher schlagen: Manoush, See
by Chloé, Nolita, Anonymous und andere angesagte Designer gibt es hier
deutlich günstiger als anderswo.
33, Rue des Sèvres
www.brandbazar.com

PRINTEMPS
Topmode und erlesene Parfüms unter einer riesigen Belle-Époque-Kup-
pel. Personal Shopper stehen mit
individuellen Ratschlägen zur Seite.
Bestellen Sie nach dem Einkauf eine
Kleinigkeit in der Brasserie unter der
Glaskuppel, im Teehaus Ladurée oder
auf der begrünten Terrasse des Deli-
Cieux mit Panormablick über Paris.
64, Bd. Haussmann (9. Arr.)
www.printemps.com | Abb. S. 41

KUNSTGALERIEN
▶Place des Vosges, S. 179

ESPACE DURAND-DESSERT
Europäische Avantgarde
28, Rue de Lappe (11. Arr.)
www.espacelmdd.com

MAGNUM GALLERY
▶ Saint-Germain-des-Prés, S. 195

MODE FÜR SIE

AGNÈS B.
Zeitlos klassische Mode, Accessoires,
Schmuck und Beauty-Produkte
13, Rue de Marseille (10. Arr.)
www.agnesb.com

VANESSA BRUNO
Vanessas Label ist skandinavisch-
schlicht, aber sehr feminin und
noch erschwinglich.
12, Rue de Castiglione (1. Arr.)
www.vanessabruno.fr

BARBARA BUI
Preiswerte Zweitkollektionen
der gefragten Designerin, die
Feminines und Gegensätze liebt
23, Rue Étienne-Marcel (1. Arr.)
www.barbarabui.com

CHANEL
Zeitloser Schick, perfektioniert
von Karl Lagerfeld
31, Rue Chambon (1. Arr.)
25, Rue Royale und
51, Avenue Montaigne (8. Arr.)
www.chanel.com

CHRISTIAN DIOR
Traumhafte Kleider
30, Avenue Montaigne (8. Arr.)
www.dior.com

JEAN PAUL GAULTIER
Perfekt geschnittene Blazer
und frische Düfte
44, Avenue George V (8. Arr.)
6, Rue Vivienne (2. Arr.)
www.jeanpaulgaultier.com

KARL LAGERFELD
Immer die neuesten Handtaschen,
Schuhe und Kleider aus Karls Welt –
seinem privaten Look mit weiß gepu-
derten Haaren, Vatermörder-Kragen
und engen Hedi Slimane-Anzügen ist
er übrigens bereits seit Jahren treu.
194 Bd. Saint-Germain (7. Arr.)
www.karl.com

OBEN: Himmlische Mitbringsel sind die
Macarons von Ladurée.
LINKS UNTEN: Galeries Lafayettes, das
Edelkaufhaus mit der größten
Parfümerie

GRIFF TROC
Schnäppchen von Chanel,
Lacroix, Prada, Kenzo und YSL
samt passender Accessoires
17, Bd. de Courcelles und
119, Bd. Malesherbes (8. Arr.)
www.griff-troc.com

HERMÈS
50 Shades of Camel, rosa-graues
Karo oder leuchtendes Rot – die
Modekollektionen sind harmonisch-
elegant, die Seidentücher berühmt.
42, Avenue George V (8. Arr.)
www.hermes.com

CHRISTIAN LACROIX
Der Neoromantiker liebt die
Farben der Provence.
73, Rue du Faubourg
St-Honoré (6. Arr.)
www.christian-lacroix.fr

ISABEL MARANT
www.isabelmarant.com
Betont feminines Design – kein
anderes Label steht so für unbe-
schwert-leichten Pariser Chic.
1, Rue Jacob (6. Arr.)

MERCI!
Vintage- und Designermode von
Isabel Marant, Stella McCartney
und YSL – der Reinerlös kommt
bedürftigen Kindern zugute.
111, Bd. Beaumarchais (3. Arr.)
www.merci-merci.com

RÉCIPROQUE
Größes Luxus-Outlet mit Kleidung
großer Couturiers, Vintagemöbeln,
Geschirr und Kuriositäten
95, Rue de la Pompe (16. Arr.)
www.reciproque.fr

RUE D'ALÉSIA
Lagerware im 14. Arrondissement:
Für Shopping-Fans ein Paradies mit
Outlet-Stores berühmter Labels wie
Kenzo, Givenchy, Sonia Rykiel, Dolce
Gabanna, Calvin Klein und Armani

SONIA RYKIEL
Schickes Outfit für modebewusste
Karrierefrauen – **das Unternehmen
der 2016 verstorbenen Pariser
»Königin des Strick« gehört heute
einer Firma aus Hongkong.**
175, Boulevard Saint-Germain
(6. Arr.), www.soniarykiel.com

YSL
Auch Anthony Vaccarello, der neue
Kreativ-Direktor von Yves Saint Laurent, setzt auf hautenge Entwürfe.
32, Rue du Faubourg Saint-
Honore (8.Arr.) | www.ysl.com

ZADIG & VOLTAIRE
Neuer Concept Store mit gelunge-
nem Mix aus junger Trendmode und
Kunstgalerie mit schicken Sachen,
Schuhen und Accessoirs für Sie & Ihn
2 Rue Cambon (1. Arr.)
weitere Filialen in Paris
www.zadig-et-voltaire.com

MODE FÜR IHN

L'ECLAIREUR
Designermode von Giorgio Brato,
Martin Margiela und Laura B.
3, Rue des Rosiers (4. Arr.)
www.leclaireur.com

SAINT JAMES
Maritim inspirierte Smart Casual
Mode für Sie und Ihn
66, Rue de Rennes (6. Arr.)
www.saint-james.fr

BONNE GUEULE
Hochwertige Mode für moderne
Männer – junge urbane Klassik
14, Rue Commines (3. Arr.)
www.bonnegueule.fr

KINDERSACHEN

CATIMINI
Fantasievolle Kindersachen
und Spielecke für die Kleinsten
15, Rue Tronchet (8. Arr.)

www.catimini.com
Sieben Filialen in Paris

DU PAREIL AU MÊME
Vom Babystrampler bis zur Teen
Jeans bzw. 12 Jahre, alles zu
günstigen Preisen
7, Rue Saint-Placide (6. Arr.)
www.dpam.fr | 16 Filialen

LEDER UND SCHUHE

CAULAINCOURT
Lust auf eine ganz eigene Farbe?
Caulaincourt färbt seine hand-
genähten Schuhe auch nach Kunden-
wunsch ein und verleiht ihnen
jede gewünschte Patina.
9, Avenue Victor Hugo (16. Arr.)
11 bis, Rue Chomel (7. Arr.)
120, Bd. Haussmann (8. Arr.)
www.caulaincourt-paris.fr

ROBERT CLERGERIE
Das Angebot ist wie die Einrichtung:
klassisch, elegant und wunderschön.
5, Rue du Cherche-Midi (6. Arr.)
www.robertclergerie.com

STÉPHANE KÉLIAN
Ausgefallene, bequeme Modelle
des gefragten Schuhdesigners
13 bis, Rue Grenelle (7. Arr.)
www.stephanekelian.com

CHRISTIAN LOUBOUTIN
Filmstars und Models lieben
die sündhaft teuren High Heels –
Kennzeichen: rot lackierte Sohlen.
38 - 40, Rue de Grenelle (7. Arr.)
http://eu.christianlouboutin.com

RODOLPHE MENUDIER
Extravagante, feminine Schuhe
14, Rue de Castiglione (1. Arr.)
www.rodolphemenudier.com

LOUIS VUITTON
Das Leben als Reise – begleitet von
Luxusgepäck und schickem Zubehör
22, Avenue Montaigne (8. Arr.)

40, Bd. Haussmann (9. Arr.)
www.louisvuitton.com

MÄRKTE

BOULEVARD RASPAIL
In Paris gibt es mit Batignoles
und Brancusi drei Biomärkte –
dieser ist besonders schön.
(6. Arr.) | Sa. 8 – 14 Uhr

MARCHÉ AUX FLEURS
▶Marché aux Oiseaux, S. 92

MARCHÉ DE BELLEVILLE
▶S. 62

MARCHÉ DE LA CRÉATION
Paris liebt kreativ. Das zeigt sich auf
den beiden großen Kreativmärkten:
Im Schatten von Bastille und Tour
Montparnasse verkaufen Maler, Stoff-
und Schmuckdesigner, Töpfer, Foto-
grafen, Graveure und Bildhauer ihre
Werke direkt an die Passanten –
Originale, die man sich leisten kann!
Bastille: Boulevard Richard Lenoir
(11. Arr.) | Sa. 10 – 19 Uhr
Montparnasse: Boulevard Edgar
Quinet (16. Arr.) | So. 10 – 19 Uhr
www.marchecreation.com

MARCHÉ INT. DE RUNGIS
Seit dem Abbruch der Markthallen
1969 liegt der »Bauch von Paris« im
südlichen Vorort Rungis und versorgt
von dort die Pariser mit frischem
Obst und Gemüse, Fleisch, Fisch und
erlesenen Delikatessen.
Mo. – Fr. 12 –15 Uhr
www.rungisinternational.com
Angebote für Besucher:
www.visiterungis.com

MARCHÉ DE SAINT-DENIS
Am Place du Marché Saint-Denis
sorgen mehr als 300 Stände für
buntes Treiben, konkurrieren französische Erzeugnisse mit karibischen
Genüssen, arabischen Gewürzen und
indischen Stoffen.

Rue Gabriel Péri | Di., Fr. und
So. 8 – 13 Uhr | http://ville-saint-
denis.fr/marches

MARCHÉ SAINT-PIERRE
Stoffpalast mit allen nur erdenklichen
Stoffarten auf sechs Etagen
Place Saint-Pierre (18. Arr.)
Di. – Sa. 9.30 – 18 Uhr
www.marchesaintpierre.com

PARFÜMERIEN

FRAGONARD
▶ Musée du Parfum, S. 160

▶**GALERIES LAFAYETTE**
S. 328

JEAN PATOU
Der Erfinder des Tennisrocks – 1921
spielte Suzanne Lenglen in Wimble-
don erstmals in einem Kleid von
JP – kreierte auch edle Düfte wie
»Mille« und »Un Amour de Patou«.
»Joy« wurde das am zweithäufigsten
verkaufte Parfum weltweit –
nach »Chanel N° 5«.
5, Rue de Castiglione
www.jeanpatou.com

WELLNESS BEI GUERLAIN
Seit 160 Jahren verführt das Fami-
lienunternehmen Guerlain mit exklu-
siven Düften wie »Misouko«, »Shali-
mar« und »L'Heure Bleue«. In seinem Stadtpalais an den Champs-
Élysées eröffnete 1939 das weltweit
erste Institut de Beauté, heute ein
puristisch-elegantes Spa, das mit
ausgezeichneten Massagen jegliche
Anflüge von Müdigkeit vertreibt.
68, Champs-Élysées (8. Arr.)
Tel. 01 45 62 11 21
www.guerlain.com

SCHMUCK

▶**PLACE VENDÔME**
Cartier, Van Cleef & Arpels,
Boucheron, Bulgari und Tiffany
& Co. – die besten und teuersten
Juweliere, S. 180

STADTBESICHTIGUNG

*Die Seinemetropole ist ein Gesamtkunstwerk, so prall gefüllt mit
Sehenswertem, so sehr im Wandel begriffen, dass einem schwin-
delig dabei wird, und doch wieder in sich selbst ruhend, mit ver-
schwiegenen Ecken und lauschigen Plätzen. Machen Sie es all
den berühmten Menschen nach, die dem Charme der französischen Hauptstadt verfallen sind, und lassen Sie sich treiben:
Werden Sie zum Flaneur!*

**Erobern Sie
die Stadt!**
Sightseeing klassisch mündet oft in Stress: Gehetzt klappert man die
berühmtesten Sehenswürdigkeiten ab, steht stundenlang in Warteschlangen, macht Urlaubsbilder – und vergisst dabei den Blick hinter
die Kulissen. Verabschieden Sie sich davon, alles sehen zu wollen.
Selbst Parisern gelingt es Zeit ihres Lebens nicht. Jedes der 20 Pariser Arrondissements hat seinen eigenen Charakter, der entdeckt
werden will, und nirgends lässt sich die Pariser Lebensart so gut stu-

dieren wie im Café oder im Park. Geführte **Thementouren mit Pari-sern** vermitteln authentische Eindrücke. Wer es sportlicher mag, kann joggend oder stehend auf dem **Segway** die Metropole erkunden. Ideal für Ausflüge am Fluss oder durch die kleinen Gassen der Pariser Hügel sind die 250 **Elektro-Scooter**, die Cooltra tage- und wochenweise ab 35 € vermietet. Romantiker buchen eine **Kutsch-fahrt** von Paris Calèches, einem nostalgischen Gespann, das am Eiffelturm einlädt, die Hauptstadt im Klang der Pferdehufe zu genießen. Geradezu rasant entwickelt Paris den **sanften Tourismus** und einen grünen Lifestyle. So gibt es in Paris inzwischen nicht nur Bio-Märkte und Bio-Hotels, Vegan-Lokale und Fair-Trade-Produkte, sondern auch ein vielfältiges Angebot an Erlebnissen, die nachhaltig wirken. Berühmtes Vorzeigeprojekt ist das öffentliche Leihradsystem **Vélib**, das heute 1800 Stationen mit über 19 000 soliden Stadträdern samt Siebengangschaltung und und Lenkradkorb umfasst. Dort, wo bislang noch Radwege fehlen, stehen die Fahrspuren der Busse und Taxen zur Verfügung. Am Canal St-Martin wird jeden Sonntag sogar die Uferstraße zur Voie Verte, einer **grünen Promenade für Radler und Fußgänger**. Am 1. Sonntag im Monat sind die Champs-Élysées autofrei. Bei Autolib können rund um die Uhr **Elektroautos** im Stadtgebiet entliehen werden. Für gut Durchtrainierte gibt es zudem zwei Wanderwege, die Paris von Ost nach West bzw. Süd nach Nord durchqueren – 174 km markierte Wege laden zur Randonnée in der City. **Paris von oben** lässt sich am schönsten vom Eiffelturm, Arc de Triomphe und Tour Montparnasse erleben. Oder im Parc André Citroën im »Ballon Generali«, der am Seil 150 m in den Himmel steigt und unvergessliche Ausblicke auf die Seinestadt gewährt.

LEIHRAD, KUTSCHE ODER SEINE-RUNDFAHRT?

NACHHALTIG UNTERWEGS

FAT TIRE TOURS
2 Std. Tagestour mit dem Segway
60 €, Startpunkt wird bei der
Reservierung bekannt gegeben.
24 Rue Edgar Faure (15. Arr.)
Tel. 01 82 88 80 96
www.fattiretours.com

PARIS À VÉLO
Drei abwechslungsreiche geführte
Radtouren durch Paris, Start ist an
der Métro Richard Lenoir.

22, Rue Alphonse Baudin
(11. Arr.) | Tel. 01 48 87 60 01
Erw. ab 26 Jahre 35 €, sonst 29 €
www.parisvelosympa.com

VÉLIB
Städtische Leihräder mit Stationen in
Paris und der Île-de-France. Grundgebühr 1,70 € (24 Std.), 8 € (7 Tage),
erste 30 Min. frei, dann 1. halbe Stunde +1 €, 2. halbe Stunde +2 €, ab
der 3. halben Stunde immer +4 €
Tel. 01 30 79 79 30
www.velib.paris.fr

OBEN: Städtische Vélib-Leihräder
sind praktisch und günstig.
UNTEN: Leise und umweltfreundlich
auf geführten Segway-Touren
durch die Hauptstadt gleiten.

Wer länger radeln möchte, sollte sich ein Rad mieten. Leihräder gibt es bei:
www.parisbiketour.net
www.parisvelosympa.com
und www.veloparis.com

AUTOLIB

Elektroautos im Pariser Stadtgebiet
www.autolib.eu/fr
Nur Jahresabos (10 €), danach keine Grundgebühr, die ersten 20 Minuten frei, dann 20 Min./4 € Reservierung zzgl. 1 €

COOLTRA – RENT A SCOOTER

Electro-Scooter
30, Quai du Louvre (1. Arr.)
Tel. 01 43 27 73 53
www.cooltra.com

ECOVISIT

Geführte Stadttouren mit grünen Themen in Hybridfahrzeugen
www.ecovisitparis.com

PARIS CALÈCHES

Ausfahrten in der nostalgischen Pferdedroschke – auf Wunsch mit Champagner, roten Rosen und Macarons von Ladurée
www.pariscaleches.com | 30 –150 Minuten, tgl. 10 bis 22 Uhr, Start am Eiffelturm, 90 €/30 Min.

WWW.ROLLERS-COQUILLAGES.ORG

Jeden So. ab 14.30 Uhr sausen die Pariser auf Inlineskates im großen Pulk 3 Stunden durch die City – von der Polizei gesichert.
Treffpunkt: Place de la Bastille
www.rollers-coquillages.org

STADTSPAZIERGÄNGE

DAS PARIS DER PARISER

Aus Liebe zu ihrer Heimat zeigen Einheimische ehrenamtlich ihr Pariser Viertel, seine Märkte, Cafés, Bühnen, Galerien oder sonstige Lieblingsorte der Seinemetropole. Und das Beste:

Die Führung ist kostenlos!
Paris Greeters: 2-3-Std.-Spaziergänge für max. 6 Pers., Franz. oder Engl., Buchung zwei Wochen im Voraus. Bei Zufriedenheit freut sich der Verein über eine Spende als Dank.
www.greeters.paris/?lang=de

AWESOME GUIDE

Thematische Stadtführungen
La Tuilerie, 71130 Clessy
Tel. 063 11 45 13
http://awesome-guide.com

LES PROMENADES URBAINES

Architekten, Städteplaner oder Pariser Bürger führen drei Mal pro Monat durch ihre Stadtviertel.
5 bis, Rue des Haudriettes (3. Arr.) | Tel. 01 49 51 95 82
www.promenades-urbaines.com

NOT A TOURIST DESTINATION TOURS

Geführte Thementouren abseits der Touristenpfade für Shoppingfans, Gourmets, Nachtschwärmer, Kinder und Teenager
32, Rue Pastourelle (3. Arr.)
Tel. 01 71 50 97 97 | 110 € p. P. |
www.notatouristdestination.com

PARIS GO

Themenführungen und Foto-Rallyes
34, Rue de l'Arcade (8. Arr.) |
Tel. 01 53 30 74 40 | https://blogparisgo.wordpress.com

PARIS PAR RUES MÉCONNUES

Gourmet, Fashion oder Kunst? Sightseeing von Bürgern für Bürger
2/4, Square du Nouveau Belleville (20. Arr.) | Tel. 01 42 79 81 71
http://paris-prm.com

BUSRUNDFAHRTEN & 2CV

BIG BUS PARIS

Hop-On, Hop-Off-Touren durch Paris in offenen Doppeldeckerbussen mit

elf Haltestellen – wer durchfährt, braucht 85 Min. für die Runde.
11, Avenue de l'Opéra (1. Arr.)
Tel. 01 53 95 39 53
Tagesticket Erw. 30,60 €,
Kombi mit 1 Std. Seinefahrt 45 €
www.bigbustours.com

PARIS CITY VISION

Hop-on-Hop-off-Touren im offenen Doppeldeckerbus zu 50 Stopps, Tagespass 33 €, inkl. Seinefahrt und Eiffelturm 79 € – so umgehen Sie die langen Warteschlangen vor der »eisernen Dame«.
214, Rue de Rivoli (1. Arr.)
Tel. 01 44 55 61 00
www.pariscityvision.com

BALABUS

Der Balabus fährt April bis Sept. nachmittags an Sonn- und Feiertagen die wichtigsten Orte zwischen Gare de Lyon und La Défense an.
Tel. 08 36 68 77 14, www.ratp.fr

BUSTRONOME

Im Doppeldecker-Schlemmerbus zum Lunch, Tea Time oder Dinner durch Paris – vier bis sechs Gänge Gourmetmenü, auch vegan und für Kinder
Abfahrt: 2 Avenue Kléber
(16. Arr.) | Tel. 0954 44 45 55
ww.bustronome.com

MONTMARTROBUS

Im elektrischen Montmartrobus den Künstlerhügel erkunden
Abfahrt: Pl. Pigalle, Endstation: Pl. du Tertre | tgl. 7.30 – 0.50 Uhr | Rundfahrt 15 Min. | www.ratp.fr

PARIS L'OPEN TOUR

Auf vier Routen verkehren die offenen Hop-on-Hop-Off-Doppeldeckerbusse mit 50 Haltestellen.
13, Rue Auber (9. Arr.)
Tel. 01 42 66 56 56
33 €/1Tag, 37 €/2 Tage
www.paris.opentour.com

4 ROUES SOUS 1 PARAPLUIE

Mit der Ente durch Paris: In den knallbunten legendären Kultvehikeln wird die Stadtbesichtigung zum Roadtrip down Memory Lane – das Verdeck aufgerollt, mit den Haaren im Wind entscheiden Sie, wohin ihr Fahrer Sie im 2CV chauffieren soll.
22, Rue Bernard Dimey (18. Arr.)
Tel. 01 58 59 27 82 | ab 60 €/Pers.
www.4roues-sous-1parapluie.com

WASSERBUS & SCHIFFS-AUSFLÜGE (SEINE, KANÄLE)

BATEAUX MOUCHES

Seit mehr als 60 Jahren entdecken Neugierige, Romantiker und Verliebte auf diesen Restaurantschiffen und Ausflugsbooten die Seinestadt.
Tel. 01 42 25 96 10 | Bootstour ab Port de la Conférence/Pont de l'Alma | April – Sept. 10.15 – 23, sonst bis 21 Uhr | 70 Min. Erw. 13,50 € | Dinnerfahrt ab 75 € | www.bateaux-mouches.fr

BATEAUX RESTAURANTS DE LA MARINA DE PARIS

Lunch- und Dinnerfahrten auf der Seine vom Quai Anatole France am Port de Solférino bis zur Freiheitsstatue. Wer langes Anstehen am Musée d'Orsay vermeiden will, kann Fr. bis So. den Lunch auf der Seine inkl. Museumseintritt buchen.
Marina de Paris, Bercy | Tel. 01 43 43 40 30 | Abfahrt 12.45, ab 37 €
www.marina-de-paris.com

BATEAUX VEDETTES DU PONT-NEUF

Alle 30 Min. einstündige Fahrt zum Eiffelturm, Dinnerfahrt und Ausflug auf dem Kanal St. Martin.
Square du Vert-Galant (1. Arr.)
Tel. 01 46 33 98 38
tgl. 10.30 – 20 Uhr | Abfahrt neben der Pont Neuf | 1 Std. Tour Erw. 14 €, Kinder 7 €
www.vedettesdupontneuf.com

So schön! Schippern Sie mit dem Ausflugsboot durch die Stadt der Liebe und des Lichts. Genießen Sie den Moment, das Leben, Paris.

BATOBUS
Alle 15 bis 30 Min. verkehrt der Wasserbus zwischen Beaugrenelle und Jardin des Plantes und hält an neun Stationen im Herzen von Paris. Port de la Bourdonnais (7. Arr.) Tel.*0825 05 01 01 | April/Mai, Sept./Okt. tgl. 10 –19, Juni – Aug. bis 21.30, Nov. – März 10.30 bis 16.30 Uhr | 17 €/1 Tag, 19 €/2 Tage www.batobus.com

CALIFE
Nostalgie abseits der Massen und gutes Essen verspricht die zweistündige Seine-Rundfahrt an Bord der wirklich schönen, 80 Jahre alten Péniche »Calife«. Das charmante Boot fährt vom Quai Malaquais neben der Pont des Arts an den Seine-Inseln vorbei bis zum Eiffelturm und zurück. Leckeres 3-Gang-Dinner für 67/108 €, inkl. Fahrt – ab 19.45 Uhr können Sie an Bord kommen. Tel. 01 43 54 50 04 www.calife.com

CANAUXRAMA
Törns auf dem Canal St-Martin, Canal St-Denis, auf der Seine und Marne
▶Magischer Moment, S. 69

PARIS CANAL
Um 9.45 Uhr schippert das Boot vom Musée d'Orsay auf der Seine und dem Canal St-Martin zum Parc de la Villette; Rückfahrt um 14.30 Uhr
▶Magischer Moment, S. 69
Dinnerfahrten um 18.45/ ab 59 € und 21.15 Uhr/ ab 64 €
www.marina-de-paris.com

ÜBERNACHTEN

Hip, edel oder Budget? In der Hauptstadt des Lichtes und der Mode beherrscht auch die Hotellerie die Kunst der Inszenierung, der perfekten Verführung, der theatralischen Show mit Plüsch und Prunk, Tradition und Trend – und alles très parisien.

Bonne Nuit! Da Paris nicht nur während der Hauptsaison und zu großen Events wie Modemesse oder Tour de France gut besucht wird, ist eine rechtzeitige Zimmerreservierung unerlässlich. Klassifiziert werden die Hotels mit 1 – 5 Sternen, die Palast-Kategorie entspricht 6 Sternen. Bei Buchung über ein Reisebüro oder Onlineportal wie www.booking.com, www.hrs.de, www.paris.hotelguide.net oder www.parishotels.com lassen sich Zeit und Geld sparen. Viele Häuser bieten inzwischen die **günstigsten Tarife bei direkter Onlinebuchung beim Hotel**. Die meisten verlangen die Angabe einer Kreditkartennummer. Die Tarife können je nach Saison und Internetangebot stark variieren, die Preise gelten in der Regel für ein Doppelzimmer ohne Frühstück.

Grün und individuell Umweltfreundlichkeit signalisieren zwei **Qualitätssiegel**: »La clé du concierge« und »La clé verte«. Zu den 75 ausgezeichneten Betrieben gehören das €€€**Hidden Hotel** mit viel Holz, Schiefer und Leinen (http://hidden-hotel.com), das €€€ **Premier Regent's Garden** mit schönem Garten (www.hotel-regents-paris.com) und das € **Solarhotel** mit 100 % Bioprodukten zum Frühstück (www.solarhotel.fr).

Jugendherbergen Es gibt 32 Jugendherbergen in Paris. Die drei Jugendherbergen **Fauconnier, Fourcy** und **Maubuisson** sind in aristokratischen Stadtpalais des 17. Jh.s im Marais untergebracht – im Restaurant in der Rue Fourcy 6 können Gäste für 12,50 € zu Abend essen (www.mije.com). **Accueil des Jeunes de France** (AJF): www.hihostels.com **Studentenwohnheime**: CISP (www.cisp.fr), CROUS (www.crous-paris.fr) und Maison des Mines (www.maisondesmines.com)

Bed & Breakfast Viele der preisgünstigen B & B-Unterkünfte tragen das vom Fremdenverkehrsamt verliehene Qualitätslabel **Hôtes Qualité Paris**. Gute Onlineportale sind www.bed-and-breakfast-in-paris.com, www.parisbandb.com und www.chambre-ville.com. Immer beliebter sind **Privatunterkünfte** wie sie Airbnb (www.airbnb.de) und Wimdu (www.wimdu.de) anbieten.

Campingplatz Mitten im **Bois de Boulogne** vermietet der einzige Campingplatz der Hauptstadt neben Stellplätzen auch Caravans aus Holz. Café-Restaurant, Food Truck, Shop, Fahrradverleih, Busanschluss und WLAN. 2, Allée du Bord de l'Eau | Tel. 01 45 24 30 00 | www.campingparis.fr

AUSGESUCHTE HOTELS ▶KARTE S. 340/341

PREISKATEGORIEN
Doppelzimmer ohne Frühstück

€€€€	über 400 €
€€€	250 bis 400 €
€€	150 bis 250 €
€	bis 150 €

❶ RITZ €€€€

»Wenn jemand in Paris ist und nicht im Ritz wohnt, gibt es nur eine Entschuldigung: dass er es sich nicht leisten kann«, schrieb Hemingway, der jahrelang hier wohnte – so wie Coco Chanel. Aber vielleicht nehmen Sie einen Cocktail in der legendären Bar Hemingway oder Sie kommen nachmittags zum Tee in den stilvollen Salon Proust? ▶S.180

❷ LE NARCISSE BLANC & SPA €€€€

Traumhafte Momente in der schönsten Stadt der Welt verspricht das neue Boutiquehotel, das die Belle Époque aufleben lässt, inspiriert von der eleganten Tänzerin Cléo de Mérode, die »hübsche kleine Narzisse« genannt. Dezente Farben und erlesenes Mobiliar schaffen eine zeitlos schöne, gemütliche Atmosphäre, eine Oase der Ruhe mit persönlicher Note. Gefrühstückt wird im Restaurant Cléo, das mit Bioprodukten und so aromatischer wie leichter Küche begeistert. Auch Nicht-Hotelgäste können sich im Spa mit Detox- und Beauty-Packages verwöhnen lassen.
19, Boulevard de la Tour-Maubourg (7.Arr.) | Tel. 01 40 60 44 32
www.lenarcisseblanc.com

Faible für Komfort? Wunderschön wohnen Sie im Hotel Le Narcisse Blanc & Spa.

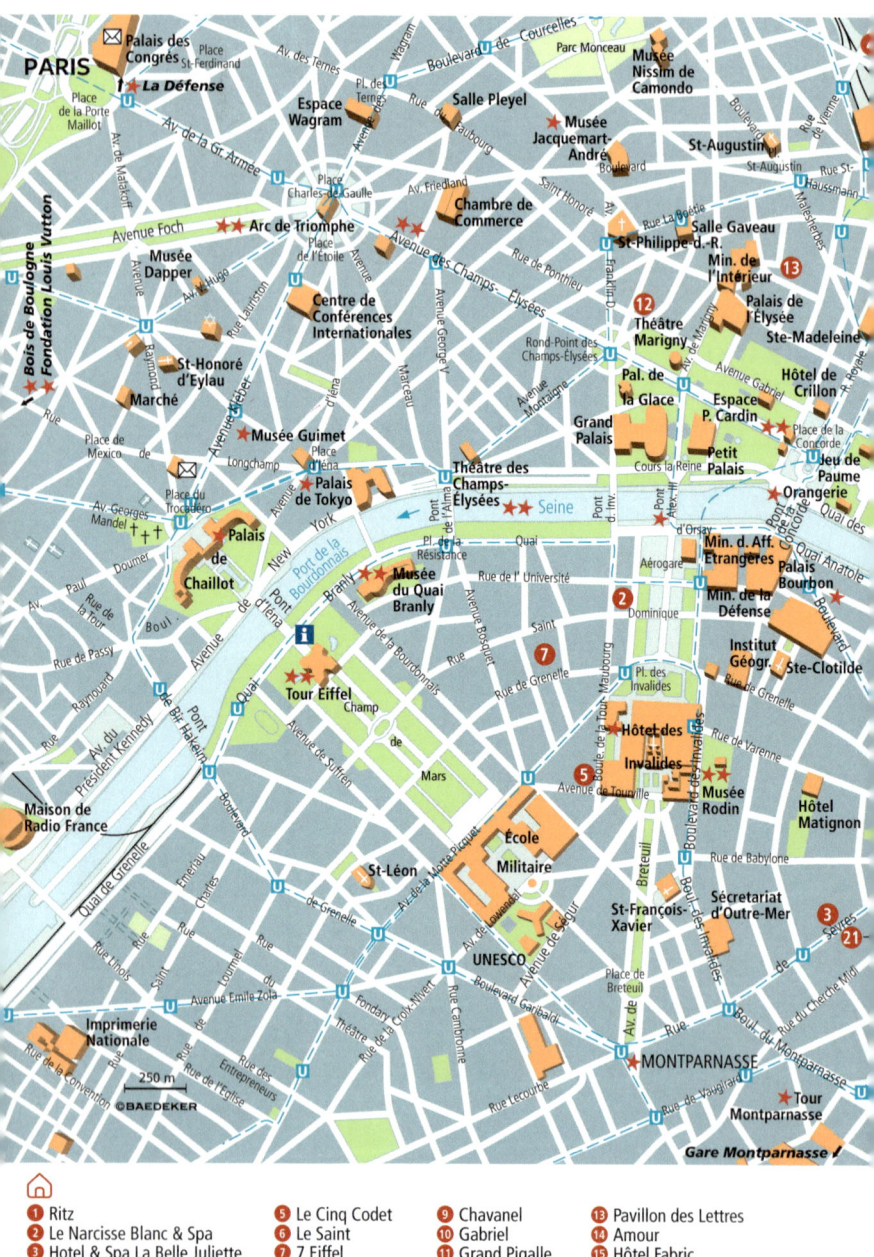

PARIS

1 Ritz	**5** Le Cinq Codet
2 Le Narcisse Blanc & Spa	**6** Le Saint
3 Hotel & Spa La Belle Juliette	**7** 7 Eiffel
4 Maison Souquet	**8** 123 Sébastopol

9 Chavanel	**13** Pavillon des Lettres
10 Gabriel	**14** Amour
11 Grand Pigalle	**15** Hôtel Fabric
12 Hôtel Mathis	**16** Adèle & Jules

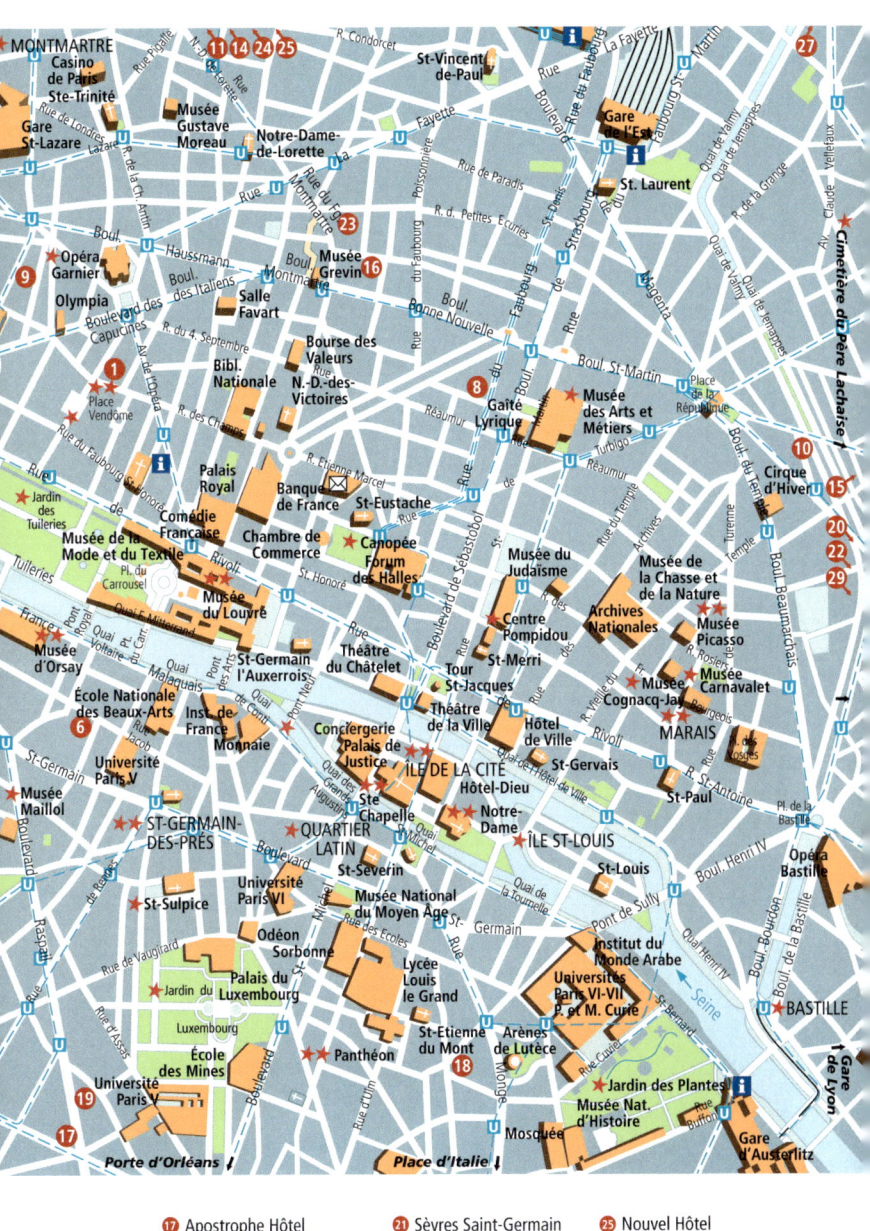

MONTMARTRE
Casino
de Paris
Ste-Trinité
11 14 24 25
R. Condorcet
St-Vincent-
de-Paul
27
Gare
St-Lazare
Musée
Gustave
Moreau
Notre-Dame-
de-Lorette
Gare
de l'Est
St. Laurent
9 Opéra
Garnier
Olympia
23
Musée
Grevin **16**
Salle
Favart
Bourse des
Valeurs
Bibl.
Nationale
N.-D.-des-
Victoires
8 Gaîté
Lyrique
Musée
des Arts et
Métiers
Place
de la
République
10
Cirque
d'Hiver
15
1
Place
Vendôme
Palais
Royal
Banque
de France
St-Eustache
Musée du
Judaïsme
Musée de
la Chasse et
de la Nature
20
22
29
Jardin
des
Tuileries
Comédie
Française
Musée de la
Mode et du Textile
Chambre de
Commerce
Canopée
Forum
des Halles
Centre
Pompidou
St-Merri
Archives
Nationales
Musée
Picasso
Musée
Carnavalet
Musée d'Orsay
École Nationale
des Beaux-Arts **6**
Musée
du Louvre
St-Germain
l'Auxerrois
Théâtre
du Châtelet
Tour
St-Jacques
Théâtre
de la Ville
Musée
Cognacq-Jay
Inst. de
France
Monnaie
Conciergerie
Palais de
Justice
ÎLE DE LA CITÉ
Hôtel
de Ville
St-Gervais
MARAIS
St-Paul
Université
Paris V
Musée
Maillol
ST-GERMAIN-
DES-PRÉS
QUARTIER
LATIN
Ste
Chapelle
Hôtel-Dieu
Notre-
Dame
ÎLE ST-LOUIS
Pl. de
la Bastille
Opéra
Bastille
St-Séverin
St-Sulpice
Université
Paris VI
Musée National
du Moyen Âge
St-Louis
Odéon
Sorbonne
Palais du
Luxembourg
Lycée
Louis
le Grand
Institut du
Monde Arabe
Universités
Paris VI-VII
P. et M. Curie
BASTILLE
Luxembourg
École
des Mines
Panthéon **18**
St-Étienne
du Mont
Arènes
de Lutèce
Jardin des Plantes
Gare
de Lyon
Université
Paris V **19**
17
Porte d'Orléans
Place d'Italie
Mosquée
Musée Nat.
d'Histoire
Gare
d'Austerlitz

OBEN: Mit schick gestylten Suiten punktet das Hotel Le Saint, eine bezaubernde Bleibe mitten in Saint-Germain-des-Prés.
UNTEN: Zimmer mit Aussicht bietet das hübsche Hotel Le 5 Codet neben dem Invalidendom.

❸ HOTEL & SPA LA BELLE JULIETTE €€€€/€€€

Namensgeber für das farbenfrohe Hotel war Juliette, besser bekannt als Madame Récamier. Die 23-Jährige unterhielt in Paris einen Salon für die gehobene Gesellschaft, als Jacques-Louis David sie im Mai 1800 in antiker Pose malte – das Porträt hängt heute im Louvre. Die 34 Zimmer haben Massageduschen. Tolles Frühstück. 92, Rue du Cherche-Midi (6. Arr.) Tel. 01 42 22 97 40 | www.hotel-belle-juliette-paris.com

❹ MAISON SOUQUET €€€€/€€€

Rita, Rose oder Liane de Pougy? Alle 20 Zimmer und Suiten sind eine Hommage an legendäre Kurtisanen der Belle Époque. Die opulente Ausstattung mit edlen Stoffen, Antiquitäten und femininen Accessoires verdankt das ehemalige Bordell dem Stardesigner Jacques Garcia. Umgeben von Edelplüsch und guten Büchern genießt man vor dem Kamin erlesene Teesorten oder nippt im Wintergarten coole Cocktails wie den »Secrets of the Unicorn«. Spa mit 10-m-Pool unter kobaltblauem Sternenhimmel. Und Montmartre, Moulin Rouge und das Café der zauberhaften Amélie sind auch nicht weit. 10, Rue de Bruxelles (9. Arr.) Tel. 01 48 78 55 55 www.maisonsouquet.com

❺ LE CINQ CODET €€€/€€€€

Kleines, aber feines Designhotel in einer ruhigen Straße zwischen Invalidendom und Eiffelturm mit für Pariser Verhältnisse großen, ansprechenden und hellen Zimmern. Modern gestyltes Restaurant mit Innenhof, in dem man sehr gut essen oder noch einen Drink nehmen kann. Samstagabend wird ab 19.30 Uhr Jazz gespielt. Frisches zum Frühstück serviert die offene Schauküche. Im Spa lässt sich im Jacuzzi oder bei einer Shiatsu-Massage herrlich entspannen. Ausgesprochen netter Service. 5, Rue Louis Codet (7. Arr.) Tel : 01 53 85 15 60 | 67 Z. www.le5codet.com

❻ LE SAINT €€€/€€€€

Traumlage gesucht? 2016 eröffnete mitten im Literatenviertel Saint-Germain-des-Prés das Hotel Le Saint. Weder Nobelherberge noch Boutiquehotel, sondern einfach ein Ort zum Wohlfühlen, der Pariser Chic mit diskretem Charme präsentiert. Alle 54 Zimmer sind sehr geschmackvoll und mit Liebe zum Detail eingerichtet worden. Pretty in Pink: Im angesagten Neobistro Kult wird hervorragend zu vernünftigen Preisen gekocht. 3, Rue du Pré aux Clercs (7. Arr.) | Tel. 01 42 61 01 51 http://lesainthotelparis.com

❼ 7 EIFFEL €€€

Liebevoll dekoriertes kleines Hotel mit 36 modernen Zimmern, Dachterrasse und Bar mitten im vibrierenden 7. Arrondissement. Um die Ecke liegen der Eiffelturm und die Rue Clerc mit kleinen Schlemmerläden. Sehr freundlicher Service. 17 bis, Rue Amélie (7. Arr.) Tel. 01 45 55 10 01 www.hotel-7eiffel-paris.com

❽ 123 SÉBASTOPOL €€€

Hier steht alles ganz im Zeichen des Films. Philippe Maidenberg entwarf jede Etage in Zusammenarbeit mit berühmten Schauspielern und Regisseuren wie Jean-Paul Belmondo, Claude Lelouch, Danièle Thompson, dem Duo Jaoui/Bacri, Elsa Zylberstein und Ennio Morricone. 123 Boulevard de Sébastopol (2. Arr.) | Tel. 01 40 39 61 23 www.le123sebastopol.com

❾ CHAVANEL €€€

Die Lage ist perfekt: eine ruhige Seitenstraße, nur ein paar Minuten von

der Madeleine-Kirche, der Opéra Garnier und den Designerboutiquen und Einkaufstempeln der Grands Boulevards. Das liebevoll gestaltete, helle Designhotel überrascht mit einem fröhlichen Touch Pariser Chic. Alles im Hotel ist bio, vom gesunden Frühstück bis zur Body Lotion. Sehr aufmerksamer, netter Service.
22, Rue Tronchet (8. Arr.)
Tel. 01 47 42 26 14
www.hotelchavanel.com

⑩ GABRIEL €€€
Sie wollen Körper und Seele auf Vordermann bringen? Das erste Pariser »Detox«-Hotel setzt auf ruhiges Weiß. Die Zen-Atmosphäre seiner 40 hellen Zimmer soll den Gast entgiften durch erholsamen Schlaf, gesundes Essen, Entspannungstees, sanfte Licht- und Soundprogramme, Massagen und Wellnessbehandlungen.
25, Rue du Grand Prieuré
(11. Arr.) | Tel. 01 47 00 13 38
www.hotelgabrielparis.com

⑪ GRAND PIGALLE €€€
Romée, Pierre-Charles und Olivier sind Freunde seit Kindertagen und ein echtes Erfolgsgespann. Eine Hommage an das Künstlerviertel, klassisch, kultiviert und kosmopolitisch, hat sich ihr junges Hotel mit 37 hellen Zimmern schnell zum Geheimtipp von SoPi entwickelt, dem Viertel südlich des Place Pigalle, wo sich die neue Boheme wohlfühlt. Foodies begeistert die italienische Bistroküche im Wine and Dine.
29, Rue Victor Massé (9. Arr.)
Tel. 01 85 73 12 00
www.grandpigalle.com

⑫ HÔTEL MATHIS €€€
Ein Hauch Art déco, eine Prise Empire, viel Gold, Seidentaft-Vorhänge und antike Möbel: Die 23 Zimmer sind eine berauschende Inszenierung im Neobarock, die Andrée Putmann design hat. Restaurant und Bar sind In-Treff

der Pariser Elite aus Politik, Mode und Showbiz.
3, Rue Ponthieu (8. Arr.)
Tel. 01 53 76 01 62
www.hotelmathis.com

⑬ PAVILLON DES LETTRES €€€
Zitate, die an den Wänden Bilderwelten der Nacht, der Poesie und des Traumes widerspiegeln, Goethe, Kafka, Proust und Kollegen: Entdecken Sie in den 26 Zimmern – identisch mit den Buchstaben im Alphabet – die Seele eines Autors.
12, Rue des Sausaies (8. Arr.)
Tel. 01 49 24 26 26
www.pavillondeslettres.com

⑭ AMOUR €€/€€€
Wände in Purpurrot, Tiefblau oder Schwarz, riesige weiße Betten und Aktaufnahmen von Terry Richardson – das Hotel für sinnliche Stunden in der Stadt der Liebe ist hip und eine angesagte Adresse für Stilbewusste, die statt Telefon und TV wohltuende Pflegeprodukte von Kiehl's und eine Ladestation für den iPod vorfinden. Im begrünten Innenhof trifft sich die Szene zum leichten Schlemmen mit Rindercarpaccio und Burgunderwein.
8, Rue Navarin (9. Arr.)
Tel. 01 48 78 31 80
www.hotelamourparis.fr

⑮ HÔTEL FABRIC €€/€€€
Ziegel, Zementfliesen und Eichenholz, bequeme Ledersessel und Vintagemöbel vom Flohmarkt – in der ehemaligen Textilfabrik im Quartier Oberkampf erzählt das junge Designhotel von der industriellen Vergangenheit des Viertels mit modernen Mitteln.
31, Rue de la Folie
Méricourt (11. Arr.)
Tel. 01 43 57 27 00
www.hotelfabric.com/de

⑯ ADÈLE & JULES €€€/€€
Zauberhafte Adresse nicht nur für Pärchen ist das von Stéphane Poux

OBEN: Gute Laune garantiert –
Gäste des Hotels Chavanel
kommen gerne immer wieder.
UNTEN: Angesagte Adresse
im Trendviertel SoPi ist das
junge Hotel Grand Pigalle.

Typisch Paris und ein Tipp für Romantiker: das charmante Hotel Adèle & Jules

mit Liebe zum Detail eingerichtete junge Boutiquehotel in einem ruhigen Innenhof – buchen Sie unbedingt eines der lichtdurchfluteten Zimmer mit Balkon. Leckeres Frühstück mit knusprigen Croissants und frischem Obst, richtig bequeme Betten, Fitnessbereich und tolles Personal, das keine Wünsche offen lässt. Nehmen Sie zum Auftakt des Abends einen Drink in der Honesty Bar.
2-4 bis, Cité Rougemont (9. Arr.)
Tel. 01 48 24 60 70
www.hoteladelejules.fr

🔟 APOSTROPHE HÔTEL €€

Mitten im Literatenviertel Montparnasse liegt das »Gedicht«-Hotel mit 16 superschönen individuellen Zimmern und fantasievollen Lichtinstallationen. Bäder mit Hydromassage, Jacuzzi und Farbtherapie.

3, Rue Chevreuse (6. Arr.)
Tel. 01 56 54 31 31
www.apostrophe-hotel.com

🔟 HÔTEL DES GRANDES ECOLES €€

Ein gemütliches Landhaus aus der Zeit um 1900, um die Ecke vom Panthéon und der Sorbonne. Die meisten der 51 ruhigen Zimmer blicken auf den Park mit Rhododendren und uralten Bäumen. Im Sommer wird auf der Sonnenterrasse gefrühstückt mit Aussicht ins Grüne.
75, Rue Cardinal Lemoine
(5. Arr.) | Tel. 01 43 26 79 23
www.hotel-grandes-ecoles.com

🔟 LE SAINTE-BEUVE €€

Rot bestimmt die stilvolle Ausstattung der Zimmer in einer kleinen, ruhigen Seitenstraße des

Boulevard du Montparnasse, 200
Meter vom Jardin de Luxembourg.
9, Rue Sainte-Beuve (6. Arr.)
Tel. 01 45 48 20 07
www.hotelsaintebeuve.com

🔟 MARAIS BASTILLE €€

Mitten im Maraisviertel logieren Sie
in 37 hellen, geräumigen Zimmern.
Farbenfroh zieren das Foyer zeitgenössische Arbeiten von Arnaud
Franc. Aufmerksames Personal und
leckeres Frühstücksbuffet.
36, Boulevard Richard Lenoir
(11. Arr.), Tel. 01 48 05 75 00
www.maraisbastille.com

🔟 SÈVRES SAINT-GERMAIN €€

Nur zwei Minuten vom »Paradies der
Damen«, dem Edelkaufhaus Bon
Marché, und um die Ecke vom Neobistro L´Épi Dupin (▶S.301) punktet
das Stadtpalais aus dem 17. Jh. mit
30 hübschen, hellen Zimmern.
22, Rue Saint-Placide (6. Arr.)
Tel. 01 45 48 10 67
www.sevres-saint-germain.com

🔟 MAMA SHELTER €/€€

Kommunikativ und casual ist das von
Philippe Starck konzipierte 172-Zim-
mer-Szenehotel mit Terrasse, Pizzeria
und Rooftopbar. In der Küche von
»Mutterns Zuflucht« komponiert
Guy Savoy kreatives »Comfort Food«
für lange Tische.
109, Rue de Bagnolet (20. Arr.)
Tel. 01 43 48 48 48, 172 Z.
www.mamashelter.com

🔟 MAXIM FOLIES €/€€

Cool gestyltes Budgethotel mit 38
Einzel- und Doppelzimmern voller
Boheme-Flair. Zum Frühstück gibt´s
gesunde Kost für einen guten Start
in den Tag. Direkt vor dem Hotel:
eine Station der Vélib-Leihräder.
14, Rue Geoffroy Marie (9. Arr.)
Tel. 01 44 83 67 15 | http://maxim-
folies-paris.hotel-rn.com
dt. Hotline: Tel. 069 380 78 96 50

🔟 ELDORADO €

Hübsches, kleines Hotel am Fuß des
Montmartre. Alle 39 Zimmer sind
individuell eingerichtet mit Erinne-
rungsstücken aus Afrika und Asien.
Nehmen Sie auf der Sommerterrasse
des Bistrot des Dames einen Aperitif
und genießen Sie das Leben im
jungen Trendviertel Batignolles.
18, Rue des Dames (17. Arr.)
Tel. 01 45 22 35 21
www.eldoradohotel.fr

🔟 NOUVEL HÔTEL €

Mit Hingabe haben Claude und
Danielle Marillier das ehemalige
Mädchenpensionat nahe des Place
de la Nation in eine idyllische Bleibe
mit 27 Zimmern verwandelt. Gefrühstückt wird im Garten – Zimmer 109
hat direkten Zugang zur grünen Oase.
Auch Vierbettzimmer für Familien.
24, Avenue de Bel Air (12. Arr.)
Tel. 01 43 43 01 81
www.nouvel-hotel-paris.com

🔟 29 LEPIC €

Im Herzen des alten Montmartre mit
netten kleinen Restaurants in unmit-
telbarer Nähe – und 100 m von Amé-
lies Café des Deux Moulins. Jede der
fünf Etagen hat eine andere Farbe.
29, Rue Lepic (18. Arr.)
Tel. 01 56 55 50 04
www.29lepic.com, 38 Z.

🔟 GENERATOR HOSTEL €

Am Canal St-Martin verwandelte
Generator Hostel 2015 ein verfalle-
nes Bürogebäude in sein mit 950
Betten bislang größtes Haus. Schlaf-
säle, Privatzimmer ab 78 € pro Bett,
auch Penthouse mit einer eigenen
Terrasse und Mehrbettzimmer extra
für Mädels mit Fön und Beauty-
artikeln bis 8 Personen. Toll: Le
Rooftop, eine Dachbar mit weiten
Aussichten über die Stadt.
11, Place du Colonel Fabien
(10. Arr.), Tel. 01 70 98 84 11
http://generatorhostels.com

P
PRAKTISCHE INFOS

Wichtig, hilfreich, präzise

Unsere Praktischen Infos
helfen in (fast) allen Situationen
in Paris weiter.

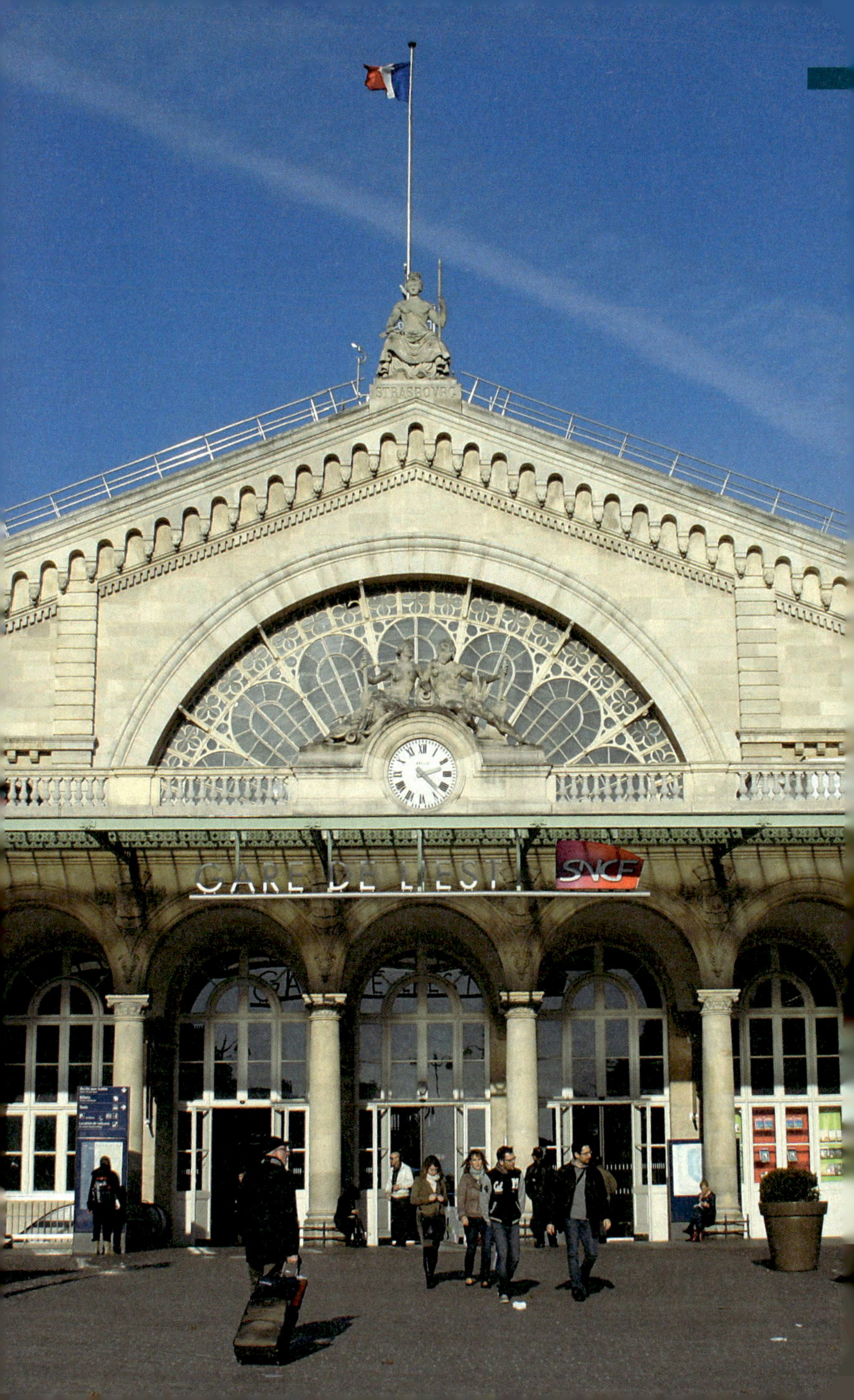
STRASBOURG
GARE DE L'EST
SNCF

KURZ & BÜNDIG

ELEKTRIZITÄT
Die Stromspannung beträgt genauso wie in Deutschland 220 V/50 Hz. Ein spezieller Adapter ist nicht nötig.

NOTRUFE

ALLGEMEINER NOTRUF
Tel. 112

AMBULANZ (SAMU)
Tel. 15

POLIZEI
Tel. 17

FEUERWEHR
Tel. 18

PANNENHILFE
Tel. 05 10 61 06

ADAC- NOTRUF MÜNCHEN
Tel. 0049 89 22 22 22

ACE-NOTRUF STUTTGART
Tel. 0049 711 530 34 35 36

WAS KOSTET WIE VIEL?
3-Gänge-Menü: ab 35 €
Einfache Mahlzeit: ab 13 €
Café crème: ab 2,30 €
Glas Wein: ab 4 €
Metroticket: 1,90 €
Einfaches Doppelzimmer: ab 90 €

ZEIT

MITTELEUROPÄISCHE ZEIT

SOMMERZEIT
Ende März–Ende Oktober

ANREISE · REISEPLANUNG

▌ Mit dem Flugzeug

Aus Deutschland, Österreich und der Schweiz

Der internationale Flughafen **Roissy-Charles de Gaulle** wird von nahezu allen großen Liniengesellschaften angeflogen; mit günstigen Specials locken Air France, KLM und Lufthansa. Billigcarrier wie easyJet oder TUIfly landen meist in **Paris-Orly**. Ryanair fliegt nach **Paris-Beauvais-Tillé** 80 km nördlich der Hauptstadt – Shuttlebus zur Porte de Maillot, wo Anschluss zur Métro besteht.

▌ Mit der Bahn

ICE- und TGV-Züge

Dank neuer **Hochgeschwindigkeitsstrecken** ist die Bahn eine echte Konkurrenz zum Flug geworden. ICE- und TGV-Züge sausen mit bis zu 320 km/h ab Stuttgart über Karlsruhe in 3 Stunden 40 Minuten, ab

Frankfurt in 3 Stunden 50 Minuten und ab Straßburg in 2 Stunden 20 Minuten nach **Paris/Gare de l'Est** – mit dem Europa-Spezial ab Frankfurt, Stuttgart und München ab 39,90 € in der 2. Klasse. Der **TGV** fährt von München in 6 Stunden 15 Minuten nach Paris, der **Thalys** in knapp 5 Stunden von Essen über Duisburg, Düsseldorf, Köln und Aachen an die Seine (ab 59 €). Auch von Basel und Zürich fahren täglich TGV-/ICE-Züge nach Paris. Fahrscheine kann man online auf den deutschen Webseiten der Eisenbahnunternehmen erwerben. Die sechs großen Bahnhöfe von Paris sind alle an die Métro angeschlossen; beim TGV-Bahnhof Roissy-Charles de Gaulle besteht Anschluss an die RER. Aus der Schweiz saust der TGV Lyria in die französische Hauptstadt (www.tgv-lyria.com) – von Zürich und Bern in 4,5 Stunden, von Basel in 3,5 Stunden.

▍ Mit dem Bus

Günstige Alternative ist die Anreise mit dem Bus, Nachteil sind die langen Fahrtzeiten: ab Köln etwa sieben, ab Nürnberg zwölf, ab Leipzig gut 14 Stunden. Angebote aller Buslinien wie Flixbus, Eurolines und DeinBus findet man unter **https://www.flixbus.de, https:// mein fernbus.de** und **www.fernbusse.de**.

Fernbusse

Schnell, bequem und staufrei anreisen mit dem TGV, der im Gare de L'Est einfährt.

BAHN

DEUTSCHE BAHN
www.bahn.de

TGV UND THALYS
http://de.voyages-sncf.com
(TGV-Tickets günster
als bei der Deutschen Bahn)
www.thalys.com

PARISER BAHNHÖFE

GARE D'AUSTERLITZ
55, Quai d'Austerlitz (13. Arr.)
Métro 5, 10, RER C: Gare
d'Austerlitz

GARE DE L'EST
ICE-/TGV-Züge nach Süddeutschland,
Luxemburg, Schweiz und Österreich,
Nachtzug nach Norddeutschland
10, Place du 11. Nov. 1918 (10.
Arr.) | Métro 4, 5, 7: Gare de l'Est

GARE DE LYON
20, Bd Diderot (12. Arr.) | Métro
1, 14, RER A, D: Gare de Lyon

GARE DE MONTPARNASSE
TGV Atlantique; Destinationen
der Westküste und im Loiretal
17, Bd. Vaugirard (15. Arr.)
Métro: 4, 6, 12, 13:
Montparnasse-Bienvenue

GARE DU NORD
ICE-Züge nach Norddeutschland
18, Rue de Dunkerque (10. Arr.)
Métro 2, 4, 5 | RER B: Gare du Nord

GARE SAINT-LAZARE
13, Rue d'Amsterdam (8. Arr.)
Métro 3, 9: Havre-Caumartin
12, 13, 14; Gare Saint Lazare
RER A: Auber, E: Haussmann-
Saint-Lazare

PARISER FLUGHÄFEN

ROISSY-CHARLES DE GAULLE
Der größte Flughafen von Paris liegt
23 km nordöstlich der Stadt. Luft-
hansa- und Eurowings-Flüge kommen
im Terminal 1 an, Air France und
easyJet im Terminal 2, Niki aus Wien
im Terminal 3 – kostenloser Shuttle
zwischen den Terminals.
Tel. 01 48 64 95 55
www.aeroportsdeparis.fr
Linie 3 von **Le Bus Direct**
(www.lebusdirect.com, Erw. 21
€) und die RER-Linie B verbinden
die Flughäfen Charles de Gaulle
und Orly (Fahrtzeit: 50 Min.).
Der **Roissybus** fährt zwischen
6 und 23 Uhr alle 15 bis 20 Minuten ins Zentrum zur Opéra
(www.ratp.fr, Erw. 11,50 €).
Linie 4 von Bus Direct fährt
alle 30 Minuten nach Montparnasse, Linie 2 zum Eiffelturm
(Erw. je 17 €).
Die RER Linie B fährt zwischen
5 und 24 Uhr über die Stationen
Gare du Nord, Châtelet und
Denfert-Rochereau nach Antony
mit Anschluss an den Shuttle
Orlyval (RER + Orlyval
Erw. 21,50 €).

ORLY
Orly liegt 14 km südlich der Stadt
an der Autobahn A6. Alle Flüge aus
Deutschland (Air Berlin und easyJet)
kommen im Terminal Orly Sud an.
Tel. 01 49 75 15 15
www.aeroportsdeparis.fr
Zwischen 5.35 und 23 Uhr fährt
alle 15, 20 bzw. 30 Min. der
Orlybus von Orly Sud bis zur
RER-B-Station Denfert-Rochereau
www.ratp.fr, Erw. 8 €). Linie 1
von Le Bus Direct (Erw. 12,50 €)
verkehrt alle 30 Min. ab Terminal
Ouest und Sud via Montparnasse
und Eiffelturm zu den Champs-
Élysées. Der automatische
Shuttle **Orlyval** verbindet

zwischen 6 und 23 Uhr die
Terminals Sud und Ouest mit
der RER-B- Station Antony
mit Anschluss zum Flughafen
Charles de Gaulle (www.orlyval.
com, Erw. 10 €, bis CDG 21,50 €).

FLUGGESELLSCHAFTEN

AIR BERLIN
www.airberlin.com

AIR FRANCE
www.airfrance.de

KLM
ww.klm.com

AUSTRIAN AIRLINES
www.austrian.com

EASYJET
www.easyjet.com

LUFTHANSA
www.lufthansa.com

SWISS
www.swiss.com

▎ Mit dem Auto

Die schnellsten Autobahnverbindungen sind: aus Norddeutschland über Aachen – Belgien zur Autobahn A 1 (Autoroute du Nord); aus Süddeutschland und Österreich über Straßburg zur A 4 (Autoroute de l'Est); aus der Schweiz über Dijon zur Autobahn A 6 (Autoroute du Soleil). In Frankreich sind Autobahngebühren (**Péage**) zu zahlen, in Paris kommen **hohe Parkgebühren** dazu, die meist mit Guthaben-Karten am Kiosk und Code beglichen werden. Und während man einen Kiosk sucht und die Karte kauft, steht bereits eine freundliche Politesse mit Mahnblock am Fahrzeug.

Maut-gebühren

▎ Ein- und Ausreisebestimmungen

Ausweise von EU-Bürgern werden in der Regel nicht überprüft, man muss sie aber mit sich führen. Für Deutsche, Österreicher und Schweizer genügt der **Personalausweis** bzw. die Identitätskarte. Kinder brauchen einen eigenen Ausweis, ob Reisepass oder Personalausweis hängt vom Alter ab. Von Autofahrern mitzuführen sind Führerschein, Kraftfahrzeugschein und die Internationale Grüne Versicherungskarte

Personal- und Fahr-zeugpapiere

Auf EU-Ebene ist vorgeschrieben, dass Haustiere mit implantiertem Mikrochip reisen müssen und einen **EU-Heimtierausweis** samt Nachweis der Tollwutimpfung benötigen. Diese muss mind. 30 Tage, max. 12 Monate vor Einreise erfolgt sein. Maulkorb und Leine sind mitzuführen. In Paris ist der Kot des eigenen Hundes einzusammeln, sonst drohen 70 € Strafe!

Haustiere

Innerhalb der EU dürfen folgende Mengen zollfrei eingeführt werden: 800 Zigaretten, 400 Zigarillos, 200 Zigarren oder 1 kg Tabak, 10 l

Zollbestim-mungen

Spirituosen, 20 l Likör- oder andere Zwischenerzeugnisse, 90 l Wein, davon maximal 60 l Schaumwein, sowie 110 l Bier und 10 kg Kaffee. Für **Nicht-EU-Länder** wie die Schweiz liegen die Freigrenzen für Personen ab 17 Jahren bei 200 Zigaretten oder 100 Zigarillos oder 50 Zigarren oder 250 g Tabak, ferner 2 l Wein oder andere Getränke bis 22 % Alkoholgehalt sowie 1 l Spirituosen mit mehr als 22 % Alkoholgehalt (www.ezv.admin.ch). Geschenkartikel dürfen bis 300 € mitgenommen werden, Flugreisende bis 430 €, unter 17 Jahren bis 175 €.

▎ Reiseversicherungen

Kranken-versicherung

Versicherte der deutschen Krankenkassen haben im Krankheitsfall in Frankreich Anspruch auf eine Behandlung nach den in Frankreich gültigen Vorschriften. Doch auch mit der **europäischen Krankenversicherungskarte** muss meistens ein Teil der Kosten selbst bezahlt werden. Gegen Vorlage der Quittungen übernimmt die Krankenkasse zu Hause dann die Kosten – allerdings nicht für jede Behandlung. Schweizer müssen ärztliche Behandlungen und Medikamente selbst bezahlen. Da die Kosten für die ärztliche Behandlung und Medikamente teilweise vom Patienten bezahlt werden müssen und die Kosten eines evtl. Rücktransports von den Krankenkassen nicht übernommen werden, empfiehlt sich der Abschluss einer privaten Auslandskrankenversicherung.

AUSKUNFT

AUSKUNFT ZUHAUSE

ATOUT FRANCE
Französische Zentrale für Tourismus
in Deutschland: Postfach 100 128
D-60001 Frankfurt/M.
info.de@atout-france.fr
in Österreich:
info.at@atout-france.fr
in der Schweiz
info.ch@atout-france.fr
www.france.fr

AUSKUNFT IN PARIS

OFFICE DU TOURISME
ET DES CONGRÈS DE PARIS
25, Rue des Pyramides (1. Arr.)
Tel. 0892 68 30 00
http://de.parisinfo.com
Métro-Station: Pyramides
Auskunftsstellen ganzjährig:
Anvers-Montmartre, Caroussel
du Louvre, Gare du Nord, Gare de
l'Est, Pyramides, Rue de Rivoli 29

INTERNET

WWW.PARIS.FR
Offizielle Homepage der Stadt in Französisch und Englisch. Alles über Kultur, Bildung, Politik, Sport, Wirtschaft, aber auch Hotels, Restaurants, Stadtführungen etc.

WWW.TIMEOUT.COM/PARIS
Hotels, Restaurants, Events und Ticketservice

HTTPS://PARIS-SPECTACLE.DE
Kartenservice für Feste und Events im Großraum Paris

HTTP://QUEFAIRE.PARIS.FR
Offizieller Führer von Ausstellungen und Sport-Events bis zum Nachtleben

HTTP://GIRLSGUIDE TOPARIS.COM
Ladies aufgepasst! Hier gibt es High Fashion von Chanel, Gaultier und Dior, junge Pariser Modelabels, hippe Trendboutiquen, schicke Schuhläden und angesagte Vintage-adressen – nicht zu vergessen die coolsten Cocktailbars.

BOTSCHAFTEN

DEUTSCHE BOTSCHAFT
24, Rue Marbeau (6. Arr.)
Tel. 01 53 83 45 00
www.allemagne.diplo.de

ÖSTERREICHISCHE BOTSCHAFT
6, Rue Fabert (7. Arr.)
Tel. 01 40 63 30 63
www.bmeia.gv.at/oeb-paris

SCHWEIZER BOTSCHAFT
142, Rue de la Grenelle (7. Arr.)
Tel. 01 49 55 67 00
www.eda.admin.ch/paris

ETIKETTE

In Frankreich legt man Wert auf gute Umgangsformen. Höflichkeit, stilgerechtes Auftreten und rhetorische Feinheiten sind alltägliche Verhaltensstandards. Man hält die Tür auf und entschuldigt sich mit »pardon« oder »excusez-moi«, wenn man vorbeigehen will. Besonders an religiösen Orten ist Zurückhaltung geboten. Ärmellose T-Shirts, Shorts oder Miniröcke sind ebenso unerwünscht wie lautes Auftreten. Bei der Begrüßung unter Freunden gibt es für Männer eine Umarmung, für Frauen Küsschen rechts und links.

Höflichkeit und gute Umgangs-formen

Beim Restaurantbesuch wird mittags noch legere Freizeitkleidung toleriert, abends wird sich schick angezogen. Für das stilvolle Dîner, das mehrere Stunden dauern kann, werden zudem die Tische vorab reserviert. Eine freie Platzwahl ist in Frankreich nur in einfachsten Lokalen üblich. Die Speisekarte wird gebracht und beim Apéritif die Bestellung aufgenommen. Brot und Leitungswasser in der Karaffe werden kostenlos serviert. Kellner werden höflich mit »Monsieur« oder »Madame« angeredet. Wer zahlen möchte, verlangt »l'addition, s'il vous plaît«. Bereits nach einer Tasse Kaffee ist **Trinkgeld** üblich, das man auf das leere Tellerchen oder in die Rechnungsmappe legt.

Restaurant-besuch

Rauchen
Das Rauchen in öffentlichen Gebäuden ist in Frankreich verboten, auch in Hotels, Cafés, Restaurants und Diskotheken gilt striktes Rauchverbot. Wer auf der Straße raucht und seine Kippe wegschnippt, muss mit einem Bußgeld von 70 Euro rechnen.

Sprache
Die »Grande Nation« ist stolz auf ihr Land, ihre Kultur und Sprache – Fremdsprachenkenntnisse besitzen meist nur die Jüngeren. Wer sich die wichtigsten Wörter für Begrüßung, Zimmerreservierung und Bestellung im Restaurant aneignet, wird umso mehr geschätzt.

GELD

Wichtige Infos
Frankreich gehört zur **Eurozone**. Für Schweizer gilt: 1 EUR = 1,09 CHF, 1 CHF = 0,91 EUR. Wer seine Kredit- oder Bankkarte (aber auch Handy- oder Krankenversicherungskarte) verloren oder sonstwie eingebüßt hat, lässt sie umgehend sperren unter dem **Sperrnotruf Tel. 0049 11 61 16**; jeweilige Nummern bereithalten! Die **Öffnungszeiten der Banken** sind in der Regel Mo.–Fr. 10 – 17 Uhr, vor Feiertagen haben die meisten Banken nur bis 12 Uhr geöffnet.

Bargeld, Bank- und Kreditkarten
Geldautomaten heißen in Frankreich **Bancomat**. Banken, größere Hotels, Restaurants, Autovermieter, zahlreiche Einzelhandelsgeschäfte sowie etliche Dienstleistungs- und Verkehrsbetriebe akzeptieren die international gängigen Kreditkarten. Bei Autovermietern muss man meist eine Kreditkarte vorlegen, andernfalls muss eine Kaution hinterlegt werden.

GESUNDHEIT

24-STUNDEN-APOTHEKEN

PHARMACIE DES
CHAMPS-ÉLYSÉES
84, Avenue des
Champs-Élysées (8. Arr.)
Tel. 01 45 62 02 41
https://pharmaciedeschamps
elysees75.pharminfo.fr
Métro: George V

PHARMACIE
EUROPÉENNE
6, Place de Clichy
(9. Arr.)
Tel. 01 48 74 65 18
Métro: Place de Clichy

LESETIPPS

Dan Brown: Sakrileg. Bastei Lübbe 2012. Die Ermordung des Direktors vom Louvre, rätselhafte Zeichen und ein Jahrtausendgeheimnis, das die Grundfeste der Kirche erschüttern kann – der packende Bestseller wurde unter dem Titel »The Da Vinci Code« verfilmt.

Klassiker,
Krimis und
Schmöker

Dan Franck: Montparnasse und Montmartre – Künstler und Literaten in Paris zu Beginn des 20. Jh.s. Parthas 2012. Kandinsky, Picasso, Dalí und Hemingway – Pariser Avantgarde zwischen 1900 und 1930.

Inès de la Fressange: Was ziehe ich heute an? Pariser Chic – Einfach perfekt für jeden Anlass. Knesebeck 2017. Sie war Lagerfelds Muse und erstes Exklusivmodel von Chanel. »Mode muss Spaß machen und sollte nicht kompliziert sein« verät die Pariser Stilikone und gibt wertvolle Tipps für jeden Look.

Ernest Hemingway: Paris, ein Fest fürs Leben. Rowohlt 2012. Hemingway über seine glücklichen Jahre an der Seine nach dem Ersten Weltkrieg – eine Liebeserklärung an Paris und die »Lost Generation«. Die Urfassung in einer sehr guten Übersetzung von Werner Schmitz. Auch als Audio-CD (steinbach 2014), gelesen von Matthias Habich, der seit über 40 Jahren in Paris lebt.

Claude Izner: Der Leopard von Paris. Pendo 2015. Amüsant, intelligent und spannend ist auch der fünfte Krimi der Schwestern Liliane Korb und Laurence Lefèvre. Die beiden langjährigen Bouquinistinnen mit Bücherstand am Seine-Ufer verfassen gemeinsam unter dem Pseudonym Izner die historischen Fälle um den Buchhändler Victor Legris. Diesmal muss er nicht nur einen Mord aufklären, sondern auch das Geheimnis um ein wertvolles persisches Manuskript lüften.

Sascha Lehnartz: Unter Galliern. Ullstein Tb 2012. Paris ist traumhaft – solange man nicht dort lebt. Der Autor wohnt seit zehn Jahren an der Seine und beschreibt humorvoll den Alltag – mit Klempnern, die sich für Künstler halten, Conciergen, die wahre Top-Spitzel sind, und knochenharten Baguettes. Aber wegziehen? Mon dieu – niemals!

Edward Rutherfurd: Paris: Roman einer Stadt. Heyne 2016. Dramatischer Historienschmöker über das Schicksal von fünf Familien mit überraschenden Einblicken in die Geschichte der Stadt.

Fred Vargas: Das barmherzige Fallbeil, Blanvalet 2017. Innerhalb weniger Tage werden in Paris die Leichen einer Mathematiklehrerin und eines wohlhabenden Schlossherrn entdeckt, die vermeintlich Selbstmord begangen haben. Die Ermittlungen führen den kleinen, enigmatischen Kommissar Adamsberg zurück zu einer Geheimgesellschaft der Französischen Revolution. Vargas, eigentlich Frédérique Audoin-Rouzeau und von Haus aus Archäologin, schreibt intelligente und packende Meisterstücke der Unvorhersehbarkeit.

Zur Einstimmung **DuMont Bildatlas**: Paris: Savoir-vivre an der Seine. DuMont 2017. Frank Heuer (Fotograf) und Klaus Simon (Autor) liefern stimmungsvolle Impressionen zur französischen Hauptstadt.

PREISE UND VERGÜNSTIGUNGEN

Geld sparen In Bistros und Cafés sind Getränke am Tresen günstiger als am Sitzplatz oder auf der Terrasse, nachts sind sie teurer als tagsüber. Die günstigsten Tankstellen findet man neben großen Supermärkten wie Casino, Intermarché, Super U oder Carrefour. Alle staatlichen Museen sind für EU-Bürger unter 26 Jahren kostenlos; bei privaten Museen und Attraktionen zahlen Kinder meist nur die Hälfte des Eintrittspreises, Kleinkinder unter drei bzw. vier Jahren sind meist gratis.

REISEZEIT

Wie wird das Wetter? Die geschützte Lage im Pariser Becken und die relative Nähe zum Meer sorgen in Paris für ein **angenehm gemäßigtes Klima** (▶Klimatabelle S. 239). Dank des Golfstroms, der den Ärmelkanal durchquert, sinken die Temperaturen im Winter nur selten unter den Gefrierpunkt. Im Sommer hingegen dominiert der kontinentale Einfluss, und im Juli/August kann es dadurch sehr warm und schwül werden. In dieser Zeit fahren viele Pariser in die Sommerferien – auch ein Großteil der Geschäfte, Lokale und Theater hat dann geschlossen. Der Herbst ist noch recht warm, erst im November werden die Temperaturen deutlich kühler. Vom Meer geprägt ist auch das Frühjahr, das erst langsam an Wärme gewinnt – Eisregen im März ist keine Seltenheit. Ab April klettern die Temperaturen nach oben. Besonders schön ist Paris im Mai, wenn es allerorten blüht.

SPRACHE

SPRACHFÜHRER FRANZÖSISCH

AUF EINEN BLICK

Ja	**Oui**
Nein	**Non**
Vielleicht	**Peut-être**
Bitte	**S'il vous plaît (s. v. p.)**
Danke	**Merci**
Gern geschehen.	**De rien.**
Entschuldigen Sie!	**Excusez-moi!**
Wie bitte?	**Comment?**
Ich verstehe nicht.	**Je ne comprends pas.**
Ich spreche nur wenig Französisch.	**Je parle seulement un tout petit peu de français.**
Können Sie mir bitte helfen?	**Pouvez-vous m'aider, s. v. p.?**
Sprechen Sie Deutsch / Englisch?	**Parlez-vous allemand / anglais?**
Ich möchte / würde gerne ...	**J'aimerais ...**
Das gefällt mir nicht.	**Ça ne me plaît pas.**
Haben Sie ... ?	**Avez-vous ... ?**
Wie viel kostet das?	**Ça coûte combien?**
Wie viel Uhr ist es?	**Quelle heure est-il?**

KENNENLERNEN

Guten Morgen / Tag!	**Bonjour!**
Guten Abend!	**Bonsoir!**
Hallo / Grüß dich!	**Salut!**
Wie heißen Sie?	**Comment vous vous appelez?**
Wie heißt du?	**Comment tu t'appelles?**
Wie geht es Ihnen / dir?	**Comment allez-vous / vas-tu?**
Auf Wiedersehen! / Tschüss!	**Au revoir! / Salut!**

UNTERWEGS

links / rechts	**à gauche / à droite**
geradeaus	**tout droit**
nah / weit	**près / loin**
Verzeihung, wo ist ...?	**Pardon, où se trouve ... , s. v. p.?**
Wie viele Kilometer sind das?	**C'est à combien de kilomètres d'ici?**
Was ist der kürzeste Weg nach ...?	**Quel est le chemin le plus court pour aller à ...?**

TANKEN

Wo ist die nächste Tankstelle?	**Où est la station de service la plus proche?**

Ich möchte ... Liter ...	**Je voudrais ... litres ...,**
	s'il vous plaît
... Super	**... de super**
... Diesel	**... de diesel**
Volltanken, bitte	**(Faites) Le plein, s. v. p.**

PANNE

Ich habe eine Panne.	**Ma voiture est en panne.**
Können Sie mir einen	**Est-ce que vous pouvez m'envoyer**
Abschleppwagen schicken?	**un remorqueur?**
Gibt es in der Nähe eine Werkstatt?	**Est-ce qu'il y a un garage près d'ici?**
... ist defekt.	**... est défectueux.**

UNFALL

Hilfe!	**Au secours!**
Achtung! Vorsicht!	**Attention!**
Rufen Sie schnell ...	**Appelez vite ...**
... einen Krankenwagen.	**... une ambulance.**
... die Polizei.	**... la police.**

ESSEN GEHEN

Wo gibt es hier ...	**Pourriez-vous m'indiquer ...**
... ein gutes Restaurant?	**... un bon restaurant?**
... ein nicht zu teures Restaurant?	**... un restaurant pas trop cher?**
Gibt es hier ein nettes Café (Bistro)?	**Y-a-t'il un café (bistrot) sympa?**
Ich möchte für heute Abend einen	**Je voudrais bien réserver une table**
Tisch für 4 Personen reservieren	**pour ce soir, pour quatre personnes**
Die Speisekarte, bitte.	**La carte, s. v. p.**
Wo ist bitte die Toilette?	**Où sont les toilettes, s. v. p.?**
Auf ihr Wohl!	**A votre santé! / A la vôtre!**
Messer/Gabel/Löffel	**couteau/fourchette/cuilllière**
C'était bon?	**Hat es geschmeckt?**
Le repas était excellent.	**Das Essen war ausgezeichnet.**

ÜBERNACHTUNG

Könnten Sie mir ... empfehlen?	**Pourriez-vous m'indiquer ...?**
... ein gutes Hotel	**... un bon hôtel**
... eine Pension	**... une pension de famille**
Haben Sie noch ... frei?	**Est-ce que vous avez encore ...?**
... ein Einzelzimmer	**... une chambre pour**
	une personne
... ein Doppelzimmer	**... une chambre pour**
	deux personnes
... mit Bad	**... avec salle de bains**

Verliebte aus der ganzen Welt kommen nach Paris, der Hauptstadt der Romantik.
Auf der Ich-liebe-dich-Mauer am Montmartre steht »Je t'aime« in 250 Sprachen.

... für eine Nacht	**... pour une nuit**
... für eine Woche	**... pour une semaine**
Was kostet ein Zimmer mit ...	**Quel est le prix de la chambre ...**
... Frühstück?	**... petit déjeuner compris?**
... Halbpension?	**... en demi-pension?**

ARZT

Können Sie mir einen guten Arzt empfehlen?	**Pourriez-vous me recommander un bon médecin?**
Ich habe hier Schmerzen.	**J'ai mal ici.**
Wo ist die nächste Apotheke?	**Où est la pharmacie la plus proche?**

POST UND TELEKOMMUNIKATION

Briefmarke für einen Brief/eine Postkarte nach Deutschland	**Timbre pour une lettre/une carte postale à destination de l'Allemagne**
Eine Prepaidkarte für mein Handy	**Une recharge pour mon portable**
Wo finde ich einen Internetanschluss?	**Où puis-je trouver un accès à l'internet?**
WLAN	**wi-fi**
Computer/Ladegerät	**ordinateur/chargeur**

WOCHENTAGE UND MONATE

lundi	**Montag**
mardi	**Dienstag**
mercredi	**Mittwoch**
jeudi	**Donnerstag**
vendredi	**Freitag**
samedi	**Samstag**
dimanche	**Sonntag**
janvier	**Januar**
février	**Februar**
mars	**März**
avril	**April**
mai	**Mai**
juin	**Juni**
juillet	**Juli**
août	**August**
septembre	**September**
octobre	**Oktober**
novembre	**November**
décembre	**Dezember**

ZAHLEN

0	**zéro**	19	**dix-neuf**
1	**un**	20	**vingt**
2	**deux**	21	**vingt et un**
3	**trois**	22	**vingt-deux**

4	quatre	23	vingt-trois
5	cinq	30	trente
6	six	40	quarante
7	sept	50	cinquante
8	huit	60	soixante
9	neuf	70	soixante-dix
10	dix	80	quatre-vingt
11	onze	90	quatre-vingt-dix
12	douze	100	cent
13	treize	200	deux cents
14	quatorze	1000	mille
15	quinze	2000	deux mille
16	seize	10 000	dix mille
17	dix-sept	1/2	un demi
18	dix-huit	1/4	un quart

PETIT DÉJEUNER / FRÜHSTÜCK

café noir	schwarzer Kaffee
café au lait	Kaffee mit Milch
décaféiné (déca)	koffeinfreier Kaffee
thé au lait / au citron	Tee mit Milch / Zitrone
tisane / infusion	Kräutertee
chocolat (chaud)	(heiße) Schokolade
sucre	Zucker
jus de fruit	Fruchtsaft
œuf à la coque	weiches Ei
œufs brouillés	Rühreier
pain / petit pain / toast	Brot / Brötchen / Toast
croissant	Hörnchen
beurre	Butter
fromage	Käse
charcuterie	Wurst und Schinken
jambon	Schinken
miel / confiture	Honig / Marmelade
yaourt	Joghurt
céréales	Müsli, Getreideflocken

SOUPES ET HORS-D'ŒUVRES / SUPPEN UND VORSPEISEN

bouillabaisse	südfranzösische Fischsuppe
brochettes de coquilles St-Jacques	Spieße mit Jakobsmuscheln
consommé de poulet	Hühnerbrühe
crudités	Gemüse, roh oder blanchiert
escargots à la bourguignonne	gekochte Weinbergschnecken, in ihren Häusern serviert
pâté de campagne	Bauernpastete
pâté de foie	Leberpastete
salade lyonnaise	grüner Salat, Speckwürfel, Croûtons
salade niçoise	grüner Salat, Tomaten, grüne Bohnen, hartes Ei, Tunfisch und Oliven

363

saumon fumé	**Räucherlachs**
soupe à l'oignon	**Zwiebelsuppe**
soupe de poisson	**Fischsuppe**

VIANDES / FLEISCH

agneau / gigot d'agneau	**Lamm / Lammkeule**
bifteck	**Steak**
bœuf	**Rindfleisch**
cassoulet	**Fleisch und weiße Bohnen aus dem Ofen**
confit	**eingemachtes Fleisch**
côte de bœuf	**Ochsenkotelett**
crépinette	**kleine Frikadelle im Netzmantel**
filet de bœuf	**Rinderfilet**
foie gras	**Gänse-/Entenstopfleber**
foie	**Leber**
grillades	**Grillplatte**
mouton	**Hammel**
porc	**Schwein**
pot-au-feu	**Eintopf aus Rindfleisch und Huhn mit verschiedenem Gemüse**
rognons	**Nieren**
rôti	**Braten**
sauté de veau	**Kalbsragout**
tartare	**rohes Rinderhack mit Eigelb, Kapern und Zwiebeln**
tripes	**Kutteln**
	gebratenes Fleisch
saignant	**... im Kern noch blutig**
à point	**... halbdurch**
bien cuit	**... durchgebraten**

VOLAILLES ET GIBIER / GEFLÜGEL UND WILD

canard à l'orange	**Ente mit Orangensoße**
cerf	**Hirsch**
cuissot de chevreuil	**Rehkeule**
coq au vin	**in Rotwein geschmorter Hahn**
dinde	**Truthahn, Pute**
faisan	**Fasan**
lapin chasseur	**Kaninchen nach Jägerart**
oie	**Gans**
poulet (rôti)	**Hähnchen (Brathähnchen)**
sanglier	**Wildschwein**

POISSONS ET CRUSTACÉS / FISCH UND KRUSTENTIERE

cabillaud	**Kabeljau**
calmar frit	**gebackener Tintenfisch**
daurade	**Goldbrasse**

écrevisses à la nage	**Flusskrebse in würziger Brühe**
lotte	**Seeteufel**
loup de mer	**Seewolf**
maquereau	**Makrele**
morue	**Stockfisch**
omble chevalier	**Saibling**
perche	**Barsch**
petite friture	**gebackene kleine Fische**
quenelles de broschet	**Hechtklöße mit Sahne und Eiern**
rouget	**Rotbarbe**
sandre	**Zander**
sole au gratin	**überbackene Seezunge**
truite meunière	**Forelle Müllerin**
turbot	**Steinbutt**
coquilles Saint-Jacques	**Jakobsmuscheln**
crevettes	**Garnelen, Shrimps**
homard	**Hummer**
huîtres	**Austern**
moules marinières	**Miesmuscheln in Weißwein und Knoblauch gedünstet**
plateau de fruits de mer	**Meeresfrüchteteller**

LÉGUMES, PÂTÉS, RIZ / GEMÜSE, TEIGWAREN, REIS

artichaut	**Artischocke**
choucroute	**Sauerkraut**
courgettes	**Zucchini**
épinards	**Spinat**
fenouil	**Fenchel**
haricots (verts)	**(grüne) Bohnen**
nouilles	**Nudeln**
oignons	**Zwiebeln**
petits pois	**Erbsen**
poivrons	**Paprikaschoten**
pommes dauphine / pommes duchesse	**Kartoffelkroketten**
pommes de terre	**Kartoffeln**
pommes de terre nature	**Salzkartoffeln**
pommes de terre sautées	**Bratkartoffeln**
riz au curry	**Curryreis**
tomates	**Tomaten**

DESSERTS / NACHSPEISEN

charlotte	**Löffelbiskuits mit Früchten und Vanillecreme**
crème brûlée	**Sahnepudding mit Karamell**
crème Chantilly	**Schlagsahne**
gâteau	**Kuchen**
glace	**Speiseeis**
pâtisserie maison	**Feingebäck nach Art des Hauses**

profiteroles	**kleine Windbeutel mit Sahnefüllung**
sabayon	**Weinschaumcreme**
tarte aux pommes	**Apfelkuchen**
tarte Tatin	**karamellisierter Apfelkuchen**

FRUITS / OBST

abricots	**Aprikosen**
cerises	**Kirschen**
fraises / framboises	**Erdbeeren / Himbeeren**
mûres / myrtilles	**Brombeeren / Blaubeeren**
pêches	**Pfirsiche**
pommes / poires	**Äpfel / Birnen**
prunes	**Pflaumen**
raisins	**Trauben**

LISTE DES CONSOMMATIONS / GETRÄNKEKARTE

coca	**Cola**
eau minérale gazeuse	**Mineralwasser mit Kohlensäure**
eau minérale (plat)	**Mineralwasser (stilles)**
bière	**Bier**
bière blonde	**helles Bier**
bière pression	**Bier vom Fass**
bière bouteille	**Flaschenbier**
bière sans alcool	**alkoholfreies Bier**
panaché	**Radler (Bier mit Limonade)**
vin	**Wein**
café crème	**Kaffee mit aufgeschäumter Milch**
café exprès	**Espresso**
café au lait	**Milchkaffee**
un (verre de vin) rouge	**ein Glas Rotwein**
un quart de vin blanc	**ein Viertel Weißwein**
un pichet de vin	**ein Krug mit Wein**
jus de fruit	**Fruchtsaft**
jus d'orange / de pamplemousse	**Orangen- / Grapefruitsaft**
lait	**Milch**

TELEKOMMUNIKATION · POST

Telefonieren und Surfen Günstig mobil telefonieren, surfen und SMSen: Seit Sommer 2017 kosten Telefonate bis zu einer bestimmten Obergrenze **innerhalb der EU keine Roaming-Gebühren** mehr. Das Gros der Pariser Hotels bietet seinen Gästen **kostenlos WLAN/Wi-Fi**. Fast flächen-

LÄNDERVORWAHLEN

AUS FRANKREICH
nach Deutschland: 00 49
nach Österreich: 00 43
in die Schweiz: 00 41
Die 0 der nachfolgenden
Ortsnetzkennzahl entfällt.

AUS DEUTSCHLAND, ÖSTER-
REICH UND DER SCHWEIZ
nach Frankreich: 00 33 + die
9-stellige Rufnummer
ohne die Anfangs-0.

TELEFONAUSKUNFT
Inland Tel. 118 008
Ausland Tel. 118 700
http://pagesblanchesfrance.org

deckend besteht auch in Cafés, Bars und Restaurants ein kostenloser Internet-Zugang. Zudem gibt es an 400 öffentlichen Plätzen, in Bibliotheken, Museen und Parks kostenlose **WLAN-Hotspots**.

Postämter sind Mo. – Fr. 8 – 19, Sa. 9 – 12 Uhr geöffnet. Die **Hauptpost** an der Rue Étienne Marcel 16 hat tgl. rund um die Uhr geöffnet. Briefmarken, »Timbres«, gibt es in der Post, in Tabakläden und an Kiosken. Luftpost heißt »par avion«. Mit mehreren Einwurfschlitzen für »lettres« sortieren französische **Briefkästen** die Post vor: Lokalpost, »autres destinations« im In- und Ausland und Eilbriefe mit dem Vermerk »par express«.

Post

VERKEHR

Autofahren in Paris bedeutet für viele Stress. Zum einen herrscht rund um die Uhr **hektischer Verkehr**, zum anderen sind **Parkplätze äußerst rar**. Wer nicht unbedingt ein Auto braucht, sollte die **Métro oder Busse benutzen** – zumal sonntags einige Straßen, darunter die Ufer des Canal Saint-Martin und die Champs-Élysées (1. So. im Monat) für den Verkehr gesperrt sind.

Autofahren in Paris ist nicht einfach!

Zum 1. Juli 2016 hat Paris als erste Stadt Frankreichs eine Umweltzone eingeführt. Pflicht für die Einfahrt in die Stadt ist seitdem eine **Crit'Air-Vignette**. Bei fehlender Umweltplakette – deutsche Plaketten werden nicht anerkannt! – drohen Geldstrafen ab 75 Euro. Die Feinstaubplakette kostet 3,70 Euro plus Porto und kann online auf www.crit-air.fr bestellt werden.

Umweltzone

In geschlossenen Ortschaften 50 km/h, auf Landstraßen 90 km/h, auf vierspurigen Schnellstraßen mit Mittelstreifen: 110 km/h, auf Autobahnen (gebührenpflichtig/péage): 130 km/h, bei Regen 110 km/h.

Höchstgeschwindigkeiten

VERKEHR

Über die Verkehrssituation im Großraum Paris informiert in Echtzeit www.sytadin.fr, in Paris und dem gesamten Land www.bison-fute.gouv.fr.

MIETWAGEN

AVIS
In Paris: Tel. 01 46 10 60 60
Reservierung in Deutschland:
Tel. 0180 621 77 02 | www.avis.de

BUDGET
In Paris: Tel. 0825 00 35 64
Reservierung in Deutschland:
Tel. 069 710 44 55 96
www.budget.de

EUROPCAR
In Paris: Tel. 0825 35 83 58
Reservierung in Deutschland:
Tel. 040 520 18 80 00
www.europcar.de

HERTZ
In Paris: Tel. 01 41 91 95 25
Reservierung in Deutschland:
Tel. 0180 693 88 14 | www.hertz.de

SIXT
In Paris: Tel. 01 48 62 57 66
Reservierung in Deutschland:
Tel. 0180 666 66 66 | www.sixt.de

PARKEN
Mit Parkings de Paris (www.parkingsdeparis.com) wird die Parkplatzsuche leicht gemacht – schon vor Reiseantritt lässt sich ein Parkplatz in einem der 70 Pariser Parkhäuser reservieren und bezahlen – und das günstiger als vor Ort.

TAXIS
Für alle Taxi-Stationen gibt es eine Rufnummer:
Tel. 01 45 30 30 30
Bei der Kostenberechnung hilft www.taxi-rechner.de/taxikosten-paris/208

ALPHA TAXIS
Tel. 01 45 85 85 85
www.alphataxis.fr

TAXI G7
Tel. 36 07
www.taxisg7.fr

TAXIS BLEUS
Tel. 36 09
www.taxis-bleus.com

VÉLO-TAXIS
Wer fußmüde ist, setzt sich in ein Vélo-Taxi. Die moderne Form der Rikscha bietet u. a. Cyclopolitain www.cyclopolitain.com

---

Promille-grenze Die Höchstgrenze für den Blutalkoholgehalt beträgt wie in Deutschland **0,5 Promille**. Während der Fahrt müssen die Sicherheitsgurte angelegt sein. Breite Markierungsstreifen am Fahrbahnrand von mittleren und großen Verkehrsadern kennzeichnen die Taxi- und Busspur, die Privatwagen bis 20 Uhr nicht benutzen dürfen. Für jeden Passagier muss eine **Warnweste** im Auto sein. Es ist verboten, während der Fahrt zu essen, das Handy zu benutzen oder sich zu schminken – Bußgelder ab 75 Euro und Punkte drohen!

Métro, RER, Bus und Straßenbahn Die Pariser **U-Bahn** ist, so der französische Philosoph André Glucksmann, »das wahre Kulturzentrum Frankreichs«. Die erste Linie wurde zur Weltausstellung 1900 zwischen Porte Maillot und Vincennes eingeweiht. Neun Jahre später waren bereits 70 km in Betrieb, 1934 folgte der Anschluss der Vororte, Anfang der 1960er kam die Schnellbahn RER (Réseau Express Régional) mit fünf Linien hinzu – am Wochenende dürfen Räder ganztägig, werktags vor 6.30, zwischen 9 und 16.30, sowie nach 19 Uhr mitgenommen werden. Die Métrolinie 14 verbindet den Pariser Osten mit der Innenstadt. Der **Grand Paris Express** nimmt seit 2017 Fahrt auf. Bei Fertigstellung 2030 sollen sechs führerlose Linien der vollautomatischen Super-U-Bahn 72 Bahnhöfe bedienen (▶S. 268). Zudem verkehrt im Großraum Paris die **Tramway** mit sechs Straßenbahnlinien. Einen Blick wert sind die geschwungenen Dächer der Stationen: Sie wurden aus Leuchtelementen gefertigt, deren Licht intensiver wird, sobald sich eine Straßenbahn nähert.

Bus, RER und Métro sind die günstigsten und schnellsten Verkehrsmittel in Paris. **Fahrpläne** gibt es an allen Métro-Stationen und beim Office du Tourisme (▶S. 354). Innerhalb des Stadtgebietes genügt für alle drei Verkehrsmittel ein **Fahrschein** (Ticket t+). In den Innenstadtzonen 1 und 2 kann man mit einem Ticket in der Métro mehrmals umsteigen, außerhalb sind die Métro-Tarife gestaffelt. Im Bus gilt die Fahrkarte für einen beliebig langen Streckenabschnitt; beim Umstieg zur RER ist einen neuer Fahrschein erforderlich. Günstiger als Einzelfahrscheine (1,90 €) ist ein **Carnet** mit zehn Tickets für Bus, Métro und RER (14,50 €). Die Métro verkehrt täglich zwischen 5.30 und 0.30 Uhr im 2- bis 7-Minuten-Takt, Fr. und Sa. bis 2.15 Uhr. Mit den 45 Nachtbuslinien von Noctilien kommen Nachtschwärmer zwischen 0.30 und 5.30 Uhr sicher und günstig wieder nach Hause (www.transilien.com/static/noctilien).
Mit dem Tagesticket **Mobilis** kann man Bus, Métro und RER nutzen (Erw. Zone 1-2/7,30 €, 1-3/9,70 €, 1-4/12 €, 1-5/17,30 €). Der **Paris Visite Pass** ist für 1, 2, 3 oder 5 Tage und die Zonen 1-3 (1 Tag/Erw. 11,65 €, 2 T./18,95 €, 3 T./25,85 €, 5 T./37,25 €) erhältlich oder die Zonen 1-5 einschließlich Versailles und die Flughäfen Orly/CDG (1 Tag/Erw. 24,50 €, 2 T./37,25 €, 3 T./52,20 €, 5 T./63,90 €). Paris-Visite verbindet freie Fahrt mit Métro, RER und Bus mit Rabatten bei Sehenswürdigkeiten (www.ratp.fr, auch auf Deutsch).

Paris hat mehr als 19 000 Taxen und 460 Taxistationen. Freie Taxen, erkennbar am erleuchteten Schild auf dem Wagendach, lassen sich auch auf der Straße heranwinken. Fahrpreise sind im Taxi angeführt. 10 – 15 % Trinkgeld werden erwartet. Die linke Fahrspur auf der Autobahn A1 zwischen Paris und dem Flughafen Roissy – Charles-de-Gaulle ist 7 – 10 Uhr für Shuttle-Busse und Taxis reserviert.

Fahrkarten

Taxis

REGISTER

BILDNACHWEIS

AKG 127, 246, 281
Avenue Images 39
AWL Images/Jon Arnold 4, 94
AWL-Images/David Bank 137
AWL Images/Shaun Egan 36
Brasserie Bofinger 290 (u.)
Cléo, Restaurant 295 (u.)
DuMont Bildarchiv 26/27,
    77 (u.), 166, 213, 325
DuMont-Bildarchiv/F. Heuer 7,
    12 (3 x), 22/23, 25, 28 (u. l.),
    59, 70, 81, 90/91, 93, 114, 117,
    128 (2 x), 134, 158 (o.), 178, 183,
    220 (u.), 223, 229, 233, 304 (2 x),
    314, 329 (o.)
Getty images 16, 84 (o.), 309
Getty images/AG photopgraphe
    200/201
Getty images/G. Bouys 334 (u. r.)
Getty images/Thierry Chesnot
    © Succession Picasso/VG-Bild-
    Kunst, Bonn 2017   145
Getty images/St. Dee 113 (u. l.)
Getty images/M. Dufour 285 (u.)
Getty images Europe 66 (r.)
Getty images/Simone Huber 226
Getty images/D. Wolff-Patrick 282
Getty images/Bertrand Rieger 230
Getty images/Joel Saget 60 (u.)
Getty images/F. Stevens 77 (o.)
Getty images/Marc Trigalou
    3 (o. r.), 207
Christian Heeb 102/103
Hotel Adèle & Jules 346
Hotel Chavanel 345 (o.)
Hotel Grand Pigalle/©Kristen
    Pelou 345 (u.)
Hotel Le Narzisse Blanc 339
Hotel Le Saint 18/19, 342 (o.)
Hotel Le 5 Codet 342 (u.)
Huber/Giovanni 2, 155 (o.)
Huber/Giovanni/Simeone
    31, 84 (u. r.)
Huber/Huber 125
Huber/M. Ripani 133

Huber images/S. Kremer 63
Huber images/A. Piai/SIME 54 (o.)
Krinitz/Laif 122
Laif 155
Laif/Gamma 142
Laif/Polaris 306
Laif/SRV/Allpix 196
Le Kult 20 (o. l. und u.), 285 (o.)
Les Fauves, Bistro 298
Rainer Martini/LOOK 175 (u.), 269
Mauritius images 5 (u.), 47, 175 (o.)
Mauritius images/age fotostock/
    Directphoto 181
Mauritius images/age fotostock/
    Brian Jannsen 193 (o.)
Mauritius images/John Kellerman/
    Alamy 256/257
Getty Images/ Ph. Lopez/ Staff 255
Mauritius images/age fotostock/
    Philippe Michel 10/11
Mauritius images/age fotostock/
    Phil Robinson 274
Mauritius images/age fotostock/
    Johnny Stockshooter 163 (r.)
Mauritius images/Chinatown/Alamy
    60 (o.)
mauritius images/Jeff G/Alamy 148
Mauritius images/C. Gibot/
    Alamy 99
Mauritius images/Hemis.fr/Gardel
    Bertrand/hemir.fr 337
Mauritius images/Hemis.fr/Chicurel/
    Arnaud 41
Mauritius images/Hemis.fr/Escudero
    Patrick/hemis.fr 87
Mauritius/imagebroker/TPG
    5 (o.), 74
Mauritius images/imageimage/
    Alamy 300
Mauritius images/Le Pictorium/
    Alamy 186
Mauritius images/R. Mattes
    66 (l.)
Mauritius images / Mito Images /
    Partrip/RelaXimages 49

Mauritius images/David Noton/
Photography/Alamy 54 (u.)
Mauritius images/Photo 12/
Alamay 56
Mauritius images, Photononstop
220 (o.)
Mauritius images/photononstop/
Lionel Lourdel 329 (u. l.)
Mauritius images/Westend 61/
Dieter Heinemann 20 (o. r.)
Mauritius images/Bruce Yuanyue
Bi/Alamy 361
Picture Alliance/akg-images
169 (u. l. und u. r), 245, 251
Picture Alliance/akg-images/
Andre Held 261
Picture Alliance/M. Babey 113 (u. r.)
Picture Alliance / Bildagentur-online/
Tips-Beduschi 293
Picture Alliance/Museum/Robert
Doisneau 273
Picture Alliance/Food and Drink
Photos/Paul Webster 292

Picture Alliance/Etienne Laurent/
© Succession Picasso/VG-Bild-
Kunst, Bonn 2017 317
Picture Alliance/Erich Lessing
113 (o.)
Picture Alliance/Remy de la
Mauviniere 169 (o.)
Picture Alliance/Christian Volbrecht
295 (o.)
Picture Alliance/R. Weihrauch 14/15
Picture Alliance/91050/United_
Archives/TopFoto 265
Dr. Madeleine Reincke 3 (u. l.), 8,
28 (o. und u. r.), 42, 78, 106, 118,
121 (2 x), 155 (u.), 158 (u.), 193
(u.), 197, 235, 237, 270, 279, 311,
320, 324, 334 (o.), 349, 351
Shangri-La Paris/M. Gortz 163 (l.),
290 (o.), 303

Titelbild: Antonino Bartuccio/SIME/
Schapowalow/Eiffelturm

VERZEICHNIS DER KARTEN UND GRAFIKEN

IMPRESSUM

Ausstattung:
155 Abbildungen, 26 Karten
und grafische Darstellungen,
ein großer Cityplan

Text:
Dr. Madeleine Reincke,
Hilke Maunder

Bearbeitung:
Baedeker-Redaktion
(Dr. Madeleine Reincke)

Kartografie:
Franz Huber, München
MAIRDUMONT Ostfildern (Cityplan)

3D-Illustrationen:
jangled nerves, Stuttgart

Infografiken:
Golden Section Graphics GmbH,
Berlin

Gestalterisches Konzept:
RUPA GbR, München

Chefredaktion:
Rainer Eisenschmid, Baedeker
Ostfildern

19. Auflage 2018
Völlig überarbeitet und neu gestaltet

© KARL BAEDEKER GmbH,
Ostfildern für MAIRDUMONT
GmbH & Co KG; Ostfildern

Der Name Baedeker ist als Waren-
zeichen geschützt. Alle Rechte im
In- und Ausland sind vorbehalten.
Jegliche – auch auszugsweise –
Verwertung, Wiedergabe, Verviel-
fältigung, Übersetzung, Adaption,
Mikroverfilmung, Einspeicherung
oder Verarbeitung in EDV-Systemen
ausnahmslos aller Teile des Werkes
bedarf der ausdrücklichen Geneh-
migung durch den Verlag.

Anzeigenvermarktung:
MAIRDUMONT MEDIA
Tel. +49 711 450 20
Fax +49 711 450 23 55
media@mairdumont.com
http://media.mairdumont.com

Trotz aller Sorgfalt von Redaktion und Autoren zeigt die Erfahrung, dass Fehler
und Änderungen nach Drucklegung nicht ausgeschlossen werden können.
Dafür kann der Verlag leider keine Haftung übernehmen.
Kritik, Berichtigungen und Verbesserungsvorschläge sind jederzeit
willkommen. Schreiben Sie uns, mailen Sie oder rufen Sie an:

Verlag Karl Baedeker / Redaktion
Postfach 3162
D-73751 Ostfildern
Tel. 0711 4502-262
info@baedeker.com
www.baedeker.com

Printed in Italy

ATMOSFAIR

Reisen verbindet Menschen und Kulturen. Doch wer reist, erzeugt auch CO2. Der Flugverkehr trägt mit bis zu 10% zur globalen Erwärmung bei. Wer das Klima schützen will, sollte sich nach Möglichkeit für die schonendere Reiseform entscheiden (wie z.B. die Bahn). Gibt es keine Alternative zum Fliegen, kann man mit atmosfair klimafördernde Projekte unterstützen.

atmosfair ist eine gemeinnützige Klimaschutzorganisation unter der Schirmherrschaft von Klaus Töpfer. Flugpassagiere spenden einen kilometerabhängigen Betrag und finanzieren damit Projekte in Entwicklungsländern, die den Ausstoß von

nachdenken • klimabewusst reisen

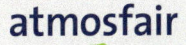

Klimagasen verringern helfen. Dazu berechnet man mit dem Emissionsrechner auf **www.atmosfair.de** wieviel CO2 der Flug produziert und was es kostet, eine vergleichbare Menge Klimagase einzusparen (z.B. Berlin – London – Berlin 13 €). atmosfair garantiert die sorgfältige Verwendung Ihres Beitrags. Alle Informationen dazu auf www.atmosfair.de. Auch der Karl Baedeker Verlag fliegt mit atmosfair.

BAEDEKER VERLAGSPROGRAMM

Viele Baedeker-Titel sind als E-Book erhältlich:
shop.baedeker.com

A
Algarve
Allgäu
Amsterdam
Andalusien
Australien
Australien · Osten

B
Bali
Barcelona
Bayerischer Wald
Belgien
Berlin · Potsdam
Bodensee
Brasilien
Bretagne
Brüssel
Budapest
Burgund

C
China

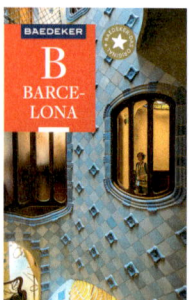

D
Dänemark
Deutsche
 Nordseeküste
Deutschland
Deutschland · Osten
Dresden
Dubai · VAE

E
Elba
Elsass · Vogesen

F
Finnland
Florenz
Florida
Franken
Frankfurt am Main
Frankreich
Frankreich · Norden
Fuerteventura

G
Gardasee
Golf von Neapel
Gomera
Gran Canaria
Griechenland
Großbritannien

H
Hamburg
Harz
Hongkong · Macao

I
Indien
Irland
Island
Israel
Istanbul
Istrien · Kvarner Bucht
Italien
Italien · Norden
Italienische Adria
Italienische Riviera

J
Japan
Jordanien

K
Kalifornien
Kanada · Osten
Kanada · Westen
Kanalinseln
Kapstadt · Garden
 Route
Kenia

Meine persönlichen Notizen

Meine persönlichen Notizen

Meine persönlichen Notizen

Meine persönlichen Notizen

PARIS
MÉTRO – RER – TRAMWAY